本书为北京市社会科学基金重点项目"刑事速裁程序研究"
（项目批准号16FXA007）的研究成果

刑事速裁
程序研究

李本森◎著

中国政法大学出版社

2020·北京

图书在版编目（ＣＩＰ）数据

刑事速裁程序研究/李本森著. —北京：中国政法大学出版社，2020.11
ISBN 978-7-5620-9722-8

Ⅰ.①刑…　Ⅱ.①李…　Ⅲ.①刑事诉讼－诉讼程序－研究－中国　Ⅳ.①D925.218.04

中国版本图书馆CIP数据核字(2020)第217760号

出 版 者　　中国政法大学出版社
地　　址　　北京市海淀区西土城路 25 号
邮寄地址　　北京 100088 信箱 8034 分箱　邮编 100088
网　　址　　http://www.cuplpress.com (网络实名：中国政法大学出版社)
电　　话　　010-58908289(编辑部) 58908334(邮购部)
承　　印　　北京中科印刷有限公司
开　　本　　720mm×960mm　1/16
印　　张　　21.75
字　　数　　350 千字
版　　次　　2020 年 11 月第 1 版
印　　次　　2020 年 11 月第 1 次印刷
定　　价　　85.00 元

伴随着 2012 年前后"醉驾入刑"和劳动教养制度废除以及刑事实体法改革，我国基层司法机关受理的轻微刑事案件数量有较大的增长，部分地区基层司法机关"案多人少"的矛盾不断加剧。在这种背景下，为了更加合理配置司法资源，提高刑事案件的审理效率，2014 年 6 月 27 日，第十二届全国人民代表大会常务委员会第九次会议审议通过了《关于授权最高人民法院、最高人民检察院在部分地区开展刑事案件速裁程序试点工作的决定》，这是国家最高立法机关首次对司法改革事项进行试点授权。刑事诉讼制度的改革项目采取授权试点，目的是从加强顶层设计的角度对试点进行有序规范；确保有关基本法律制度的试点改革于法有据。2014 年 8 月 22 日，最高人民法院、最高人民检察院会同公安部、司法部联合印发《关于在部分地区开展刑事案件速裁程序试点工作的办法》，正式在全国 18 个城市开展速裁程序的试点工作。

刑事速裁程序的试点，对于推动刑事司法领域的民主立法、科学立法具有重要的标杆意义。在刑事速裁程序试点过程中，很多地方司法机关根据上述试点办法，创造性地开展试点工作，为速裁程序的立法积累了丰富的实践经验。实践证明，刑事速裁程序的试点，大幅度提高了试点地区的刑事案件办理的司法效率，特别在提高取保候审和监视居住等非羁押措施的适用率、非监禁刑的适用率，降低速裁案件的上诉率、抗诉率，推动刑事案件繁简分流，合理配置刑事司法资源，有效缓解试点地区案多人少矛盾等方面成效显著。刑事速裁程序的试点实效和评估结果说明，刑事速裁程序试点符合推进以审判为中心的刑事诉讼制度改革的大趋势，符合我国当前刑事案件繁简分流实际需要，具有现实可行性。

2016 年 9 月，刑事速裁程序再次经过全国人大常委会的授权，认罪认罚从宽制度试点同步继续试点两年。2018 年 10 月 26 日，第十三届全国人民代表大会常务委员会第六次会议通过了新修改的《中华人民共和国刑事诉讼法》（以下简称《刑事诉讼法》），刑事速裁程序与认罪认罚从宽制度共同被写入新修改的《刑事诉讼法》中。刑事速裁程序作为独立于简易程序和普通程序之外的刑事案件快速处理程序，正式成为提高刑事诉讼程序效率的"加速器"和"助推器"。刑事速裁程序正式立法，弥补了我国《刑事诉讼法》中的一审程序设计过分单调的结构性缺陷。根据2018年修改的《刑事诉讼法》，适用速裁程序的案件将覆盖可能被判处3年以下有期徒刑的刑事案件，这意味着我国大约50%的刑事案件将通过刑事速裁程序来处理，无疑会节省大量的国家刑事司法资源。同时，由于大量的轻微刑事案件通过速裁程序得到快速处理，犯罪嫌疑人、被告人在刑事诉讼程序中的时间被大幅压缩，这对于降低程序的惩罚性、提高人权保障的力度具有重要的价值。

毫无疑问，刑事速裁程序以及相关的认罪认罚从宽制度的立法是2018年《刑事诉讼法》修改中最具特色的"亮点"，在促进中国刑事诉讼程序走向更加多元、更加成熟、更加科学方面具有里程碑的意义。中国特色的速裁程序是吸收了辩诉交易和认罪协商的合理内核而进行的程序的改造，同时融入中国的认罪认罚从宽制度的要素，构造了既保证不发生冤假错案而又可以大幅度提高诉讼效率的速裁程序。可以说，中国的刑事速裁程序作为刑事案件快速处理程序具有鲜明的中国特色，这种鲜明的中国特色主要体现在以下几个方面：

第一，我国刑事速裁程序是对控辩审的诉讼结构的整体性压缩，而非对诉讼结构的"切割"以形成程序性"跳跃"。我国刑事速裁程序既没有采取完全的当事人主义的英美辩诉交易模式，也没有采取书面审理的德意日等国的处罚令模式，而是兼采当事人主义与职权主义要素混合的控辩审整体性结构主义模式。我国的刑事速裁程序是通过进一步简化案件审理过程中的行政性的审查等内部程序，对诉讼程序进行结构性压缩的改革。刑事速裁程序并没有切断传统的刑事诉讼的进程，而是秉持控辩审典型诉讼结构形态，仅仅基于效率的提升而对部分非关键性程序进行简化。概言之，中国的刑事速裁程序是对诉讼的结构性改革，并没有破坏刑事诉讼的控辩审之间的张力。

第二，我国刑事速裁程序坚持证据裁判原则，而非忽视案件事实与证据基础进行的罪刑"交易"。无论是刑事速裁程序试点还是认罪认罚从宽制度试点，都强调事实清楚、证据充分的证据裁判原则。刑事速裁程序并不适用于那些证据存在严重瑕疵的案件或者疑罪案件。司法机关不能因追求案件的快速结案而忽视案件的事实和证据的审查，致使有严重证据瑕疵的案件进入速裁程序中，从而导致出现冤错案的风险。在美国，控方对特定案件可以在指控事实达不到排除合理怀疑的标准的情况下，与被指控人就指控和量刑进行辩诉交易，而中国的刑事速裁程序绝对排斥事实不清、证据不足的案件。换言之，中国的刑事速裁程序在强调提升案件审理的效率的同时，仍然把司法公正放在司法效率之上。

第三，我国刑事速裁程序坚持对犯罪嫌疑人、被告人享有的基本诉讼权利的保护，简化程序而非减权利。在美国的辩诉交易程序中，被告人如果同意进入认罪答辩程序就必须放弃很多基本的诉讼权利，包括公开审判的权利、无罪推定的权利以及上诉的权利等。德意日等国的快速审判还包括书面审，意味着被告人丧失或者放弃接受公开庭审的权利以及上诉的权利。我国刑事速裁程序并没有取消或者要求犯罪嫌疑人、被告人放弃任何诉讼权利。在刑事速裁程序和相关的认罪认罚从宽制度中，我国法律要求司法机关和法律援助机构为速裁案件中的犯罪嫌疑人、被告人提供有效的法律帮助和法律辩护。另外，速裁程序中被告人的上诉权并没有因被告人认罪认罚而被取消，如果速裁案件的被告人上诉，二审法院仍须依法进行审理并依法作出裁决。

概而言之，中国特色的刑事速裁程序与简易程序、普通程序之间形成梯次多元结构，可以在坚持司法公正的前提下实现公正与效率的共赢。中国刑事速裁程序是符合中国国情的快速案件处理程序，并非照搬照抄国外的刑事快速程序，是在我国长期以来刑事案件快速审理的多年探索和试点基础上由非正式规则上升为法律的正式规则。刑事速裁程序和其他程序一样都需要实践的检验，都需要根据其运行状况不断深化研究的过程。中国的刑事速裁程序从 2018 年被正式写入《刑事诉讼法》实施和运行到现在仅仅两年左右的时间，还需要更长期的司法实践的检验和更深入的学术研究，才可以使其规则不断走向定型与成熟。

上篇部分主要是对刑事速裁程序试点的研究成果。本人在速裁程序试点开始之初，就组织对速裁程序进行评估和跟踪研究，该部分的研究成果构成本书上篇。在试点中期和后期，本人组织在全国 18 个试点城市进行问卷调查，前后收集了两千余份问卷，以全面了解试点参与主体对试点过程和运行状况的主观意见和反映的问题。本人在试点期间赴北京、上海、南京、广州、深圳、西安和沈阳等试点城市实地对速裁试点进行观摩、调研和座谈。同时，还从中国裁判文书网上下载 12 666 个速裁案件的裁判文书进行大数据统计分析，以数据化的形式客观展示速裁试点在司法效率和量刑均衡方面的实际效果。另外，本人还收集了试点地区的速裁文本资料，对部分试点城市的试点文本进行有针对性的文本分析，以从立法和规范的地方化的角度总结试点的经验和试验性立法的实施问题。上篇部分中有关速裁程序试点的研究成果，其中有些已经公开发表在《法学研究》《中外法学》和《法学家》等期刊上。

下篇部分主要是关于 2018 年新修改的《刑事诉讼法》中速裁程序的立法和实践问题的研究。在下篇，本人对刑事程序的基本理论、证据规则、律师辩护、侦查程序、起诉程序、审判程序和权利救济等进行比较全面的相对系统化的研究。由于新的刑事速裁程序实施时间并不长，其中的实证研究的观察主要集中在 2019 年。另外需要指出的是，由于认罪认罚从宽制度与刑事速裁程序同步入法实施，且适用刑事速裁程序的案件原则上都必须是认罪认罚从宽的案件，在刑事速裁程序的基本规则的研究方面不可避免涉及认罪认罚从宽制度。认罪认罚从宽制度与刑事速裁程序这两个方面的制度其实是相辅相成、互为表里的。刑事速裁程序的研究离不开认罪认罚从宽制度，认罪认罚从宽制度的研究同样必须关注对速裁程序的研究。

任何纯粹和完美的刑事诉讼程序或模式本质上都是学者们臆想的"乌托邦"。刑事诉讼不可能是封闭的诉讼程序体系，开放和多元的刑事诉讼是现代程序发展和进步的常态。在多元和开放的刑事诉讼体系中，追求更加有效率的正义才是刑事诉讼的最高境界。刑事速裁程序通过司法再造来简约刑事诉讼程序，将使速到的正义不再是梦想。在刑事速裁程序研究的系统化方面本研究作了初步尝试，但必然存在这样或那样的问题或局限性，期待未来学者对该程序进行更有价值和更深入的研究。

在对刑事速裁程序的研究过程中，本人得到最高人民法院原常务副院长沈德咏，最高人民法院杨万明副院长、颜茂昆庭长、沈亮庭长、杜国强副庭长和冉容、杨立新、孟伟、何东青等领导和法官的大力支持，在此表示衷心的感谢！北京、上海、广东、南京、武汉和西安等速裁程序的试点单位和领导为该课题的研究提供了调研的便利和研究资料上的支持，在此表示诚挚的感谢。中国政法大学博士生王绍佳、李庚强、朱敏敏、郭锴和硕士生辛金霞、李雪松、高翔坤、成昕琪等同学参与问卷调查和裁判文书的搜集、数据整理等工作，一并表示感谢。最后，对于中国政法大学出版社冯琰主任和各位编辑为本书出版付出的辛勤劳动和给予的大力支持表示由衷的感谢。

Contents 目 录

下　篇

上　篇

刑事速裁程序试点的背景与创新

2013 年 11 月，党的十八届三中全会通过了《中共中央关于全面深化改革若干重大问题的决定》，中国的改革开始迈向"深水区"，改革的方式也在升级换代，开始在法治轨道上推进改革。同时，2013 年劳动教养制度废止后，伴随着宽严相济刑事政策的司法化和轻微刑事案件较大幅度增长的现象，局限于审判阶段的刑事简易程序已经无法满足轻微刑事案件处理的实践要求，迫切需要在刑事诉讼程序和机制方面进行创新和改革。在上述背景下，2014 年 6 月 27 日，第十二届全国人大常委会第九次会议通过了《关于授权最高人民法院、最高人民检察院在部分地区开展刑事案件速裁程序试点工作的决定》（以下简称"全国人大常委会《速裁程序试点授权决定》"），首开了刑事诉讼领域立法机关授权下试验性立法的先河。根据全国人大常委会的《速裁程序试点授权决定》，2014 年 8 月 22 日，最高人民法院、最高人民检察院、公安部、司法部印发了《关于在部分地区开展刑事案件速裁程序试点工作的办法》（以下简称"两高两部《速裁程序试点办法》"）发布，正式在北京、上海等 18 个城市进行刑事案件速裁程序的试点工作。

第一节　刑事速裁程序试点的司法背景

一、随着劳动教养制度废止等刑事政策的重大调整，全国轻微刑事案件呈现较大幅度上涨

2013 年底劳动教养制度废止后，对于原来的劳动教养案件中比较严重的行政违法案件，最高司法机关通过司法解释对包括盗窃、寻衅滋事和抢夺等案件在内的违法行为降低了其入罪门槛。《中华人民共和国刑法修正案（八）》[以下简称《刑法修正案（八）》] 将扒窃、危险驾驶等违法行为入罪后，轻微刑事案件的数量在全国各地都有较大幅度的提高。刑事案件速裁程序可以对这类案件采取更加快速的处理程序，以此来加快案件的分流。

（一）2014 年前后全国轻微刑事案件增长幅度较大

根据最高人民法院的统计数据，自 2013 年以来，我国刑事案件全国法院一审审理刑事案件数和全国法院一审判决罪犯人数逐年递增，2013 年全国法院一审审理刑事案件数为 95.4 万件，全国法院一审判决罪犯人数为 115 万人；2014 年全国法院一审审理刑事案件数为 102.3 万件，全国法院一审判决罪犯人数为 118.4 万人；2015 年全国法院一审审理刑事案件数为 109.9 万件，全国法院一审判决罪犯人数为 123.2 万人；2016 年全国法院一审审理刑事案件数为 111.6 万件，全国法院一审判决罪犯人数为 122 万人；2017 年全国法院一审审理刑事案件数为 129.7 万件，全国法院一审判决罪犯人数为 127.6 万人。[1] 从全国范围看，从 2012 年开始，被判处 3 年以下有期徒刑和拘役的轻微刑事案件的上涨幅度很大（见图 1、图 2）。据统计，2012 年全国法院判处 3 年有期徒刑以下刑罚 900 021 人，占生效判决犯罪人数的 76.65%；2013 年 934 011 人，占 80.61%；2014 年 980 004 人，占 82.73%。判处拘役以下刑罚的人数也逐年增加，2012 年占生效判决人数的 42.96%，2013 年占 45.66%，2014 年占 46.37%。根据《检察日报》报道，2013 年全国法院生效的刑事案件中 54.95% 的案件量刑在 3 年以下有期徒刑以下（含单处罚金），38% 的案件量刑在 1 年以下有期徒刑以下。有的地区达到 80% 以上和接近 48%。[2] 2014 年全国各级法院审结的一审刑事案件数和人犯数同比均有较大的上升，分别为 102.3 万件和 118.4 万人。全国轻微刑事案件的增长幅度在各地也不平衡，有的地区增长幅度更大，例如北京 2003 年判处 3 年以下有期徒刑、拘役的人数为 11 087 人，占比 66.53%；2012 年则为 19 692 人，占比 81.76%，不但占比上升 15.23%，绝对人数更是增长了 77.61%，远超过同时

---

〔1〕　数据来源：最高人民法院周强院长在 2013—2017 年向全国人大所作的工作报告。

〔2〕　于同志：《轻微刑事案件的快速办理的经验与启示》，载《人民法院报》2014 年 10 月 22 日，第 6 版。

期判决总人数的 44.53% 的增长幅度。[1] 轻微刑事案件的大幅上涨与刑事程序的相对单调形成强烈的对比，司法实践迫切需要能够更高效地处理轻微刑事案件的速裁程序。

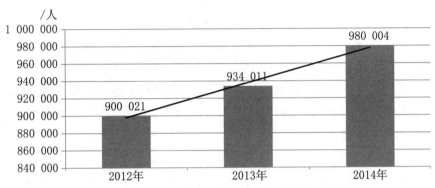

图 1-1　2012—2014 年全国法院判处 3 年以下有期徒刑人数

（二）2012—2014 年全国醉驾入刑的犯罪数量大幅上涨

为了遏制因饮酒导致恶性交通事故的频发，2011 年 2 月 25 日，第十一届全国人民代表大会常务委员会第十九次会议通过的《刑法修正案（八）》正式将争议已久的醉驾行为纳入刑事法律规范。根据《刑法修正案（八）》第 22 条之规定，在《刑法》第 133 条后增加一条，作为第 133 条之一：在道路上驾驶机动车追逐竞驶，情节恶劣的，或者在道路上醉酒驾驶机动车的，处拘役，并处罚金。为了和《刑法修正案（八）》相衔接，修改后的 2011 年《中华人民共和国道路交通安全法》加大了对酒后驾驶等违法行为的处罚力度：饮酒后驾驶机动车的，处暂扣 6 个月机动车驾驶证，并处 1000 元以上 2000 元以下罚款。对情节更为恶劣的醉酒驾驶机动车和饮酒后驾驶营运机动车的危险行为，除处罚金外，还将吊销机动车驾驶证、追究刑事责任。根据国家质量监督检验检疫总局、国家标准化管理委员会发布的《车辆驾驶人员血液、呼气酒精含量阈值与检验》（GB19522—2004），饮酒驾车是指车辆驾驶人员血液中的酒精含量大于或者等于 20mg/100ml、小于 80mg/100ml 的驾驶行为。醉酒驾车是指车辆驾驶人员血液中的酒精含量大于或者等于 80mg/

---

〔1〕　北京市人民检察院课题组：《轻微刑事案件司法处置实证研究》，载《法学杂志》2014 年第 7 期。

100ml 的驾驶行为。

醉驾入刑之后，有研究和相关数据证实其对于降低交通事故和致死率发挥了很大的作用。根据公安部 2012 年 5 月的数据统计显示，从 2011 年 5 月 1 日至 2012 年 4 月 20 日，全国公安机关查处酒后驾驶案件 35.4 万起，同比下降 41.7%；其中，醉酒驾驶 5.4 万起，同比下降 44.1%。2011 年 5 月 1 日至 12 月 31 日，全国因酒后驾驶造成交通事故死亡人数下降 22.3%；2012 年以来截至 4 月 20 日，上述指标的同比降幅为 28%。[1] 醉酒驾驶入刑后在提高道路交通安全方面取得了良好的社会效果，但与此同时，司法机关处理的醉酒驾驶的刑事案件数量也较大幅度增加。从 2011 年到 2014 年，危险驾驶犯罪案在全部刑事案件中所占的比例持续升高，其中 2011 年为 1.4%，2012 年为 6.5%，2013 年为 9.4%，2014 年为 10.7%。[2] 中国裁判文书网上的裁判文书信息显示，2012 年司法机关审理的醉酒驾驶犯罪的有 6247 件，2013 年为 25 692 件，而 2014 年已经升到 111 575 件（见图 2）。可见，醉酒驾驶入刑的案件数量大幅增长，不可避免地增加了基层司法机关的案件处理的工作量。根据有的学者实际调研发现，有地方醉酒驾驶的案件占到当地基层法院审理的刑事案件的 20% 左右。[3]

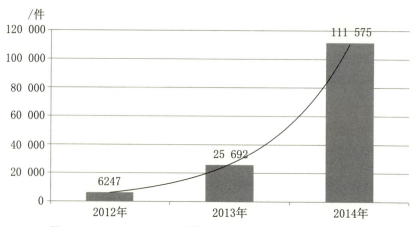

图 1-2　2012—2014 年全国裁判文书显示醉酒驾驶刑事案件数

〔1〕　参见邹伟、陈菲：《醉驾入刑近一年，全国酒驾醉驾降幅均超四成》，载中新网：http://www.chinanews.com/fz/2012/04-28/3855914.shtml，最后访问时间：2020 年 4 月 25 日。

〔2〕　刘仁文、敦宁：《醉驾入刑五年来的效果、问题与对策》，载《法学》2016 年第 12 期。

〔3〕　周长军、李军海：《完善刑事速裁程序的理论构想》，载《法学》2017 年第 5 期。

醉驾入刑的案件属于轻微刑事案件，证据比较清楚，符合轻刑快审案件和简易程序的办理要求。但是在实践中，醉驾入刑案件的办案效率受制于诉讼法定程序的规则限制，有些醉酒驾驶的案件审理经常拖上几个月，甚至超过半年以上的也是常见现象。地方基层司法机关需要用大量的精力来处理醉酒驾驶案件，严重影响其他案件的处理以及资源的优化配置。由于醉酒驾驶案件的案情简单，证据单一和固定，与其他类型的案件证据复杂程度不同，因此在诉讼上适用与醉酒驾驶相对应的刑事程序就显得尤为迫切。刑事速裁程序的试点中相当部分的案件属于醉酒驾驶案件，确实可以很好地解决醉酒驾驶案件审理效率不高的问题。

（三）劳动教养制度废止后，全国盗窃案件数量也显著增加

盗窃犯罪是危害公民财产安全的犯罪，是最常见的犯罪，犯罪数量较大。在劳动教养制度废止之前，盗窃犯罪，包括扒窃类，犯罪涉及数额不大的都被归入行政违法的劳动教养范围。在劳动教养废止之前，为了加大对盗窃犯罪的打击力度，2011 年的《刑法修正案（八）》第 39 规定将《刑法》第 264 条修改为，盗窃公私财物，数额较大的，或者多次盗窃、入户盗窃、携带凶器盗窃、扒窃的，处 3 年以下有期徒刑、拘役或者管制，并处或者单处罚金；数额巨大或者有其他严重情节的，处 3 年以上 10 年以下有期徒刑，并处罚金；数额特别巨大或者有其他特别严重情节的，处 10 年以上有期徒刑或者无期徒刑，并处罚金或者没收财产。这项修改加大了盗窃犯罪的刑法打击范围，多次盗窃和扒窃的都被归入犯罪之列，对其不再采用行政处罚法管理，而是适用刑法规制。2013 年，最高人民法院、最高人民检察院发布了新的《关于办理盗窃刑事案件适用法律若干问题的解释》，相比 1997 年最高人民法院《关于审理盗窃案件具体应用法律若干问题的解释》，2013 年的新司法解释实质性地扩大了盗窃犯罪的刑罚处罚范围。其中第 3 条规定，2 年内盗窃 3 次以上的，应当认定为"多次盗窃"；非法进入供他人家庭生活、与外界相对隔离的住所盗窃的，应当认定为"入户盗窃"；携带枪支、爆炸物、管制刀具等国家禁止个人携带的器械盗窃，或者为了实施违法犯罪携带其他足以危害他人人身安全的器械盗窃的，应当认定为"携带凶器盗窃"；在公共场所或者公共交通工具上盗窃他人随身携带的财物的，应当认定为"扒窃"。上述规定，对多次盗窃、入户盗窃、携带凶器盗窃和扒窃作出非常宽泛的司法解释，

为将盗窃类犯罪纳入刑事法律管辖提供了具体的法律依据。2013 年新的关于盗窃犯罪的司法解释出台后，司法机关处理的盗窃类的刑事案件大幅上涨。中国裁判文书网显示，2012 年的裁判文书上显示的盗窃案件为 14 682 件，2013 年为 43 896 件，而到了 2014 年，盗窃案件数则大幅上涨到 178 735 件（见图 3）。可见新的司法解释出台和劳动教养案件废止后，盗窃类犯罪的案件大幅度上涨。由于盗窃类案件中绝大多数是 3 年以下有期徒刑的案件，因此基层法院审理的刑事案件的数量也在不断增加，给基层法院带来了巨大的审判压力。

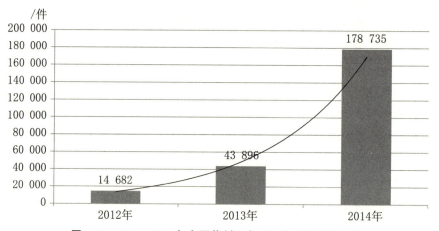

图 1-3　2012—2014 年全国裁判文书显示盗窃刑事案件数

（四）2012—2014 年全国寻衅滋事的案件数量出现较大增长

寻衅滋事类犯罪属于轻微犯罪中的"口袋罪"，因此案件数量也比较多。寻衅滋事罪实际上是从 1979 年《刑法》第 160 条规定的流氓罪中分解出来的一种罪。1979 年《刑法》第 160 条规定：聚众斗殴，寻衅滋事，侮辱妇女或者进行其他流氓活动，破坏公共秩序，情节恶劣的处 7 年以下有期徒刑、拘役或者管制。1997 年《刑法》对之作了分解，具体规定为四种犯罪：一是强制猥亵、侮辱妇女罪；二是聚众淫乱罪；三是聚众斗殴罪；四是寻衅滋事罪。劳动教养制度废止前后，寻衅滋事类犯罪也通过司法解释进行扩大化犯罪化处理。根据我国《刑法》的相关规定，寻衅滋事罪是指肆意挑衅，随意殴打、骚扰他人或任意损毁、占用公私财物，或者在公共场所起哄闹事，严重破坏社会秩序的行为。

2011 年《刑法修正案（八）》对刑法相关的寻衅滋事罪条文进行了修改，在适用范围上进行了扩大化解释。其中第 42 条规定，将《刑法》第 293 条修改为——有下列寻衅滋事行为之一，破坏社会秩序的，处 5 年以下有期徒刑、拘役或者管制：①随意殴打他人，情节恶劣的；②追逐、拦截、辱骂、恐吓他人，情节恶劣的；③强拿硬要或者任意损毁、占用公私财物，情节严重的；④在公共场所起哄闹事，造成公共场所秩序严重混乱的。纠集他人多次实施前款行为，严重破坏社会秩序的，处 5 年以上 10 年以下有期徒刑，可以并处罚金。

2013 年 9 月 6 日，最高人民法院、最高人民检察院发布《关于办理利用信息网络实施诽谤等刑事案件适用法律若干问题的解释》，该司法解释中涉及寻衅滋事的包括：第 5 条，利用信息网络辱骂、恐吓他人，情节恶劣，破坏社会秩序的，依照《刑法》第 293 条第 1 款第 2 项的规定，以寻衅滋事罪定罪处罚；第 8 条，明知他人利用信息网络实施诽谤、寻衅滋事、敲诈勒索、非法经营等犯罪，为其提供资金、场所、技术支持等帮助的，以共同犯罪论处；第 9 条，利用信息网络实施诽谤、寻衅滋事、敲诈勒索、非法经营犯罪，同时又构成《刑法》第 221 条规定的损害商业信誉、商品声誉罪，第 278 条规定的煽动暴力抗拒法律实施罪，第 291 条之一规定的编造、故意传播虚假恐怖信息罪等犯罪的，依照处罚较重的规定定罪处罚。

劳动教养制度废止后，随着《刑法修正案（八）》的实施和最高司法机关的相关司法解释中适用寻衅滋事犯罪范围的扩大，涉及寻衅滋事的犯罪数也再次大幅增加。根据全国法院裁判文书网的数据，2012 年寻衅滋事犯罪的案件 1499 件，2013 年为 4704 件，2014 年则比 2013 年增加近 5 倍，达到 22 973 件（见图 4）。由于寻衅滋事类犯罪大多数都是 3 年以下有期徒刑案件，属于相对轻微的刑事案件，因此速裁程序的试点为快速处理这类案件提供了更便捷高效的司法程序。

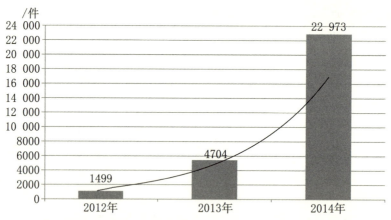

图1-4 2012—2014年全国裁判文书显示寻衅滋事刑事案件数

二、刑事简易程序立法和配套机制不完善，导致基层刑事案件的繁简分流功能没有得到充分发挥

（一）刑事简易程序的改革存在结构性缺陷

事实上，自1996年将简易程序纳入《中华人民共和国刑事诉讼法》（以下简称《刑事诉讼法》）之后，就在不断探索建立完善的刑事案件快速处理程序机制，这其中包括2003年的最高人民法院、最高人民检察院、司法部推行的刑事案件被告人认罪案件普通程序简化审。2012年《刑事诉讼法》再次修改后，将刑事简易程序适用的范围扩大到所有有期徒刑的认罪案件，大大扩展了刑事简易程序的适用范围。至此，我国刑事简易程序立法的重大改革获得较大的进展。[1] 我国刑事诉讼的快速处理程序有不断扩大适用的趋势。但是，刑事简易程序在立法上和实践中都存在一定的问题，导致简易程序的适用率并不高。

我国立法机关和学界在刑事诉讼法对简易程序的立法上长期保持保守谨慎的态度，主要是顾虑过于简化的司法程序可能导致案件处理的粗放化，不利于刑事诉讼中的人权保障和司法公正。2012年《刑事诉讼法》修改时，对刑事简易程序进行了较大幅度的改革，实质性地扩大了刑事简易程序的案件适用范围。但是，由于修改后的刑事简易程序主要是在适用范围上作了调整，而对于简易程序的审前机制和庭审程序缺乏配套立法或机制创新，2012年新

---

〔1〕 宋英辉：《我国刑事简易程序的重大改革》，载《中国刑事法杂志》2012年第7期。

的刑事简易程序在诉讼构造方面仍然存在较严重的缺陷。

首先，刑事简易程序的立法改革仍然囿于审判阶段，并未将简易程序延伸至审前阶段。刑事案件的程序中的效率问题，除了审判阶段之外，最严重的问题是在审前阶段。根据刑事诉讼法中相关期限的规定，普通刑事案件在审前程序的期限从刑事拘留到审查起诉可以达到 120 天左右。如果刑事案件简易程序的改革仅仅局限在刑事审判阶段，对于审前阶段的程序缺乏简化规定，其效率提升的空间将非常有限。2012 年修改后的《刑事诉讼法》基本上将最高院的普通程序简化审的相关规定在新刑事诉讼法中加以固定，并没有对轻微刑事案件的侦查和起诉环节加以改革，刑事简易程序的改革和繁简分流作用的发挥因立法上的缺陷再次受到极大的限制。

其次，刑事简易程序审判阶段的诉讼构造与普通程序相比差别并不具有本质性。简易程序在审判组织上独立审判与合议庭审判可以并行，不符合简易程序的速决特点。同时，简易程序在审理方式上虽然提出简化的具体内容或者方式，但是简化的程度并不高。2012 年《刑事诉讼法》第 231 条规定，适用简易程序审理案件，不受关于送达期限、讯问被告人、询问证人、鉴定人、出示证据、法庭辩论程序规定的限制，但在判决前应当听取被告人的最后陈述意见。根据最高人民法院《关于适用〈中华人民共和国刑事诉讼法〉的解释》（以下简称"最高法刑诉法解释"），虽然规定在庭审中检察机关可以摘要宣读起诉书，可以简化讯问发问，但是对于控辩双方无异议的证据需要就证据的名称以及所证明的事项进行说明；对控辩双方有异议，或者法庭认为有必要调查核实的证据，应当出示，并进行质证，控辩双方可以围绕罪名确定量刑的问题进行辩论。这些规定与普通程序的审理方式并无本质差异。另外，《刑事诉讼法》规定简易程序审理期限是 20 天，对可能判处 3 年以上有期徒刑的案件审限可以延长至一个半月。简易程序审理案件的效率与普通程序审理案件相比并不具有明显的优势。以上这些立法上的问题，说明简易程序的诉讼构造与普通程序的诉讼构造并无本质上的差别，在实践中必然会影响刑事简易程序的适用率。

最后，刑事简易程序的实施缺乏配套的精细化司法解释。刑事诉讼法在立法层面造成的简易程序的缺陷，并没有在相关的司法解释中得到矫正。2013 年最高法刑诉法解释和《人民检察院刑事诉讼规则（试行）》（后于 2019

年修订），对于简易程序的适用范围、权利告知和审理方式更多是限制性规定，在刑事诉讼立法规定范围内进一步明确简化的程序几乎没有。《人民检察院刑事诉讼规则》规定公诉人出席简易程序法庭审理案件时，应当主要围绕量刑以及其他有争议的问题进行法庭调查和法庭辩论。这些规定与普通程序的程序运作并无二致。最高法刑诉法解释中对于简易程序立法上的补充主要集中在简易程序的转化条件方面的解释，规定了包括被告人的行为可能不构成犯罪在内的五种情形需要转化为普通程序。同时规定，转为普通程序审理的案件，审理期限应当从决定转为普通程序之日起计算。以上这些规定并没有改变刑事简易程序诉讼结构上的弊端，相反在某些方面进一步强化了刑事诉讼关于简易程序的立法问题。按理，刑事诉讼基本法律的立法不足，可以通过最高司法机关的司法解释来弥补，但是两高的有关刑事简易程序的司法解释，对于简易程序诉讼构造并没有进行纠偏或者实质性改革。

（二）刑事简易程序在司法实践中总体适用率不如预期

由于刑事简易程序的诉讼构造存在内在的缺陷，庭审本身缺乏实质性变化，法官利用简易程序审理案件的积极性并不高。在实践中必然反映出简易程序适用率并不高。根据中国裁判文书网，2012 年适用刑事简易程序的案件为 28 414 件，当年适用率为 53.85%；2013 年适用简易程序的案件为 112 940 件，适用率为 61.95%。裁判文书网络上的数据显示，2013 年简易程序适用率较 2012 年上升 8%，虽然简易程序的适用率在 2012 年修法之后总体上有所提高，但是上升的幅度并不大，这说明刑事简易程序在刑事案件的繁简分流中的作用并没有得到充分发挥。

从相关的调研数据看，简易程序在不同地区适用上存在严重的不平衡状态。有些地区简易程序的适用率可能高达 70%，但是有些地区简易程序适用的比例相当低。例如，吉林省各基层法院 2013 年刑事简易程序平均适用率为40.67%，2014 年刑事简易程序平均适用率为 38.29%；黑龙江省 2013 年刑事简易程序适用率为 45.9%；甚至调研中还发现有的法院 2013 年度的简易程序零适用的现象。[1] 山西省忻州市 2013 年全市共受理刑事案件 2353 件，其中

---

〔1〕 谢登科：《论刑事简易程序扩大适用的困境与出路》，载《河南师范大学学报（哲学社会科学版）》2015 年第 2 期。

适用简易程序办理 232 件，占受案数的 9.9%；2014 年 1 月至 6 月间全市共受理刑事案件 1056 件，适用简易程序 58 件，仅仅占受案数的 5.5%。[1] 上述区域研究的统计数据和中国裁判文书网上的调查数据比较接近，可以印证简易程序在实践中的适用率并没有因 2012 年刑事诉讼法修改而有大幅度提高。造成上述问题的原因是多方面的，除了简易程序立法方面存在的结构性缺陷外，司法实践中问题的原因主要有以下几个方面：其一，独任制审判加重了法官的司法责任，习惯合议庭审判。其二，简易程序审理期限较短，且没有强制性限制，在案多人少的情况下仍然习惯用普通程序审理，这样可以延长办案时间。其三，检察机关在公诉程序中并没有节省时间，且庭审也没有优势，因此简易适用简易程序缺乏动力，很少主动建议。

三、司法机关的轻刑快审改革，为刑事速裁程序试点提供先导经验

为了提高轻微刑事案件的司法效率，2007 年最高检发布了《关于依法快速办理轻微刑事案件的意见》（以下简称"最高检《轻刑快审的意见》"，现已失效），目的在于促进刑事案件繁简分流，依法快速办理轻微刑事案件，集中优势司法资源办理重大、疑难和复杂案件，提高刑事案件的司法效率和司法公正。最高检《轻刑快审的意见》开宗明义就规定制定该意见的目的，即依法快速办理轻微刑事案件，是对于案情简单、事实清楚、证据确实充分、犯罪嫌疑人、被告人认罪的轻微刑事案件，在遵循法定程序和期限，确保办案质量的前提下简化工作流程，缩短办案期限的工作机制。

最高检《轻刑快审的意见》对轻刑快审案件适用的范围和程序性规则作了具体规定。该意见明确适用快速办案机制的条件和范围，适用快速办案机制的条件和范围的，应当符合以下条件：①案情简单，事实清楚，证据确实、充分；②可能判处 3 年以下有期徒刑、拘役、管制或者单处罚金；③犯罪嫌疑人、被告人承认实施了被指控的犯罪；④适用法律无争议。并根据司法实践，规定可以适用快速办案机制的轻微刑事案件类型：未成年人或者在校学生涉嫌犯罪的案件；70 岁以上的老年人涉嫌犯罪的案件；盲聋哑人、严重疾

---

[1] 卞建林主编：《修改后的刑事诉讼法实施情况调查与研究》，中国检察出版社 2016 年版，第 296 页。

病患者或者怀孕、哺乳自己未满一周岁婴儿的妇女涉嫌犯罪的案件；主观恶性较小的初犯、过失犯；因亲友、邻里等之间的纠纷引发的刑事案件；当事人双方已经就民事赔偿、化解矛盾等达成和解的刑事案件；具有中止、未遂、自首、立功等法定从轻、减轻或者免除处罚情节的案件；其他轻微刑事案件。对于符合规定条件和范围的轻微刑事案件，应当在法定期限内，缩短办案期限，提高诉讼效率。审查批捕时，犯罪嫌疑人已被拘留的，应当在 3 日内作出是否批准逮捕的决定；未被拘留的，应当在 5 日内作出是否批准逮捕的决定。审查起诉时，应当在 20 日内作出是否提起公诉的决定；办案任务重、案多人少矛盾突出的，应当在 30 日内作出决定，不得延长办理期限。同时，该意见规定了办案的具体程序等，如对于适用快速办理机制的轻微刑事案件，应当简化制作审查逮捕意见书和审查起诉终结报告。认定事实与侦查机关一致的，应当予以简要说明，不必重复叙述；可以简单列明证据的出处及其所能证明的案件事实，不必详细抄录；应当重点阐述认定犯罪事实的理由和处理意见。对于侦查机关提请批准逮捕的轻微刑事案件，经审查认为符合快速办理条件的，在作出批准逮捕或者因无逮捕必要而作出不批准逮捕决定时，可以填写《快速移送审查起诉建议书》，建议侦查机关及时移送审查起诉；认为证据有所欠缺的，可以建议侦查机关补充证据后及时移送审查起诉。《快速移送审查起诉建议书》应当同时抄送本院公诉部门。对于符合适用简易程序的轻微刑事案件，应当建议人民法院适用简易程序审理。对于适用普通程序审理的被告人认罪的轻微刑事案件，应当建议人民法院简化审理。此外，该意见还要求根据案情的繁简程度，对刑事案件实行繁简分流，分工办理，指定人员专门办理轻微刑事案件，具备条件的可以在侦查监督部门和公诉部门成立相应的办案组。对于具体案件是否适用快速办理机制，由承办部门的负责人决定。确定为快速办理的案件，办案人员经审查发现不符合快速办理条件的，应当及时报告部门负责人决定，转为按普通审查方式办理。要把快速办理轻微刑事案件情况，作为年度考核有关检察人员工作实绩的内容，建立起激励机制。各地检察机关要加强与公安机关、人民法院的联系与配合，共同建立依法快速办理轻微刑事案件的工作机制。有条件的，可以与当地公安机关、人民法院等部门联合制定快速办案机制的规范性文件，以实现对轻微刑事案件在侦查、批捕、起诉、审判各个诉讼环节依法快速办理。

从以上的规定可以看出，最高检《轻刑快审的意见》从审查起诉的角度推动刑事案件的快速审理，应当说其规定在审查起诉的检察职权范围之内具有合理性，但是由于该意见仅仅是检察机关的意见，对侦查和审判阶段的推动和约束力相当有限，因缺乏公安和法院的强力支持和配合，最高检《轻刑快审的意见》在实践中的推行效果并不如意。正因如此，2013年中央政法委召开专题会议，推进"实行轻微刑事案件快速办理机制及发挥拘役刑教育矫治作用试点工作"，使最高检的轻刑快办程序统摄侦查、起诉、审判和执行刑事诉讼的全流程。在此背景下，全国不少地方法院和司法机关积极开展轻刑快审的机制创新，有些地方在轻刑快审方面积累了丰富的经验，并且在实践中取得良好的效果。例如，广东省深圳市罗湖区人民法院运用司法资源配置的"二八理念和公检法三家联动"，联合制定出台轻刑快审的办法和配套措施，设立快审案件小组，打造专业化队伍，借助技术手段，快速办案全流程无缝衔接。据统计，罗湖区公安局适用快速办理案件机制侦查案件的平均办案时间为20天；罗湖区检察院适用快速审理程序办理案件平均办案时间为10天（其中审查逮捕3天，审查起诉7天）；罗湖区法院适用快速办理程序作出判决1580份，平均审判时间为11天。该区轻刑快审的实践，提高了办案的司法效率，实现了节约司法资源、化解社会矛盾的目的，充分体现了区别对待的宽严刑事政策，防止了诉讼拖延，优化了司法资源配置，在比较充分保障犯罪嫌疑人、被告人人权的诉讼权利的基础上彰显了司法公信力。[1]

最高检《轻刑快审的意见》是在传统刑事简易程序的框架内进行的检察机关和相关司法机关内部提效机制，因此受制于基本法律的框架，在快速处理机制上缺乏实质性的突破，在司法实践中的功能比较有限。刑事速裁程序的试点则不同，其完全超越传统刑事诉讼法中关于简易程序的规定，在侦查、起诉和审判等环节都进行了实质性突破。最高法院在刑事速裁程序试点初期就指出，对于符合刑事速裁程序适用条件的案件，要适用刑事速裁程序，并可以借鉴快速办理机制的相关经验和做法；对不符合刑事速裁程序适用条件的案件，仍可以继续适用快速办理机制，对于未纳入刑事速裁程序试点的地

---

〔1〕　广东省深圳市罗湖区人民法院课题组：《开展轻微刑事案件快速审理机制改革情况报告》（2013年4月），载最高人民法院编：《刑事案件速裁程序——试点实务与理解适用》，内部资料（京内资准字：2015-Y0026号），第127~139页。

方，可以继续探索推进快速办理机制。[1] 地方司法机关的这些轻刑快审的创新和经验为刑事速裁程序的试点奠定了先行实践的基础。

四、宽严相济刑事政策和认罪认罚从宽制度，需要建立快速审理程序的配套改革制度

宽严相济刑事政策是我国进入 21 世纪以来在总结犯罪治理的经验教训基础上提出的，对于指导打击犯罪的力度调整产生了巨大的影响。宽严相济刑事政策沿袭传统"重重轻轻"刑罚思想，并结合严打刑事政策而有所发展。现代宽严相济刑事政策的基本内容就是，对严重危害社会治安的犯罪活动依法严厉打击，绝不手软，做到该严则严；对主观恶性较小，犯罪情节轻微的犯罪，贯彻教育感化和挽救的方针，做到当宽则宽。宽严相济刑事政策，是党中央在构建社会主义和谐社会新形势下提出的一项重要政策，是我国的基本刑事政策。它对于最大限度地预防和减少犯罪、化解社会矛盾、维护社会和谐稳定，具有十分重要的意义。

2007 年最高人民检察院制定并颁布了《关于在检察工作中贯彻宽严相济刑事司法政策的若干意见》，该意见指出，宽严相济是我们党和国家的重要刑事司法政策，是检察机关正确执行国家法律的重要指针。检察机关贯彻宽严相济的刑事司法政策，就是要根据社会治安形势和犯罪分子的不同情况，在依法履行法律监督职能中实行区别对待，注重宽与严的有机统一，宽严互补，宽严有度，对严重犯罪依法从严打击，对轻微犯罪依法从宽处理，对严重犯罪中的从宽情节和轻微犯罪中的从严情节也要依法分别予以宽严体现，对犯罪的实体处理和适用诉讼程序都要体现宽严相济的精神。在对严重犯罪依法严厉打击的同时，对犯罪分子依法能争取的尽量争取，能挽救的尽量挽救，能从宽处理的尽量从宽处理，最大限度地化消极因素为积极因素，为构建社会主义和谐社会服务。检察机关贯彻宽严相济的刑事司法政策总体要求如下：一是全面把握。宽严相济刑事司法政策中的宽与严是一个有机统一的整体，二者相辅相成，必须全面理解，全面把握，全面落实。既要防止只

---

〔1〕 最高人民法院编：《刑事案件速裁程序——试点实务与理解适用》，内部资料（京内资准字：2015-Y0026 号），第 76 页。

讲严而忽视宽，又要防止只讲宽而忽视严，防止一个倾向掩盖另一个倾向。二是区别对待。宽严相济刑事司法政策的核心是区别对待。应当综合考虑犯罪的社会危害性（包括犯罪侵害的客体、情节、手段、后果等）、犯罪人的主观恶性（包括犯罪时的主观方面、犯罪后的态度、平时表现等）以及案件的社会影响，根据不同时期、不同地区犯罪与社会治安的形势，具体情况具体分析，依法予以从宽或者从严处理。三是严格依法。贯彻宽严相济的刑事司法政策，必须坚持罪刑法定、罪刑相适应、法律面前人人平等原则，实现政策指导与严格执法的有机统一，宽要有节，严要有度，宽和严都必须严格依照法律，在法律范围内进行，做到宽严合法，于法有据。四是注重效果。贯彻宽严相济的刑事司法政策，应当做到惩治犯罪与保障人权的有机统一，法律效果与社会效果的有机统一，保护犯罪嫌疑人、被告人的合法权利与保护被害人的合法权益的有机统一，特殊预防与一般预防的有机统一，执法办案与化解矛盾的有机统一，以有利于维护稳定，化解矛盾，减少对抗，促进和谐。

2010年最高人民法院为了在刑事审判中更好地贯彻宽严相济刑事政策，制定了《关于贯彻宽严相济刑事政策的若干意见》，要求各级法院切实增强贯彻执行宽严相济刑事政策的自觉性，将这一政策的基本要求落实到刑事审判工作的每一个环节中去，切实做到该宽则宽，当严则严，宽严相济，罚当其罪，确保裁判法律效果和社会效果的高度统一。法院系统贯彻宽严相济刑事政策的总体要求如下：一是要要根据犯罪的具体情况，实行区别对待，做到该宽则宽，当严则严，宽严相济，罚当其罪，打击和孤立极少数，教育、感化和挽救大多数，最大限度地减少社会对立面，促进社会和谐稳定，维护国家长治久安。二是要正确把握宽与严的关系，切实做到宽严并用。既要注意克服重刑主义思想影响，防止片面从严，也要避免受轻刑化思想影响，一味从宽。三是要必须坚持严格依法办案，切实贯彻落实罪刑法定原则、罪刑相适应原则和法律面前人人平等原则，依照法律规定准确定罪量刑。从宽和从严都必须依照法律规定进行，做到宽严有据，罚当其罪。四是要根据经济社会的发展和治安形势的变化，尤其要根据犯罪情况的变化，在法律规定的范围内，适时调整从宽和从严的对象、范围和力度。要全面、客观把握不同时期不同地区的经济社会状况和社会治安形势，充分考虑人民群众的安全感以及惩治犯罪的实际需要，注重从严打击严重危害国家安全、社会治安和人民群众利益的犯罪。对于犯罪性质尚不严重，情节较轻和社会危害性较小的犯罪，以及被告人认罪、悔罪，从宽处罚更有利于社会和谐稳定的，依法可以从宽处理。五是要贯彻宽严相济刑事政策，必须严格依法进行，维护法律的统一和权威，确保良好的法律效果。同时，必须充分考虑案件的处理是否有利于赢得广大人民群众的支持和社会稳定，是否有利于瓦解犯罪，化解矛盾，是否有利于罪犯的教育改造和回归社会，是否有利于减少社会对抗，促进社会和谐，争取更好的社会效果。要注意在裁判文书中充分说明裁判理由，尤其是从宽或从严的理由，促使被告人认罪服法，注重教育群众，实现案件裁判法律效果和社会效果的有机统一。

总体上，宽严相济刑事政策在实体法中的规范体现相对比较系统和具体，但是刑事程序法中的相关规定并没有成为强制性的指引。长期以来，刑事诉讼领域受到传统观念影响，重刑思想严重，造成刑事诉讼中对犯罪的处罚"严厉有余，宽宥不足"，特别是没有真正实现"当宽则宽"。刑事诉讼中的宽严相济之宽和认罪认罚从宽制度的具体建构，不仅包括程序上的从宽也包括通过程序实现实体上从宽，在程序上对于犯罪轻微的犯罪嫌疑人、被告人的刑事强制措施可以从宽；对于刑事案件的侦查、起诉和审理的过程可以从简从快；对于量刑可以从宽从轻等。党的十八届四中全会通过的《中共中央关于全面推进依法治国若干重大问题的决定》中明确提出，完善刑事诉讼中的认罪认罚从宽制度，对宽严相济刑事政策的司法化提出了具体的要求。在此基础上，2014年全国人大授权两高两部等司法机关进行刑事速裁程序和认罪认罚从宽制度的试点，就是落实宽严相济的刑事政策和中央关于完善在刑事诉讼中的认罪认罚从宽制度的实际步骤。

五、法官、检察官员额制改革，基层法院、检察院"案多人少"矛盾更加突出

2014年，党的十八届四中全会通过的《中共中央关于推进全面依法治国若干重大问题的决定》中提出，要推进法治专门队伍正规化、专业化、职业化，提高职业素养和专业水平。加快建立符合职业特点的法治工作人员管理制度，完善职业保障体系，建立法官、检察官、人民警察专业职务序列及工资制度。建立法官、检察官逐级遴选制度。初任法官、检察官由高级人民法院、省级人民检察院统一招录，一律在基层法院、检察院任职。上级人民法院、人民检察院的法官、检察官一般从下一级人民法院、人民检察院的优秀法官、检察官中遴选。根据中央关于依法治国，建设社会主义法治国家的总体部署，在新一轮司法体制改革中，在队伍建设方面，司法机关将法官、检察官员额制改革作为其中的关键举措，完善司法人员分类管理、完善司法责任制、健全司法人员职业保障制度、推动省以下地方法院检察院人财物统一管理。就法院、检察系统的改革而言，法官、检察官员额制改革具有基础性意义，它在推动我国司法审理形态转变和深化司法改革，提升司法职业化水平和执法能力，推进司法公正和提高司法公信力方面，具有里程碑的意义。但是任何改革在带来积极效果的同时，也可能带来一定的负面影响。例如，司法员额制改革，不可避免在一定程度上造成基层法院、检察院的法官和检察官的流失；同时入员额的法官、检察官在案件审理负担方面大幅度加重，特别是经济发达地区案件数量大的基层法院、检察院内部"案多人少"的矛盾将更加突出。[1]

　　根据官方报道，2013 年中国法官人数已达到 19.6 万人，约占全国法院总人数的 58%。[2] 中央在改革之初即划定了法官员额比例控制红线，即中央政法专项编制的 39%。在遵循司法人员配置规律，综合考虑全国法院受理案件数量等因素的基础上，经过测算论证，设定了这条员额比例控制红线，目的在于落实"让审理者裁判、由裁判者负责"，为实现"让人民群众在每一个司法案件中感受到公平正义"的工作目标提供了前提条件。按照中央员额制法官的控制比例要求，能够进入员额法官的控制比例为 40% 左右。按照当年的统计，这意味着将近 20 万的法官中只有大约 8 万法官可以进入员额法官队伍。[3] 没有进入员额法官队伍的法官就不能再独立办案。虽然我们无法具体

---

〔1〕　相关的研究，参见吴洪淇：《司法改革转型期的失序困境及其克服——以司法员额制和司法责任制为考察对象》，载《四川大学学报（哲学社会科学版）》2017 年第 3 期。

〔2〕　欧阳开宇：《中国内地法官人数已达 19.6 万人》，载中新网：http://www.chinanews.com/fz/2013/07-25/5085883.shtml，最后访问日期：2020 年 1 月 28 日。

〔3〕　据统计，2017 年底通过法官员额制改革，全国地方各级法院共产生了近 12 万名入额法官，约占中央政法专项编制总数的 32.8%。到 2017 年 4 月，经过严格考试考核，全国法院从原有的 21 万余名法官中，遴选出 12 万余名员额法官，员额法官总数控制在政法编制数的 33% 左右。胡永平：《"法官员额制"改革是法院一次真正的自我革命》，载中国网：http://www.china.com.cn/lianghui/news/2018-03/16/content_50714417.shtml，最后访问日期：2020 年 4 月 28 日。

知道全国刑事专业法官在全部法官中的比例，但是考虑到民商事法官、行政诉讼法官、执行法官的人数，乐观估计全国刑事专业法官的数量为全部法官人数的三分之一左右，大概在 6 万名。根据中央司法员额控制红线比例，能够进入员额的刑事专业法官大概在 2.5 万人。2013 年全国刑事案件数量将近 100 万件，如果按照员额刑事专业法官数计算，估计每个法官年度审理案件平均为 40 件，如果仅仅看这个数字，"案多人少"的矛盾似乎并不突出，但是我们知道，这里面的员额法官还包括四级法院的人数。同时，全国刑事案件的数量分布也是严重不平衡的，上海、广州、深圳等沿海城市的刑事案件的数量要远远高于内陆城市。因此，沿海地区基层法院的员额法官每年审理的案件数量并非几十件，很可能是数百件。如果其中一半左右的案件要用普通程序来审理，那么员额制改革后，在这些案件数量巨大的地方"案多人少"的矛盾将无法被解决。

根据相关数据，全国检察官人数要略少于法官的人数，虽然检察官主要是从事刑事专业，但是基层检察办案人员长期以来存在严重不足的问题。以内陆地区西部的山西省为例，从山西省检察机关的情况来看，截至 2012 年底，全省基层检察院共有检察干警 7044 人，其中检察官 3509 人，占基层检察人员总人数的 49.82%，远低于全国 62.28% 的平均水平，并且，办案一线检察官数量严重不足。全省检察机关基层检察院有 952 个业务机构，办案一线检察官数量有 1935 人，每个业务科室平均仅 2 人，有 60 个基层检察院存在"一人科室"和"无人科室"的现象，甚至存在 1 名检察官承担 2~3 个科室工作的现象。在贫困偏远地区检察院，除院领导以外，仅有六七名检察官，影响了办案工作的正常开展。在人口较多、经济较发达地区的基层检察院，由于案件数量增速较快，社会矛盾化解难度较大，检察官短缺问题也较为突出，如 2011 年与 2006 年相比，全省检察机关办理批捕、起诉案件数量分别上升 34% 和 40%，但检察官人数仅增加了 5%。基层检察官长期超负荷工作，不仅影响身体健康和工作积极性，而且也难以满足新形势下日益增长的司法需求。[1] 由此可见，员额制改革后，检察机关一线办案人员将更加紧张。

---

〔1〕 杨司：《关于解决基层检察院检察官短缺问题的建议》，载中国网：http://www.china.com. cn/news/2013lianghui/2013-03/13/content_28229496.htm，最后访问日期：2020 年 2 月 1 日。

2017 年全国检察机关的人数大概为 25 万人，2017 年 11 月全国员额检察官为 84 444 人，占中央政法专项编制的 32.78%。按照测算，基层检察院 85% 以上的人力资源配置到办案一线，基层检察官的人数在 7 万名左右。[1] 同法院的情况类似，检察机关的人员因为当地的刑事案件数量不同，案件负担存在严重的不平衡，北京、上海、广州等地的基层检察官的案件负担要比案件少的地区重得多，需要能够延伸到审查起诉阶段的快速处理程序来解决"案多人少"的困境。

第二节　刑事速裁程序试点的创新

刑事速裁程序作为顶层设计的授权性试验立法，即作为试验性立法在改革方式上具有创新性，刑事速裁程序的试点开创了司法改革领域的改革创新模式的升级换代，有助于规范司法领域的司法改革的方式，推进司法领域的科学立法。同时，两高两部《速裁程序试点办法》在规则机制上也具有很多创新方法，通过实践的检验和试错，为完善刑事诉讼的程序性规则提供了实证经验的支撑。

《刑事诉讼法》的修改并不意味着每个条文或每项规则的修改都需要通过试点来推动。在刑事诉讼法的规则中，只有那些关系到重大程序性变革或诉讼主体的基本权利保障的程序性规则需要被修改的时候，才需要通过试点来完成。譬如，涉及犯罪嫌疑人、被告人权利保护的讯问时的录音、录像制度；涉及被害人权利保护的刑事和解制度；青少年犯罪审判程序等都需要通过试点来完成。当然，也有些刑事诉讼条文的修改并不需要试点或者无法试点，譬如涉及刑事政策调整的刑事案件管辖的调整、法律与法律之间的衔接和冲突方面的调整等，以及缺席审判制度等就没有经过试点。刑事速裁程序的试点因为涉及的案件的数量多、类型广，试点能使立法更具操作性，保障立法的连续性、稳定性和科学性。

---

〔1〕 王治国、郭洪平：《全国检察机关遴选出员额内检察官 84 444 名》，载《检察日报》2017 年 11 月 2 日，第 2 版。

一、刑事速裁程序是基于国家立法机关授权的新型试验性立法，确保改革于法有据

2013 年 8 月 30 日，第十二届全国人大常委会第四次会议作出决定，授权国务院在上海自贸区暂时调整有关法律规定的行政审批，这是国家最高立法机关授权引领改革的开始。2013 年 11 月，党的十八届三中全会通过了《中共中央关于全面深化改革若干重大问题的决定》，将我国改革推向新时代。国家政治、经济、文化领域的改革要顺应潮流，全面"升级换代"，法治作为改革的重要引领方式，其改革的内容和步骤更要符合法治的内在精神。习近平总书记在 2014 年 2 月 28 日主持召开中央全面深化改革领导小组第二次会议时强调指出，凡属重大改革都要于法有据。在整个改革过程中，都要高度重视运用法治思维和法治方式，发挥法治的引领和推动作用。加强对相关立法工作的协调，确保在法治的轨道上推进改革。[1] 完善和发展中国特色社会主义制度，推进国家治理体系和治理能力现代化，必须坚持立法决策与改革决策相结合，确保重大改革于法有据。

在司法改革领域，很多基本法律的修改大都是在地方试点或最高司法机关部门主导的试点基础上提出修改的。这种地方或者部门基于各种不同目的主导的司法改革试点模式由于缺乏立法机关的授权，存在试点各自为政，政出多门，甚至导致执法标准不一，法律相互冲突，局部性破坏法制统一实施等问题。特别是法院系统的有些司法改革的试点，受到了严重的质疑。[2] 在国家决策层强调重大改革事项必须于法有据的背景下，2014 年 6 月 23 日，最高人民法院、最高人民检察院提请第十二届全国人大常委会第九次会议审议《关于授权在部分地区开展刑事案件速裁程序试点工作的决定（草案）》。最高人民法院院长周强就试点的必要性与试点的主要内容，包括案件范围、简化细化相关诉讼程序、试点地区、试行期限等向全国人大常委会进行了说明。选择北京、天津、上海、重庆、沈阳、大连、南京、杭州、福州、厦门、济南、青岛、郑州、武汉、长沙、广州、深圳、西安 18 个城市进行试点，是因

---

〔1〕《习近平主持召开中央全面深化改革领导小组第二次会议》，载中央人民政府官网：http://www.gov.cn/ldhd/2014-02/28/content_2625924.htm，最后访问日期：2020 年 3 月 18 日。

〔2〕 刘松山：《再论人民法院的"司法改革"之非》，载《法学》2006 年第 1 期。

为上述地区案件基数大，类型多，具有典型性、代表性，有利于检验试点效果。2014 年 6 月 27 日，全国人大常委会通过了《速裁程序试点授权决定》，刑事速裁程序的试点办法由最高人民法院、最高人民检察院会同有关部门研究制定，报全国人大常委会备案，试行期为 2 年；试点期满后，对实践证明可行的，应当修改完善有关法律，对实践证明不宜调整的，恢复施行有关法律规定。这次全国人大常委会对两高的司法改革事项的授权，在司法改革领域首开了顶层设计主导的试验性立法的先河。通过国家立法机关的正式授权，解决了司法改革试点的合法性、权威性问题。这次授权改革不是以前的各自为政的司法改革试点，而是在国家最高立法机关授权的前提下，在授权范围内进行顶层设计规范下的司法改革，确保了改革于法有据、合法正当，充分体现了依法治国，建设社会主义法治国家要求依法改革的法治精神。

根据《中华人民共和国立法法》（以下简称《立法法》）第 7 条的规定，全国人大有权制定和修改刑事、民事、国家机构的和其他的基本法律；全国人大常委会有权制定和修改除应当由全国人大制定的法律以外的其他法律，在全国人大闭会期间，有权对全国人大制定的法律进行部分的补充和修改，但是不得同该法律的基本原则相抵触。根据上述规定，对于全国人大常委会的刑事速裁程序试点授权的正当性，还有若干问题需要进一步研究和探讨。

第一个问题是刑事诉讼基本法律中涉及的刑事案件的速裁程序的试点是否属于全国人大常委会的授权范围？有研究者认为，该次授权应当属于全国人大授权，不在全国人大常委会的授权范围内，理由是如果将刑事速裁程序定位为简易程序之外的一个独立程序，那么刑事速裁程序便无法被包含在"部分补充与修改"的含义范围之内，而属于一个新事物，即便在全国人大闭会期间，全国人大常委会自身也无权实施，更不能进行授权，而只能由全国人大进行授权。[1] 笔者认为这个看法值得商榷。根据全国人大常委会《速裁程序试点授权决定》和两高两部《速裁程序试点办法》，刑事速裁程序并不是对简易程序的简单修改，而是创设的在普通程序、简易程序之外的新型的诉讼程序。但是，对于这样的独立的诉讼程序，应当理解为是对原来的《刑事

---

〔1〕　施珠妹、张姗姗：《论程序法定原则对司法改革试点的保障和限制——以速裁程序改革试点为例》，载《成都理工大学学报（社会科学版）》2017 年第 4 期。

诉讼法》的诉讼程序的补充。因为刑事速裁程序仍然具备控辩审的基本诉讼结构，与简易程序、普通程序具备相同的诉讼结构，这种外部程序上的简化对刑事诉讼内在结构并没有实质性的修改。从这个角度上看，刑事速裁程序的试点是在全国人大常委会的授权范围之内的。

第二个问题是刑事速裁程序的试点是否构成对刑事诉讼法基本原则的违反？由于刑事速裁程序的价值功能是追求诉讼效率，在保证案件公正的基础上追求司法效率，完全符合刑事诉讼的基本理念，并不构成对刑事诉讼基本原则的违反。不可否认，刑事速裁程序简化了庭审的程序，但是对于犯罪嫌疑人、被告人的基本诉讼权利，包括辩护权、获得法律帮助权等权利，不但没有削弱，而且有所加强。刑事速裁程序案件的审理强调要达到事实清楚、证据确实充分，坚持证据裁判原则，与刑事诉讼的基本原则和证明标准保持总体一致。有研究者认为刑事速裁程序中增加的以信息安全为由的不公开审理情形，是对《刑事诉讼法》的审判公开基本原则的违反，根据《立法法》第 7 条的规定，不属于全国人大常委会授权的范围。[1] 根据最高人民法院向全国人大常委会的相关草案说明，刑事速裁程序试点中将增加不公开审理情形。适用刑事速裁程序的案件，人民法院要充分尊重、保护被告人获得公开审判的权利。同时，对于被告人以信息安全为由申请不公开审理，公诉机关、辩护人没有异议的，经人民法院院长批准，可以不公开审理。我国《刑事诉讼法》第 188 条规定，人民法院审判第一审案件原则上应该公开进行。但是有关国家秘密或者个人隐私的案件，不公开审理；涉及商业秘密的案件，当事人申请不公开审理的，可以不公开审理。刑事速裁程序中不公开审理例外中涉及的"信息安全"，在范围上要比商业秘密和个人隐私宽泛得多。譬如社会上的知名人士犯罪，如果涉及酒驾或者其他轻度的犯罪，就可以以信息安全为由避开公开审判，从而避开舆情对其不利的影响。两高两部《速裁程序试点办法》对以信息安全为理由申请不公开审理作了严格的限制，首先是公诉人和辩护人同意，其次是法院院长的批准。由此可见，以信息安全为理由的不公开审理的条件和程序受到严格的限制，仅仅是对刑事诉讼法的公开审

---

〔1〕 施珠妹、张姗姗：《论程序法定原则对司法改革试点的保障和限制——以速裁程序改革试点为例》，载《成都理工大学学报（社会科学版）》2017 年第 4 期。

理的基本原则的补充或修改，并不构成对刑事诉讼法公开审理基本原则的违反。由此可以看出，全国人大常委会对刑事速裁程序的试点授权属于其授权范围，并未违反刑事诉讼法的基本原则而形成对全国人大权限的僭越。这里需要指出的是，虽然刑事速裁程序试点中增加以信息公开为理由申请不公开审理的情形没有超越全国人大常委会的授权范围，但是在具体规定方面显得太笼统，并且与 2012 年的《刑事诉讼法》第 209 条规定有重大社会影响的案件不适用简易程序的精神有不衔接的地方。事实上，在刑事速裁程序试点期间，以信息安全为由的不公开审理案件几乎没有，该项改革并未发挥实际作用。

二、刑事速裁程序试点突出"顶层设计"，确保改革规范有序

刑事速裁程序的试点改变了过去部门和地方主导的带有浓厚部门或地方色彩的追求政绩的改革试点形式，采用了在全国人大常委会授权主导下的司法改革方式。这种改革方式的变化不仅在于使改革于法有据，还在于注重顶层设计。刑事速裁程序试点的顶层设计，主要表现在以下几个方面：

第一，全国人大常委会对最高人民法院、最高人民检察院提请的《关于授权在部分地区开展刑事案件速裁程序试点工作的决定（草案）》进行审议表决。在这个审议的过程中，全国人大常委会要听取最高人民法院院长对议案的说明，人大常委会的委员们要对议案内容进行讨论并提出修改或完善的意见，并对议案的授权进行表决。全国人大常委会对两高的试点议案进行审议的过程，就是对刑事速裁程序试点进行顶层设计。此外，全国人大常委会在《速裁程序试点授权决定》中还要求两高在试点期间就试点情况向全国人大常委会作出中期报告，接受全国人大常委会的监督。

第二，最高人民法院、最高人民检察院根据全国人大常委会的授权和建议，制定发布了相关速裁程序试点办法，用以规范和指导试点地区的刑事速裁程序试点活动。最高人民法院和最高人民检察院在获得全国人大试点的授权之后，联合公安部和司法部制定了《速裁程序试点办法》，这个办法就是根据顶层设计制定出来作为试点的规范性文件。同时，最高人民法院、最高人民检察院、公安部、司法部还分别制定了关于贯彻执行《速裁程序试点办法》的通知，规范参与试点的司法机关适用刑事速裁程序的试点活动。由于刑事

速裁程序的试点涉及对刑事诉讼法的基本程序的变革和修改，这种顶层设计的试点规范有助于保证司法改革的创新，同时也保证司法改革在立法机关授权的范围内进行。顶层设计保证了试点不仅符合程序法定原则，而且使试点在顶层设计的框架内进行，防止地方试点变通跑样。

第三，最高人民法院、最高人民检察院对试点工作的组织指导和监督检查和评估。根据全国人大常委会《速裁程序试点授权决定》，最高人民法院和最高人民检察院要加强对试点地区的试点工作的组织指导和监督检查。最高人民法院、最高人民检察院对试点的启动和开展都进行了周密的部署，多次召开试点地区启动部署会、加快推进试点工作的电视电话会议、组织试点地区的经验交流和培训会，开展试点的调研和检查，编写试点指导手册，等等。最高司法机关对试点的具体指导和监督检查，保证顶层设计的试点规范在立法机关的授权范围内有序进行。

当然，国家立法机关和最高司法机关在刑事速裁程序试点的顶层设计方面还存在需要检讨的地方，具体包括如下：

第一，需要完善实质性审查程序。授权初审通过，全国人大的立法审查部门应当写出报告，对是否符合全国人大授权的范围进行实质性审查，并向常委会作出说明并就授权的合法性接受质询，确保授权本身的内容合法性。刑事速裁程序议案的审查主要是形式审查，实质性的审查应当与形式性审查加以区别，以显示任何司法改革必须符合宪法和立法法的法律实质性要件。

第二，需要完善公开质询程序。全国人大常委会的授权和相关议案讨论中，不能局限于常委会委员的讨论，最高司法机关和授权试点的地区的法院和检察院等司法机关相关人员应当参与讨论听证并接受质询。最高人民法院提交给全国人大的说明部分比较简单，不能仅仅从试点目的的角度谈试点的必要性，还应当包括更全面、更详细的论证，包括对试点必要性的背景资料、学术界研究成果、国际立法方面通行的做法、与现行刑事诉讼法的冲突或不一致的地方，以及试点改革草案的形成过程、试点的工作准备、试点的条件以及未来的规划、试点效果评估的具体方法，等等。目前看到的两院向全国人大常委会提交的试点议案的说明内容比较笼统和单薄，不利于全国人大常委会进行充分的详细讨论和论证，可见对于改革试点的准备工作显得比较仓促，缺乏早期的规划和专门团队的研究与论证，试点最好具备类似工程建设的详细的可行性研究报告及论证方案等。

第三，需要完善试点办法的规范性文件的制定程序。作为司法改革首次试验性立法，在该立法改革的议案提出的准备程序应当更加充分。例如，两高向全国人大常委会提出的改革议案和刑事速裁程序的试点方法除了要听取法学专家的意见之外，还应当广泛听取试点地区的司法机关的意见，并可以组织试点地区的司法机关进行初步研讨，以保证提交给全国人大的试点草案的法律基础更加扎实，同时能够更加符合实际。

第四，需要完善全国人大常委会对试点过程的监督检查权。两高两部具有对试点监督检查的权力。全国人大常委会作为立法改革授权机关更应当对试点进行监督检查。在刑事速裁程序试点过程中，全国人大常委会不应当仅仅听取试点单位的中期报告，还应当直接参与对试点过程的监督指导。在试点结束后，试点单位还应当向常委会报告试点取得的成效以及存在的问题，为进一步完善立法提供充分的实证研究依据。

三、刑事速裁程序试点注重基层探索，确保改革运行富有成效

刑事速裁程序的试点是在顶层设计主导下的基层探索，试点地区的基层探索是决定试点是否能够获得成效的关键和基础。刑事速裁程序试点选择了案件相对集中的 18 个试点城市进行，基本上覆盖了全国主要地区。这些地区大都具有司法改革的经验并具备试点的基础条件。由于刑事速裁程序的试点涉及刑事诉讼新程序的创新，基层对于新程序的理解和适用，必然有渐进的过程。在基层探索方面，刑事速裁程序试点实际上也预留了不小的空间。

第一，公安机关在速裁案件侦查程序方面的探索空间。根据两高两部《速裁程序试点办法》，刑事速裁程序不仅涉及审查起诉阶段、审判阶段，还延伸至公安机关的犯罪侦查阶段。公安部在相关贯彻执行速裁试点的通知中要求各试点地区的公安机关积极探索侦查阶段提高刑事案件办理效率。两高两部《速裁程序试点办法》中涉及公安机关职责的主要是第 3 条、第 5 条。其中，第 3 条规定，适用速裁程序的案件，对于符合取保候审、监视居住条件的犯罪嫌疑人、被告人应当取保候审、监视居住。违反取保候审、监视居住规定，严重影响诉讼活动正常进行的，可以予以逮捕。该条的规定其实是具有倾向性或者导向性的，因为对于符合取保候审、监视居住的条件的犯罪

嫌疑人、被告人都应当予以取保候审、监视居住，速裁程序的案件当然应当包括在内。事实上，我国刑事诉讼中对于取保候审、监视居住的条件都是从严把握，绝大多数的刑事案件即便犯罪嫌疑人合乎取保候审、监视居住的条件，出于方便办案讯问和庭审的目的，将犯罪嫌疑人羁押在看守所内基本上属于常态。两高两部《速裁程序试点办法》中虽然对刑事诉讼法的取保候审、监视居住并无适用条件上的改革，但是规定的导向性是非常清楚的。试点的地方公安机关就可以根据该规定在取保候审、监视居住的适用上进行制度创新。事实上，有些试点地区在速裁程序试点期间在替代性羁押措施的适用上都有所提高，对于可以适用速裁程序的犯罪嫌疑人符合取保候审、监视居住条件就采取取保候审、监视居住的替代性羁押措施。在速裁程序试点中，确实不少试点地区通过改革取保候审、监视居住的内部审批程序，对凡是可以适用速裁案件的犯罪嫌疑人普遍予以取保候审、监视居住，替代性羁押措施的比例有较大幅度的提高。两高两部《速裁程序试点办法》第5条规定，公安机关侦查终结移送审查起诉时，认为案件符合刑事速裁程序适用条件的，可以建议人民检察院按照速裁案件办理。该条规定最直接的体现就是，将刑事速裁程序直接延伸到侦查阶段，公安机关在侦查过程就可以对是否适用刑事速裁程序进行初审，并有权在侦查终结移送审查起诉时建议检察机关适用刑事速裁程序。对于该规定，实际上也预留了公安机关的刑事速裁程序初期审查的权力行使方式上的机制创新空间。此外，两高两部《速裁程序试点办法》第4条规定，在看守所派驻值班律师，为犯罪嫌疑人提供法律帮助。对于该规定，也是预留了很大的创新空间，譬如有的试点地区在看守所建立的速裁法庭，其实就是在看守所值班律师制度基础上提高速裁案件审理效率的创新机制。

第二，试点检察机关在速裁案件审查起诉方面的探索。根据两高两部《速裁程序试点办法》，检察机关在刑事速裁程序方面的权限主要有两项：一是刑事速裁程序的正式启动权；二是对适用刑事速裁程序的被告人的量刑建议权。其中第一项属于检察机关在速裁案件的审查起诉阶段的常规权力，因此在机制创新上并无特别之处，关键是第二项的量刑建议权如何正确行使存在很大的空间。在刑事速裁程序的量刑建议方面主要存在两方面的创新空间：一方面是量刑建议确定前的控辩协商机制，另一方面就是量刑建议采取确定型量刑还是幅度型量刑也有待司法实践的探索。在刑事速裁程序的试点过程中，特别是认罪认罚从宽制度试点之后，围绕量刑建议的两个方面的创新在不少试点地区的司法机关中都有积极的探索。

刑事速裁程序的试点明确规定检察院作为公诉机关的量刑建议权，这是在刑事诉讼程序中第一次通过试点的形式纳入检察院的量刑建议权。两高两部《速裁程序试点办法》第6条规定，人民检察院经审查认为案件事实清楚、证据充分的，应当拟定量刑建议。第7条还规定对于可能判处缓刑或者管制的，应当委托犯罪嫌疑人居所地的县级司法行政机关进行调查评估。司法行政机关一般应当在5个工作日内完成调查评估意见。上述两条规定都明确了检察院在刑事速裁程序中对被告人的量刑所起的作用，这对于加速审判机关的审判效率具有重要功能性作用。另外，两高两部《速裁程序试点办法》第13条规定，人民法院适用刑事速裁程序审理案件对被告人自愿认罪，退缴赃款赃物、积极赔偿损失、赔礼道歉、取得被害人或者近亲属谅解的，可以依法从宽处理。虽然该条规定对刑事速裁程序的从宽处理附加了很多条件，但还是明确了基于被告人认罪和悔罪情况下有条件地从宽处理的基本原则。

两高两部《速裁程序试点办法》对于充分发挥检察机关在刑事速裁程序审理中的作用、提升速裁案件的审理的效率和质量都预留了比较宽阔的创新空间。但是，我们也要看到在刑事速裁程序的试点过程中，关于检察机关在刑事速裁程序的机制创新方面表现并不平衡，绝大多数的检察机关在量刑建议方面采取的是幅度量刑，采取确定型量刑建议的检察机关比较少。由于两高两部《速裁程序试点办法》对控辩协商的机制并没有明确的规定，而且该项机制涉及检察机关公诉人与辩护律师之间带有对抗性的协作，因此检察机关创新的主动性不足，导致该领域的创新仅有极少数的检察机关或者在法院的主导下进行的速裁案件的控辩协商机制的创新尝试。

第三，试点司法行政机关在刑事速裁程序试点中的探索。司法行政机关在刑事速裁程序中发挥的作用主要有两个方面：一方面是速裁案件中值班律师制度的创设；另一方面是犯罪嫌疑人社会危害性的评估。两高两部《速裁程序试点办法》第7条规定，司法行政机关对宣告缓刑的调查评估，应当在收到委托书后5个工作日完成并出具评估意见。司法行政机关在值班律师方面的探索包括在看守所、检察院和法院建立值班律师制度。值班律师不仅在看守所有，而且延伸到人民法院建立值班律师，大大拓展了值班律师的服务范围。

国家司法机关对刑事犯罪嫌疑人或被告人的讯问的正当性问题，在历次《刑事诉讼法》的修改中都没有突破。特别是讯问过程的辩护律师在场权制度，由于众所周知的因素，在实践推行中遇到很多的阻力。刑事速裁程序试点首次在刑事程序的制度改革中明确了律师值班制度，这标志着刑事诉讼对被告人人权保障的重大的进步。两高两部《速裁程序试点办法》第4条规定，有关试点地区应当建立法律援助值班律师制度，法律援助机构在人民法院、看守所派驻法律援助值班律师。犯罪嫌疑人、被告人因经济困难或其他原因没有委托变化人，有关司法机构应当为其指派法律援助的值班律师作为其委托人。根据两高两部《速裁程序试点办法》的规定，不仅法律援助律师可以派驻看守所值班，还可派驻法院值班，这是很大的突破。在法院派驻值班律师，有助于法院和辩护律师建立常态性沟通机制，不仅有利于保障被告人和犯罪嫌疑人的权利，而且方便诉讼文书的送达和证据的提交，提高案件审理案件的效率。同时，值班法律援助律师制度的建立，对于保证认罪的自愿性，防止讯问过程中的刑讯逼供、诱供等非法取证行为具有积极的作用。同时值班律师还可帮助查明案件的事实，确保当事人充分了解和理解选择刑事速裁程序的法律后果。

四、刑事速裁程序在法院审理方面的探索与创新

第一，缩短审理期限，致力于审判程序与审查起诉程序的效率双提高。中国刑事案件的在侦查、起诉和审判等方面的期限自1996年的《刑事诉讼法》修改以来一直没有大的突破。2012年的《刑事诉讼法》的修改不但没有限缩办案期限，在一审的审判期限方面还有所延长，其实是一种退步。两高两部《速裁程序试点办法》对刑事起诉和审判两个环节的期限都进行了大范围的缩减，突破了刑事诉讼有关期限的法律规定，体现了刑事诉讼改革在效率和人文关怀的进步。在检察院审查起诉期限方面，适用速裁程序的案件，检察院的审查起诉期限比适用刑事简易程序缩短22天；在法院审理期限方面，适用速裁程序审理的案件，法院的审理期限比适用刑事简易程序缩短13天。这些时间和期限的规定，都体现了刑事速裁案件高效的特点。从上述规

定可以看出，刑事速裁程序确实体现了快速起诉、快速审判的要求。特别是检察院审查起诉期限缩短了刑事诉讼法对检察院要求的审查期限的规定，有利于通过缩短审前期限来加速整个刑事案件的流程，这可以说是提高刑事诉讼效率的重大举措。通过规范侦查、起诉和审判环节的期限，在刑事速裁程序中建立公、检、法、司的程序联动性速裁办案机制，是本次刑事速裁程序试点的重要亮点。

第二，简化庭审方式，提高庭审效率。刑事案件的庭审方式的改革一直是我国刑事诉讼制度改革的中心环节。刑事速裁裁程序的试点在很大程度上突破了刑事简易程序的改革的内容。根据两高两部《速裁程序试点办法》第11条规定，人民法院适用刑事速裁程序审理案件，可以不进行法庭调查和法庭辩论。2012年《刑事诉讼法》第213条规定，适用简易程序审理案件，不受送达期限、讯问被告人、询问证人、鉴定人、出示证据、法庭辩论程序规定的限制。两高两部《速裁程序试点办法》明确在刑事速裁程序中不再进行法庭调查和法庭辩论，这和《刑事诉讼法》不受限制的弹性规定相比，在简化庭审方式的要求上更加明确。在刑事诉讼参与各方对犯罪事实和量刑建议没有分歧的情况下，省略繁复的法庭调查和法庭辩论环节，可以大大节省庭审时间，加快庭审的审判节奏。另外，两高两部《速裁程序试点办法》第16规定，人民法院适用刑事速裁程序审理案件，应当庭作出判决，使用格式文书进行裁判。2012年《刑事诉讼法》对简易程序的当堂判决缺乏明确规定，两高两部《速裁程序试点办法》关于当庭判决的规定对刑事审判提出更高和更快的要求。另外，格式化裁判文书在刑事速裁程序中的适用，也是传统的《刑事诉讼法》中没有的规定。以上这些庭审方式在刑事速裁程序中的创新，都是对刑事诉讼庭审方式的重大突破。

第三，尊重个人隐私，强调信息安全和舆情稳定。刑事诉讼中犯罪嫌疑人和被告人虽然受到刑事追诉，在不存在法定的不公开审理的情形下，法院的刑事审判都应该公开进行。根据我国现行《刑事诉讼法》相关规定，人民法院审理刑事案件，除涉及国家秘密、个人隐私、商业秘密或者被告人是未成年人的案件外，一律公开进行。审判公开原则是刑事诉讼的一项基本原则，是通过"阳光"司法来促使司法公正的重要措施。但是这些原则在具体实施中，还需要考虑与犯罪嫌疑人和被告人的隐私权的平衡问题。根据无罪推定原则，犯罪嫌疑人和被告人在法院最终裁判前都不得被推定为有罪。但是，犯罪嫌疑人和被告人受到刑事指控，不可避免地会对其个人的名誉产生不利的影响，进而会波及其工作和家庭人员。特别是轻微的刑事案件，被指控人的违法犯罪的恶性程度并不是很高，通过轻微的刑事惩罚大多数能够悔过自新。如果在审判中采取公开的方式，特别是在当下互联网传媒发达的时代，对其个人名誉可不避免地产生不利的影响。在轻微的刑事案件，特别是在1年以下有期徒刑的案件中，在确保诉讼当事人广泛参与的情况下，采取不公开审理对于被指控人和家庭事实上形成了一种保护，体现了当代诉讼的文明与进步。实际上，只要相关措施落实细化并监督到位，应当不会产生暗箱操作的司法腐败问题。

学者陈朴生教授指出，刑事诉讼法之机能，在维护公共福祉，保护基本人权，不计程序之烦琐，进行之迟缓，亦属于个人无益，于国家社会有损。故诉讼经济于诉讼制度之建立实不可忽视。[1] 刑事速裁程序快速处理案件可减少刑事程序对被告人的惩罚性，合理配置刑事司法资源并提高诉讼效率，帮助被告人及时改过自新和重新融入社会，以上这些都具有很重要的价值。中国刑事速裁程序的试验性立法的试点，通过司法再造来简约法律程序以构造新的诉讼程序，将使中国的刑事诉讼法律更加多元化和科学化。

---

[1] 陈朴生：《刑事经济学》，正中书局1975年版，第327~328页。

刑事速裁程序试点的国际比较

从刑事诉讼的国际立法上看，刑事简易程序是刑事案件快速处理的简便程序，在广义上应当包括刑事速裁程序，但是并不完全等同于刑事速裁程序。在中国出台刑事速裁程序试点之前，中国学者对简易程序的研究，大都是广义上的研究，极少针对简易程序内部进行结构性的分层研究。根据中国试点的刑事速裁程序的适用条件和审理案件的方式，刑事速裁程序位于中国刑事审判程序的最底端，是对目前双层结构的简易程序（被告人认罪且案件事实清楚的 3 年以下有期徒刑案件的独任法官审的简易程序和被告人认罪且案件事实清楚的 3 年以上 15 年以下有期徒刑案件的合议庭审的简易程序）的再次切分，也即立法机关将刑事诉讼法中的独任法官的简易审判部分切分出一块（被告人认罪且案件事实清楚的可能判处 1 年以下有期徒刑的特定范围的轻微刑事案件）来单独适用刑事速裁程序。此外，从国际上看，适用刑事快速处理的轻微刑事案件，被告人应当认罪，且案件事实清楚、证据充分。这是刑事速裁程序的另外一个带有普遍性的共同点。由于中、美、德三国有关犯罪的定义上的差别，中国对犯罪的定性在程度上明显高于美国和德国以及世界上很多其他国家，导致三个国家的刑事速裁程序在立法机构上存在明显的差异。程序法在程序自治方面有相对独立性，但是没有实体法的前提就不可能有程序法的附着，因此程序法必须服从于实体法的根本目的。

第一节　刑事速裁程序的试点范围

由于各国的文化传统的差异，犯罪的构成和定义存在区域性的差异。只有部分极具犯罪本质的严重侵犯国家、社会、组织和个人利益的不法行为，例如叛国、纵火、杀人、强奸、抢劫等行为，在人类社会中普遍性地被理所当然认为是犯罪。但是，犯罪乃是一种相对性的概念，犯罪内涵是相对性的，而没有绝对性的内涵，同样内涵的不法行为，在不同时代或不同的地域，可能是犯罪，亦可能不属于犯罪。〔1〕 由于美国和德国法律上的犯罪界定和刑事责任方式都与中国存在很大的差异，彼此在比较法意义上的刑事速裁程序的适用范围存在很大差异。总体上，比较法意义上的刑事速裁程序适用的条件可以被划分为客观条件和主观条件，客观条件即罪刑条件和事实条件，主观条件即被告人主观认罪或对量刑的意见条件等。

美国是普通法国家的代表，其关于犯罪的定义与德国法和中国法很不同。凡是行为本身具备犯罪的客观要件，即犯罪行为（Actus Reus）和主观要件，即犯罪心理（Mens Rea），都有可能被指控和定罪。〔2〕 因此，在比较法意义上的刑事速裁程序适用的案件范围其实相当宽泛。当然，事实上美国并没有与中国完全对应的刑事速裁程序。美国刑法基本上是判例法的总结，只有具体的犯罪行为的描述，不在法典中对普遍性的犯罪进行抽象的定义，这就如英语中只有山羊、绵羊的概念，而没有抽象的羊的概念一样。其判例法对具体的犯罪的判定，完全不同于中国刑法的高门槛制，而是低门槛制。因此，中国意义上的刑事速裁程序的案件在美国适用的范围比较宽泛，可能包括1年以下有期徒刑的刑事处罚和微罪等。美国采取的一元化的犯罪模式，不同于中国的二元化（刑事犯罪与行政治安处罚）模式。由此，美国的轻微刑事案件的快速处理程序，适用的案件就包括大量类似于我国社会治安管理处罚中的行政违法行为。〔3〕 另外，美国的快速处理案件程序并没有案件的特定类型的限制，不像中国刑事速裁程序在适用上还存在特定的罪名的限制。虽然美国在制定法上将轻罪的界限定为可能判处1年以下有期徒刑的犯罪，但是美国的刑事诉讼法并没有规定针对1年以下有期徒刑的犯罪设置专门的刑事

---

〔1〕 林山田：《刑法通论》（上册），北京大学出版社2012年版，第108～109页。

〔2〕 ［美］约书亚·德雷斯勒：《美国刑法精解》（第4版），王秀梅等译，北京大学出版社2009年版，第75页。

〔3〕 有关美国微罪的界定和解释可参见《美国联邦刑事诉讼规则》（Federal Rules of Criminal Procedure），咨询委员会的附注（1990）部分：根据《美国法典》（18U. S. C. §19）的规定，微罪为轻罪的B级、C级，或者是很轻微的违法，并且该罪的处罚的罚金的数额限定在个人5000美元以下，单位犯罪在10 000美元以下。

快速审理程序。对于可能判处 1 年以下有期徒刑的轻罪和微罪案件的处理程序，虽然联邦和各州都有差异，但总体上是由州内区法院的辩诉交易程序和基层治安法庭的轻罪审理程序两种程序交错适用。适用辩诉交易程序除了需符合上述客观条件之外，还要求案件的基本事实清楚，即适用辩诉交易的案件必须具有事实基础。至于主观条件，在辩诉交易中，被指控人不仅要认罪，而且要与指控方达成量刑协议，即便该协议对法院没有约束力。

德国是大陆法系国家的代表，其刑法和犯罪构成理论相当发达，并且其早期透过对日本法的输出，而对中国的传统刑法理论和犯罪构成理论影响较大。[1] 虽然如此，德国刑法有关犯罪的构成和犯罪的界定，与中国目前的刑事法律关于犯罪的定义仍然存在很大的差别。根据《德国刑法》第 12 条的规定，重罪为最低刑为 1 年或 1 年以上的违法行为。据此，德国的轻罪应当为 1 年以下的较轻的自由刑（geringere freiheitsstrafe）或者罚金的违法行为。[2] 另外，由于德国的刑法采取二元结构，在刑事责任体系中除了刑罚之外还有保安处分。[3] 因此，比较法上的刑事速裁程序范围在德国的适用范围也比较宽泛，包括 1 年以下有期徒刑的案件和保安处分的案件。但是在比较法意义上的刑事速裁程序的适用案件范围上，中德之间的差异与中美之间的差异存在明显的不同。首先，德国刑事诉讼法对可能判处 1 年以下有期徒刑的轻微刑事案件适用独立的快速审理程序。这种简易程序和中国的试点刑事速裁程序在适用范围上具有很大的相似性。与中国不同的是，德国的刑事简易程序没有专门罪名的限制，但是不允许适用未成年人（已满 14 周岁未满 18 周岁）案件。与美国不同的是，德国存在专门的针对 1 年以下有期徒刑案件的快速审理程序，美国仅仅有对不需要监禁的微罪的处理程序。当然，德国除了 1 年以下有期徒刑的案件处理之外，还存在处罚令程序和保安处分程序等其他简便的处理刑事案件的程序。除了罪与刑条件之外，德国适用简易程序和处罚令的也都要求有事实基础。同时，要求被指控人对指控并没有异议，但是

---

〔1〕 王立民：《论清末德国法对中国近代法制形成的影响》，载《上海社会科学院学术季刊》1996 年第 2 期。

〔2〕 宗玉琨译注：《德国刑事诉讼法典》，知识产权出版社 2013 年版，第 146 页。另外，除非特别指出，本书引用的《德国刑事诉讼法》条文均出自宗玉琨的最新的弗莱堡本。

〔3〕 ［德］克劳斯·罗克辛：《德国刑法学》，王世洲译，法律出版社 2005 年版，第 3 页。

并没有同意检察官量刑建议等主观条件的硬性要求。

中国的刑事速裁程序试点阶段，刑事速裁程序的案件适用范围受到比较严格的控制。根据两高两部《速裁程序试点办法》，刑事速裁程序适用的条件既有积极条件（肯定性条件），也有消极条件（否定性条件）。积极条件也包括客观条件和主观条件两大类。客观条件包括：①刑事速裁程序的试点案件的适用的范围为：危险驾驶、交通肇事、盗窃、诈骗、抢夺、寻衅滋事、非法拘禁、毒品犯罪、行贿犯罪、在公共场所实施的扰乱公共秩序的犯罪情节较轻，依法可能被判处 1 年以下有期徒刑、拘役、管制的案件，或者依法单处罚金的案件；②案件事实清楚、证据充分。主观条件包括：①犯罪嫌疑人、被告人承认自己所犯罪行，对指控的犯罪没有异议的；②当事人对适用法律没有争议，犯罪嫌疑人、被告人同意人民检察院提出的量刑建议的；③犯罪嫌疑人、被告人同意适用速裁程序的。除了上述的积极适用速裁程序的条件外，两高两部《速裁程序试点办法》还规定了否定性的禁止条件，这些否定性的条件包括：①犯罪嫌疑人、被告人是未成年人、盲、聋、哑人，或者是尚未完全丧失辨认或者控制自己的行为能力的精神病人的；②共同犯罪案件中部分犯罪嫌疑人、被告人对指控事实、罪名、量刑建议有异议的；③犯罪嫌疑人、被告人认罪但经审查认为可能不构成犯罪的，或者辩护人作无罪辩护的；④被告人对量刑建议没有异议但经审查认为量刑建议不当的；⑤犯罪嫌疑人、被告人与被害人或者其法定代理人、近亲属没有就赔偿损失、恢复原状、赔礼道歉等事项达成调解或者和解协议的；⑥犯罪嫌疑人、被告人违反取保候审、监视居住规定，严重影响刑事诉讼活动正常进行的；⑦犯罪嫌疑人、被告人具有累犯、教唆未成年人犯罪等法定从重情节的；⑧其他不宜适用速裁程序的情形。

与美国和德国相比，中国试点的刑事速裁程序试点的案件范围条件的限制相当苛刻，这个原因导致刑事速裁程序的试点在实践中适用率可能不会太高。但是，从试验性立法的稳健性的角度考虑，两高两部《速裁程序试点办法》规定的这些积极条件和消极条件，虽然有些并不是很合理，但是对于降低试点可能引发的风险具有积极的作用。当然，根据试点的不断推进和经验的积累，我国有关刑事速裁程序适用的诸多积极条件和消极条件都需要在试点的基础上，在未来的相关立法中进行必要的调整。

第二节　刑事速裁程序试点中的被告人的权利

在刑事快速审理的程序中，由于被告人认罪和庭审的普遍形式化，被告人的基本权利无疑会受到冲击。同时，由于在检控机关主导下的刑事速裁程序，刑事指控机关基本上控制了案件的程序走向和案件的预期结果。在某种意义上，刑事速裁程序实际上是法院让渡部分的司法权来获得司法的效率。正因为如此，刑事速裁程序中的被告人的权利保护构成刑事速裁程序正当化的核心，各国的刑事快速处理程序在致力于提高案件审理效率的同时，都注意保护被告人在这些特殊程序中享有基本权利。由于中、美、德三国在被告人的权利保护上有法律位阶差异，因此比较法意义上的被告人的权利保护程度也存在差别。

美国宪法对刑事被告人的权利进行了高位阶的保护，而且在实践中是通过宪法的司法化来实现的。[1] 无论是实行陪审团审判，还是在辩诉交易和微罪处理程序中，被告人都同样享有宪法上的基本权利的保护。但是，美国法律同时允许被告人对自己的宪法权利保护予以放弃，因此在辩诉交易和微罪处理程序中，被告人只要认罪并选择这两种程序来审理案件，就必须放弃部分宪法上的权利。以加利福尼亚州为例，只要被告人进行认罪答辩，无论重罪还是轻罪，都必须书面正式声明放弃宪法性权利：包括陪审团审判权、法庭审判权、当面质证和交叉询问权、沉默和不自证其罪权、提交证据和抗辩权、包括为自己作证的权利、放弃预审权等。这些放弃的权利都被详细地列在被告人必须填写的表格上，否则被告人就无法进行正式的认罪答辩，法院也不会接受被告人的认罪答辩。[2] 由此可以看出，在刑事快速处理的程序中被告人享有的宪法上的正当程序的权利基本上被要求放弃。

在美国，治安法院对于轻微的刑事案件的处理方式并没有本质上的改革。独任的法官对于被处刑的罪犯的情况知道得很少。大多数案件的轻罪犯已经

---

〔1〕　See generally, Akhil, Reed Amar, *The Constitution and Criminal Procedure：First Principles*, Yale University Press, 1997.

〔2〕　Plea form with explanations and waiver of rights-felony (criminal), from approved for optional judicial council California, CR-101〔Rev. January 1, 2010〕, Penal Code, §1016, www. courtinfo. ca. gov.

答辩有罪，最多与检察官、辩护律师或法官花费几分钟时间。而且轻罪案件中的被告人通常不是判决前量刑的调查对象，因此判决的惩罚在很大比例上是罚金而不是监禁。美国的司法管理调查委员会对负责轻微犯罪的司法官的处理程序的调查报告中总是指责治安法官的审理存在不公正和腐败的问题。被告人的权利在刑事速裁程序中受到很多的限制，大量的刑事速裁案件中没有律师代理。虽然近年来美国地方法院开始尝试替代性的刑事诉讼调解等方式来解决刑事速裁程序中的弊病，但是目前的效果并不是很清楚。[1] 因此，美国学者对这种有悖正当程序的快速审判案件程序进行了激烈的批评，这些批评主要围绕被告人的权利保护不足而展开的。但是快速审理案件的辩诉交易和微罪处理程序受到法律实务部门的欢迎和支持而得以长期存在。另外，虽然如此，美国在刑事快速处理的程序中，被告人仍然享有若干基本权利，譬如法律援助的权利、被询问时享有律师在场权（如果被告人不主动放弃该项权利）、法律告知权、认罪听证权、自愿性认罪权、有限上诉权等多项权利。这些有限的基本法律权利可以保证被告人在刑事快速审理程序中，行使程序上和实体上的抗辩权，确保刑事快速处理案件的程序可以正常运行。

相比之下，德国被告人的基本权利主要是被规定在刑事诉讼法的基本法律中。例如，《德国刑事诉讼法》第 136 条规定，在询问被指控人时，应当向被指控人告知其被指控的犯罪行为和列入考虑的刑罚规定，并向被指控人指名，依法其有就指控作出陈述或对案件保持沉默的自由，并可随时地、甚至在询问前、咨询其选任辩护人，等等。此外，《德国刑事诉讼法》第 136a 条规定了禁止询问方法，包括不管被告人自愿还是不自愿，都不得用虐待、疲劳战术、伤害身体、施用药物、折磨、欺诈或催眠等方法损害被指控人意思决定和意思活动之自由。此外，德国属于《欧洲人权公约》缔约国，受到《欧洲人权公约》的规制，其中规定的被告人免遭酷刑和公正审判的权利在公约中都有规定。上述关于被告人在刑事诉讼中的基本权利，在特别程序中并没有表明可以被克减。除了法庭审理程序的简化之外，被告人在快速处理案件的程序，包括处罚令程序、保安处分程序和简易程序中，都享有宪法和刑

---

〔1〕 ［美］爱伦·豪切斯泰勒·斯黛丽、南希·弗兰克：《美国刑事法院诉讼程序》，陈卫东、徐美君译，何家弘校，中国人民大学出版社 2002 年版，第 303~330 页。

事诉讼法赋予的基本权利。在这方面，由于德国的简易程序适应的比例比较低，[1] 因此总体上，德国的被告人享有比美国的被告人更广泛的诉讼权利。

　　与美国和德国的刑事快速处理案件程序中被告人的权利规定比较，中国试点的刑事速裁程序中的被告人的权利保护的规定更类似德国快速审理案件的被告人权力保护模式。根据全国人大常委会《速裁程序试点授权决定》和两高两部《速裁程序试点办法》规定，被告人在刑事速裁程序中享有以下基本权利：速裁程序选择权、自愿认罪权、非法证据排除权、辩护权、法律援助权、出庭受审权、最后陈述权、有条件不公开审理权、上诉权等。司法机关在审理刑事速裁程序案件中，并没有要求或强迫被告人放弃某些实体性或程序性的权利。因此，除了直接言辞原则之外的权利，被指控人在刑事速裁程序中享有绝大部分在普通程序中享有的基本权利。这说明，中国在刑事速裁程序的试验性立法的策略上相对稳健，基本上保障了被告人享有刑事诉讼的基本权利，也即审理案件的程序相对简化，但被告人享有的诉讼权利并没有因程序简化而被大幅度克减。当然任何事物都有相对性，中德两国对刑事被告人权利克减的程度比较小，也必然会导致刑事速裁程序的适用率比较低，其在实践中明显没有美国的快速处理案件程序的效率高。保障被告人的基本诉讼权利和提高案件的诉讼效率在刑事速裁程序中是一对主要矛盾，根据本国的实际正确处理这对矛盾，有利于在二者之间建立相对平衡的关系，真正体现和发挥刑事速裁程序的价值和功能。

第三节　刑事速裁程序试点的审理方式

　　刑事快速审理程序的审理方式和正规的普通程序或陪审团程序审理方式相比，存在层级的结构性的差异，导致刑事速裁程序缺乏稳定的可比的审理模式。中、美、德三国在比较法上的刑事速裁程序的审理方式，虽然在庭审简化和快速审结方面存在共同点，但是由于法律传统和快速审理案件的程序的结构性差异，彼此间仍然存在比较大的差别。

---

　　〔1〕 2003 年的数据表明，只有4%的案件以这种特殊程序的方式来解决。并且，该程序也受到德国学者的强烈批评，参见宗玉琨译注：《德国刑事诉讼法典》，知识产权出版社 2013 年版，第 290 页。

美国刑事案件快速处理的两层程序中，就审理方式而言，辩诉交易的案件审理方式比起美国治安法官的微罪处理程序更加接近中国的刑事速裁程序的审理模式。但是，美国的辩诉交易和中国的刑事速裁程序在审理方式上仍存在很大的差别。首先，在庭前审查方面，美国法院在确立案件是否可以进入辩诉交易程序审理之前，设立了专门的认罪答辩的听证程序（Plea Hearing）。中国刑事诉讼法虽然有庭前会议的法律规定，但是在两高两部《速裁程序试点办法》中并没有规定庭前关于自愿性认罪的听证。其次，美国的指控检察官与被告人可以就指控罪名的降级和量刑减让达成书面协议，只要该协议本身没有违反法律规定，法院基本上是照单全收。中国的刑事速裁程序中，检察官具有量刑建议权，被指控人没有权利和检察官就量刑建议的内容进行讨价还价。最后，在法庭对辩诉交易的确认阶段，法官主要对辩诉协议的文本进行形式审查，而并不围绕证据等事实问题进行实质性的法庭调查。中国的刑事速裁程序则需要有法庭调查，即便很简化，且由于规范性的速裁法庭程序尚待建立，相关的试验性立法的规范性文件反映出法庭审理的程式化程度并不高。

德国的快速案件审理程序存在三个层次，即处罚令、保安处分和简易程序。就审理方式而言，简易程序的案件审理方式更加接近中国的刑事速裁程序。譬如，简易程序需要由检察院主动提起（《德国刑事诉讼法》第418条）。法庭审理的方式可以简化，特别是法官有权在不影响实质性证据调查的前提下可自由确定证据调查的范围（《德国刑事诉讼法》第420条第4款）。被告人拒绝使用简易程序的，可以转入正式法庭审理程序，等等。除了上述相似之处之外，还存在诸多的不同。譬如，德国的检察官在提起公诉时，不需要向法庭递交公诉书，公诉在法庭审理开始时口头提起（《德国刑事诉讼法》第418条第3款）。法庭审理无须传唤被指控人，仅当被指控人不自愿到场参加法庭审理或未被解送到法院时才对其传唤（《德国刑事诉讼法》第418条第2款）。此外法庭的指定律师辩护仅适用于可能判处6个月以上自由刑的被指控人（《德国刑事诉讼法》第418条第4款），中国在指定辩护方面没有类似的限制。另外，案件的法庭审理的预留时间也比中国的要长。德国的简易程序审理的案件，自法院收到申请至开始法庭审理，不得超过6周（《德国刑事诉讼法》第418条第1款），而根据两高两部《速裁程序试点办法》第15条规定，人民法院适用速裁程序审理案件，一般应在 7 个工作日内审结。

把美国的辩诉交易的审理方式和德国的简易程序的审理方式进行比较，显然美国的辩诉交易的审理方式对于中国的刑事速裁程序的完善更具意义。首先，美国的辩诉交易制度的发展历史比较长，德国的简易程序很大程度上是借鉴了美国的辩诉交易制度，也可以说是德式辩诉交易。其次，德式的辩诉交易的审理方式虽然比较简化，但是仍然保留了庭审的实质性内容，这和德国传统的纠问式的诉讼制度有着密切的关系。而美国是具有抗辩传统的，特别强调控辩双方的意思自治，因此控辩协商的色彩浓厚，法庭审理的形式化的色彩比起德国更加浓厚。最后，中国的刑事速裁程序和美国的辩诉交易制度的技术设计上更相近，特别强调被告人的自愿认罪和程序选择权，以及尊重检察官的量刑建议权，因此在审理方式虽然形式上类似德国，但是本质上更接近美式的辩诉交易制度。因此，就审理方式和技术层面的借鉴的角度，美国的辩诉交易制度，特别是其有关审理的技术性、法庭程式设计等方面，对中国的刑事速裁程序的未来完善更具借鉴和参考价值。

第四节　基于比较法上的几点思考

基于中、美、德三国的刑事快速审理程序的上述比较，可以看出中国的刑事速裁程序的试验性立法具有鲜明的本土特点。以美国和德国这两大法系极具代表性的国家的刑事快速审理程序为参照，为从更大范围地观察和思考中国的刑事速裁程序试验性立法的走向提供了国际视角。

一、刑事速裁程序试验性立法的特点和反思

为了维护法律的稳定性，试验性立法在立法史上并不鲜见。美国 20 世纪关于快速审判法的试验性立法进行了为期 5 年的过渡期试验，最终该项立法在美国成为正式法律，既保持了此前立法的延续性，又保持后续立法改革的稳健性。德国在引进美国的辩诉交易进行简易程序的立法时也进行了充分的酝酿。中国刑事速裁程序的试验性立法，在确保试点有序合法的前提下，实现实践立法、民主立法、科学立法，为推动的中国刑事诉讼制度的稳步改革

和完善提供了新的路径。中国当下的刑事速裁程序的试验性立法，具有以下几个鲜明的特点：

首先，全国人大常委会《速裁程序试点授权决定》，为试验性立法提供合法性依据。由于刑事速裁程序的试点内容突破了 2012 年《刑事诉讼法》，为了维护法律的稳定性和严肃性，最高人民法院专门就该试点向全国人大常委会作专题说明。该项试点在全国人大常委会层面进行了专题的讨论。全国人大常委会随后发布《速裁程序试点授权决定》，授权两高进行试点。这种试验性立法可以避免传统的自下而上或自上而下的多头试点，也可避免对国外立法成果的简单移植，防止立法改革的盲目性和随意性。当然，从试验性立法方案的可行性角度，有关试验性立法的顶层设计的研判还可以扩展到实务部门和专家层面，这样不仅可以在社会上形成更加广泛的共识，而且可以为试验性立法提供更多的智识上的支持。

其次，刑事速裁程序的试验性立法，以法院为中心，公检法司统筹互动，形成系统性合力试点的局面。刑事速裁程序的试点，法院发挥主导型作用，检察机关、公安机关和司法行政机关协助配合，体现了以审判为中心的刑事司法规律。虽然全国人大授权的是两高，但是正式推进试验性立法的《速裁程序试点办法》是由两高两部四家联合签署，这样就可以全方位地保证试验性立法试点的统筹进行，避免传统的司法改革项目试点的各自为是、相互掣肘的问题。当然，在试点过程中，对于司法机关就试验性立法的统筹配合效果还需要进行实践的检验，并需要对此进行专门的系统性的总结，为今后相关的试验性立法改革提供经验性的支持。

最后，刑事速裁程序的试验性立法，试点时间周期短，试点地点覆盖面较大。本次试验性立法选择 18 个城市进行为期 2 年的试点，从本次的试点周期看，时间只有 2 年，应当说从试验性立法的角度看，时间上比较合适。但是如果从更稳妥的方面看，这个周期似乎稍显短些，这样大范围的试点，规定 3 年的试点期限可能会使试点的工作推进更加从容。从试点的地点范围看，选择 14 个省市的 18 个城市作为试点单位，既考虑了地域上的分布性，也考虑这些地区的日常刑事案件的存量，应当说试点城市的覆盖面是比较宽和有代表性的。唯一欠缺的是，西部地区的试点城市在试点城市中所占的比例太少，可能会导致对经济欠发达地区试点效果取样不足的问题。当然，这是一次试验性立法，本身就具有试的性质，不可能做到完全周全，而是需要总结相关的经验，以待未来其他试点参考。

二、刑事速裁程序的立法上功能性定位

从对美国和德国的快速审理案件的立法模式比较分析，中国刑事诉讼中的简易程序的结构上过分单调是突出问题。刑事速裁程序的试点为解决这个问题提供了新的突破，就是要在简易程序之外创设新的速裁程序的独立层级，在刑事诉讼中形成合议庭审理的简易程序、独任审判的简易程序和刑事速裁程序三个层次的刑事快速处理程序。根据全国人大常委会《速裁程序试点授权决定》和两高两部《速裁程序试点办法》，刑事速裁程序的案件适用范围具有特定类别的指向性，即主要适用的是日常多发的犯罪案件，并且是犯罪的情节较轻、依法可能判处 1 年以下有期徒刑、拘役、管制的案件，或者依法单处罚金的案件等常见的轻微犯罪案件。这和刑事诉讼中的简易程序的案件罪名范围没有特定指向有很大的差别，并且该类案件的量刑层次也相对更低。不仅如此，刑事速裁程序的审理方式更加形式化，这种简化的方式突出庭审的形式审查功能，与过去的简易程序与普通程序的实质审查存在明显差别。更为重要的是，刑事速裁程序从案件的起诉到审判，无论是侦查，还是起诉、审判的各个环节的效率都有显著提高。首先，缩短了审判期限。根据两高两部《速裁程序试点办法》第 15 条规定，人民法院适用速裁程序审理案件，一般应在受理后的 7 个工作日内审结。这个规定比《刑事诉讼法》的简易程序的 20 日内审结的审理期限要缩短 13 天。其次，缩短审查起诉的期限。根据《速裁程序试点办法》第 8 条规定，人民检察院一般应当在案件受理之后 8 个工作日内作出是否提起公诉的决定。这个审查起诉的期限比刑事诉讼法规定人民检察院审查起诉的 1 个月的期限要缩短 22 天。从检察院的审查起诉到法院的一审案件结束，适用速裁程序审理的案件的整个期限最长不超过 15 日，比刑事诉讼法规定的法定期限，实际上简省 35 天。由此可以看出，正在试点的刑事速裁程序在提高刑事案件的审理效率方面明显优于简易程序和普通程序。

当然，在刑事速裁程序之外，还可以借鉴美国的微罪审理程序和德国的处罚令程序，在刑事诉讼法中创设第四个刑事快速处理案件的程序层级，即

建立独立的处罚令书面审程序。处罚令程序属于程式化快速审理刑事微罪案件的国际通行方式。所谓处罚令程序，是指负责初期审查的法官依照检察官的请求，就公诉案件中检察官认为只应当适用财产刑的案件，或者替代监禁刑而科处财产刑的案件，无需经过审查或者法庭审判而直接发布处罚令的简易程序。在处罚令程序中，起诉状和答辩状可以采用法院印制好的表格，也可以口头进行。例如，德国处罚令的书面审理程序，就是完全舍弃开庭审理，被告人不需要出庭，处罚令直接由检察院提出书面申请，之后法官审查刑事案卷，对符合法定条件的案件直接签发处罚令，程序非常简便。[1] 由于我国目前的刑事速裁程序的审理还是普遍要求开庭，采取完全书面审理方式的条件还不成熟。当然，也不排除在未来的改革设计中，创设不开庭的书面审理方式，以进一步提高刑事速裁案件的审理效率。对于创设处罚令程序的改革，可以分两步走：第一步，在刑事速裁程序试点结束后，即可建议在新法中规定刑事速裁程序对单处罚金刑的可直接适用处罚令书面审程序；第二步，在治安限制性人身自由的司法化和相关问题得到解决的恰当时机，治安处罚令程序的适用大范围拓展，处罚令程序就可以成为独立的快速审理案件程序。

三、刑事速裁程序的适用范围和条件

从中国、美国和德国的刑事快速处理程序适用范围的比较，可以看出美国的范围最大，其次是德国，而后是中国。中国的刑事速裁程序试验性立法阶段的案件范围比较窄有着特定历史背景。目前，刑事速裁程序案件的适用率并不高，主要的原因是试验性的立法条件限制过于苛刻。未来的刑事速裁程序的适用范围条件可以考虑进行适当的调整。

第一，刑事速裁程序适用的积极条件可以适当扩展。在刑事速裁程序适用的客观条件方面，可以考虑取消特定的罪名类别的限制，将更多符合可能判处 1 年以下有期徒刑条件的案件纳入刑事速裁程序中来。同时，针对目前试验的常见的 11 种罪名的量刑规范进行司法解释，对于这 11 种犯罪可能判处 1 年以下有期徒刑的具体情形进行司法解释，增强司法的操作性。至于是否

---

〔1〕 ［德］托马斯·魏根特：《德国刑事诉讼程序》，岳礼玲、温小洁译，中国政法大学出版社2004 年版，第 212 页。

可以将刑事速裁程序的适用范围上调为 3 年以下有期徒刑，这当然是另外一个思路。如果从美国、德国等国家关于重罪与轻罪的界限以 1 年为限进行划分的情况看，笔者认为未来的刑事速裁程序仍然以 1 年以下的有期徒刑案件的适用范围为宜。另外，如果上调到 3 年，必将导致简易程序的独任制审判与现行速裁程序的合并，快速审理程序在结构上仍然保持两个层级，没有达到试验性立法改革使快速审理案件层次多元化的目的。虽然案件的适用将大幅度拓展，但是法官、检察官量刑裁量权的扩大可能会导致司法风险的放大，因此在立法决策上还是要慎重行事。

第二，对刑事速裁程序的否定性条件的范围取消有关禁止性规定。从美国和德国的刑事快速处理程序的适用范围看，很少有类似中国的禁止性规定。这些禁止性规定，有些是合理的，譬如辩护律师作无罪辩护的案件。其余的笔者认为大都可以取消。譬如犯罪嫌疑人的身体上的缺陷，并不应当构成对刑事速裁程序的禁止性适用，因为刑事速裁程序对于被告人来说在量刑和快速处理案件上是有益的，犯罪嫌疑人不应因为身体的残疾就被剥夺适用刑事速裁程序的权利。从立法的表面目的上看，这种禁止性规定是保护身体有残障的犯罪嫌疑人和被告人，但实质上是歧视性的立法。另外，共同犯罪案件中，部分被告人认罪，部分被告人不认罪，也不应当禁止对认罪的被告人适用刑事速裁程序，这同样属于歧视性立法。此外，对违反取保候审、监视居住规定的也规定不适用刑事速裁程序，这个规定的道理也不充分，因为违反取保候审和监视居住的，适用的处罚并不能牵涉具体的程序选择权。另外，对于审查后量刑建议不当的，禁止适用刑事速裁程序，这也是不合理的规定。因为检察院的量刑建议对于法院来说并没有法律上的约束力，法院有权根据法律作出独立的判决。否则，这样的禁止性规定就会导致法院庭审过度形式化的问题。还有犯罪嫌疑人的加重处罚的情节仅仅是量刑的规定，不应构成对刑事程序选择权的限制，否则也属于歧视性的立法。总之，通过取消适用范围的专属罪名的限制，并且取消上述的禁止性条件，可以扩大刑事速裁程序的适用范围，以解决刑事速裁程序在实践中适用率不高的问题。

四、刑事速裁程序中的权利保护

从对中、美、德三国的刑事快速处理程序中被告人权利保护的比较，可以看出中国的被告人在刑事速裁程序中的诉讼权利保护的程度相对薄弱。这里面主要有两个原因：一个是中国没有被讯问被告人的辩护律师在场权，另一个是中国的刑事辩护的法律援助适用的范围总体上还比较窄。从完善中国刑事速裁程序的权利保护角度，特别是在上述两个问题在短期内还无法全部解决的前提下，需要进一步在程序设计中加强对被告人的权利保护的制度设计。

第一，关于权利告知。在刑事速裁程序中，被指控人的权利保护首先需要被告人对自己享有的权利的自主性认知。美国辩诉交易之中，有关辩护律师和法官对权利告知部分都设计了十分详细的告知清单。[1] 法律权利的告知清单，包括警察、值班律师、代理辩护律师、检察官、法官分别在不同的阶段对犯罪嫌疑人和被告人享有的各种诉讼权利进行详细告知并给予清楚解释。在反复的权利告知基础上，被告人清楚地认识到自愿性认罪的后果、程序选择的后果，等等。这些都有赖于建立犯罪嫌疑人和被告人的权利告知清单，并按照规定程序向犯罪嫌疑人和被告人履行权利告知的义务。概而言之，公正的刑事速裁程序，必须建立在被告人明知、自愿和对承担的量刑后果的心理认知基础上。

第二，关于程序选择权。刑事速裁程序强调尊重被告人的程序选择的意愿。在美国的辩诉交易之中，只要被告人选择认罪或不争辩（nolo contendere），并且被检察官和法官所接受，就会进入辩诉交易程序，不再存在被指控人自由选择其他审判程序的问题。在德国，根据简易程序的规定，被指控人并不享有程序选择权。简易程序的启动权完全掌控在检察官手中。中国的刑事速裁程序赋予被告人程序选择权，即便被告人认罪，如果被告人不愿意适用刑事速裁程序，检察机关和审判机关就必须尊重被告人的选择。在刑事速裁程序的试验性阶段，这个规定对于保护被告人的基本诉讼权利是公平的，但是在未来的正式立法中，建议对这个规定进行限制，即可借鉴美国的经验，只要案件符合基本客观积极性的条件，一旦被告人认罪就必须进入速裁程序，被告人不再享有程序选择权，特别是在正式审判开始后，被指控人不允许撤

---

〔1〕 Robert L. Segar, *Plea Bargaining Techniques*, 25 Amjur, Trials 69, American Jurisprudence Trials, Datebase updated April 2008.

回程序选择权，防止该项权利被被告人滥用而导致诉讼成本沉没。另外，被告人的程序选择权是程序启动的主导，但是并不等于法院、检察院就完全没有发言权，而是要根据刑事政策和案件的综合情况来决定案件是否适用刑事速裁程序。

第三，关于辩护权。从美国和德国的经验看，刑事速裁程序中特别注重被告人的辩护权利的维护，对没有辩护律师的要给予强制性的法律援助。根据两高两部《速裁程序试点办法》第 4 条，应建立法律援助值班律师制度，法律援助机构在人民法院、看守所派驻法律援助值班律师。犯罪嫌疑人、被告人申请提供法律帮助的，应当为其指派法律援助值班律师。这项规定为速裁程序中的律师帮助权和辩护权提供了法律保障。司法部为此还专门下发通知，要求加快值班律师的建立，充分发挥职能作用为刑事速裁程序的试点提供高效的法律服务。从实践反馈的情况看，看守所的值班律师制度已经逐步建立起来，有效地保障了刑事速裁案件的被告人羁押期间的法律咨询等问题。但是由于值班律师并不是被告人的代理律师，因此刑事速裁程序案件法律援助的辩护律师制度还亟待完善。

第四，关于上诉权。在刑事速裁程序的案件中，被告人是否享有上诉权是一个很有争议的法律问题。在美国，辩诉交易中，检控方在认罪答辩协议中会明确要求被告人放弃上诉权，并把该条作为接受认罪答辩的一个条件。因此，美国绝大多数的辩诉交易案件中被告人是主动放弃上诉权。但是这并不表明，美国的辩诉交易的被告人就绝对不享有上诉权，当出现无效辩护、认罪的非自愿情况以及量刑严重偏离法律规定的情形时，被告人仍然具有程序上的上诉权。但是这种上诉权在实践中会受到严苛的司法审查，因此上诉的胜诉概率事实上非常小。在德国，简易程序的被告人对判决具有有限上诉权，即在上诉前需要由法院进行资格审查，如果审查符合上诉条件，则可以上诉，否则就会驳回上诉（《德国刑事诉讼法》第 313 条）。中国目前的刑事诉讼法规定两审终审，被告人的上诉权是法定的诉讼权，因此要在刑事速裁程序中禁止被告人上诉权的行使，可能存在接受上的困难。从司法实践看，刑事速裁程序中被告人适用刑事速裁程序上诉的情况很少，有些仅仅是因为量刑之外的原因而上诉，譬如避免从看守所被转送监狱收押，而通过上诉来拖延在看守所的服刑时间。因此，解决刑事被告人因量刑之外的因素上诉还需要通过调查来提出办法。总体上，笔者建议借鉴德国的有限上诉权的做法，即在刑事速裁程序的上诉程序中设置前置过滤审查程序，对不符合上诉条件的上诉不许上诉。这样，就能比较好地解决刑事速裁案件被告人上诉导致司法资源浪费的问题。

第五，关于隐私权。被告人的隐私权是否应当得到保护是刑事诉讼中争议很大的问题，但是这个问题主要取决于该项权利与公开审判价值之间的平衡。德国学者就指出，德国的刑事处罚令不仅节约了司法系统的时间和精力，而且由于避免公开审判所引起的麻烦和影响名誉的后果而吸引了许多被告人。[1] 传统上，只要被告人犯罪都要公开审理，不顾及被告人在审理中的感受，这个过程其实是对被告人的一种精神上的折磨与惩罚。在特别轻微的刑事速裁程序案件中，试行有条件的不公开审理制度，对轻微案件的被告人的隐私、名誉和信息进行必要的保护，体现了刑事诉讼的人文关怀。根据两高两部《速裁程序试点办法》，人民法院适用刑事速裁程序审理案件，被告人以信息安全为由申请不公开审理，人民检察院、辩护人没有异议的，经本院院长批准，可以不公开审理。虽然《宪法》和《刑事诉讼法》都明确要求除非特别规定，审判一律公开进行，但是公开审判在保障审判的透明和接受社会监督的同时，对于被告人来说可能会影响其自身的信誉和对隐私权保护。在轻微的刑事案件中，允许被告人基于信息和隐私的保护而申请不公开审理，可以在维护司法公正的前提下保障被告人的合法权益不因案件的审理而受到额外的损害。虽然这类申请不公开审理的案件，由于法律规定的告知权的不完善，以及需要院长批准等烦琐程序，在实践中可能运用的并不多，但是这项制度的试验性探索在客观上是具有积极意义的。

五、刑事速裁程序的审理机制和组织形式

第一，关于速裁审理的操作规程。从美国、德国的刑事快速程序的比较可以看出美国的辩诉交易操作规程非常详细，德国和中国的比较简略。由于刑事速裁程序的审理方式的幅度简化，为了保障犯罪嫌疑人和被告人的基本

---

〔1〕 ［德］托马斯·魏根特：《德国刑事诉讼程序》，岳礼玲、温小洁译，中国政法大学出版社2004年版，第208页、212页。

诉讼权利，必须在操作性机制上有更加详细和完备的技术性规定。这些系统性的速裁程序的操作规程至少应当包括人民法院、检察院和辩护律师适用速裁程序进行案件审理、指控和辩护的操作规范。例如，美国的律师协会就专门针对认罪答辩，制定了律师参与认罪协商的行为和操作性指南。另外，美国还有认罪答辩的专门指南，为整个案件的审理流程提供技术性支撑。制定严格的操作规程，可以有效地防止权力被滥用，防止司法不公等司法风险的产生。

第二，关于速裁程序的预审听证程序。关于预审程序，美国的辩诉交易程序中有认罪听证预审程序，德国的简易程序中并没有明确规定预审程序。[1] 中国试点的刑事速裁程序的相关规定并没有设置刑事预审程序。从加快刑事案件程序推进的角度看，增加预审程序必然导致程序的烦琐，而且影响审判的效率。但是，如果从维护程序的正当性和确保程序的公正性以及维护被告人的权利角度看，增加预审程序又是相当必要的。笔者认为，对可能判处 6 个月以上有期徒刑的案件，可以增设认罪答辩的预审听证程序，不仅刑事速裁程序中要增加，对于其他的简易程序的审理也需要增加认罪答辩的正式听证程序。在预审听证程序中，法庭主导认罪答辩过程，包括告知被告人享有的各种诉讼权利，包含程序选择权；确认被告人的认罪是否是自愿的，是否存在自己或家人被强迫的情形；确认被告人对审理程序和量刑建议是否是清楚和明知的；确认和审查证明有关案件的犯罪事实的主要证据；听取和审查有关社区调查报告和被告人的量刑证据；听取公诉人、辩护律师、被告人和被害人的主张和意见等。上述内容听证可以保证速裁程序符合正当程序的最低限度的要求。

第三，关于速裁审理的组织形式。刑事速裁程序的审理组织是保障刑事速裁程序有效运行的中枢。美国的辩诉交易和微罪审理程序都是由独任职业法官来独立行使审判权，这种方式和中国的速裁程序的独任法官审理方式比较接近。德国在这方面差别较大，根据《德国法院组织法》第 76 条的规定，法庭应当由具有相同表决权的三名职业法官和两名陪审员就罪责和刑罚问题

---

〔1〕 德国的正式公诉程序中有"开启审判程序"，类似于美国的重罪预审程序和中国的庭前会议程序。参见《德国刑事诉讼法》第 202a 条至第 207 条。

进行裁判。由于大部分的轻微刑事案件是由德国的地方法院舍芬庭审理，舍芬庭是由两名名誉法官和一名或两名职业法官共同参与裁判。[1] 可见，德国的刑事简易程序的审判组织形式比较复杂。考虑到中国的实际情况，特别是简易程序中独任法官的设计，刑事速裁程序的试点仍然由独任法官来审理比较合适。但是，由于刑事速裁程序的试点缺乏审理案件的详细技术性操作规程指引，因此法官的自由裁量权比较大，容易引起权力滥用和司法不廉的问题。因此，刑事速裁案件的试点中，对独任审判的权力监督机制应当予以完善，特别要加强对刑事速裁程序的独任法官在审理案件中的行为规则的制定，以避免和减少独任审判中的违法、违纪和违规现象的发生。

第四，我国是否需要尽快建立专门的治安法庭来快速审理轻微的刑事案件也存在争议。美国和德国在处理微罪案件上大都采用治安法庭的方式来处理轻微犯罪和治安案件。但是，我国和美国、德国在犯罪圈的划定上存在很大差别，因此我国设置治安法庭存在定性的困难，即治安法庭属于刑事法庭还是行政法庭，还是二者兼而有之，都是尚未解决的问题。在我国，大量违反治安管理处罚条例的案件是由公安机关来决定，事实上公安机关本身担负了治安法院或轻罪法院的处罚责任。在刑法体系中，目前的简易程序审理的案件相当于西方的重罪案件。这是刑事速裁程序试点中无法回避的问题。劳动教养制度废止后，我国仍然存在大量的限制人身自由的处罚，比如强制戒毒治疗及限制人身自由的行政拘留处罚，这些仍然是由公安机关来单方面决定的，这与国际人权保护的标准仍然存在相当大的差距。上述领域也迫切需要解决限制人身自由行政处罚的司法化问题。

---

〔1〕 参见 ［德］科劳斯·缇德曼：《德国刑事诉讼法导论》，载宗玉琨译注：《德国刑事诉讼法典》，知识产权出版社 2013 年版，第 36 页。

刑事速裁程序试点问卷调查

在刑事案件快速处理程序构造方面，理论界和学界一直存在争议。例如，有些学者担心我国刑事诉讼程序和发达国家相比本来就相对简单，如果刑事速裁程序在简易程序基础上再作简化，很难保证诉讼结构的完整，不利于定罪准确和量刑公正。[1] 这些忧虑并不是完全没有道理，当然也不能无限放大它而影响制度创新。对于理论争议的正确做法，就是对刑事速裁程序试点进行实证研究，以观察其运行的真实效果。刑事速裁程序在全国 18 个城市的试点，为观察和研究刑事速裁程序的功能提供了难得的契机，目前学界对刑事速裁程序已经陆续有实证研究成果。总体上看，目前这些研究普遍存在观察样本少和研究试点区域窄的问题，对整个试点规范和规则等缺乏系统化分析，大多属于碎片化经验整理，无论其研究的广度还是深度都无法对这样大规模的法律试点在运行过程中产生的规律、经验和问题进行全局性把握，不可避免会影响其研究结论的可接受性与可应用性。[2] 为了克服上述研究局限性，笔者对刑事速裁程序试点的相关问题进行涵盖了 18 个试点城市的问卷与调查分析，试图全面观察和揭示刑事速裁程序试点的经验和问题，在此基础上评估其在实践中的可行性。为此，笔者组织课题组多次到北京、上海、广州、南京、西安、沈阳等试点地区的试点法院、检察院和律师事务所、看守所进行

---

〔1〕 张建伟：《认识相对主义与诉讼的竞技化》，载《法学研究》2004 年第 4 期；黄淳：《"普通程序简化审" 质疑》，载《天府新论》2003 年第 4 期。

〔2〕 相关速裁实证研究的代表性文章有：廖大刚、白云飞：《刑事案件速裁程序试点运行现状实证分析——以 T 市八家试点法院为研究样本》，载《法律适用》2015 年第 12 期；郭京霞、李静：《保障人权促公正，全程简化出效率——北京海淀法院刑事案件速裁程序试点工作情况调查》，载《实务周刊》2016 年 1 月 14 日，第 5 版；徐斌：《效率通向公正：刑事速裁程序实证研究》，载《中国审判》2015 年第 17 期。

实地调研，观摩速裁庭审现场，与参与试点的法官、检察官、律师、警察和被告人、被害人进行座谈、访谈，发放和收集调查问卷、速裁案例、地方试点文本等大量第一手资料，在此基础上以调查问卷为主线完成了该研究报告。

第一节　研究的目标、问题和方法

一、研究的目标和问题

本研究的目标就是通过对 18 个试点地区刑事速裁程序的实际运行状况进行问卷调查，评估其在实践中的可行性，发现其中存在的问题并提供改进建议，为未来刑事速裁程序的科学立法提供实证参考。本研究报告集中围绕两高两部《速裁程序试点办法》进行问卷设计，对试点地区的法官、检察官、律师和警察就相关规则、文本规范和运行状况进行认知性、可行性、满意度等方面的调查和评估。本研究中调查问卷主要包括以下几大类问题。

（一）速裁案件适用范围和条件的规定是否合理？

刑事速裁程序案件适用范围和限制条件，直接关系刑事速裁程序在刑事案件繁简分流中的功能作用以及实际发挥的效用。为了确保试点工作的稳步推进，两高两部《速裁程序试点办法》中将速裁试点范围控制在 11 种犯罪类别和被告人可能被判处 1 年以下有期徒刑的案件。根据最初预测，并考虑到 18 个试点地区的刑事案件基数较大，刑事速裁试点应当至少可以疏解当地同期刑事案件的 35%~40%。[1] 但是，根据最高人民法院、最高人民检察院给全国人大的《关于刑事案件速裁程序试点情况的中期报告》，截至 2015 年 8 月 20 日，183 个试点法院和检察院适用的速裁案件占同期试点法院办理全部刑事案件的 12.85%。[2] 可见，该比例比预期比例要低得多。虽然这个比例也在中期报告随后一年的试点中整体上有所提高，但是总体上看速裁案件在

---

[1] 根据全国近几年的司法统计数据，2012—2014 年全国法院判处拘役以下刑罚占同期被告人的平均比为 45%。再以上海为例，2012—2014 年上海判处 1 年以下有期徒刑以下刑罚人数占同期被告人的平均比为 51%。参见最高人民法院刑一庭编：《刑事速裁程序试点中期评估资料汇编》，2016 年 8 月。亦可参见《中国法律年鉴（2012—2014 年卷）》。

[2] 《最高人民法院、最高人民检察院关于刑事案件速裁程序试点情况的中期报告》，载《全国人民代表大会常务委员会公报》2015 年第 6 号，2015 年 11 月 20 日。

试点地区的适用率并没有达到预期。制约刑事速裁程序适用因素有很多，但是核心的因素是速裁案件的适用范围和条件。另外，针对两高两部《速裁程序试点办法》规定刑事速裁程序适用条件是否需要改革以及如何改革问题，笔者在问卷中围绕罪名限制、刑期范围、禁止条件和改革建议等设计具体问题，以了解办案人员对该问题的态度和建议。

（二）速裁案件证明标准是否可以降低？

刑事速裁案件的审理速度上去了，但是案件的质量是否可以得到保证，审理案件的证据是否可以做到确实、充分？刑事速裁的证明标准是否可以有所降低？这些问题既是关系到刑事速裁程序能否具有正当性的基础问题，也是推进刑事速裁程序的难点问题。我国刑事诉讼的证明标准是采取统一高位标准，即审理案件要做到证据确实充分，排除合理怀疑，没有针对程序或诉讼阶段而采取不同证明标准。按照这个规定来推论，刑事速裁证明适用的标准应当是《刑事诉讼法》确定的"证据确实充分，排除合理怀疑"标准。但是，在两高两部《速裁程序试点办法》中，规定速裁案件证据要求"案件事实清楚，证据充分"，与《刑事诉讼法》相比少了"确实"两个字。这一细微变化是否意味着速裁案件的证明标准可以降低？在速裁试点地区的实际调查中，有的办案法官就明确提出，要降低刑事速裁案件的证明标准，简化证据文书要求，譬如在轻微的刑事案件中没有必要对赃物价格都进行司法鉴定。在学界，也有部分学者提出速裁案件的证明标准可以有所降低，满足"两个基本"的证明标准，即"基本事实清楚、基本证据充分"即可。[1] 国外的快速案件处理程序，对定罪并不要求达到排除合理怀疑，即只要被告人认罪并且有基本的事实即可定罪量刑。美国律师协会《认罪答辩准则》［14.1.4.（Ⅳ）］就明确规定，认罪就放弃排除合理怀疑的权利。[2] 在我国，由于诉讼证明标准充满主观性，这个问题极易成为试点争论的焦点，并很有可能带来认识上混乱。为此，我们在问卷中针对这个问题进行了调查，以了解参与

---

〔1〕 樊崇义：《刑事速裁程序试点：从"经验"到"理性"的转型》，载《法律适用》2016年第4期。亦可参见冉容、何东青：《积极探索 科学论证 推动刑事案件速裁程序试点健康深入开展——试点中期评估论证会专家意见摘编》，载《人民法院报》2015年9月9日，第6版。

〔2〕 ABA Standards for Criminal Justice Pleas of Guilty Plea. , 3rd ed. , by American Bar Association. Published in 1999 in Washington D. C.

试点的基层办案人员对速裁案件证明标准上的倾向性意见。

（三）速裁案件中认罪自愿性如何审查？

速裁案件适用前提是认罪的自愿性。概括起来，符合法定的认罪构成要件必须符合三个要素。主体要件即适格的被告人，无行为能力的精神病人或严重限制行为能力人不能作为认罪的主体；客体要件即行为要件，在法庭上向主审法官表示认罪，即承认自己的行为构成犯罪；意志要件即被告人的认罪必须是在精神完全自主并且明知指控的性质和后果的状态下进行的认罪。为了达到这样条件，认罪原则上应当在辩护律师的指导下进行，除非被告人自己放弃指定律师的法律帮助。美国、英国、法国等国家的司法机关在快速案件处理程序中，专门构造认罪答辩程序对被告人的认罪自愿性等进行审查。[1] 我国刑事诉讼中没有庭前认罪答辩审查程序，速裁案件中对认罪的自愿性审查也缺乏标准，在司法实践中容易出现被告人被强迫认罪，以此产生冤错案的风险。笔者在实地调研中对速裁法庭进行观摩时也发现，有不少法官对认罪的自愿性根本不审查或者很少涉及，或者只是进行例行性询问并不作实质的审查。由于缺乏判断认罪自愿性的规则和标准，特别是有些法官担心在审查中"节外生枝"，影响案件正常审理，因此对该问题在庭审中大都不愿涉及。由于该问题不仅关系被告人的诉讼权利保护，而且关系刑事速裁程序审理程序的正当性与实体的合法性，因此在问卷中对该问题从认罪的自愿性以及具体的审查形式等方面进行了调查。

（四）刑事案件速裁程序中是否确立控辩协商关系？

在刑事诉讼中建立控辩协商机制是解决控辩不平衡问题的最有效方式。两高两部《速裁程序试点办法》第6条规定，检察机关提出的量刑建议要听取犯罪嫌疑人、被告人的意见，犯罪嫌疑人和被告人同意并签字具结的才可进入刑事速裁程序。刑事被告人在量刑方面开始有与检控方进行有条件协商的权利。虽然该权利对被告人来说意义非常有限，但是却为在刑事诉讼中建立控辩协商制度打开缺口。有的试点地方法院与检察院联合出台控辩协商规则，规定启动控辩协商的条件、程序，辩护人与公诉人在被告人认罪认罚、

---

[1] 参见《美国联邦刑事诉讼规则》（Rule 11. Pleas）；[英] 杰奎琳·霍奇森：《法国认罪程序带来的检察官职能演变》，俞亮译，载《国家检察官学院学报》2013年第3期。郑曦：《英国被告人认罪制度研究》，载《比较法研究》2016年第4期。

案件事实清楚基础上就量刑进行协商，协商的结果在法庭正式开庭审理前提交给法庭，法庭法官在审查同意后可直接参照协商结果作出判决。[1] 这种做法为探索在刑事速裁程序中全面建立控辩协商制度提供了可资参考的经验。但是，由于目前值班律师还不能完全满足速裁控辩协商的要求，因此在这次试点中只有少数法院在控辩协商制度这方面进行了初步探索。绝大多数试点地区仅仅是满足于量刑建议征求被告人的意见，很多情况下并没有值班律师或辩护律师的有效参与，因此并不存在实质意义上的控辩协商。如果被告人没有辩护律师的帮助，由于双方在诉讼权利上的巨大差异，速裁案件中控辩协商的基本平等性都很难得到保证。问卷中对刑事速裁程序中的控辩协商以及与辩诉交易的关系等问题进行调查，以揭示法官、检察官和律师等对在刑事速裁程序中建立控辩协商机制的态度和建议。

（五）刑事速裁程序的审理方式是否合理？

刑事速裁程序的审理方式不仅包括案件的庭审方式，而且还包括启动程序、通知送达、庭审流程、量刑和宣判以及裁判文书的制作。从目前司法实践看，刑事速裁程序的审理方式比较简化，加上不少试点地区试行集中审理、视频审理的方式，速裁案件的审理效率有显著提高。但是，在刑事速裁程序的审理中也暴露出审理方式过度形式化、程式化的问题，法庭的权威在速裁案件中受到削弱。对于这个问题，在问卷调查中对审理方式的设计是否合理、诉讼结构是否完整以及是否存在程式化的问题进行调查，揭示法官、检察官和律师对法庭审理的结构性安排的意见和态度。

（六）被告人的诉讼权利在刑事速裁程序中是否受到削弱？

刑事速裁程序的试点，简化了法庭审理方式，加快了刑事案件的审理流程，特别是简化了法庭调查和法庭辩论环节，但这是否会直接影响被告人的诉讼权利，是否会出现审判不公，等等问题都是理论和实务部门关注的焦点。有媒体报道司法机关试点的刑事速裁程序是"只简程序，不减权利"。[2] 但是，其实际状况究竟如何需要进行验证。基于此，问卷中针对被告人在速裁

---

〔1〕　参见周征远、林育明：《广州市海珠区人民法院刑事案件速裁程序试点工作白皮书（2014年8月—2015年12月）》，载《人民法院报》2016年3月22日，第4版。

〔2〕　参见张笑、傅鉴、李治治：《简程序不减权利》，载《检察日报》2016年4月6日，第2版；孙海华：《西安试水刑事速裁：只简程序不减权利》，载《中国青年报》2016年8月16日，第6版。

案件中的权利保护，不仅对司法人员和律师进行了问卷调查，而且通过问卷对适用速裁程序审理其案件的被告人也进行了调查。这些调查包括刑事速裁程序中审前权利保护、值班法律援助律师的作用、权利告知以及信息安全保护，等等。另外，一些试点司法机关主张对速裁案件实行一审终审，以防止被告人滥用上诉权导致速裁案件审结效率低下的问题。[1] 在问卷中，对被告人的上诉权是否应当进行限制等相关问题也进行了相应调查。

（七）刑事速裁程序试点总体效果如何？

刑事速裁程序试点的总体效果如何，关键看其是否带动案件的繁简分流，促进刑事诉讼效率的切实提高。司法效率无论是对司法机关还是对被告人来说都具有积极价值。《美国联邦宪法第六修正案》规定，刑事被指控人享有获得快速审判的权利。一般来说，刑事被告人希望早日结案并获得轻判，以便早日从犯罪的阴影中走出，尽快回归正常生活。对于司法机关和辩护律师来说，案件流转快有利于在单位时间内将司法资源利用最大化，节省司法资源。刑事速裁程序对试点地区的司法效率的影响如何是对试点效果评估的关键问题。调查问卷对刑事速裁程序是否实质性提高案件的办理效率进行了综合性调查。另外，刑事速裁程序试点运行的总体效果，特别是该项试点是否总体上达到了预期目的以及满意度如何，也是对刑事速裁程序试点研究和评估必须要回答的问题。本研究在题项中通过对参与试点的各类诉讼主体采用"非常满意、比较满意、满意、不满意、非常不满意"的五分度测评方式，测评刑事速裁程序试点中各类司法主体对其的满意度。

二、研究的方法

本研究围绕上述问题，通过对刑事速裁程序的参与主体的问卷调查来揭示刑事速裁程序在试点中的运行状况和存在的问题，从立法规范到司法实践对刑事速裁程序进行问卷调查和相关研究。为了保证问卷具有较高的效度和信度，在研究中尽可能严格按照科学的问卷调查规则和标准进行问卷设计、发放、回收、检验和分析。

---

〔1〕 丁国锋等：《刑事速裁一审终审呼声渐高》，载《法制日报》2015年11月2日，第5版。

（一）关于问卷的设计

为了保证问卷具有较高的效度，即保证问卷在研究上具有可行性，对于问题结构采取规范认知与实践评价二元结构。表 3-1 反映的是调查问卷的结构性分解内容。此外，在部分问题类型上采取封闭与开放相结合的方式。问卷中除了封闭式填空和问题选择之外，在问卷设计中还有开放式问题。譬如，在部分题项之后增加建议性或解释性选项，要求答卷人给出具体解释或者补充说明、建议等。通过这样的设计，试图让答卷人提供更多的信息，便于研究者对问卷结果进行全面评估。

另外，问卷发放的对象包括刑事速裁程序主要参与主体，包括法官、检察官、律师、警察和被告人。每套问卷的题项，基本上控制在 40 题左右，以保证调查题项能够多元化满足问卷要求。为了全面了解刑事速裁程序的案件效果，对法院负责刑事速裁程序试点信息统计的行政人员发放针对法院速裁案件统计、机制创新和资源投入工作方面的信息问卷，为本次问卷调查提供辅助分析资料和佐证。

表 3-1　问卷板块、指标和分布

板　块	指　标	法　官	检察官	律　师	警　察	被告人
适用范围	认知/评价	√	√	√	√	
证明标准	认知/评价	√	√	√	√	
量刑协商	认知/评价	√	√	√	√	√
审理方式	认知/评价	√	√	√		
被告权利	认知/评价	√	√	√		
裁判公正	认知/评价	√	√	√	√	√
司法效率	认知/评价	√	√	√	√	√
综合评价	评价	√	√	√	√	√

（二）关于问卷的发放与回收

本研究共进行两次调查问卷的发放与回收。第一次问卷，发放和回收时间为 2015 年 7 月底至 8 月初，通过电子邮件方式发放和回收，合计共收集问卷 710 份。考虑到问卷的早期阶段性和问卷主体的交错性，以及个别试点地区问卷的欠缺，该次问卷不作为主分析对象，但是作为第二次末期问卷的信度分析基础。

第二次问卷，发放和回收的时间为2016年7月底至8月初，通过互联网"问卷星"微信平台推送，合计共收集问卷1198份。本次回收的问卷由于涉及试点全部地区，回收的覆盖面全和有效样本基数大，且属于两年试点的末期，因此作为本研究报告的主要分析样本。该次问卷采用互联网微信平台推送，比起第一次电子邮件方式，大大提高了问卷的发放与回收的效率。第二次问卷调查从发放到回收时间仅仅经过两个星期就全部完成。其中大部分问卷通过手机微信客户端提交，极大方便了答卷人（具体答卷提交方式的分布见表3-2）。不但如此，这些回收的问卷可以在网络上直接根据需要生成各种统计表格，不仅节约了大量统计计算时间，而且保证了问卷统计的准确性。本次试点的末期问卷通过互联网微信社交平台发放与回收是利用互联网技术进行学术研究的尝试。

表3-2 试点末期答卷提交方式比例分布

提交方式	法　官	检察官	律　师	警　察	被告人	法　院
电脑网络	19.87%	11.17%	24.34%	26.79%	24.26%	34.92%
手机微信	80.13%	88.83%	75.66%	73.21%	75.74%	65.08%
N	297	206	152	112	305	126

注：本表中的法院是针对试点法院机构性问卷，由试点法院负责速裁统计的行政人员填写，以调查法院在刑事速裁程序中的案件统计数据以及在速裁试点的组织、创新、改革和资源投入等方面的行政管理信息。

从问卷样本回收看，本次问卷除了极少数地区存在个别类型的问卷不足之外，基本上覆盖了试点地区所有类型的司法参与人员。试点末期问卷回收数排在前五位的是北京、郑州、重庆、青岛、广州。试点末期回收的有效样本问卷对象和区域分布，如表3-3。

表 3-3　试点末期回收的调查问卷在 18 个试点城市的分布

地　区	法　官	检察官	律　师	警　察	被告人	法　院	总　数	占　比
北京	38	52	22	19	47	14	192	16.03%
天津	12	4	4	3	5	6	34	2.84%
上海	15	5	5	6	9	4	44	3.67%
重庆	20	21	18	11	35	9	114	9.52%
沈阳	13	0	0	0	0	13	26	2.17%
大连	7	2	2	1	4	0	16	1.34%
南京	23	31	1	2	5	5	67	5.59%
杭州	23	22	6	3	16	11	81	6.76%
福州	22	11	9	3	17	7	69	5.76%
厦门	19	8	8	7	19	5	66	5.51%
济南	13	2	1	5	10	5	36	3.01%
青岛	16	11	20	12	40	8	107	8.93%
郑州	22	16	25	19	50	12	144	12.02%
武汉	10	3	5	2	3	5	28	2.34%
长沙	11	4	9	1	8	7	40	3.34%
广州	19	8	17	10	36	8	98	8.18%
深圳	6	0	0	0	1	3	10	0.83%
西安	8	6	0	8	0	4	26	2.17%
N	297	206	152	112	305	126	1198	100%

注：表格中由于采取小数点后 2 位四舍五入，因此百分比均为近似值。本表中的法院问卷为法院行政人员填写的速裁行政统计信息的问卷。

（三）关于问卷的信度

问卷的信度，是指问卷的结果本身的可信程度。为了保证调查问卷具有较高的信度，在问卷设计和发放过程中本研究严格按照社会问卷调查规则进行。同时，借助其他案例和地方文本文献和实地调查等方式对问卷结果及其信度进行佐证性分析。

1. 确保答卷自主性

问卷的答卷主体在答卷过程中保持高度自主性是保证答卷的结果具有高信度的关键所在。为了保证答卷主体的自主性，本研究主要采取以下三个方面的措施：首先，调查问卷的收集过程保证保存使用的匿名性、安全性和保密性，问卷者的个人信息和任何相关邮件、微信或手机等联系方式都不会在报告中出现，不会被研究项目以外的人所获取，也不会用于任何非研究领域。在问卷中明确揭示：答卷者的个人隐私受到《中华人民共和国统计法》和相关法律保护。本次问卷通过专业问卷机构来发放，在发放之前请专业统计机构对问卷的发放和回收的安全性、敏感度进行审查测试，保证问卷发放和收集过程的安全性和可靠性。其次，在调查问卷中设计的问题，大都是客观认知和评价的问题，避免对答卷人的强迫性或威胁性以及诱导性，防止作答的结果存在变异，影响答卷结果可信度。最后，调查问卷的收集过程是通过第三方平台收集，减少发放问卷主体与答卷人的直接或间接接触，保证参与调查的答卷人在更加宽松自由的环境中进行独立作答。

2. 二次问卷印证

单次发放问卷或问卷范围较窄等问题都影响问卷结果的可靠性和真实性。为了解决这个问题，本次研究通过二次问卷来检测问卷的信度，第一次中期问卷和第二次的末期问卷为检验问卷的效度提供参照和比较。通过两次问卷中相同或类似问题的比对，我们比较容易发现同类问题两次问卷结果的变化。如果同类问题作答的偏差并不大，我们就可以得出结论，即该答题结果信度是高的，可以作为分析研究的基础。基于二次问卷比对分析，本研究对调查问卷中具有高信度的问题进行分析，特别是以第二次试点末期问卷中高信度问题及其结果作为分析基础。

3. 其他方法佐证

为了检验和印证问卷结果并辅助分析，笔者还到试点司法机构调研和访谈，搜集整理地方性试点文本，同时在全国裁判文书网收集大量的刑事速裁判决文书。这些资料在本研究中作为对问卷进行佐证分析的资料，弥补了问卷调查的局限性和其可能产生的主观性偏差。

第二节　问卷研究发现

一、适用范围

关于刑事速裁程序适用的范围和条件，笔者在问卷中设计了两组问题（具体见表3-4、表3-5）对参与试点的法官、检察官、律师和警察进行调查，以了解参与试点的司法人员和律师对两高两部《速裁程序试点办法》规定的速裁程序适用范围和条件的意见和建议。

（一）积极条件

从表3-4看，在速裁程序适用范围积极条件方面，在接受调查的司法人员和律师中，平均50%以上的被调查人赞成将速裁范围放宽到3年以下有期徒刑，超过70%的被调查人员赞成取消罪名种类限制。这个结果说明，刑事速裁程序的试点范围和限制条件存在过窄的问题。根据实际调查发现，速裁程序的适用范围确实因太窄而严重影响了刑事速裁程序的案件适用率。另外，根据表3-4，也有相当部分司法人员对速裁范围的扩大持比较谨慎的态度，有30%以上的法官、检察官、律师和警察不赞成扩大速裁试点的范围。这从另外一方面说明，司法机关人员对刑事速裁适用范围的扩大后可能产生的消极影响持有顾虑，特别是警察担心部分犯罪再犯率可能会上升，影响社会秩序与稳定。根据问卷调查，适用速裁程序的地方目前没有出现局部犯罪率或重新犯罪率明显上升的现象。这说明对速裁程序适用范围扩大可能导致社会控制能力下降和犯罪率上升的观点或顾虑目前还没有证据支持。

虽然两高两部《速裁程序试点办法》规定刑事速裁程序案件适用的范围为1年以下有期徒刑的11种犯罪类别之中，但是仍然有些地方根据当地犯罪的实际情况扩大了试点的适用范围。[1] 从表3-4（Q3）答卷结果就可以看出，在试点中仍然有不少地方司法机构用刑事速裁程序审理11种犯罪类别之外的刑事案件。这也可从部分地方文本和案例文本中得到印证。扩大适用案

---

〔1〕　最高人民法院刑一庭课题组、沈亮：《关于刑事案件速裁程序试点若干问题的思考》，载《法律适用》2016年第4期。

件的罪名主要是赌博罪、销售伪劣商品罪等。总体上看，虽然问卷显示这些超出规定犯罪种类的案件数量不多，但需要指出的是因为涉及试点规范的统一性，该问题仍然需要上级司法机关予以重视。

表 3-4 刑事速裁程序案件适用范围

	法 官	检察官	律 师	警 察
Q1：目前速裁程序适用包括 11 种罪名，您是否赞同取消速裁罪名限制？				
是	76.77%	78.16%	69.08%	66.96%
否	18.52%	16.99%	28.29%	30.36
其他	4.38%	4.85%	2.63%	2.68%
Q2：目前速裁程序适用范围为 1 年以下有期徒刑，您对速裁程序适用范围的改革建议？				
维持目前规定	44.78%	32.04%	42.11%	35.71%
扩大到 3 年以下有期徒刑	48.82%	56.31%	50.66%	56.25%
扩大到 5 年以下有期徒刑	2.69%	4.85%	1.32%	4.46%
扩大到所有案件	3.37%	6.31%	4.61%	0.89%
其他	0%	0.49%	1.32%	2.68%
Q3：您是否办过速裁办法规定的 11 种犯罪类别以外的速裁案件？				
是	16.84%	19.42%	5.92%	12.50%
否	82.83%	80.58%	94.08%	87.50%
N	297	206	152	112

注：图表中大写 Q 后的序号为本报告的问题序号，与实际问卷的序号并不一致，后文中出现的小写 q 后的序号即没有通过图表在本报告中显示的问题，除非有特别说明，一律为第二次问卷调查中的实际问卷类别中的序号。

（二）禁止性条件

两高两部《速裁程序试点办法》中除了对刑事速裁程序适用的犯罪类别和刑罚幅度有限制之外，还包括对犯罪嫌疑人、被告人是未成年人、残障人员，共同犯罪案件部分被告对指控或量刑有异议等在内的其他七方面的禁止性条件。从试点立法本意上看，这些例外的禁止案件大多属于涉嫌犯罪主体认知能力特殊，或者案件事实有争议，或者被告人有前科或身份特殊的如累犯、教唆犯等情况。从表3-5的答卷结果看，对上述禁止性条件的限制，除无罪辩护案件和共同犯罪部分被告不认罪的情况之外，其他类别的禁止情形中均有较高比例的观点认为没有必要加以禁止。其中，被告人无异议但是审查后认为量刑建议不当的，参与调查的法官和检察官不赞成禁止适用的超过40%，律师和警察也超过30%认为不需要禁止。对于累犯的不适用问题，超过40%的法官和检察官也认为没有必要。笔者在调研中有的地方也反映了盗窃、抢夺、诈骗、寻衅滋事、非法拘禁、毒品犯罪类被告人多为累犯，且这些犯罪多为轻微型犯罪，量刑不超过1年有期徒刑，两高两部《速裁程序试点办法》导致大量的累犯案件无法适用刑事速裁程序。另外，即便是残障人员，只要认罪且符合速裁程序其他条件，同样可以进入速裁，否则就是对这类人员诉权的反向歧视。总体上，两高两部《速裁程序试点办法》的禁止性条件虽然出发点是保证速裁试点的相对稳定，但是从立法技术的角度看存在很大弊端。问卷结果也印证了这样的判断，仅有不到30%的司法人员和律师完全赞同这些禁止性规定。由此可见，两高两部《速裁程序试点办法》速裁程序适用的禁止性条件需要调整与修正。

表 3-5　刑事速裁程序禁止性条件

	法　官	检察官	律　师	警　察
Q4:在两高两部《速裁程序试点办法》禁止适用速裁程序的条件中,哪些你认为没有必要禁止?				
未成年人、残障人、精神病人	8.75%	18.45%	23.68%	25%
共同犯罪部分被告不认罪	6.4%	15.53%	14.47%	12.5%
无罪辩护或审查后认为不构成犯罪	4.04%	8.74%	22.37%	14.29%
被告人无异议但审查后量刑建议不当	46.13%	40.78%	32.89%	31.25%
没有达成调解和解协议	28.96%	38.35%	32.24%	19.64%
违反取保候审、监视居住规定	18.18%	25.24%	17.11%	10.71%
累犯、教唆未成年人犯罪	41.41%	43.2%	19.74%	17.86%
其他不适宜的	7.41%	11.17%	14.47%	9.82%

	法　官	检察官	律　师	警　察
完全赞同上述禁止性规定	28.28%	18.93%	31.58%	39.29%
N	297	206	152	112

另外，在问卷调查中也发现，即便案件完全符合两高两部《速裁程序试点办法》规定的刑事速裁程序适用的条件，也还存在适用范围与条件之外的原因使某些符合速裁条件的案件没有进入刑事速裁程序的情形。根据中期问卷（法官组 q3）结果分析，有的案件因为起诉和审判期限过短，速裁案件在规定的时间内无法完成审查起诉或审判工作；有的因为需要判决缓刑的审前社会调查时间比较短且程序复杂；有的因为起诉前审查工作量大，检察部门内部审批环节没有简化导致起诉前的审查时间延缓，审查起诉在规定的时间内无法完成，而使得案件无法进入刑事速裁程序审理；也有的因少部分司法人员担心快速审理而办错案或者影响审理质量，而不愿用刑事速裁程序审理案件，上述诸多因素与速裁案件本身适用范围过窄等因素叠加，使得刑事速裁程序适用率总体比预期低。

二、证明与认罪审查

（一）证明标准

理论上，犯罪嫌疑人或被告人对其是否涉及指控犯罪最有认可和否认权。当犯罪嫌疑人或被告人自愿性认罪，就意味着犯罪嫌疑人或被告人的自我归罪。犯罪嫌疑人和被告人在受到指控后如果自愿性认罪，相比不认罪的被告人而言，控方指控犯罪的证明责任可相应降低，复杂的审判程序必要性也在降低。根据表3-6（Q5）中揭示的问卷结果，首先是大约 74% 的参与问卷调查的律师认为两高两部《速裁程序试点办法》关于速裁的证据标准的规定实际上降低了速裁案件证明标准；其次是警察，大约占 61%；再次是法官，大约占 54%；最后是检察官，大约占 45%。可以看出在这个问题上，律师和检察官分列两个极端，这说明检察官在速裁案件的证明标准上，相对固守传统；而辩护律师则在速裁案件上表现得更加开放和积极。对于是否在速裁案件中用两个基本证明标准即"基本事实清楚、基本证据确实"，司法人员"同意"

的比例都比较高。在这方面，平均70%的检察官和法官认可，而超过80%的律师和86%的警察均认可"两个基本"的标准。对参与速裁案件的办案人员在实践中掌握的证明标准的自我评价，即在回答是否可以在速裁案件中做到证据确实充分方面，参与问卷的法官、检察官、律师和警察超过95%的回答都认为自己办理的案件能够做到证据确实充分。这也说明，速裁案件的证明标准是否改变对于实践中刑事速裁程序审理的影响本质上并不大。在调查中也发现，有的试点地区制定当地的刑事速裁案件证据指引制度，这对刑事速裁程序证据统一标准制定具有经验性价值。[1]

表 3-6　证据标准认知

	法　官	检察官	律　师	警　察
Q5：您如何理解两高两部《速裁程序试点办法》规定的"事实清楚，证据充分"？				
降低证明标准	54.55%	45.15%	74.34%	61.61%
没有降低	45.45%	54.85%	25.66%	38.39%
Q6：您是否同意速裁案件证明标准实行"基本事实清楚、基本证据确实"标准？				
同意	73.4%	68.45%	80.92%	86.61%
不同意	26.6%	31.55%	19.08%	13.39%
Q7：您办理的速裁案件是否都能够做到"证据确实充分"？				
是	96.63%	97.57%	96.71%	95.54%
否	3.37%	2.43%	3.29%	4.46%
N	297	206	152	112

（二）认罪自愿

在刑事速裁程序适用方面，对于被告人认罪自愿性查证处于整个速裁案件证明的中心环节。很显然，如果被告人认罪是非自愿的，刑事速裁程序启动的前提条件就不存在。在司法实践中，被告人认罪的内涵理解差异很大，

---

〔1〕　例如，广东省深圳市罗湖区法院制定了《轻微刑事案件快速审理证据收集指引》，印制证据采集卡，方便司法人员运用证据"对号入座"，随案流转。参见深圳市罗湖区人民法院课题组：《开展轻微刑事案件快速审理机制改革情况通报》，载最高人民法院编：《刑事案件速裁程序——试点实务与理解适用》，内部资料（京内资准字：2015-Y0026号），第132页。

这从被告人组问卷（q19）的305份有效答卷中可以看出，被调查的被告人认为认罪是"供述全部犯罪事实"的占74%，认为是"承认自己所犯的罪行，对指控的犯罪事实没有异议"的占69%，认为是"主动赔偿被害人损失"的占41%。不仅被告人，即便是法官、检察官和律师对认罪构成也缺乏统一的认识。可见，在我国，规范意义上的认罪的本质和构成存在严重不确定性。根据表3-7（Q8），平均超过90%的司法人员和律师赞同对被告人认罪的自愿性、明知性和理智性进行必要审查。另外，在法庭上93.6%的参与调查的法官对认罪的自愿性进行审查，但是有22.33%的参与调查的检察官对被告人自愿性认罪在法庭上并没有查证。这可能与检察官已经在法庭审理前的起诉阶段已对被告人进行了认罪审查有关。在被告人认罪自愿性审查方面，辩护律师有责任和有义务清楚地知道被告人是否自愿认罪，并且可以对被告人就是否认罪提供法律咨询。如果被告人的认罪本身受到外力的强迫或诱骗，辩护律师有权提出救济措施，譬如向检察院和法院提出相关认罪供述的非法证据排除申请。

表3-7　认罪自愿性

	法　官	检察官	律　师	警　察
Q8：您是否赞同对被告人认罪自愿性、明知性和理智性的必要性审查？				
赞同	91.25%	91.75%	97.37%	92.86%
不赞同	5.72%	8.25%	2.63%	7.14%
Q9：您是否对被告人认罪的自愿性在法庭上进行查证？				
是	93.6%	77.67%	88.82%	——
否	6.4%	22.33%	11.18%	——
N	297	206	152	112

两高两部《速裁程序试点办法》对被告人认罪的自愿性缺乏严格的审查程序，因此司法人员和辩护律师对被告人认罪的自愿性还存在程度不同的顾虑。从中期评估的问卷中（表3-8）可以看出，司法人员和律师对被告人认罪的自愿性存在不同程度的顾虑，特别是超过64%的被调查的检察官在这方面存在顾虑。由于我国审前制度被告人的权利保障机制并不完善，特别是对

被告人的认罪和供述缺乏律师在场权的有效监督，其认罪的真实性和自愿性确实很难得到保证。另外，两高两部《速裁程序试点办法》对被告人认罪自愿性构成条件和审查程序都没有相应的规定，并且认罪速裁案件中律师代理的辩护比例非常低，因此司法人员和律师对被告人认罪的自愿性存在顾虑并不奇怪。

表 3-8　被告人认罪自愿性

	法　官	检察官	律　师
Q10：对被告人认罪的自愿性是否有顾虑？			
无顾虑	65%	33%	63%
有顾虑	34%	64%	35%
其他	1%	3%	2%
N	69	64	52

注：本表为 2015 年中期评估收集的问卷。

根据表 3-9（Q11），在问及被告人认罪态度的问题上，在参与问卷的305 个人中，有 294 个（96.39%）参与答卷的被告人认为是"自愿全部认罪"，有 4 人表示"部分认罪"，有 2 人认为"不想认罪，被迫认罪"，还有 3 人认为"无可奈何，只有认罪"。可见，除极少数个别外，绝大多数被告人都是承认自愿全部认罪的。但是根据表 3-9（Q12），当被告人被问及在认罪后是否表示后悔认罪的时候，超过 54% 的被告人表示后悔认罪。这个回答确实超出研究者预料，但是经过仔细分析，被告人自愿认罪之后又有相当多的人表示后悔认罪，实际上有深层次原因。参与调查的被告人虽然大部分对量刑建议表示满意［见表 3-11（Q18）］，但是很有可能对于案件最终裁判的结果失望。这些认罪的被告人，本来认为认罪之后的量刑幅度可能会比量刑建议更宽，但是实际结果可能并不如预期，甚至有些还可能出现量刑偏重的情况，这就造成部分被告人认罪之后对判决结果失望进而对认罪后悔。也就是说，被告人对认罪后采用刑事速裁程序审理案件在量刑上的实际获得感并不强。

表 3-9　被告人认罪态度和反悔情况

	小 计	比 例
Q11：您的认罪程度或态度是：		
自愿全部认罪	294	96.39%
部分认罪	4	1.31%
不想认罪，被迫认罪	2	0.66%
无可奈何，只有认罪	3	0.98%
其他	2	0.66%
Q12：您是否在认罪后表示后悔认罪		
是	166	54.43%
否	139	45.57%
其他	0	0
N	305	100%

三、控辩协商

速裁试点中确立了控辩协商机制的雏形，但是司法人员和律师等对其的认知和未来期待却存在较大差异。根据表 3-10（Q16），被调查的96%以上的律师对在刑事速裁程序中建立完备的控辩协商制度表示支持和期待；被调查的法官和检察官也有85%以上的人表示支持和赞同建立控辩协商机制。可见，控辩协商制度在中国刑事诉讼实务中具有广泛的支持基础。在表 3-10（Q13）中，对于速裁程序是否意味着辩诉交易合法化的问题，超过83%的被调查的律师认为刑事速裁程序意味着允许辩诉交易；有超过65%的被调查的法官和检察官也认为速裁试点意味着允许辩诉交易。在表 3-10（Q15）中，在问及"您是否赞同被告人、辩护人同公诉人就量刑进行'讨价还价'"时，仅有大约50%的参与调查的法官和检察官回答是肯定的，这说明检察官和法官对辩诉交易制度在心理上还比较抵触；相反，有75%的参与调查的律师对辩诉交易制度中量刑上与检察机关讨价还价持赞成态度。在辩诉交易与控辩协商方面，相对于辩护律师来说，法官和检察官更加谨慎。虽然法官和检察官都希望通过辩诉交易加快案件的流转，但也会顾虑辩诉交易会侵蚀司法裁量权。而对于律师来说，辩诉交易无疑将使辩护律师在量刑方面享有更多的权利，通过辩诉交易或者控辩协商来为被告人争取更多优惠，所以不难理解律师对在刑事速裁程序和认罪认罚从宽制度中建立辩诉交易或控辩协商机制态度更加积极。

表 3-10　控辩协商

	法　官	检察官	律　师
Q13：您是否认为目前速裁程序试点意味着已经允许辩诉交易？			
是	65.99%	66.5%	83.55%
否	34.01%	33.5%	16.45%
Q14：您是否赞同在速裁程序中因选择速裁程序而给予被告人量刑上的特别优惠？			
赞同	84.18%	82.04%	89.47%
不赞同	15.82%	17.96%	10.53%
Q15：您是否赞同被告人、辩护人同公诉人就量刑进行"讨价还价"？			
赞同	51.52%	49.03%	75%
不赞同	48.48%	50.97%	25%
Q16：您是否赞同在速裁程序和认罪认罚制度中设立控辩协商制度？			
赞同	89.9%	85.92%	96.05%
不赞同	10.1%	14.08%	3.95%
N	297	206	152

对于被告人在刑事速裁程序中是否可以获得量刑上的优惠，两高两部《速裁程序试点办法》并没有具体规定，各地做法也有不同。根据实际调查，有的地方法院，譬如北京市海淀区人民法院就给予速裁案件被告人程序选择上量刑的特别优惠，而上海则明确不因选择刑事速裁程序给予被告人量刑上的特别优惠。虽然两高两部《速裁程序试点办法》没有规定给予被告人因选择刑事速裁程序而享有的特别量刑优惠，但是表3-10（Q14）显示参与问卷的法官、检察官和律师绝大多数均认为应当给予量刑上的优惠。在末期法院组的问卷中（q12），在问及贵院速裁案件在认罪之外是否因被告人选择刑事

速裁程序而另外给予被告人量刑上的优惠时，126 个法院中有超过 74% 的法院给予了肯定的回答。如果被告人自愿认罪且同意刑事速裁程序审理，相比其他没有适用刑事速裁程序案件的被告人，为国家司法机构节约了司法资源，国家应当在量刑上对这部分被告人给予适当补偿，否则将导致刑事被告人在程序选择上的权利不对等，同时也影响被告人适用刑事速裁程序的积极性。

两高两部《速裁程序试点办法》明确赋予检察官量刑建议权，这是刑事速裁程序试点的突出创新之处。在问卷评估中，参与调查的被告人普遍对检察官的量刑建议表示满意。根据表 3-11（Q18），接近 97% 的参与问卷调查的被告人对检察院的量刑建议表示满意。当参与问卷的被告人在问卷（Q19）中被问及检察官提出量刑建议是否与其商量时，参与答卷的 305 个被告人中有接近 25% 的人表示，检察官并没有就量刑建议或量刑细节与其进行协商。可以看出，在速裁程度试点中，检察机关与被告人进行交流和沟通以提出量刑建议的机制还远远没有建立起来。在司法人员被问及是否认同在刑事速裁程序和认罪认罚制度中建立控辩协商制度方面，超过 96% 的参与问卷的律师给予了肯定的回答。同时，法官和检察官的回答也比较积极和认可，超过 85% 的参与问卷的法官和检察官赞同建立控辩协商制度。实际上，在这次刑事速裁程序试点中，有些地方试点法院已经积极探索在速裁案件中建立控辩协商机制。例如，广州市试点法院海珠区人民法院，在构建速裁量刑协商机制时，强调根据被告人认罪的时间点区别地给予被告人认罪收益，即确定在侦查、起诉、审判不同时间点选择认罪有着由高到低不同程度的量刑从轻幅度，促使被告人更加主动、积极地坦白罪行，寻求从轻处罚。[1]

表 3-11　量刑建议满意度和量刑协商

	小 计	比 例
Q18：对量刑建议的满意度		
非常不满意	3	0.98%
不满意	7	2.30%

---

〔1〕　参见周征远、林育明：《广州市海珠区人民法院刑事案件速裁程序试点工作白皮书（2014 年 8 月—2015 年 12 月）》，载《人民法院报》2016 年 3 月 22 日，第 4 版。

续表

	小　计	比　例
满意	168	55.08%
基本满意	52	17.05%
非常满意	75	24.59%
Q19：量刑协商		
是	230	75.41%
否	75	24.59%
N	305	100%

四、审理问题

(一) 庭审结构

根据两高两部《速裁程序试点办法》的规定，为了加速案件审理进程，刑事速裁案件的审理方式有较大简化。根据表 3-12（Q20、Q21），对于在速裁审判方式设计是否合理以及是否符合控辩审结构问题，超过 90% 的参与问卷调查的法官、检察官和律师都给予了肯定的回答。但是，对于刑事速裁程序审理是否存在过度程式化问题 [表 3-12（Q22）]，超过 42% 的被调查的法官、检察官和律师认为庭审存在过度程式化问题。虽然这个问题表面上看与庭审结构并不必然矛盾，但是却说明庭审方式尚存在需要改进之处。在地方调研庭审观摩中，笔者也发现了不少庭审的速裁程序审理走过场，法庭的审判权威被削弱。因此，在未来速裁法庭设计的程序中，必须规范庭审设计，来避免速裁审理过度程式化的问题，增强法庭审判权威。

表 3-12　审理方式

	法　官	检察官	律　师
Q20：您认为两高两部《速裁程序试点办法》第 11 条规定的速裁程序审理方式设计是否合理？			
是	93.6%	96.12%	99.34%
否	6.4%	3.88%	0.66%

	法　官	检察官	律　师
Q21：您是否认为速裁程序的庭审符合控辩审诉讼结构问题？			
是	92.93%	97.57%	96.05%
否	7.07%	2.43%	3.95%
Q22：您是否认为目前速裁审理方式存在过度程式化问题？			
是	47.14%	42.23%	44.74%
否	52.86%	57.77%	55.26%
N	297	206	152

（二）集中开庭

刑事速裁程序试点后，集中开庭审理案件的方式在迅速增加，许多试点法院对同一类型的多个案件，集中核对被告人身份、交代诉讼权利，然后进行分别审理和判决。在法院组问卷调查中，在被调查的 126 个法院中，有29％的法院使用集中开庭方式审理，当然在实践中并不是每个案件都实行集中开庭，而是根据案件的阶段性分布情况作是否需要集中开庭的决定。在集中开庭之外，也有部分的分案开庭。但是，集中开庭，特别是在案件比较集中、案件压力比较大的试点法院，集中审理的方式比较常见。相反，案件比较少、压案比较少的法院中采用集中审理方式的就比较少。从实际调查的情况看，集中开庭审理已经被基层法院所普遍接受和认同，目前的问题是集中开庭的具体方式和操作性规范机制还没有建立起来，譬如集中开庭有的是在庭审前集中进行权利告知程序，有的则是在法庭上集中告知，有的集中开庭适用统一案件类别，有的不区分案件类别，等等。这些都亟待在未来制度设计中予以规范。

（三）视频审理

视频审理是法院运用信息化技术手段提高审判效率的重要手段。在经济发达地区的刑事速裁程序试点中，视频审理已经被广泛应用。在法院组问卷中（q20），有 126 个有效的法院问卷，其中超过36％的法院采用了视频审理方式。有的地方不仅法庭审理采用视频方式，而且审判前看守所讯问都采用视频审理，实现看守所、检察院、法院视频三方互动，节省了被告人和检察官到庭在途时间。根据笔者的实际调查，有的试点法院在刑事速裁案件引入了全流程视频开庭模式，公诉人通过远程视频方式出庭，庭审记录主要采用视频方式记录，法庭制作光盘存档，书记员仅制作简化的庭审笔录，庭审中不再进行法庭调查、法庭辩论，而是以综合公诉意见及综合辩解意见的方式代替。但是，视频审理也存在缺陷，譬如由于传输网络的条件限制，并不是目前每个试点法院都能够达到软硬件上的要求。同时，视频审理由于采取图像传输方式，在严格的证据质证和必要的法庭调查等方面存在诸多不便。在刑事速裁程序中对于视频审理的方式也应当加以适当的引导和规范，防止视频审理可能加大的庭审程式化问题。

（四）书面审理

虽然两高两部《速裁程序试点办法》对于速裁案件的审理并没有授权不开庭而采取书面审理的方式，但是在实践中也有试点地区的法院突破两高两部《速裁程序试点办法》试行速裁案件的书面审理的方式，譬如深圳市龙岗区人民法院在提讯被告人后直接审查案件，不再开庭审判。[1] 速裁案件书面审，是对两高两部的试点授权和《刑事诉讼法》公开审判原则的重大突破。如果被告人以审判不公或程序不公为由上诉，二审只能发回重审。因此，对于书面审理案件的试点，必须以被告人主动放弃上诉权为条件，否则可能因发回重审导致案件审理效率更加低下。在地方调研中也有地方的法官建议，特别是对危险驾驶罪的处理建议采取书面审理，这样可以更大程度提高案件的审理效率。但在这个问题上，超过73%的参与问卷调查的辩护律师持否定态度，58%的参与问卷调查的法官也予以否定，只有超过半数参与问卷调查的检察官赞同。但是在被告人组的问卷中（q45），在该问题上有接近50%的被告人表示赞同书面审理。可见目前在书面审理这个问题上，司法机关内部的意见分歧比较大。在治安管理处罚案件没有进行实质改革之前，法院以现有的审判资源完全可以应对案件的审理需要，目前没有必要进采用书面方式审理案件。

（五）办案期限

两高两部《速裁程序试点办法》规定的8+7的起诉和审判期限，跟简易

---

〔1〕　最高人民法院刑一庭课题组：《最高人民法院刑事案件特别程序的调研报告》，载最高人民法院编：《刑事案件速裁程序——试点实务与理解适用》，内部资料（京内资准字：2015-Y0026号），第111页。

程序的起诉和审判期限相比共减少 35 个工作日。笔者在调研中也发现，对于 8+7 的期限规定，检察官和法官的普遍意见比较大。问卷也对这个问题进行了针对性调查。根据末期法官组问卷（q38）调查，有接近 40% 的参与问卷调查的法官认为 7 个工作日对于速裁案件的审理过于紧张。有的法官在问卷中给出这样的理由：刑事速裁程序审理案件只是简化了庭审的环节，缩短了庭审的时间，但是所有的工作都压缩到了庭前，开庭之前相应的判决书必须由庭长签发，尤其是拟判缓刑的案件，必须准备好相应的审理报告提交审判长联席会讨论通过方能判刑。因此，7 天的审理期限对于承办法官而言很紧张。根据部分答卷者的建议，不少被调查的法官认为速裁审判期限改为 10 个工作日比较合适。根据检察官组问卷（q38）问题，也有 38% 的检察官认为期限规定对于检察官来说太紧张，正式起诉前的工作紧张，包括证据核实，特别是有需要社会调查的案件，起诉时间期限太短，因此建议延长。有的检察官建议 15 个工作日比较合适。如果起诉和庭前准备不充分，起诉和审理期限时间太紧，会使检察官和法官担心在规定期限内无法完成，导致其转而用简易或普通程序审理案件，反而降低其适用刑事速裁程序审理案件的积极性。

此外，两高两部《速裁程序试点办法》规定，一般适用缓刑或者管制的，人民检察院认为对犯罪嫌疑人可能宣告缓刑或者判处管制的，可以委托犯罪嫌疑人居住地所在地的县级司法行政机关进行调查评估。司法行政机关一般应当在收到委托书后 5 个工作日内完成调查评估。这项期限规定，也是试点地区司法人员突出反映的问题。在检察官组问卷（q16）中，许多检察官认为调查评估没有必要。根据问卷信息，他们认为因为一般适用缓刑或管制的都已经作出取保候审决定了，那公安侦查阶段就已经调查评估过，没必要在办案期限这么短的情况下重复调查评估。另外，还有的检察官反映，规定的 5 天社会调查时间不够，可能导致产生司法寻租等现象。

五、被告人权利保护

（一）值班律师

两高两部《速裁程序试点办法》首创在试点地区的看守所和法院设立值班律师，为速裁案件的被告人提供法律援助。根据表 3-13（Q23），绝大多数被调查者认为，值班律师制度可以满足对刑事案件的被告人的刑事辩护需要。但从表 3-13（Q24）中可以看出，根据法官、检察官和警察的回答，所在地区的法院和看守所设有值班律师大约平均为 55%。这说明试点地区的值班律师制度的建立与顶层设计的要求还有相当大的距离。实际上，有的试点地区律师为速裁案件被告人提供法律咨询和辩护的比例并不高。例如，在广州市海珠区人民法院，截至 2015 年 11 月 30 日，该院审结的全部 450 件刑事速裁案件中，仅有 79 名被告人得到律师庭审辩护，占全部速裁案件总数的 17.56%；其中上述得到律师辩护的 79 名被告人中仅有 27 名被告人是由其家属聘请的，其他均是因被告人家庭经济困难而由司法机关指定的。同期在该法院审结的普通程序案件，家属为被告人聘请辩护人的约占案件比例的 50%。另在该法院上述审结的刑事速裁案件中，有律师在庭审前曾对被告人提供过法律解释、会见等法律帮助服务的仅有 85 名，占全部审结速裁案件的 18.89%。[1] 这说明，刑事速裁程序的辩护律师参与度很低。

表 3-13　速裁案件中的辩护律师

	法　官	检察官	律　师	警　察
Q23：您是否认为值班律师制度可以满足速裁案件被告人的刑事辩护需要？				
是	91.58%	86.41%	92.76%	95.54%
否	8.42%	13.59%	7.24%	4.46%
Q24：您所在地区的法院或者看守所是否有值班律师？				
是	46.46%	53.88%	72.37%	66.07%
否	53.54%	46.12%	27.63%	33.93%
N	297	206	152	112

（二）权利告知

在刑事诉讼中，权利告知是犯罪嫌疑人和被告人的基本权利，目的是保障犯罪嫌疑人和被告人对自己享有的诉讼权利具有清楚的认知，并知道如何

[1]　参见周征远、林育明：《广州市海珠区人民法院刑事案件速裁程序试点工作白皮书（2014年 8 月—2015 年 12 月）》，载《人民法院报》2016 年 3 月 22 日，第 4 版。

恰当地运用这些权利来维护自身在诉讼中的合法权益。在权利告知中，被告人享有的获得法律援助权利是最为基本的权利，并且这项权利对于其他诉讼权利的正确行使具有至关重要的意义。律师在接受指派或委托依照法定程序会见犯罪嫌疑人和被告人时，对于其享有诉讼权利等有明确告知和解释的义务。我国《刑事诉讼法》中对司法人员和律师对犯罪嫌疑人和被告人的权利告知事项只有原则性规定，并没有明确很具体的规则和要求。根据图3-1（Q25）对速裁案件中被告人的权利告知事项的问卷结果，参与调查的被告人认为在刑事速裁程序中获得的前五位权利告知事项是：申请回避权、获得快速审判权、法庭最后陈述权、聘请律师权利、上诉权。其余的各项权利的在刑事速裁程序中告知的比例越来越低，例如不被强迫自证其罪权、控告办案人员违法办案权、申请不公开审理权，拒绝律师辩护权等都比较低。根据实际调研情况，各地在实践中权利告知程序大都流于形式，庭审没有留给被告人询问和答疑的时间。

（三）信息安全

被告人以信息安全为由可以申请不公开审理是速裁试点在制度上的亮点，也是对现行刑事诉讼法律制度的重大突破。这项制度设计的目的是为公开审理可能影响其信息和人身安全的被告人提供更加人性化和更加符合效率的审理方式。但是这项制度由于告知权行使不充分和审批程序复杂等原因，在司法实践中并未实现其立法初衷。根据表3-14（Q26），90%以上的参与问卷调查的法官、检察官和86%以上的律师都认为从没有办理过被告人以信息安全为由申请不公开审理的速裁案件。根据图3-1（Q25）对被告人权利告知的问卷，参与答卷的305个被告人中有接近35%的被告人对该项权利不知悉，这说明刑事被告人的信息安全权利在试点中并没有得到很好的保护。这里面的原因主要有两点：一是被告人对该项权利并不知悉；二是程序复杂，申请以信息安全为由的不公开审理需要院长审批。对于该项特殊的权利保护，需要在立法上明确哪些类型的案件属于信息安全案件，同时加强对该权利的告知和解释力度，否则该权利就会成为"书面上的法律"，无法成为"生活中的法律"。

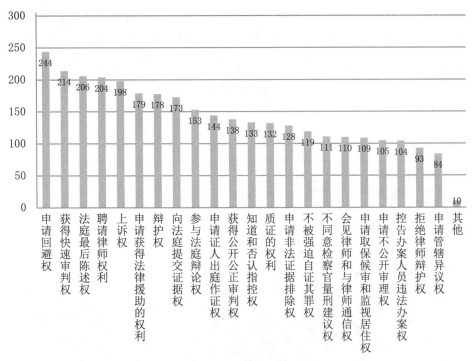

图 3-1　速裁权利告知排序 （Q25）

表 3-14　信息安全保护

	法　官	检察官	律　师
Q26：您是否办理过因被告人申请信息安全而不公开审理的速裁案件？			
是	3.03%	7.28%	13.82%
否	96.97%	92.72%	86.18%
N	297	206	152

（四）被告人权利自我评价

在被告人权利保护方面，平均超过 95% 的参与答卷的法官、检察官和律师认为刑事速裁程序并没有影响被告人诉讼权利的实现，同时也认为值班律师制度基本上可以满足刑事速裁程序被告人的刑事辩护工作。但是值得注意，在 305 个被告人的问卷中虽然有 222 个被告人（占总数 72.79%），表示没有受到任何损害，但是仍然有 16 人认为警察、检察官强迫自己认罪，有 17 人认为精神上受到指控机关的恐吓、威胁，15 人认为受到刑讯逼供，还有 10 人认为辩护无效，量刑不公。虽然这些参与问卷调查的被告人数量不多，但是也从侧面说明刑事速裁程序的审前程序仍然存在认罪的非自愿性等问题。结合速裁案件中权利告知程序，对速裁案件中被告人的审前诉讼权利的维护还需要加强。

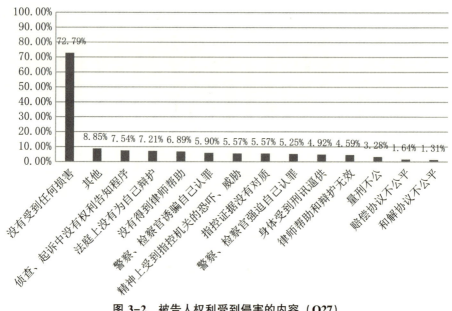

图 3-2　被告人权利受到侵害的内容（Q27）

注：本表中答卷的被告人总数为 305 人。

六、裁判公正

速裁案件若没有公正作为前提，速度再快也会失去其制度本身的价值和意义。速裁案件的审理公正除了程序公正之外，还必须保证实体公正。实体公正的具体表象就是裁判公正。裁判公正，表现为定罪准确、量刑适当。在问卷研究中选择速裁案件的上诉和缓刑适用作为研究视角，考察试点地区速裁案件审理的公正性。

（一）上诉

上诉率的高低可以很大程度上反映量刑的公正。总体上，被告人对量刑的接受程度越高，量刑就越体现其公正性。目前上网的 40 000 多个裁判文书中只有 266 个上诉速裁法律文书，在极为少量的上诉和抗诉案件中，定性不准而上诉的案件目前还没有找到典型的案例。至于量刑方面，确实存在上诉案件，但是上诉案件被驳回的占到99%，只有极少数因为程序问题发回重审，鲜有改判。具体来看，首先根据目前的统计情况，至少没有发现在犯罪定性上出现错误的错判，在定性上没有出现问题。其次在量刑上，有的试点的法院，例如福州市台江区人民法院在自 2014 年试点以来至 2016 年 7 月审理的327 件速裁案件中，实现零上诉、零抗诉和零信访。在实践中，虽然被告人上诉理由大都是裁判过重，但是真实的理由往往是不愿转监而希望留所服刑。由于在刑事速裁程序中，开庭前检察机关的量刑建议要听取被告人意见，因此绝大多数被告人都能认罪认罚。回收的问卷结果也很大程度上支持了上述判断。

在法官组问卷（q35）中，在问及办理的速裁案件中的上诉数量时，有297 个有效回答，其中 134 个法官回答属于零上诉案件，占有效回答的45%；5 件以下的数量为 249 个，占有效回答的84%。图3-3 显示了法官对上诉案的回答的散点分布，说明上诉案件的数量总体分布很少。在检察官组 200 个有效回答中，零上诉的有 117 人，占有效回答的59%，5 件以下（含 5 件）上诉的为93%；在律师组中的 152 个有效回答中，133 人回答零上诉，占有效回答的88%，5 件以下（含 5 件）的有 148 人，占97%。在被告组问卷中，在被问及是否愿意主动放弃上诉权时，有接近 80%的被告人表示愿意放弃上诉权。这说明速裁案件中，上诉率保持很低。由于上诉率很低，且大都属于案件外因素上诉，因此司法人员中不少赞同取消上诉权，法官在被问及是否赞同取消上诉权（q34）时，297 个有效回答中有 224 个赞同（占 75%）取消上诉权。相比而言，检察官在该问题上相对保守，在参与答卷的 206 个检察官中仅有 61%的检察官赞同取消上诉权；而辩护律师则不到 60%赞同取消上诉权。速裁试点的案件整体上诉率保持很低，是说明速裁判决公正性的重要指标。

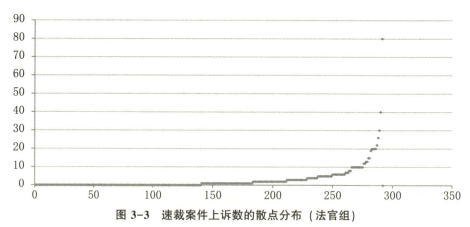

图 3-3 速裁案件上诉数的散点分布（法官组）

注：横轴为问卷法官序号，竖轴为法官处理的速裁案件中的上诉数。

（二）缓刑

判决缓刑意味着对被告人的刑罚执行在开放的社区进行，这是刑事被告人普遍期望的刑罚执行方式。缓刑的正确适用程度是反映裁判公正的重要指针。在不少速裁试点法院，主审法官判决缓刑不再需要主管院领导审批，这是法官依法独立行使审判权在速裁案件中得到加强的重要标志。在速裁试点前，大多数缓刑的判决都必须由主管院领导签署审批。但是，刑事速裁程序试点之后，很多试点法院由主审法官直接签发判决书，如果适用缓刑也可直接签发，不再需要领导审批。这个举措既调动了主审法官独立负责办案的积极性，也可使刑事案件的缓刑适用率偏低的状况得到改变。从法院组问卷（q10）调查情况看，缓刑不需要领导审批的法院为 50.79%，需要审批的为 49.21%。另外，根据法院组问卷，在 124 个参与调查的试点法院中，判决缓刑在速裁案件中平均比例为 43%，这个数字与最高院的中期评估 36.88% 的统计比较接近，同时也说明刑事速裁案件中缓刑适用率已经开始上升。为了进一步观察缓刑在罪名和区域适应上的差异，笔者从中国裁判文书网公布的裁判文书中随机选取了 12 665 个速裁案例进行统计上的 Logistic 分析。根据表 3-15 所列的统计结果，在罪名上，交通肇事犯罪判处缓刑的比例较高，毒品类犯罪判处缓刑的比例最低，这两种罪名在缓刑判决上都具有统计学上的意义。但是，值得注意的是，危险驾驶罪的缓刑在样本中的适用比例相比其他罪名来说比例较低，这个因素与调查中的部分试点地区，譬如北京危险驾驶罪主要判处实刑，基本不适用缓刑有关。在案件特征上比较，羁押状态相比非羁押状态的被告人获得缓刑的比例更低。值得注意的是，律师代理的案件被告人获得缓刑的比例也比较低，这可能与律师代理的案件犯罪严重程度较高有关。从区域分析看，在样本中，西安和上海两地相比其他城市具有更高的缓刑比例，但是沈阳、郑州、北京、福州、广州和重庆等城市相比其他试点城市，缓刑在速裁案件中适用比例相对较低。可见，在速裁案件的缓刑适用上，存在区域的严重不平衡。结合问卷和案例分析，缓刑适用虽然在速裁案中总体适用率有所提高，但是存在犯罪类别和区域不平衡的问题。对于这个问题，从全国层面对缓刑适用的角度考虑，可以制定单行的缓刑条例或统一进行司法解释，以规范缓刑在刑事案件的适用。

表 3-15　缓刑在速裁程序中的 LOGISTIC 分析

罪名（对照组：其他罪名）	
危险驾驶	-0.728^{***}（0.07）
交通肇事	2.344^{***}（0.26）
盗窃	-2.253^{***}（0.08）
诈骗	-0.408^{*}（0.19）
毒品	-4.332^{***}（0.18）
速裁案件特征	
取保候审（是 vs 不是）	0.613（0.40）
监视居住（是 vs 不是）	0.469（0.35）
羁押（是 vs 不是）	-0.778^{+}（0.40）
律师代理（是 vs 不是）	-0.501^{***}（0.08）
司法区域（对照组：其他 9 个试点城市）	
北京	-0.523^{***}（0.08）
沈阳	-1.007^{***}（0.12）
上海	0.600^{***}（0.06）
福州	-0.589^{**}（0.20）
广州	-0.280^{**}（0.09）

续表

司法区域（对照组：其他 9 个试点城市）	
济南	0.230 * (0.10)
郑州	-0.767 *** (0.09)
重庆	-0.182 (0.23)
西安	0.688 *** (0.13)
常数	1.156 ** (0.41)
观察数（N）	12 665
Pseudo R 平方	0.2517

注：+ p<0.10，* p<0.05，** p<0.01，*** p<0.001 双尾检验，括号内为标准误。

七、司法效率

从问卷调查和实地调查的结果看，刑事速裁程序确实起到了提高试点地区刑事案件审理效率的功效。根据最高人民法院对全国 13 家试点法院的抽样统计：2015 年上半年，适用刑事速裁程序的案件 5 日内审结的占 41.89%，5日至 10 日内审结的占 52.38%，10 日至 20 日内审结的占 5.73%；而简易程序5 日内审结的占 9.91%，5 日至 10 日内审结的占 25.97%，10 日至 20 日内审结的占 55.45%，20 日以上审结的占 8.67%。[1] 以上数据也可以从问卷中得到验证。根据表 3-16（Q27），平均超过 80% 的法官、检察官和辩护律师以及警察，认为刑事速裁程序实质性提高了办案效率。比较而言，刑事速裁程序对法院的审理案件的效率提升比较明显。法院组问卷（q23）在问及"速裁试点对法院的最大益处是什么"的开放性问题时，99% 的法院回答对法院最大的益处是提高审判效率，实现案件的繁简分流，节省司法资源。另外，根据法官组问卷（q39），在 296 个有效回答中，被调查法官回答的速裁审理期限平均为 6 天时间。在关于速裁案件庭审一般花费时间的问题（法官组 q40）

---

[1] 郑敏、陈玉官、方俊民：《刑事速裁程序量刑协商制度若干问题研究——基于福建省福清市人民法院试点观察》，载《法律适用》2016 年第 4 期。

的 296 个有效回答中，参与答卷的法官给出的速裁案件平均庭审时间为 9 分钟。被告人对速裁法庭审理时间的回答也印证了法官的回答，在被告人组问卷（q39）中，有 191 人回答其速裁庭审时间为 10 分钟以下，占比有效回答的 72%。在关于简易程序庭审时间问题上（法官组 q40），在 295 个法官的有效回答中，简易程序的平均法庭审理时间为 21 分钟；在关于普通程序庭审时间问题（q41）上，在 291 个法官的有效回答中，普通程序庭审时间为 71 分钟。由此可以看出，仅仅从法庭审理时间看，刑事速裁程序的庭审时间不到简易程序的二分之一，不到普通程序的七分之一，刑事速裁程序在法庭审理上的效率优势确实突出。并且，法庭当庭宣判的比例相当高，解决了法庭审理后的宣判时间的延宕问题。根据法官组问卷（q44），在 297 份有效问卷中有 268 个法官说其审理的速裁案件都当庭宣判，在全部有效法官问卷中占90%。在被告人组问卷（q42）中的 305 个有效问卷中，参与答卷的被告人中有 290 人表示他们的案件当庭宣判，在全部有效被告人问卷中占比 95%。由此可见，仅仅从法院的审判环节上看，速裁程度试点大大提高了审判效率。相比而言，虽然刑事速裁程序缩短了起诉期限，提高了起诉的效率，但是在实践中有些检察官反映起诉前的工作量加大，所以检察官对办案效率的反应不如法官明显。由于没有明确规定对侦查期限进行限缩，速裁案件的侦查效率并没有被明显提高。[1]

表 3-16 对刑事速裁程序试点效率的评价

	法 官	检察官	律 师	警 察
Q27：速裁程序是否实质上提高其办案效率？				
是	81.48%	73.79%	88.82%	78.57%
否	18.52%	26.21%	11.18%	21.43%
N	297	206	152	112

---

〔1〕 张婧、吕雪：《刑事速裁程序中检察院与法院协调机制试点效果的实证研究——以广州市越秀区人民法院刑事速裁审判实践为视角》，载《法治论坛》2016 年第 1 期。

八、综合评价

对刑事速裁程序试点的预估反映人们对刑事速裁程序试点的预断，可以看出司法人员对该试点最初的态度。根据表 3-17（Q28），对该问题进行回答的法官和检察官以及辩护律师的态度和预判基本接近，平均有大约78%的问卷回答者认为可以达到预期效果，还有大约7%的回答认为很难达到预期效果，另外有大约15%的回答认为不可预测。总体上看，对这个问题的回答体现部分被调查的法官、检察官和律师对该试点相对保守的态度。但是，对于刑事速裁程序实际运行状况，参与调查的法官的满意度达到96%，检察官的满意度达到93%，律师的满意度达到94%，警察的满意度达到93%。另外，参与调查的被告人对刑事速裁程序的满意度高达97%。其中参与调查的法官、检察官和律师的满意度比原先的预期高出了 15 个百分点。以上这些数字说明，刑事速裁程序试点受到诉讼主体的广泛认同。

表 3-17　刑事速裁程序试点的预判与评价

	法　官	检察官	律　师	警　察	被告人
Q28：您对速裁程序试点能否达到预期效果预判：					
可以达到预期效果	77.78%	77.18%	80.92%	—	—
很难达到预期效果	6.06%	8.25%	5.92%	—	—
无法预测	16.16%	14.56%	13.16%	—	—
Q29：您对试点速裁程序实际运行状况的满意度？					
非常不满意	1.35%	1.94%	3.95%	3.57%	0.98%
不满意	2.02%	4.85%	1.32%	2.68%	1.31%
满意	37.37%	34.95%	39.47%	45.54%	53.11%
比较满意	45.79%	48.06%	33.55%	30.36%	11.48%
非常满意	13.47%	10.19%	21.71%	17.86%	33.11%
N	297	206	152	112	305

第三节　结论和讨论

根据 18 个试点城市的问卷调查可以得出以下结论：刑事速裁程序试点大幅度提高了试点地区刑事案件办理的司法效率，特别在提高非羁押性替代措施适用率，非监禁刑的适用率，降低上诉率、抗诉率，推动案件繁简分流，有效缓解试点地区案多人少矛盾等方面成效显著。这个结论进一步说明，刑事速裁程序试点符合以审判为中心的刑事诉讼制度改革的大趋势，符合我国当前刑事案件繁简分流的实际需要，具有现实可行性。当然，根据调查问卷，刑事速裁程序试点在案件适用范围、证据证明、认罪审查、控辩协商、庭审方式等方面还存在许多深层次问题。在刑事速裁程序与认罪认罚从宽制度试点并轨铺开后，必须对刑事速裁程序试点中暴露出的问题，特别是对前期速裁试点中的案件适用率低于预期和值班律师作用并没有充分发挥等问题，进行高度重视。[1] 结合对刑事速裁程序试点的问卷调查结果和相关调查研究，笔者在此将这些问题集中加以讨论并提出完善建议，以期待与理论界和实务界共同研判。

一、关于提高刑事速裁程序适用率

刑事速裁程序适用率没有达到预期高是本次两年期速裁试点中最突出的问题。根据问卷调查和相关分析，除了两高两部《速裁程序试点办法》规定的案件适用范围和限制条件的因素之外，还存在其他因素导致本来可以进入刑事速裁程序审理的案件没有进入到刑事速裁程序中来，从而导致速裁适用率整体并不高。立法上特定程序的适用范围并不等于司法实践中特定程序实际的适用范围。[2] 解决刑事速裁程序适用率不高的问题必须根据调查发现的多种原因"对症下药"。

第一，对刑事速裁程序和简易程序、普通程序之间的案件适用的界限作

---

〔1〕　陈瑞华：《"认罪认罚从宽"改革的理论反思——基于刑事速裁程序运行经验的考察》，载《当代法学》2016 年第 4 期。

〔2〕　例如，根据对某法院的同期案件统计，满足速裁程序的案件有 110 件，但是实际应用只有 25 件，适用速裁程序的比例仅为 22.73%。参见原立荣：《刑事速裁程序实证研究——以 C 市 J 区为分析样本》，载《首都师范大学学报（社会科学版）》2016 年第 1 期。

明确的规定，严格限制可适用刑事速裁程序的案件转入简易程序或普通程序。由于刑事速裁程序与简易程序、普通程序之间没有严格的界分标准，导致实践中本来可以适用刑事速裁程序的案件可以不加限制转入简易程序或普通程序，从而影响刑事速裁程序案件的适用率。2016 年 9 月 3 日，第十二届全国人大常委会第二十二次会议表决通过了《关于授权最高人民法院、最高人民检察院在部分地区展开刑事案件认罪认罚从宽制度试点工作的决定》，根据该决定，刑事速裁程序试点范围将延伸至可能判处 3 年以下有期徒刑的案件，并取消罪名限制。这意味着适用刑事速裁程序审理的案件范围将较大幅度扩大，司法人员在问卷调查中反映的速裁案件适用范围过窄和限制条件的问题将得到解决。但是，虽然立法上刑事速裁程序的案件范围扩大，如果不对速裁判程序与简易程序之间的适用界限加以严格区分，很有可能继续出现大量本来可以适用速裁程序的案件被转入简易程序或者普通程序的情况，简易程序事实上就可能成为认罪认罚中部分速裁案件的"避风港"，从而影响速裁案件的实际适用率。在刑事速裁程序和认罪认罚从宽制度并轨试点中，应当明确在侦查或起诉阶段就确定可以适用刑事速裁程序审理的案件在审判阶段没有特定法定情形出现的情况下，必须适用刑事速裁程序来审理，而不能随意变更审判程序。

第二，调整刑事速裁程序适用案件的侦查、起诉和审判期限，合理配置诉讼不同阶段的办案期限。首先，要限缩可适用速裁审理的案件的刑事侦查期限。根据两高两部《速裁程序试点办法》，刑事速裁程序试点并没有对轻微刑事案件的侦查期限进行规定和限制。从试点的情况看，速裁案件的侦查时间并没有实质性变化。根据轻微案件的处理的规律，侦查的期限可以适当缩短 10~20 个工作日，以加快速裁案件的侦查阶段的流程。其次，对于起诉和审判的期限可以适当延长。认罪认罚从宽制度试点之后，速裁案件范围扩张，这意味着检察官和法官要比过去用更快的速度来处理更多的案件。如果仍然用 8+7 天起诉和审判期限方式来要求他们在规定期限完成起诉和审判工作，就可能导致速裁案件办案检察官、法官不堪重负。[1] 在中期和末期问卷调查

---

[1] 亦可参见白云飞：《刑事案件速裁程序试点运行状况实证分析》，载贺荣主编：《尊重司法规律与刑事法律适用研究——全国法院第 27 届学术讨论会获奖论文集》（上），人民法院出版社 2016 年版。

中，超过 50% 的检察官和法官反映起诉和审理期限太短，不得不将部分案件转入简易程序和普通程序。根据相关问卷结果，速裁起诉期限可以从 8 个工作日延至 15 个工作日；审判期限从 7 个工作日延长至 10 个工作日。这样虽然起诉审判期限适当延长，但同时压缩侦查期限，总的速裁案件的流程期限的变化并不大，总体上并不会延长速裁案件的办理期限。

第三，简化速裁案件的内部审批程序，畅通整个程序流程。要提高轻微刑事案件适用刑事速裁程序比例，不仅要简化庭审方式和缩短办案期限，更为重要的是简化速裁案件内部不必要的审批程序。在问卷调查中，司法人员仍然反映速裁案件的内部审批手续比较烦琐，影响案件办理的流程速率。在侦查阶段，有些试点地区采取"刑拘直诉"，跳过逮捕审查环节，实质性提高了速裁案件的侦查阶段的效率。对于那些可以适用速裁案件的常见犯罪类型，譬如危险驾驶类的案件，可以直接在刑事拘留之后适用起诉，加快侦查流程。在起诉阶段，简化公诉内部审批的环节，特别是对适用缓刑建议的案件可以不受司法行政机关的再犯社会调查评估的限制，由公诉机关自由裁量是否需要进行社会调查评估并决定起诉。在审判阶段，很多地方试点法院对独任法官的审判和量刑有更大的放权，缓刑案件不再需要经过主管院长的审批就可下裁判。这些内部审批机制的简化，是加快案件审判流程和提高刑事速裁程序适用率的重要措施。在速裁案件中，侦查、起诉、审判和执行各个环节都要建立权力清单制度，明确速裁判案件办理的司法权力配置，畅通整个案件办理流程。

二、关于制定速裁证据收集指引

刑事案件及其审理活动离不开证据的收集和认定。《刑事诉讼法》第 55 条规定的"证据确实、充分"和"排除合理怀疑"的标准适用于所有的刑事诉讼活动，并不因程序不同而使标准降低。这个规定其实反映了立法机关对司法机关办案的高标准和严要求。但是，司法实践在不同的诉讼阶段和程序选择上客观上存在不同的证明要求，因此事实上在刑事诉讼不同的程序上存在证据归集和判断上的差异。在司法实践中，特别是在办理犯罪手段比较隐蔽的案件，以及寻衅滋事、交通肇事类等案件证据比较容易灭失的案件时，如果被告人主动自愿认罪，如实供述犯罪事实，结合相关证据可达到定罪的要求，就没有必要再按照普通程序的证明要求刻板地要求定罪量刑的证据需要达到确实充分和排除合理怀疑的标准。有些学者也指出在刑事速裁程序中可以适当降低证明标准，采用"两个基本"的证明标准，即基本事实清楚、基本证据充分。[1] 但是，目前要在立法层面明确"两个基本"标准仍然面临实际困难。特别是在当前加强冤错案防范和推行司法责任制的背景下，如果在国家立法层面直接降低案件证明标准，在没有严格的证据指引出台的前提下，可能带来刑事案件审理上的证据适用混乱问题。在我国目前的司法体制下，刑事速裁程序中仍然必须毫不动摇地坚持证据裁判的原则。当然，在坚持证据裁判原则的同时要制定严格的证据指引和证明要素，对速裁案件的证据和证明可以比普通程序的案件有所简化，但是具体的证据要素必须齐备。譬如，关于盗窃财物价值不大的盗窃案件的量刑证据，对于常见物品，譬如被盗窃的手机的价值，司法机关可以直接根据手机的厂商和型号参考市场定价，只要被告人或被害人认可，就没有必要再送交专门的价格部门进行价值鉴定。最高司法机构可通过司法解释的方式，制定速裁案件的犯罪分类简明证据指引，引导和规范试点地区的速裁案件在侦查、起诉和审判阶段对证据的收集、固定、审查、判断和应用。

三、关于构造速裁认罪答辩程序

根据调查问卷结果，由于对认罪自愿性缺乏审查判断标准，刑事速裁程序中缺乏对认罪自愿性实质审查环节，不利于对案件质量的把控。关于认罪的构成和范围等已经有不少学者进行讨论，[2] 但是对于认罪的构成和定性等还存在认识不一致的问题。[3] 根据两高两部《速裁程序试点办法》，被告人认罪必须是自愿的。从法理上，认罪是被告人通过法定的程序对指控机关指控的犯罪自愿性、明知性和理智性的认可。目前我国刑事速裁程序由于没有前置性认罪答辩程序，对认罪答辩本身的审查属于非强制性的形式审查，而非必要性实质审查。对速裁案件中被告人自愿性认罪审查听证程序的缺失，容易发生冤假错案。在关于检察官和法官是否对被告人自愿认罪存在顾虑的

---

〔1〕 汪建成：《以效率为价值导向的刑事速裁程序论纲》，载《政法论坛》2016 年第 1 期。
〔2〕 陈光中、马康：《认罪认罚从宽制度若干重要问题探讨》，载《法学》2016 年第 8 期。
〔3〕 陈卫东：《认罪认罚从宽制度研究》，载《中国法学》2016 年第 2 期。

问卷调查中，仍然有相当部分的法官和检察官对被告人的认罪自愿性心存顾虑，同时参与问卷调查的少数被告人也反映存在强迫认罪的问题。以上说明不能低估这个问题在刑事速裁程序试点中的严重性。为了解决这个问题，最高司法机关可在速裁试点中制定法庭认罪答辩规则，该规则至少应当包含以下七个方面内容：一是认罪答辩的范围、形式和方式；二是认罪前的权利告知和相关认罪问题的解释，包括伪证罪的后果、被告人享有的包括辩护权在内的各种基本诉讼权利、认罪的后果、认罪后法院在判决上的权力等；三是审查认罪是自愿的、明知的，而非强迫的、诱骗的认罪；四是明确对认罪的撤回、上诉的条件以及相关救济措施；五是认罪证据在法庭上适用的限制性规定；六是对认罪事实的确认和审查；七是规定有关认罪后的可能的民事赔偿、罚金罚款、刑罚执行方式等。制定包含以上内容的认罪答辩规则，就可以有效保证被告人认罪答辩自愿性及其程序的正当性、合法性。

四、关于推行速裁控辩协商程序

控辩协商制度是推进刑事诉讼民主，提升被告人在司法正义上获得感的重要制度。控辩协商制度由于注重诉讼主体间的民主参与与公平交流，充分体现了现代意义上的程序的内在价值，代表了当代诉讼制度发展的趋势。[1] 根据问卷调查结果，在刑事速裁程序试点中，司法人员特别是律师呼吁要抓紧建立完备的控辩协商程序，以保证速裁案件的控辩结构性平衡。本次速裁试点开启了控辩协商的"大门"，但是离规范意义上的控辩协商制度还有相当大的差距。这主要表现在两个方面，首先是控辩协商的程序性机制在试点中没有建立起来，其次是保证控辩协商有效实施的律师参与力量不足。针对第一个问题，最高司法机关可以总结部分地方试点中控辩协商机制和运行的经验，并吸收国外控辩协商方面的有益做法，制定规范的速裁控辩协商规则。有的试点地方开始探索建立律师广泛参与的速裁案件的控辩协商机制，这为中央层面的立法提供了可资参考的经验。[2] 完备的控辩协商制度应当包括协

---

〔1〕 陈瑞华：《走向综合性程序价值理论——贝勒斯程序正义理论述评》，载《中国社会科学》1999 年第 6 期。

〔2〕 郑敏、陈玉官、方俊民：《刑事速裁程序量刑协商制度若干问题研究——基于福建省福清市人民法院试点观察》，载《法律适用》2016 年第 4 期。

商的范围、程序的启动、协商的地点、协商的过程、协议的确认、协商的救济，等等。此外，在控辩协商中，审判方是否可以参与协商，对于这个问题实践中存在争论。一般来说，在控辩双方协商存在困难的情况下，法官参与协商将会促进量刑协商的成功。在这方面，德国法官参与刑事协商的做法值得借鉴。[1] 另外，在我国刑事诉讼实务中事实上已经有审辩协商与交易的现象。[2] 可见，在建立控辩协商机制中也不能忽视审判方的作用。针对第二个问题，国家必须加大投入，在速裁和认罪认罚案件中只要被告人认为有获得律师帮助的需求就应当予以满足。控辩协商程序没有辩护律师的参与就无法充分实现在平等自愿基础上的协商。在看守所和法院设立值班律师，为速裁案件被告人提供法律咨询和法律帮助是突出的制度创新。[3] 由于法律援助资源区域性差异，要保证所有速裁案件的被告人都享有律师辩护权，仍然面临实际困难。问卷调查结果显示，仅仅有不到50%的看守所或法院设立值班律师。这说明在试点中，值班律师制度并没有在地方实现看守所和法院的全覆盖。无论是认罪答辩还是控辩协商，都是非常严肃的法律问题，对被告人将产生严重的法律后果。如果没有辩护律师的有效参与，在审前监督机制不完善的情况下将极有可能产生冤错案。在目前法律援助资源稀缺的情况下，国家应当加大对法律援助的投入，并采取措施将有限的律师资源配置给最有需要的速裁案件中认罪认罚的被告人，以帮助其与控方进行有效的量刑协商。总之，在速裁和认罪认罚试点中推行控辩协商制度，既需要建立控辩协商规范，也必须加大法律援助律师的投入，二者不可偏废。

五、关于改进速裁案件庭审方式

根据调查，刑事速裁程序试点中，由于部分试点司法机关片面追求效率，在实践中出现速裁审理的过分程式化现象，特别是有些试点地区司法机构过

---

〔1〕 ［德］约阿希姆·赫尔曼：《德国刑事诉讼程序中的协商》，王世洲译，载《环球法律评论》2001年第4期。亦可参见李昌盛：《德国刑事协商制度研究》，载《现代法学》2011年第6期。

〔2〕 孙长永、王彪：《刑事诉讼中的审辩交易现象研究》，载《现代法学》2013年第1期。

〔3〕 孙剑英：《认真做好法律援助值班律师工作，促进速裁程序试点工作顺利开展》，载最高人民法院编：《刑事案件速裁程序——试点实务与理解适用》，内部资料（京内资准字：2015-Y0026号），第62页。

分追求判案速度，有的甚至超越法律规定和授权采取不开庭的书面审理方式，忽视庭审环节的庭审质量和法庭权威。在调查中也发现，很多速裁案件在速裁审理中仅仅是走过场，速裁案件的被告人无法真正感受刑事法庭的威严，不利于被告人被定罪量刑后的改造。为了改进速裁案件的庭审方式，解决庭审的程式化和走过场的问题，可以考虑采取如下措施：首先，最高司法机构应当在总结速裁庭审的经验和问题的基础上，改变目前简化放任的庭审方式，制定和发布规范速裁庭审流程。具体来说，规范的速裁庭审应当包括：被告人身份查明程序、权利告知程序、认罪答辩审查程序、量刑协商确认程序，等等。在此基础上，可以选择在部分速裁试点基础比较好的法院进行试点，创建规范化的速裁庭审模范法庭，然后在全国试点地区进行大范围的推广应用。其次，减少案件的集中批次审理和视频审理。由于追求审理效率，部分试点法院对集中审理和视频审理过度依赖，加大了速裁审判法庭的程式化程度。速裁案件只要条件许可还应尽可能鼓励单独开庭，鼓励当事人到庭接受质询和发表意见，以体现诉讼结构的完整性和保证被告人在法庭上的权利得到充分实现。最高司法机构应当对集中开庭和视频审理模式制定相应的规则，限制批次集中开庭和视频审理的次数，规范集中开庭和视频审理的流程。最后，速裁庭审中应适当增强法庭量刑说理与法制教育。根据调研和观摩庭审，速裁审判法庭普遍对量刑环节缺乏说理，缺少对被告人的法律释明和训诫。总体上，对速裁法庭的程式化问题进行纠偏，必须综合采取多种措施，在不影响案件审理的正常效率的情况下，要求审判法庭在审理案件中体现对案件事实的关注和对被告人诉讼权利的保护和尊重，以确保法庭审理过程不因追求速度而影响或损害法院的司法权威。

六、关于促进速裁案件量刑均衡

在刑事速裁程序中，定罪主要通过被告人认罪来解决；量刑则主要依靠控辩协商来解决。由于刑事速裁程序试点中量刑控制在 1 年以下有期徒刑，总体量刑偏差还是属于可控范围。认罪认罚从宽制度试点推开之后，速裁案件的量刑空间将扩张，如果缺乏严格的量刑规范指导，极有可能造成不同试点地区和不同犯罪类型和罪名间量刑偏差过度的问题。针对上述可能出现的问题，笔者建议最高司法机关通过制定刑事速裁程序中适用的认罪认罚从宽的量刑指南，具体引导和规范量刑协商和量刑裁判。首先，根据司法统计裁判文书的大数据分析，对速裁案件的犯罪类型和罪名的刑罚规定和对司法实践中量刑统计上的中位数和众数进行测算，在此基础上规定各犯罪的案件类别的合理量刑区间。其次，量刑指南应建议对刑事速裁程序选择给予量刑上的特别优惠，鼓励被告人选择刑事速裁程序进行诉讼，加速案件的流转和节约司法资源。特别是在认罪认罚从宽制度试点之后，必须加大程序性激励机制，鼓励被告人更多地选择适用刑事速裁程序。[1] 再次，对于缓刑适用，应当通过量刑指引或制定缓刑适用规则等规范性文件，来规范和引导缓刑适用，避免缓刑在犯罪类别上的区域不平等适用问题。譬如，危险驾驶罪，有些地方一律判实刑，有些地方一律判缓刑，导致缓刑适用存在区域上的严重偏差。对此，最高司法机关在后续的试点中，可制定全国的量刑指引以规范与矫正上述问题。最后，对于被判处 1 年以下有期徒刑刑罚的被告人可附条件适用前科消除制度。由于危险驾驶案件数量的大幅增加和部分劳动教养案件入刑，社会危害性不大的轻微犯罪的被告人被处以刑罚，在对其进行惩罚的同时，对这些人个人未来生活、就业等也带来很多负面影响。从犯罪的预防和矫正的角度，在刑事速裁程序和认罪认罚从宽制度的试点中可考虑建立附条件前科消除制度。对危险驾驶、青少年轻微犯罪和社会危害性不大的初犯和偶犯，在判决后只要服刑期间以及在服刑后考察期限内没有重新犯罪，且社区矫正或监狱部门评价表现良好的，就可以进行前科消除，避免和减少犯罪标签对其产生的负面影响。

七、关于避免被告人滥用上诉权

在速裁案件中，量刑后的被告人滥用上诉权的现象比较突出。[2] 根据问卷和调查分析，在速裁案件中，只有极少数的被告人因量刑原因而上诉，且上诉的原因大都是被告人因为刑期较短而希望判决后留在看守所服刑。就速裁案件来说，在适用刑事速裁程序审理案件的时候，检察机关都会提出量刑

---

〔1〕 魏晓娜：《完善认罪认罚从宽制度：中国语境下的关键词展开》，载《法学研究》2016 年第 4 期。

〔2〕 刘广三、李晓：《刑事速裁程序实施问题与对策研究——以北京市 C 区法院为样本》，载《法学论坛》2016 年第 5 期。

建议，被告人同意量刑建议才可以进入速裁案件审理程序中，并且在没有特殊情况下，法官一般会按照量刑建议进行裁判。由于我国刑事诉讼对上诉权没有前置审查机制，因此上诉权对于被告人来说属于绝对权。只要被告人在法定上诉期限内提出上诉，案卷移送、审查和审理以及裁判的系列上诉程序就会联动响应。被告人在速裁案件中已经因为选择适用刑事速裁程序而获得从轻的量刑，在速裁审理后又上诉，二审在经过复杂的审理程序之后又被毫无例外地予以驳回，这实际上就导致了司法资源的浪费，违背了刑事速裁程序体现的诉讼经济原理。在刑事速裁程序试点和认罪认罚制度改革试点中，在国家立法机关并没有明确授权禁止的情况下，试点司法机关不可能禁止或取消被告人在刑事速裁程序中的上诉权。针对这个问题，应在速裁案件认罪答辩和控辩协商程序中，要求被告人在接受量刑建议或协议前书面放弃上诉权。此外在将来的立法设计中，也可考虑对被告人上诉权采取建立原审法院的上诉前置审查机制等措施对速裁案件中的认罪认罚的上诉人进行限制。对于速裁案件的被告人上诉，如果经过原审法院的前置审查，没有发现影响司法公正的程序和实体问题，对该类速裁案件中被告人上诉就应当直接裁定不予许可，这可以从根本上避免被告人滥用上诉权而导致速裁效率低下的问题。

刑事速裁程序试点，对于推动我国建立多元化刑事诉讼程序、从根本上提高诉讼效率、促进司法公正具有里程碑的意义。效率，隐含了更高、更快、更大的企图和目标，同时也隐含了以有形和有限的资源去探索和实现无限的可能。[1] 司法领域的效率相比经济领域的效率受到更多的条件限制。刑事速裁程序试点，涉及适用范围、证据标准、法律援助、认罪答辩等诸多机制创新。刑事速裁程序并不是对程序的简单简化，其背后蕴藏着复杂的诉讼机理，需要不断地实践和经验总结。本研究报告主要基于问卷调查的相关分析，不可避免存在一定研究上的局限性，对刑事速裁程序试点运行过程中的规律、经验和问题的深度挖掘和总结，还需要结合认罪认罚从宽制度的试点进行更大范围和更深层面的研究。

---

〔1〕 熊秉元：《正义的成本：当法律遇上经济学》，东方出版社 2014 年版，第 256 页。

刑事速裁程序试点案例检验

对于刑事速裁程序试点运行实际效果的观察，不仅可以通过主观问卷来发现其中的问题，而且可以通过速裁案例的裁判文书来观察其实际运行的效果。本章根据 12 666 个速裁案件裁判文书的分析，对刑事速裁程序运行的效果进行多角度的综合检验，其核心是检验刑事速裁程序试点的程序运行效率、司法裁判的公正程度和司法人权保障力度。虽然关于刑事速裁程序试点已经有部分的实证研究，但是研究普遍存在碎片化和局部性的问题。[1] 本研究试图通过对速裁的裁判文书的大样本进行数据定量统计分析，系统性地检验刑事速裁程序在试点地区两年间的实际运行效果并揭示其在试点运行中存在的亟待完善之处。

第一节　研究的问题、样本和方法

一、研究的问题

本研究的目标是揭示和检验刑事速裁程序试点运行的状况和实际效果。根据研究的目标，本书主要围绕刑事速裁程序的审理效率、量刑裁判和诉讼权利三方面问题进行样本数据分析。[2]

---

〔1〕 相关的研究可参见张婧、吕雪：《刑事速裁程序中检察院与法院协调机制试点效果的实证研究——以广州市越秀区人民法院刑事速裁审判实践为视角》，载《法治论坛》2016 年第 1 期；廖大刚、白云飞：《刑事案件速裁程序试点运行现状实证分析——以 T 市八家试点法院为研究样本》，载《法律适用》2015 年第 12 期。

〔2〕 这里需要说明的是，本研究对于研究的问题没有采用通常社会学研究的假设的方式处理，而主要考虑法学研究者的认知习惯直接以研究的具体问题进行显示。

（一）刑事速裁程序的司法效率

关于刑事速裁程序的司法效率检验可分解为以下若干问题[1]：

第一，关于预审期间的问题包括：刑事速裁程序对轻微刑事案件刑事拘留至逮捕的期限是否有实质性的影响、刑事速裁程序对轻微刑事案件的逮捕至起诉期间的审前期限是否有实质性的影响、速裁案件中的犯罪嫌疑人和被告人取保候审和监视居住对预审期限的影响如何。

第二，关于审前期间的问题包括：刑事速裁程序对轻微刑事案件刑事逮捕至起诉的审判期限是否有实质性的影响，速裁审前期限是否存在替代性羁押、律师辩护和试点区域上影响的差异。

第三，关于审判期间的问题包括：刑事速裁程序对轻微刑事案件的审判期限是否有实质性的影响，刑事速裁程序规定的 7 个工作日的审限是否在实践中得到落实，速裁审前期限是否存在替代性羁押、律师辩护和试点区域上影响的差异。

第四，关于整个诉讼期限的问题包括：速裁程序对轻微刑事案件的审判期限是否有实质性的影响，速裁审前期限是否存在替代性羁押、律师辩护和试点区域上影响上的差异。

（二）刑事速裁程序的量刑均衡

司法裁判的均衡度相比其认可度或可接受度来说，可以从深层次上检验司法量刑裁判的公正度。[2] 鉴此，本研究主要围绕量刑均衡度来展开，这里目前在速裁案件研究中尚属空白。本研究将对有期徒刑、拘役、单处罚金和缓刑适用等进行分别研究。[3] 具体而言，相关的研究可分解为以下几个方面的量刑问题：

---

〔1〕 囿于速裁裁判文书记载的相关信息不充分，速裁的检察起诉期限和司法行政机关的社会调查评估期限等没有被纳入本研究考察的范围。

〔2〕 关于速裁案件的判决认可度和可接受度，从司法机关公布的数据和相关速裁的研究成果看，刑事速裁案件裁判的当事人认可度和可接受度相当高。2015 年 10 月，最高法和最高检关于速裁试点的中期报告显示，在速裁案件中被告人的上诉率仅仅为 2.10%，比简易程序低 2.08 个百分点。参见《最高人民法院、最高人民检察院关于刑事案件速裁程序试点情况的中期报告》，载《全国人民代表大会常务委员会公报》2015 年第 6 号，2015 年 11 月 20 日。

〔3〕 管制刑和剥夺政治权利在速裁案件中极少适用，且无法满足统计分析的样本条件，因此本研究没有将其纳入观察检验对象。

第一，量刑为有期徒刑的速裁案件的问题包括：速裁案件的量刑为有期徒刑的案件在整个速裁样本中比例为多少，该比例是否合理；速裁案件量刑为有期徒刑的平均值（月份）在样本中为多少；在速裁案件中，量刑为有期徒刑的案件主要集中在哪些犯罪类别上；速裁案件量刑判决的有期徒刑判决与被告人的羁押状态和律师辩护之间的关联性程度如何；不同的试点城市对有期徒刑的量刑偏差有多大，是否总体均衡。

第二，量刑为拘役的速裁案件的问题包括：速裁案件的量刑为拘役的案件的在整个速裁样本中的比例为多少，该比例是否合理；速裁案件量刑为拘役的平均值（月份）在样本中为多少；在速裁案件中，量刑为拘役的案件主要集中在哪些犯罪类别上；速裁案件量刑为拘役的被告人的羁押状态和律师辩护之间的关联性程度如何；不同的试点城市对拘役的量刑是否总体均衡？

第三，量刑为单处罚金的速裁案件的问题包括：速裁案件的量刑为单处罚金的案件在整个速裁样本中的比例为多少，该比例是否合理；速裁案件判决单处罚金的平均值（人民币元）为多少；在速裁案件中，量刑为单处罚金的案件主要集中在哪些犯罪类别上；速裁案件量刑判决为单处罚金的被告人的羁押状态和律师辩护之间的关联性程度如何；不同的试点城市对单处罚金的量刑偏差有多大，是否总体均衡？

第四，速裁案件在缓刑适用方面的问题包括：速裁案件判决中适用缓刑的在整个速裁样本中的比例为多少；在速裁案件中，判决缓刑的案件主要集中在哪些犯罪类别上；速裁案件的缓刑适用与被告人的羁押状态和律师辩护之间的关联性程度如何；不同的试点城市的缓刑适用率是否存在偏差，程度如何？

（三）刑事速裁程序的权利保护

本研究中，关于刑事速裁程序中的权利保护主要围绕替代性羁押措施的适用和值班律师制度两个方面来展开研究。

审前替代性羁押率问题。这方面的问题具体分解为：在适用刑事速裁程序的案件样本中，刑事羁押率和替代性羁押率的比例各为多少；替代性羁押的比例是否比同期简易程序中的适用有所提高；适用羁押案件在犯罪类别上是否有偏差；不同的试点地区的羁押率在样本中是否存在偏差，程度如何。

由于本研究的裁判文书中仅仅列明被告人聘请律师的情况，对于是否获得法律帮助等服务缺乏记载，而对于被告人在获得免费的法律援助律师的法律帮助方面的实际效果如何，需要通过其他研究方式来进行补充。相较值班律师的法律咨询而言，辩护律师参与案件的代理与辩护等实质性工作对于犯罪嫌疑人和被告人的权利保护来说更具有实质性意义。因此，本研究主要限定在被告人聘请律师进行辩护的案件方面。这方面的问题包括：在适用刑事速裁程序审理的案件样本中，刑事辩护的比例是多少，这个比例是否正常；在不同的犯罪类别中，律师辩护率是否存在差异；在不同试点地区，律师辩护率是否存在偏差以及程度如何？

二、样本和方法

本研究采取分段抽样法，采集最高人民法院裁判文书网上速裁试点期间的 12 666 份裁判文书作为分析样本，从速裁效率、量刑均衡和被告人权利保护三个层面对试点成效进行多元统计分析。现将本研究使用的样本数据、变量描述和研究方法等分述如下。

（一）样本数据

本研究使用的数据样本来自最高人民法院的中国裁判文书网。为了全面了解刑事速裁程序的实际效果，在中国裁判文书网抽取速裁案例样本作为研究样本。为了获得覆盖 18 个试点城市和试点期间（2014—2016 年）的代表性样本，本研究采取分段顺序随机抽样方法，从中国裁判文书网上的 37 998 个一审速裁裁判文书中抽取约三分之一的速裁裁判文书，[1] 即 12 666 个刑事速裁程序案例作为研究样本。[2] 该研究样本中的速裁裁判文书的时间跨度为

---

〔1〕 该数据显示登录裁判文书网的时间点为 2016 年 8 月 26 日，即速裁试点两年期满结束日。

〔2〕 根据最高人民法院公布的数据，截至 2016 年 6 月 30 日，18 个试点城市的试点人民法院审结的速裁案件审结为 52 540 件。有关试点的后期相关统计数据，参见蔡长春：《刑事速裁程序试点两年办案质效双升 宽严相济"简"程序不"减"权利》，载《法制日报》2016 年 9 月 4 日。据此估算，本研究样本大约占全部试点的整个速裁案件数的四分之一。

2014 年 8 月至 2016 年 8 月两年的试点期,[1] 地域上覆盖试点的 14 个省区的 18 个城市。研究样本分阶段的顺序抽样的具体方式为。

第一步,根据区域检索(以省级单位)的条件,得到 38 000 份在 14 个试点省份 18 个试点城市的裁判文书的全样本分布(图 4-1)。

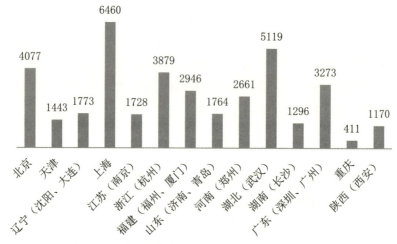

图 4-1　网上速裁案例试点区域分布（N=38 000）

第二步,根据上述区域分布中案例数量依目标样本数(12 666)的比例进行顺序取样。例如,北京地区的取样总数(小数点之后采取四舍五入)应为:(4077/38 000) * 12 666 = 1359。依次类推,取得试点地区应抽取的实际样本数(图 4-2)。

---

〔1〕 2016 年 11 月 11 日,最高人民法院、最高人民检察院会同公安部、国家安全部和司法部根据全国人大常委会的授权,制定了《关于在部分地区开展刑事案件认罪认罚从宽制度试点工作的办法》,刑事速裁程序试点和认罪认罚从宽试点并轨进行,速裁程序的试点期限将延至 2018 年 11 月 16 日。虽然如此,速裁试点事实上已经告一段落,后面的试点工作将集中在认罪认罚从宽的量刑试点方面,因此本书仍然根据两高两部《速裁程序试点办法》的两年期进行集中研究。

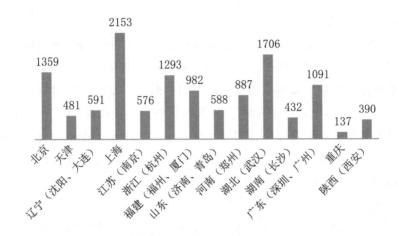

图4-2　实际抽取研究样本数试点区域分布（N=12 666）

第三步，根据上述应抽取的样本总数的区域分布，按照每个地区的年度（2014年、2015年、2016年）的网上案例所占比重顺序抽取各地区的案例，以达到区域与时间分布的相对分散，体现样本时间和空间的均衡性（图4-3）。由于刑事速裁程序在2014年下半年才正式启动，实际审理的案例数量很少，该年度的速裁案件上网的裁判文书的案例更少，因此2014年度的案例在抽取的研究总样本比较少。2015年度和2016年度试点区域研究样本分布比较均衡。

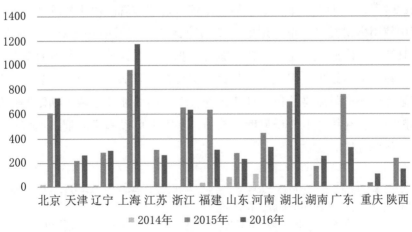

图4-3　研究样本的试点区域和年度分布（N=12 666）

（二）变量描述

变量描述对于后文的统计性报告解释可以起到知识铺垫和结果印证的作用。缺乏好的描述，就无从构造有意义的解释。[1] 根据裁判文书记载的信息来检验刑事速裁程序试点整体效果，需要对速裁裁判文书信息进行变量处理和对应取值。社会科学真正的创造力往往在于变量的操作化。[2] 变量必须具有可测量性并与研究的问题或者假设高度相关。基于本研究中需要回答的三大类问题，对研究样本的变量描述信息按照因变量（被解释变量）和自变量（解释变量）分述如下。

1. 因变量

（1）速裁效率。速裁效率在速裁案件中可通过诉讼在不同阶段上花费的时间来检验和评估。在速裁案件中从拘留日到判决日的诉讼期限，可以被划分为刑事拘留日至刑事逮捕日的预审期限、刑事逮捕日至刑事起诉日审前期限、刑事起诉日至判决日审判期限。这些诉讼期限都是在统计中被计算和观察的被解释变量。由于两高两部《速裁程序试点办法》没有对轻微刑事案件的拘留期限和侦查期限进行具体规定，其中涉及拘留期限、侦查期限和取保候审和监视居住的期限的法律依据仍然是 2012 年《刑事诉讼法》的相关规定。由于在速裁案件中，取保候审和监视居住合起来的案件占到 38.5%，而取保候审的最长期限为 1 年，监视居住的期限可达到半年，因此速裁案件中凡是涉及犯罪嫌疑人和被告人替代性羁押措施的，刑事预审和审前期限都有较长的时间。表 4-1、表 4-2 中都有比较清楚的体现。由于各地的速裁案件审理中使用格式文书，很多地区法院的速裁裁判文书中缺乏对于逮捕日期、起诉日期等具体期限的记录，速裁案件的拘留日、逮捕日、起诉日等相关的期限存在较多的缺失，因此并不是每个案件都要素齐全。比较而言，计算审判期限和诉讼期限需要的相关日期普遍较全，因此涉及这两个期限的数值相对信度较高，在统计中解释力度也较强，基本上可以满足对刑事速裁程序案件进行效率分析的要求。

---

〔1〕［美］加里·金、罗伯特·基欧汉、悉尼·维巴：《社会科学中的研究设计》，陈硕译，格致出版社、上海人民出版社 2014 年版，第 31 页。

〔2〕［美］肯尼斯·赫文、托德·多纳：《社会科学研究：从思维开始》（第 10 版），李涤非、潘磊译，重庆大学出版社 2013 年版，第 70 页。

（2）量刑裁判。在速裁案件中，由于被告人自愿认罪且案件事实清楚、证据充分，因此法院裁判的重点是量刑，速裁案件的司法公正性主要表现在量刑裁判上。由于不同案件的情节变量的复杂性，刑事案件的量刑的公正性和均衡度是量刑研究中的难点。[1] 为了检验裁判量刑的公正程度，根据两高两部《速裁程序试点办法》规定的速裁案件刑罚方式中的有期徒刑、拘役、罚金和缓刑来分别建构计算分析模型。在研究中，我们不仅要看裁判量刑是否被控制在法定的量刑幅度内，而且要看量刑裁判在不同试点城市是否均衡。这里需要说明的是，由于管制刑在本研究样本中仅有 46 个案件适用，占样本比仅仅为 0.36%，其数量太小无法满足统计分析需要因此在本研究中没有纳入研究范围。就这个意义上，管制刑本身在司法实践中的价值已经式微，需要予以改革。[2] 另外，附加刑中剥夺政治权利的案件在轻微刑事案件中也罕有适用，因此在本统计报告中没有显示。基于此，本研究报告主要涉及拘役、徒刑和罚金以及缓刑适用情况。在有期徒刑方面，速裁案件的量刑主要在 1 年以下有期徒刑。在统计数值上，徒刑、拘役在样本中按照实际判处的月份来计算，罚金则按照判决中计算的金额来计算，缓刑以缓刑的实际月份来计算。

（3）司法处遇。司法处遇，即犯罪嫌疑人和被告人在刑事司法活动中在人身自由和法律帮助方面受到的待遇，具体包括取保候审、监视居住、羁押和律师辩护等方面。在本研究中，司法处遇变量为交互性解释变量，即该类变量在研究的样本中既作为解释变量同时也作为被解释变量分别进行研究。司法处遇作为被解释变量，主要观察其在不同犯罪类别和不同试点城市中的差异性表现。例如，律师辩护在不同的速裁犯罪类别案件和试点城市中的概率如何，就需要将律师辩护作为虚拟的被解释变量进行计算和统计。在本样本研究中，司法处遇的相关变量的统计取值依次为：取保候审 = 1，非取保候审 = 0；监视居住 = 1，非监视居住 = 0；羁押 = 1，非羁押 = 0；律师辩护 = 1，非律师辩护 = 0。对这些变量作为虚拟变量与实际变量的统计分析采取不同的统计方式来解析，以揭示其在速裁司法实践中的统计偏差和显著性概率。

---

〔1〕　有关量刑计量研究可参见皮勇、王刚、刘胜超编著：《量刑原论》，武汉大学出版社 2014 年版，第 201~206 页。

〔2〕　有关管制刑改革研究可参见何显兵、张敏：《管制刑的困境与出路——把管制刑改造为社区保安处分》，载《河南警察学院学报》2015 年第 5 期。

表 4-1 罪名适用替代性羁押、律师辩护和缓刑

罪 名	取保候审	监视居住	羁 押	律师辩护	缓 刑	观察数/件
危险驾驶	42.8%	0.2%	57.1%	6.3%	54.7%	6014
交通肇事	65%	0	35%	13%	95.8%	400
盗窃	25.9%	1.7%	72.6%	7.9%	19%	3141
诈骗	53.6%	2.9%	45%	9.3%	61.4%	140
毒品	14.2%	2.1%	85.1%	8.6%	2.5%	1481
其他	53.8%	2.4%	44.4%	13.3%	68.9%	1490
所有罪名	37.4%	1.1%	61.9%	8%	42.8%	12 666

注：第 2~6 列单元格数值为百分比，即该项速裁案件数占第 7 列案件总观察数的百分比。例如，在总计 6014 件危险驾驶案例中，42.8% 的案件有取保候审，0.2% 的案件有监视居住，57.1% 的案件有推定羁押，6.3% 的案件有律师辩护，54.7% 的案件判缓刑。

表 4-2 试点城市适用替代性羁押、律师辩护和缓刑

区 域	取保候审	监视居住	羁 押	律师辩护	缓 刑	观察数/件
北京	36%	0.1%	63.7%	10.8%	41.9%	1359
天津	75.7%	0.2%	24.1%	3.5%	50.9%	481
沈阳	86.8%	8%	11.9%	4.8%	37.2%	498
大连	59.1%	2.2%	39.8%	3.2%	6.5%	93
上海	1.5%	0.1%	98.4%	12.7%	40.6%	2153
南京	82.5%	0	17%	8.7%	36.6%	576
杭州	21%	0.5%	78.5%	6.1%	46.3%	1293
厦门	43.2%	0	56.8%	1.5%	54.7%	799
福州	52.5%	1.1%	46.5%	2.2%	32.2%	183
广州	55.9	0.1%	44.1%	8.6%	45.8%	920
深圳	26.9%	0	73.1%	15.8%	27.5%	171
济南	30.4%	1.1%	69.6%	6.1%	53.2%	529

区　　域	取保候审	监视居住	羁　押	律师辩护	缓　　刑	观察数/件
青岛	33.9%	1.7%	64.4%	17%	25.4%	59
郑州	79.8%	1.7%	19.1%	5.6%	45%	887
武汉	27.4%	0.8%	72%	5.1%	41%	1706
长沙	30.6%	8.1%	61.6%	3.5%	28.2%	432
重庆	43.1%	7.3%	49.6%	5.1%	36.5%	137
西安	17.2%	0	82.8%	24.9%	50%	390
所有区域	37.4%	1.1%	61.9%	8%	42.8%	12 666

注：第2~6列单元格数值为百分比，即该项速裁案件数占第7列案件总观察数的百分比。例如，在总计1359件发生在北京的速裁案例中，36%的案件有取保候审，0.1%的案件有监视居住，63.7%的案件有推定羁押，10.8%的案件有律师辩护，41.9%的案件判缓刑。

2. 自变量

自变量也可看作是解释变量。对于上述被解释的因变量需要通过自变量数据的检验才能对其进行有效分析。根据速裁裁判文书记载的客观信息，本研究中的自变量主要限定为以下两类。

（1）司法处遇。犯罪嫌疑人和被告人在刑事司法过程中受到的待遇，虽然相对于司法效率和量刑裁判来说属于外生变量，但是同样对犯罪嫌疑人和被告人的案件诉讼进程和裁判量刑产生影响，其关联性影响的具体程度则可以通过统计分析揭示出来。例如，取保候审的案件对速裁案件的预审和起诉的效率就会产生比较大的影响，律师辩护可能对量刑产生较大影响，羁押可能对审前期限产生较大的影响，等等。在取值方面，将司法处遇作为解释性因变量来观察对其他被解释变量的影响方面的取值与上文所述的其作为虚拟因变量的取值方式相同。

（2）试点城市。就解释变量而言，试点城市相对于犯罪类别和司法处遇来说属于外生变量，但是由于在区域的犯罪控制政策以及实施速裁程序试点上存在地方性差异，因此其与速裁案件中被告人的权利保护、诉讼进程和量刑裁判也具有较强的关联性。例如，有的试点城市对危险驾驶罪一律判处实刑，有的城市则倾向判处非监禁刑；有的城市的取保候审控制很严，有的试点城市取保候审控制较松。这些地方性的刑事政策也可通过样本数据的研究反映出来。本研究将试点城市作为非常重要的解释变量，就是要观察在不同的速裁试点城市的刑事速裁程序在被告人的权利保护、诉讼进程和量刑裁判上的变异程度。表4-3是18个试点城市在刑事速裁程序在诉讼进程和量刑上的分布性描述。为了简化统计分析，在后文的多元回归统计分析表和报告中基于技术性需要选取9个具有地域代表性的试点城市：北京、上海、天津、沈阳、济南、福州、广州、武汉和西安，其余的9个试点城市作为多元回归统计的参照城市。本研究样本的文字报告中将重点报告9个代表性的检验城市。

表 4-3　试点城市速裁期限和量刑

区　域	预审期限	审前期限	审判期限	诉讼期限	有期徒刑	拘　役	罚　金	观察数/件
北京	40.4/59 (114)	70.5/53 (2)	7.7/5.6 (102)	78.9/79 (1233)	7.3/2.3 (513)	3.4/1.4 (818)	2972/3101.9 (894)	1359
天津	52.7/47.5 (94)	66.7/23 (13)	7.3/5.4 (56)	100.6/75.7 (437)	8.1/2.9 (140)	2.7/1.9 (304)	5038.2/4378.4 (351)	481
沈阳	128.4/134.5 (233)	(0)	10.7/4.9 (6)	147.8/120.8 (440)	7.4/1.6 (103)	2.4/1.5 (376)	8463.3/7217.2 (414)	498
大连	63.2/81.8 (12)	(0)	20/ (1)	65.6/68.6 (86)	7.3/1.6 (20)	2.1/1.2 (71)	3918.1/1810.8 (83)	93
上海	33.6/46.3 (16)	34.3/18.1 (11)	8.2/4 (473)	76.6/64.9 (1800)	7.5/1.6 (219)	2.8/1.5 (1929)	2201.5/1862.1 (2015)	2153
南京	97.2/121.3 (192)	45/31.3 (3)	4.4/1.6 (16)	128.2/130.6 (357)	7.9/2.2 (113)	2.3/1.1 (428)	3038.2/2871.5 (537)	576
杭州	29/47.9 (153)	49.7/15.6 (15)	3.8/6.4 (118)	34.6/44.6 (1036)	7.4/2.1 (171)	2.3/1.5 (1102)	2640/1891 (1236)	1293
厦门	38.8/137.2 (94)	44.5/26.6 (39)	5.9/4.7 (294)	82.3/92.5 (514)	7.5/1.3 (56)	1.9/1.2 (727)	2973.8/1691.7 (762)	799
福州	46.2/89.1 (103)	94.2/25.4 (5)	7.3/9.7 (31)	110.5/84.9 (138)	7.1/1.6 (90)	2.5/1.6 (93)	4514.5/5507.4 (172)	183

续表

区 域	预审期限	审前期限	审判期限	诉讼期限	有期徒刑	拘 役	罚 金	观察数/件
广州	22.4/11.2 (243)	62.1/39.2 (86)	6/5.9 (286)	74/48.3 (879)	7.9/5.3 (267)	1.9/1.5 (648)	2229.8/1585 (843)	920
深圳	19.4/11.6 (105)	27.3/17.5 (103)	7/2.2 (161)	42.5/26.1 (164)	6.9/1.3 (60)	2.9/1.5 (111)	1559.2/1854.8 (152)	171
济南	82.1/178.4 (35)	131.7/95.6 (30)	5.4/6.9 (108)	262.3/149 (238)	8.4/2 (104)	1.6/1.2 (392)	5489.3/3052.9 (446)	529
青岛	62.3/98.4 (22)	81.8/42.2 (17)	17.7/17.3 (30)	155.1/104.1 (41)	7.8/2.2 (24)	3.6/1.1 (35)	5490.2/4717.5 (51)	59
郑州	90.7/130.6 (210)	69.6/42.3 (127)	5.5/4.3 (776)	157.9/119.3 (717)	8.6/2.2 (192)	2.8/1.5 (503)	5435.7/4607.8 (705)	887
武汉	25.6/26.8 (599)	(0)	19.7/0.6 (3)	110.2/62.5 (1573)	8/2 (711)	3.1/1.4 (950)	3253.1/2711.7 (1535)	1706
长沙	21.5/19.5 (278)	58.5/25.4 (161)	6.8/4.6 (267)	105.6/78 (379)	8/2.2 (262)	4.4/1 (124)	4670.3/3787.5 (323)	432
重庆	13.4/8.2 (61)	26/ (1)	9.2/10.4 (19)	106.3/84.7 (126)	7.3/1.6 (44)	3/1.3 (89)	5631.6/5664.2 (133)	137
西安	24.2/32.6 (84)	42.3/25.2 (76)	5.5/3.1 (291)	76.1/69.3 (372)	8.2/2.2 (116)	2.7/1.3 (272)	4175.8/2970.8 (326)	390
所有案件	48/85.8 (2648)	57.3/41.9 (689)	6.4/5.3 (3038)	94.8/89.7 (10 530)	7.8/2.5 (3205)	2.6/1.5 (8972)	3453.9/3441.7 (10 978)	12 666

注：第2~8列单元格数值中第1行为平均值/标准误，第2行括号中的数值是计算该平均值/标准误的样本观察数。最后第9列的观察数指的是分地区的速裁案件总数。期限缺失数据导致单元格样本观察数与最后第9列案件观察数不一致。

（三）研究方法

1. 模型建构

在统计模型方面，选取危险驾驶等5类主要犯罪类别、5类主要犯罪类别以外的其他犯罪以及全部样本共7组模型分析。这种方式的优势是既突出重点，又照顾全面。不同的犯罪类别，表现出的社会危害程度和犯罪破坏的社会关系的程度不同，其对诉讼进程和裁判结果都会产生不同的影响。根据两高两部《速裁程序试点办法》规定，刑事速裁程序适用案件类别为危险驾驶罪等11类。根据样本统计，试点城市的速裁案件数的犯罪类别排在前五位分别是：危险驾驶、盗窃、毒品、交通肇事和诈骗类犯罪，这5类犯罪案件数在样本中占88%以上。这里需要指出的是，在本研究样本中，上述5类犯罪案件中，交通肇事案件和诈骗类案件的数量相对较小，因此其相关的解释力度会相对较弱。据此，本研究以上述5类主要犯罪作为分析模型，将其余犯罪类别的合并速裁案件作为参照分析组。由于犯罪类别的差异，罪名间因量刑上的差异以及审前羁押方式的不同，加上各地犯罪控制政策存在的区域化差异，不同的犯罪类别在速裁效率和裁判量刑方面表现出一定的差异。本样本的统计分析将通过统计计算，揭示出主要犯罪类别的速裁效率和量刑的具体差异程度。表4-4就是反映基于样本中犯罪类别划分的7类分析模型在诉讼进程和量刑裁判上的描述性差异。

表 4-4　速裁犯罪分析模型的速裁期限与量刑

罪　名	预审期限	审前期限	审判期限	诉讼期限	有期徒刑	拘　役	罚　金	观察数/件
危险驾驶	116.2/126.3 (259)	99.9/78.5 (10)	5.8/5.4 (1358)	77.9/91.3 (4701)	5.5/4.3 (28)	1.8/0.9 (5941)	3936.1/3096 (5945)	6014
交通肇事	19.7/42.9 (77)	67.5/45.7 (45)	6.5/4.7 (132)	136.5/104.8 (267)	9.6/2.6 (380)	5.6/3.2 (19)	3500/3271.1 (6)	400
盗窃	32.7/55.3 (1185)	57/35.3 (341)	6.7/4.9 (855)	98/76 (2827)	7.4/3 (1079)	4.1/1.1 (1715)	2324/2354 (3126)	3141
诈骗	30.6/51.6 (29)	69.4/49.4 (14)	7/4.7 (40)	127.6/91.8 (127)	8.4/2.1 (84)	4.5/2 (47)	10234.7/8422 (127)	140
毒品	56.3/104.6 (819)	48.9/29.8 (182)	7.5/5.5 (293)	105.8/81.9 (1387)	7.5/1.7 (789)	4.1/1.1 (681)	3004.6/4432.8 (1478)	1481
其他	35.2/57.7 (279)	63.2/64.9 (97)	7.2/5.4 (360)	127.2/101.7 (1221)	7.8/2.2 (845)	4.4/1.3 (569)	5035.5/4306 (296)	1490
所有案件	48/85.8 (2648)	57.3/41.9 (689)	6.4/5.3 (3038)	94.8/89.7 (10 530)	7.8/2.5 (3205)	2.6/1.5 (8972)	3453.9/3441.7 (10 978)	12666

注：本表的计算基于排除替代性羁押导致的刑事拘留期限问题，因此排除取保候审和监视居住案件。第2～8列单元格数值中第1行为平均值/标准误，第2行括号中的数值是计算该平均值/标准误的样本观察数。最后第9列的观察数指的是分罪名的速裁案件总数。期限缺失数据导致单元格样本观察数与最后第9列案件观察数不一致。

2. 统计方法

本研究利用 Stata 统计软件对刑事速裁程序的裁判文书中的期限和量刑以及相关的司法处遇进行多元回归和定量分析。在分析框架方面，主要是对速裁效率与速裁量刑的实际变量进行多元回归分析，以观察各类解释变量对被解释变量的影响程度；对司法处遇的变量进行 Logistic 分析，以观察各类解释变量对被解释变量的影响程度。对于各类期限通过时间点的跨度利用专业的软件来完成计算，并剔除极少部分的异常变量，因此可以保证速裁期限部分的数据准确可靠。根据部分实际变量的数据分布特点和多元回归分析的要求，在进行多元回归分析时对部分的实际变量如期限和量刑等进行对数转换，以使统计多元回归的被解释变量的数据满足相对正态分布的要求。

这里需要指出的是，由于部分样本数据在不同的变量中分布不均衡，部分被解释变量的观察样本数量偏低，存在解释信度偏低的问题，这主要集中在交通肇事和诈骗类犯罪的相关被解释变量的统计结果中。如果样本观察数过低，研究报告对该类被解释变量就不进行文字报告。考虑到系统化研究需要和统计文献的完整性，在多元回归的研究分析中仍然在图表中显示其结果，这可以全面反映这些数据和信息本身在司法实践中分布的实际差异。当然，这也符合统计分析中总是存在部分变量不具有统计显著性或解释性的客观情况。

第二节　研究的发现

一、速裁效率

（一）预审期限

刑事拘留日至逮捕日的期限，属于刑事的预审阶段。由于刑事拘留日期在速裁裁判文书中的记载并不详细，因此样本中的很多案件都无法清晰地显示刑事拘留期限。同时，在总样本中有超过37%的案件采取取保候审，而犯罪嫌疑人被刑事拘留之后被取保候审或监视居住，在取保候审和监视居住期满后又被变更为逮捕，这样就导致样本中速裁案件的刑事拘留日至逮捕日的期限过长，甚至远远超过刑事拘留最长期限的37天。本研究中速裁文书样本中总体期限可以看作是刑事拘留和取保候审及监视居住的混合期限。根据样本描述（表4-4），在12 666个样本中具有比较完整的记录为2648个案件，而其中盗窃案件和毒品案件的刑事拘留期限的记载都比较全，记载的案件的数量比较多，分别为1185和819个案件。

根据表4-4，在盗窃案、诈骗案和交通肇事案中，速裁案件的犯罪嫌疑人的刑事预审期限缩短都比较明显，具有统计学上的意义。虽然两高两部《速裁程序试点办法》对刑事速裁程序的侦查程序的拘留和逮捕的期限并没有限缩性规定，但是样本数据显示速裁案件的拘留期限确实有所缩减。这说明刑事速裁程序在提高拘留阶段的效率上发挥了作用。

根据表4-5，在司法处遇上，取保候审和监视居住都对刑事拘留日至逮捕日预审期限具有统计上的显著贡献。在羁押方式上，替代性羁押案件的刑事拘留期限要明显延长，其中取保候审比监视居住的案件在拘留期限的增加方面更加明显。速裁程序中采取替代性羁押措施的，危险驾驶案件的刑事拘留至逮捕的期限要相对延长，且延长的程度比较突出。这可能与危险驾驶案件的高取保候审率有很大关系。同样，盗窃类犯罪案件和毒品类犯罪案件中取保候审和监视居住的案件对该类的案件拘留期限也明显增加。

在试点区域方面，相比其他试点城市，沈阳的速裁案件的刑事拘留期限要明显增加，而重庆的速裁案件的刑事拘留期限则明显比其他地区要有所减少，这都具有统计学的意义。另外，广州的盗窃案件的刑事拘留期限比较短，但是毒品案件的刑事拘留期限要长。这可能与广州毒品案件比较严重，对毒品打击力度大有关。郑州的盗窃案件的刑事拘留期限也比较长，这也可能与当地盗窃案件高发且打击力度大有关。

表 4-5　预审期限（拘留日至逮捕日）变量影响多元回归分析（对数 ln：天）

	所有罪名	危险驾驶	盗　窃	毒　品	交通肇事	诈　骗	其他罪名
司法处遇							
取保候审 （是 vs 不是）	1.407***	1.712***	1.356***	1.948***	−0.284+	1.152**	−1.598+
	(0.22)	(0.23)	(0.34)	(0.37)	(0.16)	(0.33)	(0.93)
监视居住 （是 vs 不是）	0.982***	0.261	0.829*	0.567***	0.000	0.000	0.680
	(0.16)	(1.00)	(0.34)	(0.16)	(.)	(.)	(0.49)
羁押 （是 vs 不是）	0.303	0.000	0.385	−0.204	0.000	0.000	−1.862*
	(0.22)	(.)	(0.34)	(0.37)	(.)	(.)	(0.93)
律师辩护 （是 vs 不是）	0.003	0.524	−0.034	0.056	0.224	0.196	0.059
	(0.06)	(0.34)	(0.08)	(0.09)	(0.24)	(0.39)	(0.11)
试点城市（对照组：其他 9 个试点城市）							
北京	0.053	−0.064	−0.015	0.303	−0.519+	0.000	0.462***
	(0.08)	(1.02)	(0.11)	(0.19)	(0.30.0)	(.)	(0.12)
沈阳	0.362***	0.003	0.137	0.135	0.000	−1.614*	−0.195
	(0.06)	(0.15)	(0.11)	(0.09)	(.)	(0.60)	(0.26)
上海	0.007	−0.837	−0.012	1.375**	0.000	0.000	−0.669
	(0.20)	(1.02)	(0.20)	(0.44)	(.)	(.)	(0.55)
福州	−0.120	0.222	−0.018	−0.297**	−0.121	0.251	−1.180**
	(0.08)	(0.26)	(0.12)	(0.09)	(0.63)	(0.44)	(0.45)
广州	−0.056	−0.659	−0.199**	0.333***	−0.666+	0.479	−0.094
	(0.05)	(0.51)	(0.06)	(0.08)	(0.36)	(0.46)	(0.14)
济南	0.034	0.283	0.176	0.076	0.000	0.000	−0.775*
	(0.13)	(0.42)	(0.17)	(0.21)	(.)	(.)	(0.37)
郑州	0.083	0.315	0.312***	−0.256	0.091	0.527	−0.011
	(0.06)	(0.20)	(0.07)	(0.18)	(0.16)	(0.37)	(0.20)
重庆	−0.541***	0.837	−0.491***	−0.603***	0.000	−0.004	−0.296
	(0.10)	(1.02)	(0.13)	(0.11)	(.)	(0.60)	(0.55)

续表

	所有罪名	危险驾驶	盗窃	毒品	交通肇事	诈骗	其他罪名
试点城市（对照组：其他9个试点城市）							
西安	-0.071	-0.634	-0.077	0.399*	-0.509	0.865$^+$	-0.203
	(0.09)	(0.58)	(0.10)	(0.19)	(0.34)	(0.44)	(0.22)
常数	2.650***	2.629***	2.583***	3.126***	2.829***	2.712***	4.832***
	(0.22)	(0.21)	(0.34)	(0.37)	(0.19)	(0.16)	(0.93)
观察数（N）	2648	259	1185	819	77	29	279
R平方	0.344	0.263	0.258	0.657	0.144	0.593	0.174

注：$^+$p<0.10，*p<0.05，**p<0.01，***p<0.001 双尾检验，括号内为标准误。

（二）审前期限

两高两部《速裁程序试点办法》规定适用的刑事速裁程序审理的案件，审查起诉为8个工作日。由于刑事裁判文书没有记载公安机关移送给检察机关起诉案件的具体日期，因此很难通过裁判文书来检验审查起诉的时间。逮捕日至审判起诉日的期限实际上是由两部分构成，即侦查期限和审查起诉期限。由于刑事裁判文书是简化的格式文书，样本中大多数案件的刑事逮捕和起诉日期没有在裁判文书中显示出来。在本研究选择的12 666个样本中仅有689份裁判文书载明逮捕和起诉时间。根据表4-4，速裁案件的逮捕日至审判起诉日的审前期限为57天。这个结果符合刑事案件侦查期限（60天）和速裁案件审查起诉期限（8个工作日）的法律规定的范围。

在司法处遇方面，其对审前期限的影响大都不具有统计上的显著性。这种现象与实际状况也比较契合。对此合理的解释是，速裁案件进入逮捕侦查后的程序由于案件基本进程已经确定，律师辩护、取保候审和监视居住等司法处遇对案件的审查期限影响甚微。

在试点区域上，福州、广州、济南和郑州的刑事审前期限比对照组试点地区的审前期限要长。其中，济南在盗窃和毒品类犯罪的案件中的审前期限明显比其他对照组要长，福州在毒品类犯罪案件审前期限要明显延长，郑州则在盗窃案件中的审前期限要明显延长。可见，不同的试点地区之间确实存在审查期间的差异性。

表 4-6 审前期限（逮捕日至起诉日）变量影响多元回归分析（对数 ln：天）

	所有罪名	危险驾驶	盗 窃	毒 品	交通肇事	诈 骗	其他罪名
司法处遇							
取保候审 （是 vs 不是）	0.494 (0.64)	0.379 (1.55)	0.000 (.)	0.068 (0.41)	0.252 (0.21)	0.000 (.)	0.020 (0.20)
监视居住 （是 vs 不是）	0.694 (0.47)	0.000 (.)	0.350 (0.44)	−0.209 (0.78)	0.000 (.)	0.000 (.)	2.010* (0.87)
羁押 （是 vs 不是）	0.412 (0.65)	0.000 (.)	0.090 (0.15)	0.000 (.)	0.000 (.)	0.000 (.)	0.000 (.)
律师辩护 （是 vs 不是）	−0.037 (0.08)	0.000 (.)	−0.114 (0.13)	−0.024 (0.17)	0.369 (0.35)	0.374 (0.62)	0.003 (0.18)
试点城市（对照组：其他9个试点城市）							
北京	0.389 (0.45)	0.000 (.)	−0.277 (0.59)	0.000 (.)	0.000 (.)	0.000 (.)	1.014 (0.76)
沈阳	0.000 (.)	0.000 (.)	0.000 (.)	0.000 (.)	0.000 (.)	0.000 (.)	0.000 (.)
上海	−0.289 (0.19)	0.000 (0.0)	−0.417+ (0.21)	0.031 (0.44)	0.000 (0.0)	0.000 (0.0)	−0.060 (0.77)
福州	0.796** (0.28)	0.874 (2.20)	0.582+ (0.34)	1.239* (0.62)	0.000 (.)	0.000 (.)	0.000 (.)
广州	0.251*** (0.08)	1.159 (2.01)	0.140 (0.10)	0.195 (0.14)	−0.412 (0.53)	0.511 (0.62)	0.382+ (0.22)
济南	1.012*** (0.13)	0.930 (1.55)	1.069*** (0.16)	1.145*** (0.24)	0.000 (.)	0.000 (.)	0.656 (0.40)
郑州	0.330*** (0.07)	−0.142 (2.01)	0.318*** (0.09)	−0.017 (0.29)	−0.008 (0.27)	1.028 (0.58)	0.461* (0.23)

续表

	所有罪名	危险驾驶	盗 窃	毒 品	交通肇事	诈 骗	其他罪名
试点城市（对照组：其他9个试点城市）							
重庆	-0.442	0.000	-0.516	0.000	0.000	0.000	0.000
	(0.63)	(.)	(0.59)	(.)	(.)	(.)	(.)
西安	-0.124	0.000	-0.154	-0.033	-0.621	-0.229	-0.170
	(0.08)	(.)	(0.10)	(0.22)	(0.41)	(0.58)	(0.25)
常数	3.289***	3.401*	3.683***	3.605***	3.900***	3.763***	3.669***
	(0.65)	(1.10)	(0.15)	(0.06)	(0.29)	(0.27)	(0.12)
观察数（N）	689	10	341	182	45	14	97
R平方	0.159	0.430	0.177	0.158	0.137	0.356	0.206

注：$^+ p<0.10$，$^* p<0.05$，$^{**} p<0.01$，$^{***} p<0.001$ 双尾检验，括号内为标准误。

（三）刑事审判期限

在速裁案件司法处遇方面，取保候审和监视居住以及是否羁押对罪名的审判期限都并不具有实质影响。刑事速裁案件的审判期限基本上受制于两高两部的速裁审理期限的规定，其他因素都影响甚微。比较而言，律师辩护则对案件的审理期限有显著性影响。根据表4-7，律师辩护的案件相比非律师辩护或代理的案件的期限要长。对此可能的解释是，律师辩护和代理的案件的复杂程度可能要高于其他案件，因此案件的审理期限相应延长。

在案件的试点城市对速裁审判期限的变量影响方面（表4-7），在选择观察的9个城市中，相比其他参照的试点城市，沈阳、上海、北京在速裁案件的审理期限方面贡献度要明显高于其他区域，而济南、郑州和广州的审理期限明显比较短，审理案件的效率高。这一点从样本描述统计上（表4-3）可以得到印证，样本中具有完整记载的案件中，北京速裁案件审理的平均期限为7.7天、上海为8.2天、沈阳为10.7天。相比之下，郑州为5.5天、广州为6天、西安5.5天。从上述统计结果看，虽然存在审理期限上的区域统计偏差，但是这种偏差实际很小而且都在法定的可控期限范围内。这个结果说明参与试点地区的法院在审理速裁案件方面确实遵守了法定审限的规定，使速裁案件的审理效率相比简易程序 20 个工作日的审理期限具有实质性的提高。

表 4-7　审判期限（起诉日至判决日）变量多元回归分析（对数 ln：天）

	所有罪名	危险驾驶	盗窃	毒品	交通肇事	诈骗	其他罪名
司法处遇							
取保候审 （是 vs 不是）	−0.354 (0.22)	−1.398* (0.56)	0.255 (0.32)	−1.247+ (0.65)	0.080 (0.15)	−0.272 (0.33)	−0.570 (0.44)
监视居住 （是 vs 不是）	−0.123 (0.19)	−0.940** (0.36)	0.437 (0.28)	0.242 (0.41)	0.000 (.)	−0.097 (0.83)	−0.701 (0.44)
羁押 （是 vs 不是）	−0.363+ (0.22)	−1.717** (0.56)	0.414 (0.32)	−1.349* (0.67)	0.000 (.)	0.000 (.)	−0.629 (0.44)
律师辩护 （是 vs 不是）	0.178*** (0.04)	0.168* (0.08)	0.156+ (0.08)	0.168 (0.11)	−0.194 (0.22)	−0.090 (0.67)	0.124 (0.09)
试点城市（对照组：其他 9 个试点城市）							
北京	0.290*** (0.07)	0.492*** (0.11)	0.215 (0.15)	0.121 (0.38)	0.568 (0.40)	0.386 (0.60)	0.164 (0.12)
沈阳	0.635* (0.28)	0.614 (0.51)	0.000 (.)	0.708* (0.34)	0.000 (.)	0.000 (.)	−0.755 (0.60)
上海	0.373*** (0.04)	0.713*** (0.06)	0.214** (0.07)	−0.031 (0.08)	0.419 (0.56)	0.106 (0.61)	0.321* (0.14)
福州	0.074 (0.13)	0.155 (0.17)	−0.054 (0.21)	−0.083 (0.53)	0.000 (.)	0.000 (.)	−0.062 (0.60)
广州	−0.092+ (0.05)	−0.206** (0.08)	−0.053 (0.09)	−0.117 (0.11)	0.337 (0.79)	0.092 (0.67)	0.046 (0.12)
济南	−0.295*** (0.07)	−0.271* (0.11)	−0.484*** (0.13)	0.001 (0.18)	0.000 (.)	−0.431 (0.54)	−0.511** (0.17)

续表

	所有罪名	危险驾驶	盗　窃	毒　品	交通肇事	诈　骗	其他罪名
试点城市（对照组：其他 9 个试点城市）							
郑州	-0.153***	-0.093	-0.303***	-0.377*	-0.453**	0.028	-0.155+
	(0.04)	(0.07)	(0.06)	(0.16)	(0.16)	(0.36)	(0.09)
重庆	0.236	0.583**	-0.315	0.000	0.000	0.000	0.000
	(0.16)	(0.20)	(0.28)	(.)	(.)	(.)	(.)
西安	-0.086+	0.119	-0.186*	-0.333*	0.009	-0.321	-0.289*
	(0.05)	(0.08)	(0.08)	(0.13)	(0.23)	(0.50)	(0.12)
常数	1.957***	2.923***	1.424***	3.223***	1.802***	1.889***	2.424***
	(0.22)	(0.56)	(0.32)	(0.66)	(0.18)	(0.24)	(0.44)
观察数（N）	3038	1358	855	293	132	40	360
R 平方	0.077	0.125	0.146	0.104	0.125	0.102	0.095

注：+ $p<0.10$，* $p<0.05$，** $p<0.01$，*** $p<0.001$ 双尾检验，括号内为标准误。

（四）速裁案件的诉讼期限

从刑事拘留日至判决日的诉讼期限，可以被看作是刑事案件的总长度，即刑事案件的诉讼期限。本研究样本中的速裁诉讼期限的多元统计分析揭示，不同的司法处遇和试点城市对速裁案件的诉讼期限的影响存在偏差。

由诉讼期限入手，可以看出试点城市在刑事速裁程序试点中在诉讼效率上有明显差别。这从观察样本描述中也可得到印证（表4-3），18 个试点城市的法院具有完整记录的 10 530 个速裁案件，平均审理期限为 94.8 天。根据本研究样本统计，北京在速裁诉讼期限方面，如果剔除取保候审和监视居住的案件，诉讼期限为 58.8 天，与试点的 18 个城市的办案期限 77.7 天相比接近少了 20 天，这说明北京的诉讼效率总体上比较高。相比其他试点城市，上海速裁案件的诉讼期限的优势并不明显。例如，如果剔除取保候审和监视居住的案件，上海在速裁诉讼期限方面，办案期限为 76.7 天，与试点的 18 个城市的平均办案期限（剔除取保候审和监视居住的案件）77.7 天基本持平。这说明上海市的速裁案件的诉讼效率在全国试点城市中不具有优势，特别是在上海替代性羁押率比较低的情况下，速裁案件的诉讼效率相对较低显得不太正常。这也可能与上海的轻微刑事案件数量过大有关，当然这还需要相关的证据支持。可见，试点城市的速裁案件在诉讼效率方面还存在较大偏差。

根据多元回归的分析（表4-8），在司法处遇方面，可以看出取保候审、监视居住以及羁押和律师辩护对刑事速裁案件的诉讼期限变量有显著的正向影响，其中取保候审与监视居住的对速裁案件的诉讼期限的正向贡献尤其大。这个结论也印证，在速裁案件中取保候审和监视居住实际上对速裁案件的全流程的效率产生不利的影响。根据表4-8，在试点区域方面，只有广州和北京对整个样本的总的诉讼期限具有反向的贡献，而沈阳等6个城市对整个速裁案件的总诉讼时限都有正向贡献。可见，这几个试点城市速裁案件的诉讼期限要超过其他对照观察组区域的案件的诉讼期限。这说明部分试点地区的刑事速裁案件的诉讼期限仍然有较大幅度的压缩空间。

表4-8 诉讼期限（拘留日至判决日）变量影响多元回归分析（对数 ln：天）

	所有罪名	危险驾驶	盗 窃	毒 品	交通肇事	诈 骗	其他罪名
司法处遇							
取保候审 （是 vs 不是）	0.922***	0.895*	0.847***	1.201***	0.198*	0.173	0.586**
	(0.15)	(0.43)	(0.22)	(0.20)	(0.09)	(0.66)	(0.22)
监视居住 （是 vs 不是）	0.916***	0.803*	0.619**	0.674***	0.000	0.560	0.784***
	(0.13)	(0.32)	(0.21)	(0.12)	(.)	(0.49)	(0.19)
羁押 （是 vs 不是）	0.439**	−0.259	0.742***	0.535**	0.000	0.012	0.372+
	(0.15)	(0.43)	(0.22)	(0.20)	(.)	(0.67)	(0.22)
律师辩护 （是 vs 不是）	0.066*	−0.024	−0.084*	0.083+	0.096	0.029	−0.035
	(0.03)	(0.05)	(0.04)	(0.05)	(0.12)	(0.21)	(0.06)
试点城市（对照组：其他9个试点城市）							
北京	−0.063*	0.095+	−0.082*	0.086	−0.430***	−0.139	−0.119*
	(0.03)	(0.05)	(0.04)	(0.07)	(0.12)	(0.14)	(0.05)
沈阳	0.324***	0.378***	−0.222**	0.079	0.146	0.306	0.262**
	(0.05)	(0.07)	(0.07)	(0.06)	(0.27)	(0.35)	(0.09)

	所有罪名	危险驾驶	盗 窃	毒 品	交通肇事	诈 骗	其他罪名
试点城市（对照组：其他9个试点城市）							
上海	0.229***	1.001***	-0.092**	-0.313***	0.602*	0.020	-0.226**
	(0.03)	(0.04)	(0.03)	(0.04)	(0.24)	(0.23)	(0.08)
福州	0.482***	0.800***	0.039	-0.065	0.019	-0.036	0.008
	(0.08)	(0.17)	(0.09)	(0.07)	(0.64)	(0.38)	(0.24)
广州	-0.108**	-0.158***	0.029	0.006	-0.252	0.326	0.027
	(0.03)	(0.05)	(0.05)	(0.05)	(0.28)	(0.27)	(0.09)
济南	1.279***	1.962***	0.589***	0.503***	1.007***	1.349*	0.482**
	(0.06)	(0.08)	(0.09)	(0.13)	(0.28)	(0.65)	(0.15)
郑州	0.490***	0.743***	0.200***	-0.252*	0.041	0.412+	0.404***
	(0.04)	(0.06)	(0.04)	(0.12)	(0.10)	(0.21)	(0.09)
重庆	0.356***	0.955***	-0.242*	-0.390***	0.792	0.081	-0.232
	(0.08)	(0.13)	(0.10)	(0.08)	(0.64)	(0.65)	(0.39)
西安	0.136**	0.760***	-0.170**	0.038	-0.306+	-0.184	-0.212+
	(0.05)	(0.07)	(0.06)	(0.10)	(0.16)	(0.38)	(0.11)
常数	3.424***	3.198***	3.648***	3.913***	4.566***	4.471***	4.114***
	(0.15)	(0.43)	(0.22)	(0.20)	(0.09)	(0.67)	(0.22)
观察数（N）	10 530	4701	2827	1387	267	127	1221
R 平方	0.141	0.370	0.064	0.304	0.146	0.153	0.125

注：$^+p<0.10$，$^*p<0.05$，$^{**}p<0.01$，$^{***}p<0.001$ 双尾检验，括号内为标准误。

二、量刑裁判

（一）徒刑

根据表4-9，在司法处遇方面，无论是取保候审还是羁押和律师辩护，对有期徒刑的变量都不存在统计学上的显著意义。在试点城市方面，只有郑州和济南相对来说对有期徒刑的长度具有比较微弱的贡献。北京和福州两地则与有期徒刑的变量关系之间存在负向显著性，说明北京和福州两地的法院在适用徒刑方面判处的刑罚期限相较其他参照城市更短。其中，北京在盗窃和交通肇事两类案件上判处的刑罚较短，北京和福州则在盗窃案上适用的有期徒刑相对较短。另外，值得注意的是郑州和重庆在样本中没有观察到在危险驾驶罪中适用有期徒刑的案件。这说明，速裁案件中适用有期徒刑刑罚的期限在试点城市间存在较显著的偏差。

表 4-9 徒刑变量影响多元回归分析（对数 ln：月）

	所有罪名	危险驾驶	盗 窃	毒 品	交通肇事	诈 骗	其他罪名
司法处遇							
取保候审 （是 vs 不是）	−0.003 (0.08)	−1.100* (0.48)	0.040 (0.22)	−0.133 (0.13)	−0.099+ (0.05)	0.115* (0.06)	0.006 (0.12)
监视居住 （是 vs 不是）	−0.013 (0.07)	0.000 (.)	0.016 (0.23)	0.028 (0.11)	0.000 (.)	−0.385 (0.25)	0.031 (0.10)
羁押 （是 vs 不是）	−0.053 (0.08)	0.000 (.)	0.042 (0.22)	−0.071 (0.13)	0.000 (.)	0.000 (.)	−0.074 (0.12)
律师辩护 （是 vs 不是）	0.011 (0.02)	0.000 (.)	−0.011 (0.03)	0.035 (0.04)	0.063 (0.07)	−0.137 (0.09)	−0.039 (0.04)
试点城市（对照组：其他9个试点城市）							
北京	−0.136*** (0.02)	1.114 (0.95)	−0.102*** (0.02)	−0.099* (0.04)	−0.372*** (0.07)	−0.001 (0.07)	−0.168*** (0.03)
沈阳	−0.067+ (0.03)	0.000 (.)	−0.053 (0.06)	0.089 (0.06)	−0.158 (0.14)	0.423+ (0.25)	−0.162** (0.05)
上海	−0.018 (0.02)	0.116 (0.79)	−0.043+ (0.02)	−0.000 (0.03)	−0.123 (0.12)	0.052 (0.12)	−0.001 (0.06)
福州	−0.090* (0.04)	0.000 (.)	−0.107** (0.04)	−0.027 (0.04)	−0.380 (0.43)	−0.117 (0.15)	−0.144 (0.11)
广州	−0.012 (0.02)	0.039 (0.51)	0.034 (0.02)	0.004 (0.03)	−0.238 (0.17)	0.025 (0.13)	−0.032 (0.06)

续表

	所有罪名	危险驾驶	盗 窃	毒 品	交通肇事	诈 骗	其他罪名
试点城市（对照组：其他9个试点城市）							
济南	0.074 *	0.371	0.006	−0.052	−0.104	−0.081	0.170 *
	(0.03)	(0.79)	(0.04)	(0.06)	(0.11)	(0.15)	(0.07)
郑州	0.081 **	0.000	−0.060	0.063	−0.039	0.038	0.057
	(0.03)	(.)	(0.04)	(0.10)	(0.06)	(0.10)	(0.05)
重庆	−0.057	0.000	−0.068	−0.016	−0.155	0.000	−0.225
	(0.05)	(.)	(0.06)	(0.05)	(0.30)	(.)	(0.36)
西安	0.032	−0.426	−0.051	−0.098	0.062	−0.270	0.116 +
	(0.03)	(0.95)	(0.04)	(0.06)	(0.10)	(0.18)	(0.07)
常数	2.064 ***	1.931 ***	1.946 ***	2.066 ***	2.326 ***	2.062 ***	2.090 ***
	(0.08)	(0.45)	(0.22)	(0.13)	(0.05)	(0.05)	(0.12)
观察数（N）	3205	28	1079	789	380	84	845
R 平方	0.034	0.369	0.033	0.019	0.101	0.181	0.081

注：$^+p<0.10$，$^*p<0.05$，$^{**}p<0.01$，$^{***}p<0.001$ 双尾检验，括号内为标准误。

（二）拘役

拘役在刑事实体法中的适用对象主要是情节比较轻的刑事案件。拘役刑的扩大适用，有利于刑罚的轻缓化。[1] 根据《刑法》第 42 条和第 69 条的有关规定，拘役的期限为 1 个月以上 6 个月以下。因此，拘役的上限刑期与有期徒刑的下限刑期（6 个月）相衔接。根据本研究样本，危险驾驶案件中多适用拘役，其中有 54.7% 的适用缓刑，这就意味 50% 以上判处拘役的案件不在看守所内执行，而由社区矫正部门负责执行。拘役刑执行方式存在轻缓化趋势。

根据表 4-10，在 8972 个观察案件中，监视居住和律师辩护对拘役的期限具有统计学上的正向贡献，且具有统计上的显著意义。在犯罪类别上，监视居住与羁押措施对毒品案件拘役的期限具有正向显著意义。从样本对拘役期

---

[1] 许博：《拘役刑的适用与轻刑化趋势》，载《法学杂志》2004 年第 2 期。

限的描述看（表4-4），速裁案件中拘役期限平均为2.6个月，其中危险驾驶案件的拘役平均期限为1.8个月，而交通肇事案件的拘役期限为5.6个月。根据表4-3，研究样本中长沙的速裁案件的拘役期限平均为4.4个月，而济南的速裁案件的拘役的平均期限为1.6个月。在律师辩护方面，有律师辩护的案件的拘役期限比没有律师辩护的案件的拘役期限要长。对此的合理解释是律师辩护的刑事案件相比其他案件更为复杂或案情严重，当然也不能够排除律师辩护本身可能导致案件期限延长。

　　根据表4-10，在试点城市方面，北京、郑州和重庆试点城市对速裁案件中的被告人拘役的期限具有统计学上的正向显著意义，而广州和济南两个城市对拘役期限具有统计学上的负向显著意义。这说明，广州和济南的刑事速裁案件判处拘役的期限要显著低于其他城市。在具体罪名上，上海在危险驾驶和毒品类案件的拘役判决期限上具有负向显著意义，说明上海对这两个罪名的案件的拘役适用期限要少于其他参照城市。

表4-10　拘役变量影响多元回归分析（对数 ln：月）

	所有罪名	危险驾驶	盗　窃	毒　品	交通肇事	诈　骗	其他罪名
司法处遇							
取保候审 （是 vs 不是）	-0.142 (0.13)	-0.132 (0.20)	0.139 (0.17)	-0.071 (0.19)	-0.069 (0.37)	0.002 (0.52)	0.139 (0.25)
监视居住 （是 vs 不是）	0.461*** (0.10)	0.194 (0.14)	0.310+ (0.17)	0.265** (0.08)	0.000 (.)	0.418 (0.40)	0.175 (0.25)
羁押 （是 vs 不是）	0.017 (0.13)	-0.120 (0.20)	0.263 (0.17)	0.395* (0.19)	0.000 (.)	0.353 (0.52)	0.137 (0.25)
律师辩护 （是 vs 不是）	0.110*** (0.02)	0.038 (0.02)	-0.022 (0.02)	-0.004 (0.04)	0.352 (0.45)	0.471* (0.22)	0.017 (0.04)
试点城市（对照组：其他9个试点城市）							
北京	0.312*** (0.02)	0.342*** (0.02)	0.019 (0.02)	0.074 (0.11)	-0.529 (0.47)	-0.258* (0.12)	-0.046 (0.04)

续表

	所有罪名	危险驾驶	盗　窃	毒　品	交通肇事	诈　骗	其他罪名
	试点城市（对照组：其他9个试点城市）						
沈阳	-0.009	-0.132***	-0.160***	0.045	0.000	-0.002	-0.137
	(0.03)	(0.03)	(0.05)	(0.04)	(.)	(0.26)	(0.09)
上海	0.002	-0.089***	0.005	-0.062*	-0.252	-0.290	-0.094*
	(0.02)	(0.02)	(0.02)	(0.03)	(0.81)	(0.17)	(0.04)
福州	-0.009	-0.090	0.239**	0.055	0.000	0.000	0.000
	(0.06)	(0.06)	(0.08)	(0.09)	(.)	(.)	(.)
广州	-0.263***	-0.229***	0.046	0.292**	0.000	0.256	0.082
	(0.02)	(0.02)	(0.04)	(0.09)	(.)	(0.22)	(0.07)
济南	-0.461***	-0.281***	-0.220**	0.599*	-1.861*	-0.277	-0.395***
	(0.03)	(0.03)	(0.07)	(0.30)	(0.81)	(0.33)	(0.07)
郑州	0.142***	0.172***	-0.123***	0.081	-0.499	-0.107	0.006
	(0.03)	(0.03)	(0.03)	(0.11)	(0.45)	(0.20)	(0.07)
重庆	0.219***	0.282***	-0.053	0.046	0.000	-0.340	-0.268
	(0.06)	(0.06)	(0.07)	(0.11)	(.)	(0.34)	(0.25)
西安	0.019	0.109**	-0.010	-0.203+	-1.792*	0.000	-0.312*
	(0.04)	(0.04)	(0.04)	(0.11)	(0.80)	(.)	(0.13)
常数	0.812***	0.616**	1.140***	1.086***	1.861***	1.374*	1.355***
	(0.13)	(0.20)	(0.17)	(0.19)	(0.36)	(0.51)	(0.25)
观察数（N）	8972	5941	1715	681	19	47	569
R平方	0.097	0.103	0.075	0.281	0.538	0.489	0.077

注：$+ p<0.10$，$* p<0.05$，$** p<0.01$，$*** p<0.001$ 双尾检验，括号内为标准误。

（三）罚金

根据表4-4，本研究的样本中判决适用罚金案件（包含单处和并科罚金）的共有10 978个案件，占整个样本的86.7%，罚金的平均金额为3453.9元。本研究样本中选择的5类常见犯罪类别中，诈骗类案件判处的罚金最重，平均罚金数为 10 234.7 元，盗窃类罚金数额最低，平均为 2324 元。在试点区域上，沈阳的案件罚金数额最高，平均为 8463.3 元，最低为深圳，罚金数平均为 1559.2 元。可见，罚金在实际判决适用中偏差也比较大。我国《刑法》第52 条规定："判处罚金，应当根据犯罪情节决定罚金数额。"根据本条规定，罚金数额应当与犯罪情节相适应。犯罪情节严重的，罚金数额应当多些；犯罪情节较轻的，罚金数额应当少些，这是罪刑相适应原则在罚金刑罚裁量上的具体体现。在裁量罚金数额时应否考虑犯罪人缴纳罚金的能力，我国《刑法》没有明确规定。在刑罚适用中如何考虑犯罪人的缴纳罚金的能力则属于法官的自由裁量权范围。由于缺乏严格的限制性规定，在司法实践中容易出现偏差，这方面的问题从表 4-11 中可以得到更有力的印证。

根据表 4-11，在司法处遇方面，所有的司法处遇变量都对罚金的数额构成统计上的正向显著意义。其中，取保候审的案件相比不取保候审的案件对罚金数量贡献最大，有律师辩护和没有律师辩护相比贡献稍大，在统计上的显著性并不强。由于罚金的数量与犯罪的情节，特别是与违法所得密切相关，这与审前处置的方式和律师辩护的相关性并不清楚，因此司法处遇与罚金之间的解释关系并不是很明确。

根据表 4-11，从试点区域上看，以其他 9 个试点城市为参照，发达城市，例如北京、上海、广州的速裁案件的罚金远远低于经济相对不够发达地区的试点城市如沈阳、郑州和西安等的罚金额度。对此的合理解释是，经济发达地区的轻微犯罪案件的数量和比例要比经济欠发达地区少和低，从而导致罚金的额度总体上较低。当然，有关罚金的经济发达与相对不发达地区的偏差原因还需要进一步研究才能给出更有信服力的解释。此外，从犯罪类别上看，危险驾驶罪方面，重庆和济南的罚金数量比其他区域都高；盗窃罪方面，沈阳、济南和郑州具有正向显著的统计意义，也即意味着这两个地方的罚金额度明显偏大；毒品犯罪方面，沈阳和济南罚金数额呈正显著统计意义，而广州、上海和重庆的毒品犯罪的罚金数额明显偏低。在毒品犯罪多发的这些城市，为什么罚金数额反而偏低？这其中的原因是否与试点城市当地的毒品控制政策有关，还有待结合其他研究进一步解释。

表 4-11　罚金变量影响多元回归分析（对数 ln：元）

	所有罪名	危险驾驶	盗　窃	毒　品	交通肇事	诈　骗	其他罪名
司法处遇							
取保候审（是 vs 不是）	0.688 ***	0.260	0.073	0.418 *	1.897	0.401	0.000
	(0.13)	(0.26)	(0.21)	(0.19)	(.)	(1.18)	(.)
监视居住（是 vs 不是）	0.518 ***	0.173	0.114	0.305 *	0.000	0.711	1.015 *
	(0.10)	(0.19)	(0.21)	(0.12)	(.)	(0.87)	(0.47)
羁押（是 vs 不是）	0.418 ***	0.254	−0.177	0.340 +	0.000	0.306	−0.088
	(0.13)	(0.26)	(0.22)	(0.19)	(.)	(1.20)	(0.11)
律师辩护（是 vs 不是）	0.046 +	0.025	0.094 *	0.076	2.303	−0.211	0.110
	(0.03)	(0.03)	(0.04)	(0.05)	(.)	(0.36)	(0.13)
试点城市（对照组：其他 9 个试点城市）							
北京	−0.085 ***	−0.315 ***	−0.216 ***	−0.107	1.204	−0.417	0.405 ***
	(0.02)	(0.03)	(0.04)	(0.08)	(.)	(0.25)	(0.11)
沈阳	0.716 ***	0.292 ***	0.882 ***	1.851 ***	0.000	0.585	0.760
	(0.04)	(0.04)	(0.07)	(0.06)	(.)	(0.63)	(0.92)
上海	−0.273 ***	−0.340 ***	−0.310 ***	−0.370 ***	0.000	−0.661 +	−0.489 **
	(0.02)	(0.02)	(0.03)	(0.04)	(.)	(0.39)	(0.17)
福州	0.032	0.780 ***	−0.169 +	−0.315 ***	0.000	−1.467 *	−1.133
	(0.05)	(0.07)	(0.09)	(0.07)	(.)	(0.68)	(0.80)
广州	−0.319 ***	−0.395 ***	−0.169 ***	−0.223 ***	0.000	0.477	−0.588 **
	(0.03)	(0.03)	(0.05)	(0.06)	(.)	(0.48)	(0.21)
济南	0.638 ***	0.457 ***	0.648 ***	0.731 ***	2.303	1.004	0.232
	(0.03)	(0.03)	(0.07)	(0.13)	(.)	(0.83)	(0.41)
郑州	0.380 ***	0.401 ***	0.621 ***	0.121	0.000	0.037	0.201
	(0.03)	(0.04)	(0.04)	(0.13)	(.)	(0.37)	(0.21)
重庆	0.301 ***	0.851 ***	0.378 ***	−0.309 ***	0.000	−0.288	−2.236 *
	(0.06)	(0.08)	(0.09)	(0.09)	(.)	(1.15)	(0.92)

	所有罪名	危险驾驶	盗　窃	毒　品	交通肇事	诈　骗	其他罪名
试点城市（对照组：其他9个试点城市）							
西安	0.377***	0.179***	0.565***	0.518***	−0.000	0.608	−0.314
	(0.04)	(0.05)	(0.06)	(0.11)	(.)	(0.83)	(0.37)
常数	7.303***	7.831***	7.527***	7.160***	5.704	8.499***	8.129***
	(0.13)	(0.26)	(0.21)	(0.19)	(.)	(1.18)	(0.09)
观察数（N）	10 978	5945	3126	1478	6	127	296
R平方	0.193	0.186	0.301	0.551	1.000	0.147	0.201

注：$^+p<0.10$，$^*p<0.05$，$^{**}p<0.01$，$^{***}p<0.001$ 双尾检验，括号内为标准误。

从表4-12可以看出，在犯罪类别上，危险驾驶罪与单处罚金的变量之间呈现显著负相关，说明危险驾驶案的单处罚金的案件数量非常少，而盗窃案件同单处罚金的变量之间具有正向的统计上的显著意义，这说明在盗窃案件中单处罚金的案件数量比较多。在交通肇事和毒品类的犯罪中，样本中几乎没有单处罚金的案件。上述情况大体上符合单处罚金与犯罪的性质、情节以及被告人缴纳罚金的能力有关的法律规定。在司法处遇方面，各方面的变量与是否单处罚金的变量之间大部分都不具有统计上的意义。只有羁押对被告人是否单处罚金有比较微弱的负向统计上的显著意义，也即被羁押被告人获得单处罚金的可能性很低。在试点地区上，北京和上海与是否单处罚金呈现统计上反向显著意义，这说明在速裁案件样本中北京和上海地区判决中单处罚金的数量很少，其中上海比北京还要明显。相反，济南和郑州两个试点城市与速裁案件单处罚金之间具有正向的统计上的显著意义，说明相比其他参照试点城市，这两个城市的单处罚金的概率比其他试点城市要高。以上说明，单处罚金不仅在速裁案件中适用率非常低，而且还存在犯罪类别和试点区域上的较大偏差。

表 4-12　单处罚金在速裁程序中 LOGISTIC 分析

罪名（对照组：其他罪名）	
危险驾驶	-3.728*** (0.61)
交通肇事	0
盗窃	2.369*** (0.22)
诈骗	0.502 (0.52)
毒品	0
司法处遇	
取保候审（是 vs 不是）	0.750 (0.71)
监视居住（是 vs 不是）	0.847 (0.65)
羁押（是 vs 不是）	-1.405+ (0.73)
律师代理（是 vs 不是）	-0.430 (0.28)
司法区域（对照组：其他 9 个试点城市）	
北京	-1.104*** (0.29)
沈阳	-0.009 (0.30)
上海	-1.801*** (0.52)
福州	0
广州	0
济南	1.808*** (0.27)
郑州	1.676*** (0.15)
重庆	0.009 (0.57)
西安	-1.640 (1.02)
常数	-4.323*** (0.76)
观察数（N）	9844
Pseudo R 平方	0.4558

注：+ $p<0.10$，* $p<0.05$，** $p<0.01$，*** $p<0.001$ 双尾检验，括号内为标准误。

（四）缓刑

由于受重刑思想的影响，我国刑事案件长期以来缓刑适用率比较低。不少学者都在呼吁提高缓刑适用的比例。[1] 在以往的裁判中，司法机关对缓刑的适用都是从严把握，特别是审判法官担心判处缓刑后被告人在缓刑期再犯新罪而被追责，加上实践中判决缓刑在法院内部要经过严格的审批，因此法官很少在案件判决中适用缓刑。根据两高两部《速裁程序试点办法》，对被告人可能判处的刑罚适用缓刑的，可以通过司法行政机关的社区矫正机构的社会评估来确定被告人的再犯可能性和判处缓刑的社会危害性程度。这样对轻微刑事案件的被告人判处缓刑就有了操作上的根据，速裁案件中缓刑适用率明显上升。在本研究的速裁样本中，被告人被判处缓刑的案件数占 42.8%。[2]

在是否可能获得缓刑的概率方面，表 4-13 提供了研究样本分析的结果。根据表 4-13 的统计分析，在罪名上，缓刑适用概率方面最低为毒品类犯罪，其次为盗窃罪，再次为危险驾驶罪，最后为诈骗罪，这几类案件中被告人获得缓刑的机会相比其他罪名都要少。与之形成对应的是，被告人犯交通肇事罪获得缓刑的概率很高。在司法处遇方面，被告人获得律师辩护和审判前羁押的，获得缓刑的概率也比较小。在试点城市方面，沈阳、郑州、北京、广州和福州相比其他参照城市获得缓刑的概率就更低，而西安、上海的缓刑适用率相对来说更高些。这些统计结果说明，缓刑适用不仅在不同犯罪类别上存在偏差，而且在试点地区上也存在严重的差异。

表 4-13　缓刑在速裁程序中 LOGISTIC 分析

罪名（对照组：其他罪名）	
危险驾驶	-0.728 *** （0.07）
交通肇事	2.344 *** （0.26）
盗窃	-2.253 *** （0.08）

---

〔1〕 刘延和：《缓刑适用实证研究》，载《中国刑事法杂志》2007 年第 3 期；亦可参见张明楷：《应当提高缓刑的适用率》，载《人民法院报》2015 年 6 月 3 日，第 6 版。

〔2〕 根据最高人民法院公布的数据报告，速裁案件适用非监禁刑的占 42.31%。这说明本研究样本的统计结果具有相当高的信度。有关官方公布的数据资料，可参见蔡长春：《刑事速裁程序试点两年办案质效双升 宽严相济"简"程序不"减"权利》，载《法制日报》2016 年 9 月 4 日。

罪名（对照组：其他罪名）	
诈骗	-0.408^{*} （0.19）
毒品	-4.332^{***} （0.18）
司法处遇	
取保候审（是 vs 不是）	0.613 （0.40）
监视居住（是 vs 不是）	0.469 （0.35）
羁押（是 vs 不是）	-0.778^{+} （0.40）
律师辩护（是 vs 不是）	-0.501^{***} （0.08）
试点城市（对照组：其他 9 个试点城市）	
北京	-0.523^{***} （0.08）
沈阳	-1.007^{***} （0.12）
上海	0.600^{***} （0.06）
福州	-0.589^{**} （0.20）
广州	-0.280^{**} （0.09）
济南	0.230^{*} （0.10）
郑州	-0.767^{***} （0.09）
重庆	-0.182 （0.23）
西安	0.688^{***} （0.13）
常数	1.156^{**} （0.41）
观察数（N）	12 665
Pseudo R 平方	0.2517

注：$^{+}$p<0.10，*p<0.05，**p<0.01，***p<0.001 双尾检验，括号内为标准误。

三、诉讼权利

（一）审前羁押

在刑事速裁程序中，犯罪嫌疑人和被告人的诉讼权利是否因为程序简化而受到损害也是本研究检验的重要问题。审前羁押率是体现被告人权利保护的重要指标。我国没有西方的保释制度，审前获得替代性羁押措施并不是被告人的基本诉讼权利。疑罪从无原则是被告人在审前获得替代性羁押的基本根据。我国2012年的《刑事诉讼法》创设了羁押必要性审查制度，对于被告人审前权利保护，特别是提高适用非羁押措施的比例具有重要意义。本研究样本中（见表4-1），刑事速裁案件中被告人获得取保候审和监视居住的两项比例合计为38.5%。[1] 刑事速裁案件中被告人获得取保候审和监视居住替代性羁押措施的概率得到大幅度提高，说明在审前阶段被告人的人身权利保护在速裁案件中得到了显著的改善。

根据表4-14统计，被告人是否采取替代性羁押措施在刑事速裁程序的罪名上和区域的分布上差异都比较明显。其中，涉嫌毒品犯罪和危险驾驶罪的被告人被羁押的概率明显高于涉嫌其他犯罪的被告人。在司法处遇方面，有律师代理比没有律师代理速裁案件的被告人获得替代性羁押的概率要小，这可能与律师代理案件的被告人的犯罪情节的严重程度较高有关。在试点城市方面，大部分城市在替代性羁押上具有显著的统计意义，沈阳、郑州、福州、广州和重庆试点城市相对其他城市的替代性羁押率更高，而北京、上海、济南和西安的替代性羁押概率相比其他试点城市上显得更低。根据描述性统计结果（前文表4-2），上海速裁案件的羁押率最高，在2153个上海速裁样本中有98.4%的案件存在羁押，北京的1359个案件中，有超过63.7%的案件有羁押。以上数据表明，取保候审和监视居住的替代性羁押措施的适用在犯罪类别和区域等方面还是存在较大偏差的。

表 4-14　替代性羁押措施的 LOGISTIC 分析

罪名（对照组：其他罪名）	
危险驾驶	-0.653^{***}　（0.07）

---

〔1〕 根据最高人民法院公布的速裁数据报告，速裁案件被告人取保候审和监视居住的比例为48.99%，比简易程序高16.85%。本研究的样本与最高法公布的数据有低10个百分点的差距。这里面可能有样本选择原因，也可能有统计上的原因。有关官方公布的数据资料，可参见蔡长春：《刑事速裁程序试点两年办案质效双升 宽严相济"简"程序不"减"权利》，载《法制日报》2016年9月4日。

罪名（对照组：其他罪名）	
交通肇事	0.064（0.13）
盗窃	−1.576***（0.08）
诈骗	−0.165（0.2）
毒品	−2.672***（0.11）
司法处遇	
律师代理（是 vs 不是）	−0.295***（0.09）
司法区域（对照组：其他 9 个试点城市）	
北京	−0.597***（0.07）
沈阳	2.907***（0.16）
上海	−3.814***（0.18）
福州	0.981***（0.17）
广州	0.648***（0.08）
济南	−0.726***（0.1）
郑州	1.877***（0.09）
重庆	0.800***（0.19）
西安	−1.319***（0.14）
常数	0.602***（0.07）
观察数（N）	12 666
Pseudo R 平方	0.2588

注：$^+p<0.10$，$^*p<0.05$，$^{**}p<0.01$，$^{***}p<0.001$ 双尾检验，括号内为标准误。

（二）律师辩护

速裁案件被告人获得辩护律师的比例和获得的概率，是衡量刑事速裁程序中被告人权利保护程度的重要指标。速裁案件被告人的辩护律师，在速裁的判决书中一般都予以记载。在本研究的样本中（表 4-1），在速裁裁判文书中明确记载案件中被告人聘请辩护律师的比例为8%。[1] 由于适用刑事速裁程序审理的案件大多数事实清楚、证据充分，因此被告人寻求律师进行法律咨询的主动性并不强，加上有些看守所和法院有免费的法律援助律师提供法律咨询，因此在速裁案件中律师参与辩护的案件比例还是相当低的。

根据表4-15，辩护律师在刑事速裁程序中的 LOGISTIC 分析，辩护律师在不同的犯罪类别中的统计意义具有明显的差别，危险驾驶犯罪案件中被告人获得律师辩护的概率最低，第二是盗窃类犯罪，第三是毒品类犯罪。

根据表4-2，在速裁试点的4个直辖市中，速裁案件中的律师辩护占比，北京为10.8%，上海为12.7%；而天津为3.5%，重庆为5.1%。这组数字说明即便在发达地区速裁案件中被告人聘请辩护律师的比例也很低。在试点地区方面，北京、上海和广州的速裁案件中被告人获得辩护的概率相对其他参照试点地区要更低，相比而言，西安的速裁案件被告人获得律师辩护代理的概率更高。这说明在不同试点地区，律师辩护的比例存在较大的差别。

表 4-15　辩护律师在速裁程序中 LOGISTIC 分析

罪名（对照组：其他罪名）	
危险驾驶	−0.861 *** （0.10）
交通肇事	0.118（0.17）
盗窃	−0.670 *** （0.11）
诈骗	−0.323（0.31）
毒品	−0.489 *** （0.13）
司法区域（对照组：其他 9 个试点城市）	
北京	0.541 *** （0.11）
沈阳	0.013（0.22）
上海	0.907 *** （0.09）
福州	−0.904+ （0.51）

[1] 我国刑事案件中具体的律师辩护的比例长期以来都存在比较大的争议。这里需要指出的是，本研究中通过样本分析速裁案件的律师辩护率。

续表

司法区域（对照组：其他 9 个试点城市）	
广州	0. 620*** （0. 13）
济南	0. 138 （0. 19）
郑州	0. 108 （0. 16）
重庆	−0. 067 （0. 40）
西安	1. 714*** （0. 13）
常数	−0. 814 （0. 60）
观察数（N）	12 666
Pseudo R 平方	0. 05 26

注：$^+$p<0. 10，*p<0. 05，**p<0. 01，***p<0. 001 双尾检验，括号内为标准误。

第三节 结论与讨论

基于上述样本数据报告，我们可以得出以下初步结论：18 个城市的刑事速裁程序试点在诉讼效率、量刑均衡以及对犯罪嫌疑人、被告人的诉讼权利保护等方面在统计上都显著增强。但是，速裁案件的诉讼效率、量刑均衡和诉讼权利保护等方面在犯罪类别、试点城市等方面存在不同程度的偏差。根据样本分析结果，刑事速裁程序在诉讼效率、量刑均衡和诉讼权利保护等方面，仍然有较大的提升空间。

一、关于诉讼效率

刑事速裁程序试点的核心目的，就在于提高轻微刑事案件的审理效率。[1] 根据样本分析，速裁案件在起诉和审判阶段的审理效率有较大的提升。但是，速裁案件从刑事拘留到刑事起诉之间的期限没有显著缩短，速裁案件的诉讼效率仍有待进一步提高。

---

〔1〕 汪建成：《以效率为价值导向的刑事速裁程序论纲》，载《政法论坛》2016 年第 1 期。

　　首先，取保候审和监视居住的期限应当限缩。速裁案件中部分试点城市大量适用取保候审和监视居住措施，导致速裁案件审判前的效率受到影响。本研究的数据样本显示，由于适用取保候审、监视居住措施，从刑事拘留至逮捕期间的期限明显延长。有的试点城市的速裁案件在该阶段的期限甚至超过 100 多天，说明司法机关对取保候审和监视居住速裁案件的加速处理的动能显著不足。理论上，由于案件复杂程度存在显著性差异，速裁案件中的取保候审和监视居住期限应当与更复杂的简易程序或普通程序审理的案件有所区别。譬如，在未来刑事速裁程序立法上，可以考虑将速裁案件中的取保候审、监视居住法定期限分别降低为 3 个月、2 个月。

　　其次，对速裁案件的侦查期限应当予以限缩。在建立快速审判程序制度改革方面，有的研究者此前已提出，需要对审前程序进行改革，以提高案件审理的整体效率。[1] 速裁案件普遍犯罪情节轻微，且事实清楚、证据充分，侦查期限应当短于更加复杂的刑事案件。未来的刑事速裁程序立法中，可考虑将速裁案件的侦查期限从《刑事诉讼法》规定的 2 个月缩短为 1 个月。另外，有的试点法院对速裁案件采取全流程审理方式，当地司法机关采取这种全流程的审理方式处理一起危险驾驶罪案，从案发到结案整个流程仅仅用了 10 天。[2] 只要犯罪嫌疑人、被告人在刑事拘留后自愿认罪，与检察机关达成一致量刑，就可以在刑事拘留之后越过逮捕后刑事侦查阶段，直接进入起诉、审判阶段。采取这种全流程的办案方式，可以较大幅度提升速裁案件审前阶段的诉讼效率。当然，对于这种全流程或"刑拘直诉"的速裁办案模式还需要进一步试验和检验，避免片面追求速裁案件的诉讼效率而忽视案件的审理质量。

　　最后，制定速裁案件不同诉讼阶段的办理规程，减少诉讼效率的区域性偏差。本研究的样本数据分析显示，速裁案件无论是审前阶段还是审判阶段的诉讼效率都存在试点区域性的较大偏差，这说明各试点城市在执行两高两部《速裁程序试点办法》过程中受到了地方性政策的影响。诉讼效率也有纠偏的问题。同样类型的案件在此区域和彼区域的办理效率如果差异很大，必

---

　　[1]　徐美君：《刑事诉讼普通程序简化审实证研究》，载《现代法学》2007 年第 2 期。

　　[2]　蔡长春：《海淀司法机关创新适用 48 小时全流程速裁程序》，载《法制日报》2017 年 5 月 24 日，第 1 版。

然影响法律的平等实施，影响案件对当事人利益实现的公平性。速裁诉讼效率的区域性差异，与两高两部《速裁程序试点办法》的条文相对粗疏也有密切关系。为了减少法律实施的本地化差异，未来在刑事速裁程序的规则制定上要更加精细，不断统一速裁案件的审理规程，制定更加规范化的操作指南。

二、关于量刑均衡

在刑事案件的量刑上追求绝对均衡不现实，也是不可能的。但是，速裁案件的量刑总体上保持相对均衡的状态，才符合刑事判决的普遍公正的要求。本研究样本的统计分析显示，速裁案件的有期徒刑、拘役和缓刑适用等虽然总体上控制在《刑法》和两高两部《速裁程序试点办法》规定的范围内，但是仍然存在试点区域和犯罪类别适用上的较大偏差。对于速裁案件的量刑均衡控制，需要根据不同犯罪类别和区域之间的有期徒刑、拘役和缓刑适用等的量刑偏差进行规范和指引，以防止速裁案件的量刑偏差进一步扩大。

首先，制定速裁案件的统一量刑指南，规范速裁案件的有期徒刑、拘役和缓刑等的量刑标准。两高两部《速裁程序试点办法》明确赋予检察机关量刑建议权。但是在司法实践中，检察机关提出量刑建议或者与被告人进行量刑协商，如果缺乏可操作的、统一的规范化量刑指南对之进行调控，就容易使相似案件在量刑方面出现畸轻畸重的现象。此前，最高人民法院在推行量刑规范化改革方面已经进行了制度上的设计，但是在轻微刑事案件的量刑方面给予司法机关的裁量权仍然较大。另外，部分试点城市在执行刑事政策方面存在地方性差异，譬如南方城市对毒品犯罪的严厉打击，特大城市对危险驾驶罪的严厉处罚等，不可避免地产生量刑结果上的区域性偏差。随着认罪认罚从宽制度改革的试点，刑事速裁程序的适用范围扩大，最高司法机关应当对轻微刑事案件的量刑加以合理调控，否则区域性的量刑偏差仍然会放大，影响刑罚的平等适用。

其次，制定缓刑统一适用规则，规范量刑中的缓刑适用标准。在速裁案件量刑的缓刑适用方面，根据样本统计分析，虽然总体上缓刑适用率有所上升，但不同犯罪类别和试点区域上仍然存在偏差。在速裁案件中，对犯罪情节轻微、社会危害性不大且再犯可能性不高的被告人适用缓刑是贯彻宽严相济刑事政策的重要体现。传统上，地方法院对缓刑的适用都是采取比较苛刻的态度，适用缓刑的案件多需要通过法院内部的层层行政性审批。为了进一步规范缓刑适用的统一性，最高人民法院、最高人民检察院可通过制定统一的缓刑适用规则或发布指导性意见，在促进提高缓刑适用率的基础上解决区域性刑事政策差异等导致的缓刑适用偏差较大的问题。

最后，刑事速裁程序中应建立有效的控辩协商机制。在量刑指南的指引下，有效的控辩协商不仅有助于量刑均衡的实现，而且有助于被告人认罪悔罪，促其改过自新。实际上，在刑事速裁程序试点中，有些试点地方司法机关已经开始尝试探索建立速裁案件的认罪控辩协商机制。[1] 在认罪认罚从宽制度试点的基础上，进一步完善刑事速裁程序的认罪认罚协商制度，探索建立基于刑事速裁程序的认罪认罚协商机制，必将有利于从更高层面上规范速裁的量刑，减少速裁案件的量刑偏差。

三、关于诉讼权利

刑事速裁程序的试点由于简化了庭审审查等环节，被告人的诉讼权利问题始终是学者关注的焦点问题。[2] 本研究样本的统计分析显示，在速裁案件中，无论是取保候审、监视居住措施的适用率，还是聘请辩护律师的比例都还有相当大的改进空间。

第一，在立法上要明确犯罪嫌疑人、被告人享有取保候审、监视居住的权利。在我国，目前取保候审和监视居住的措施仍然属于刑事诉讼的强制措施。实际上，取保候审和监视居住类似西方国家的保释制度，保释对于犯罪嫌疑人和被告人来说属于一项诉讼权利。[3] 我国对于取保候审和监视居住的强制措施应当转化为犯罪嫌疑人和被告人的诉讼权利，同时赋予权利的可救

---

〔1〕 顾永忠、肖沛权:《"完善认罪认罚从宽制度" 的亲历观察与思考、建议——基于福清市等地刑事速裁程序中认罪认罚从宽制度的调研》，载《法治研究》2017 年第 1 期。

〔2〕 有关速裁程序中被告人权利保护的研究，可参见熊秋红:《刑事简易速裁程序之权利保障与体系化建构》，载《人民检察》2014 年第 17 期。

〔3〕 陈卫东、刘计划:《英国保释制度及其对我国的借鉴意义》，载陈卫东主编:《保释制度与取保候审：保释制度国际研讨会论文集》，中国检察出版社 2003 年版，第 114~133 页。

济性。只有这样才能从根本上提高取保候审和监视居住的适用率。2012 年《刑事诉讼法》第 93 条规定，检察机关有权对逮捕后的羁押必要性要进行审查。这实际上间接确认了被告人享有的替代性羁押权利在行使方面的救济性。可以说，这是实现取保候审、监视居住由强制性措施向诉讼权利转化的关键步骤。当然，这项制度的彻底落实还需要不断探索、不断推进。另外，样本数据发现，速裁案件的审前程序中取保候审、监视居住措施的适用，在试点城市间存在较大的差别。针对这种差别，最高司法机关可以通过规范性的政策导引，纠正不同司法管辖区域在取保候审和监视居住适用上的过大偏差。

第二，将速裁案件中的值班律师制度转化为强制性指定律师辩护制度。样本显示，目前速裁案件中不到 10% 的案件有律师辩护，而且存在区域上、犯罪类别上的较大偏差。为保证犯罪嫌疑人、被告人的诉讼权利，特别是保证速裁案件犯罪嫌疑人、被告人的认罪是在明知和自愿的基础上作出的，在速裁案件中推行强制性指定律师辩护尤为必要。刑事速裁程序的正当性基础必须建立在犯罪嫌疑人、被告人享有强制性指定律师辩护的权利之上。在速裁案件中提供有效律师辩护的制度，建立普遍性强制律师辩护制度，目前的时机和条件已经初步具备。其一，两高两部《速裁程序试点办法》确立的值班律师制度为建立强制性指定辩护律师制度提供了组织基础。在目前的看守所和法院的值班律师制度的基础之上，完全可以将这些值班律师的法律服务内容延伸到法庭辩护阶段。速裁案件中的值班律师转化为强制性辩护律师，并不存在组织上的障碍。其二，2016 年 11 月 11 日，最高人民法院、最高人民检察院、公安部、国家安全部和司法部印发的《关于在部分地区开展刑事案件认罪认罚从宽制度试点工作的办法》（以下简称"两高三部《认罪认罚从宽试点办法》"）提出建立有效律师辩护制度，为速裁案件中的值班律师转化为强制性指定辩护律师提供了充分的法律依据。该办法第 5 条规定，办理认罪认罚案件，应当保障犯罪嫌疑人、被告人获得有效的法律帮助。确保其了解认罪认罚的性质和法律后果，自愿认罪认罚。速裁案件属于典型的认罪认罚案件，只有建立强制性指定律师辩护制度，才可实现对犯罪嫌疑人、被告人具有实质意义的有效律师辩护。其三，经过几十年的运作，我国法律援助制度已经相对成熟。各地司法行政机关已经普遍建立法律援助机构和法律援助基金组织，可为刑事速裁程序中推行强制性指定律师辩护制度提供行政和财政资源等方面的支持。总体上，在速裁案件中对值班律师进行创造性转化，实施强制性指定辩护律师制度，有利于更加充分和有效保护速裁案件中犯罪嫌疑人、被告人的辩护权等诉讼权利。

刑事速裁程序试点的本地化差异

　　刑事速裁程序试点本地化，是指刑事速裁程序试点地区司法机关依据两高两部《速裁程序试点办法》制定的当地实施方案、实施细则等规范性文件，使其能够明确在当地执行和操作的具体过程。刑事速裁程序试点是对地方在司法改革推进过程中能动性的集中检验。试点的地方性文本的制定水平和实施的效果直接反映出地方试点机构参与试点的积极性、主动性与创造性。从试点规范和司法能动性相结合的角度对试点的地方性文本进行比较分析，有助于揭示本次国家授权试点中的地方性文本在规范性和能动性方面的差异。为此，本章研究选择北京、上海、广州和西安四个试点地区的与试点相关的地方性文本中作为研究样本，检视刑事速裁程序试点中本地化差异的具体表现，为国家授权性的司法改革试点和构造完备的刑事速裁程序提供地方性文本经验。[1]

第一节　速裁试点地方性文本的制定差异

　　两高两部《速裁程序试点办法》要求，各地应结合当地实际制定当地的刑事速裁程序试点的实施方案或实施细则。由于两高两部《速裁程序试点办法》印发的直接对象是试点相关的省级司法机构，制定速裁试点的方案和实

　　　[1]　本研究之所以选择北京、上海、广州和西安四个试点城市的速裁地方文本作为分析对象，主要是基于以下考虑：首先，这四个试点城市在地域性上代表性强，在地理上分属于中国的北东西南四个大的区域。其次，这四个试点地区的速裁程序文本本身具有典型的地方性，可以较充分反映试点的地方差异性。最后，笔者在速裁程序试点期间组织速裁程序研究课题组对这四个城市都进行过实地调研，且本研究中的文本全部是笔者在这些试点城市进行调研期间获取的由相关试点单位提供的第一手资料。

施细则的单位应当是与之对应的相关试点的省级司法机构。按照两高两部《速裁程序试点办法》的规定，地方的试点方案或实施细则，应当由省（市）高级人民法院、人民检察院和公安厅（局）、司法厅（局）联合制定。但是从实践看，试点地区在制定实施方案和实施细则方面显示出很大的地方性差异。以北京、上海、广州和西安四个试点地区的地方性试点文本制定为例，具体表现如下：

北京市将速裁试点的实施方案和实施细则的制定权直接下移到区（县）级司法机构。在两高两部《速裁程序试点办法》下发后，北京市委政法委制定了《关于全面推进刑事案件速裁程序试点工作的意见》，并以通知的形式下发给区（县）政法委。北京市高级人民法院制定了《关于刑事案件速裁程序试点的工作方案》，但是具体的实施细则和要求等则完全由区（县）法院和相关司法机构来制定和完成。例如，海淀区人民法院、人民检察院、公安局和司法局联合制定《海淀区刑事案件速裁程序试点工作方案》和《海淀区刑事案件速裁程序试点工作细则》（以下简称"北京海淀《工作细则》"），海淀区人民法院制定了《适用刑事速裁程序审理案件量刑参考》。北京其他的区（县）在推进速裁试点中制定的文本基本上和海淀区的做法大体类似。北京在制定地方试点文本方面的特点就是充分发挥区（县）司法机构参与试点的能动性和创造性。在这方面，北京海淀区的法院联合该区检察院、公安局和司法局在海淀看守所打造集中办理速裁案件全流程办公区，应当说是这次速裁程序试点中颇具代表性的试点"名片"。[1]但缺点是两高两部《速裁程序试点办法》的实施细则全部下放到区（县）试点法院和相关司法机构来制定，容易导致本地区试点机构之间的程序和量刑方面的过大偏差。

在地方文本的制定方面，上海市高级人民法院在整个实施过程中的主导性作用非常突出。上海市高级人民法院在速裁试点初期制定的地方性文本包括：《上海法院速裁程序案件适用范围及量刑指导意见（试行）》（以下简称"上海《指导意见》"）、《适用速裁程序办理相关刑事案件证据指引（试行）》（以下简称"上海高院《证据指引》"）并附相关的法律文书，譬如

---

〔1〕　樊崇义：《值得推广的海淀刑事速裁试点模式》，载《人民法院报》2016年1月14日，第5版。

《按速裁案件办理建议书》《犯罪嫌疑人具结内容告知书》《适用速裁程序建议书》和《刑事案件速裁程序告知书》等。上海地方文本的突出特点是上海高级人民法院主导了刑事速裁程序试点的证据和量刑规范的制定，因此下辖的区县在制定实施规则方面的创新空间比较小。

广州市作为广东省速裁程序试点城市之一，在速裁试点文本制定方面也有很鲜明的地方特色。广州与上海、北京等直辖市不同，在行政上隶属广东省。广东省在两高两部《速裁程序试点办法》发布后，将试点的权力下移到试点城市，鼓励试点城市大胆创新，由试点的城市主导和组织试点工作。在试点文本方面，广州市中级人民法院制定了《广州市审判机关速裁案件审理手册》《关于广州地区适用刑事速裁程序案件的范围指引》。在此基础上，广州市下辖的基层人民法院制定了本法院速裁办理的操作规程和实施细则。其中越秀区人民法院制定的《广州市越秀区刑事案件速裁程序操作规程（试行）》（以下简称"广州越秀《操作规程》"）比较有典型性。该操作规程在制定方面基本符合立法上的实施细则的安排，分总则、分则和附则以及附件几个部分，其中附件的相关文件和文书格式等有12件。广州市在制定地方性文本方面，除了自身注意制定比较完备的指导试点的操作规范之外，还十分注意发挥基层法院的能动性。从市级法院与基层法院在地方文本制定上的分工和配合关系可以看出地方司法机构在试点方面的能动性程度，这也是广州法院在全国速裁程序试点中成效比较突出的重要因素。

西安是刑事速裁程序试点中西北地区的唯一试点城市，西安市的地方文本在制定主体方面与其他地区的差异也比较明显。西安市速裁试点的地方文本为西安市中级人民法院、西安市中级人民检察院、西安市公安局和西安市司法局联合制定的《西安市刑事案件速裁程序试点工作实施细则》（以下简称"西安《实施细则》"），涵盖了公安机关、检察机关、人民法院和司法行政机关在速裁程序中的职责范围。从文本的规范技术看，西安的试点文本比较符合实施细则的文本规范性要求。从文本技术规范的角度看，西安的速裁试点地方文本作为实施细则来说基本要素比较齐全。但是据了解，西安市的试点辖区的基层试点司法机构并没有制定相应的实施方案或工作规范。这与北京、上海和广州的试点基层法院也制定了相关的规范性试点文本有显著的差别。[1]

刑事速裁程序试点不仅仅要求试点司法机构用刑事速裁程序进行审理案件，还要求试点的司法机构在授权的范围内进行试点的创造性工作，为国家提供有益于规范建设的和完善的立法经验。从实地调查和相关的报道看，在这四个地方试点中，北京市海淀区和广州市越秀区人民法院因其创新的特色非常明显，在速裁试点中的经验贡献突出。这与两个地区基层试点单位的地方性文本创造性的制定有密切关系。而有些地方由于基层试点司法机构在试点规范的制定方面能动性不足，在知识经验性的贡献效果并不明显。因此，从本次速裁试点的地方性文本的制定主体看，比较有成效的试点地方大多重视和鼓励直接参与试点的单位制定试点实施规范，特别在试点推动上鼓励和促动基层试点单位进行富有创造性的司法再造。

第二节 速裁试点适用范围的市地化差异

根据北京、上海、广州和西安四个试点城市的司法机关制定的规范性文本，这些试点地区将当地速裁案件适用范围和适用条件基本上控制在全国人大常委会《速裁程序试点授权决定》和两高两部《速裁程序试点办法》的范围和条件规定之内，但是仍然存在范围扩大和限缩差异性的问题。

一、范围扩大

全国人大常委会《速裁程序试点授权决定》明确刑事速裁试点的罪名为危险驾驶、交通肇事、盗窃、诈骗、抢夺、伤害、寻衅滋事等罪名。由于全国人大常委会《速裁程序试点授权决定》对速裁案件的罪名适用范围采取原则规定和允许例外的灵活立法方式，特别是全国人大常委会《速裁程序试点授权决定》在列举的7种罪名后加上"等罪名"的表述，实际上就是授权两

---

[1] 试点期间笔者曾两次到西安试点的基层法院就速裁程序调研，发现西安市基层速裁试点的总体推进效果并不如其他城市，这与试点地区的基层司法机构没有主动制定规范的试点地方性文本也有很重要的关系。

高的速裁试点可以根据情况适当扩大罪名范围。两高两部《速裁程序试点办法》根据全国人大的授权，在全国人大常委会确定罪名之外增加了非法拘禁、毒品犯罪、行贿犯罪、扰乱公共秩序4种新罪名。但是，两高两部《速裁程序试点办法》在具体列举11种速裁程序适用罪名之后，并没有采取全国人大常委会《速裁程序试点授权决定》"等罪名"的表述，这实际上意味着两高两部《速裁程序试点办法》将试点严格控制在11种特定的专属罪名范围之内。

在四个试点地区的文本中，有的地方试点法院的文本规定突破两高两部适用的11种犯罪罪名的范围。例如，北京海淀《工作细则》规定，在两高两部规定的刑事速裁案件适用的11种罪名之外，对可能判处1年以下有期徒刑等较轻刑罚的制售发票、销售有毒有害食品、销售伪劣产品、销售假药劣药、职务侵占等简易案件，可以按照刑事速裁程序的相关规则从快办理。再如，西安《实施细则》附件1中的《刑事案件速裁程序适用范围》，突破了两高两部《速裁程序试点办法》的11种罪名限制，增加了赌博罪、开设赌场罪、妨害公务罪3种新的罪名。虽然北京海淀《工作细则》和西安《实施细则》中对增加试点适用的罪名并没有说明具体增加的理由，但是可以推测这些新增加的试点罪名在当地1年以下有期徒刑的案件中可能占有一定的比例。

从试点规范化角度看，授权试点地区司法机构如果没有经过必要的报批或备案程序，那么其单方面地突破授权试点就会存在正当性不足的问题。从两高两部《速裁程序试点办法》对全国人大常委会《速裁程序试点授权决定》的解释上看，两高两部虽然对全国人大常委会《速裁程序试点授权决定》适用的罪名作了扩大性解释，但是在其《速裁程序试点办法》中并没有如全国人大在立法技术层面上给出试点地区扩大适用的空间。从两高两部规范试点的角度看，两高两部对试点罪名的严格控制有其正当性考量。当然，有的地方在试点过程中考虑到本地的特殊情况，譬如北京海淀地区可能销售伪劣产品犯罪比较普遍，西安地区赌博类犯罪问题比较严重，且这些犯罪的刑罚基本在1年以下有期徒刑，因此就将其纳入试点的范围。从全国人大常委会《速裁程序试点授权决定》的规定看也许并无不当，但是对照两高两部《速裁程序试点办法》的速裁适用范围，则有明显的越位试点的问题。[1] 如果地方试点过程中对罪名适用必要的报备程序，或可减少对这类扩大适用的正当性质疑问题。

二、范围限制

两高两部《速裁程序试点办法》第 2 条在列举了 7 种限制性或禁止适用速裁的情形之外，还规定了"其他不宜适用速裁程序的情形"。这个裁量性禁止适用条款，赋予试点司法机关限制适用条件上的兜底自由裁量权。从试点的四个城市的文本中看，上海市和广州市文本中在排他条件中禁止性例外规定有新的突破。譬如，上海《指导意见》规定，具有涉黑、涉恶背景以及涉众、敏感案件不适用刑事案件的速裁程序审理；广州越秀《操作规程》第 5 条在两高两部的排他条件之外，增加了三类不适用速裁程序的案件：犯罪嫌疑人、被告人是外国人的；当事人有缠诉和缠访隐患的；犯罪嫌疑人、被告人有检举揭发犯罪线索需要核实的。从上述上海市和广州市越秀区的扩展性限制条件看，主要是涉及维稳案件、涉黑案件等社会敏感类案件。对于这类带有敏感性案件采取更加严格的限制，从全国人大常委会《速裁程序试点授权决定》和两高两部《速裁程序试点办法》的授权看并不矛盾。当然，如果从被告人诉讼权利平等保护的角度看，对这类在案件适用上的限制性例外规定还需要检视。

在刑事诉讼中，对于被告人非因当事人自我选择的权利放弃之外的任何限制，都可能导致诉讼权利保护的非平等适用问题。对于 1 年以下有期徒刑案件部分被告人有权选择刑事速裁程序，而部分被告人因案件性质在速裁程序适用中受制就可能损害对被限制部分的被告人对速裁程序的选择权。由于试点办法规定的罪名范围为可能判处 1 年以下有期徒刑的案件，这类案件本身就属于很轻微的刑事案件，如果再加以严格的条件限制，就可能弱化速裁程序在疏解和分流刑事案件上的功能。在速裁适用的例外性条件方面，两高

---

[1]　针对有些试点地方任意扩大当地速裁试点的案件范围，最高人民法院黄尔梅副院长在 2015 年 2 月 6 日的加快推进刑事案件速裁程序试点工作电视电话会议上的讲话指出，现阶段试点必须严格遵循速裁程序的制度设计，不得自行扩大适用范围。参见最高人民法院编：《刑事案件速裁程序试点实务与理解适用》，内部资料（京内资准字：2015-Y0026 号），第 74 页。

两部《速裁程序试点办法》对于禁止性规定已经规定了 8 个限制性条件，如果再加上地方限制性规定，禁止性的适用条件就会大幅度增加。从试点的情况看，速裁程序案件数量适用率并没有达到预期的 30% 至 40%。[1] 这与两高两部《速裁程序试点办法》有关禁止性的规定过于严苛不无关系。从试点推进提高诉讼效率和实现案件繁简分流的角度看，如果速裁案件适用条件限制过多以致适用数量太少，速裁案件就可能无法达到繁简分流的作用，并产生诉讼权利反向歧视的双重问题。从速裁案件的效用看，速裁程序价值不能仅仅局限于速裁程序的案件价值，还应考虑对其他案件的资源配置的影响效用。只有提高速裁案件在刑事诉讼中的适用率，其提高资源配置效率的功能才可以真正实现。理论上，刑事速裁案件或简化程序案件对相对简单的刑事案件的适用率应达到绝对多数，才可能避免因此产生的诉讼权利反向歧视和程序整体效率不高的问题。

第三节　速裁案件的证明标准市地化差异

全国人大常委会《速裁程序试点授权决定》和两高两部《速裁程序试点办法》均将速裁案件的证据证明标准规定为：事实清楚，证据充分，以及被告人自愿认罪。上述规定，与 2012 年《刑事诉讼法》中有关刑事案件证明标准相比，主要变化有三点：其一，中央速裁试点文本中没有显示证据"确实"性要求，只是规定"充分"性要求。其二，中央关于速裁试点的文本中没有对证据充分作任何解释。2012 年《刑事诉讼法》规定证据确实、充分符合以下三个条件：定罪量刑的事实都有证据证明；据以定案的证据均经法定程序查证属实；综合全案证据，对所认定事实已排除合理怀疑。其三，中央关于速裁试点文本在证明标准之外增加被告人认罪的标准要求，即被告人自愿认罪，以此作为证明标准的补充性条件。从上面对比看，中央速裁试点的文本与 2012 年的《刑事诉讼法》存在明显的差别，这种差别就是至少从法律条文

---

〔1〕 各地试点的情况反映试点地区的速裁程序的案件适用率并不理想。参见《最高人民法院、最高人民检察院关于刑事案件速裁程序试点情况的中期报告》，载《全国人民代表大会常务委员会公报》2015 年第 6 号，2015 年 11 月 20 日。

的表述上看，对于速裁案件适用的证明标准要显著低于 2012 年《刑事诉讼法》规定的严格标准。在本研究选择的四个地区的试点司法机构制定的相关文本中，关于速裁案件的证明标准的表述也有比较显著的差异。

从四个试点地区文本看，并未直接对中央层面的证明标准在表述上进行明显改造，但是其中有些变化还是值得关注。北京海淀《工作细则》关于速裁案件证明标准相关条文的说明指出，"在被告人自愿认罪前提下的证明标准可以适当降低"。上海高院《证据指引》规定，适用速裁程序办理刑事案件，"应当做到全案证据无矛盾、排除合理怀疑、犯罪嫌疑人认罪"的通用证明标准。广州越秀《操作规程》第 6 条，对速裁程序审理的案件犯罪"事实清楚、证据充分"，按照 2012 年《刑事诉讼法》规定的条件进行释明，即定罪量刑的事实都有证据证明；据以定案的证据均经法定程序查证属实；综合全案证据，对所认定事实已排除合理怀疑。广州越秀《操作规程》对速裁案件采用的证明标准是按照 2012 年《刑事诉讼法》规定"证据确实、充分"的顶格标准。根据西安《实施细则》，西安速裁案件的试点的案件证明标准为"证据确实充分"，这与广州越秀《操作规程》的做法一致，都对速裁案件的证明采取顶格标准。但是，西安《实施细则》附件规定的《刑事速裁案件证据收集指引》（以下简称"西安《证据指引》"），对于证据判定采取量化要素的认定方式，在操作上主要采取客观要素指引的标准。从上面四个地区的文本分析，在速裁案件证明标准上，除北京市海淀区外，试点地区法院多采取相对保守的态度，这与中央层面的刑事速裁试点文本上证明引导性标准的适度放宽构成鲜明的差异。

对任何人的定罪与量刑都是对个人自由与现实利益的重大处分，定罪量刑标准应当是严格规范。国际人权法和世界各国的刑事诉讼法都规定相当高的刑事案件证明标准。但是由于证明标准具有主观性，顶格标准并不意味着司法实践中获得顶格实现。我国刑事案件速裁程序试点虽然在中央文本中，对速裁案件的证明标准采取比《刑事诉讼法》相对宽松的语言表述，但是速裁案件中央本文的"证据充分"的表述本身也是很高的标准，并不会因少了修饰词"确实"就降低标准。因为，没有"确实"何来"充分"？有专家主张，在刑事速裁中规定证明标准采取"事实基本清楚，证据基本充分"即

"两个基本"的标准。[1] 这个提法虽然可能比较契合刑事速裁案件证明要求上的降格取向，但是其缺点也很明显，就是导致刑事诉讼案件证明标准的多元化等问题。如何看待刑事速裁案件的证明标准，是关系到刑事速裁案件审理是否能够做到不枉不纵和提高刑事效率的关键，还需要从理论和实践相结合的角度予以回答。

第一，区分速裁案件与非速裁案件的证明标准，会导致刑事案件证明标准的多元化。无论是速裁案件还是非速裁程序案件，对被告人的定罪或量刑都需要考虑案件基本事实，因此在标准上区分不同类型或不同程序审理案件适用不同的标准将不可避免导致标准适用上的混乱。事实上，《刑事诉讼法》规定的证明标准属于指向性或引导性证明标准，无论是排除合理怀疑还是证据客观真实，都属于非操作性标准，属于指向性或暗示性主观心理标准。任何国家的刑事诉讼证明的通用标准，譬如美国的排除合理怀疑、欧洲的自由心证、中国的证据确实充分等，都是指引性标准，而非操作性标准。指引性证明标准的基本价值并不在于帮助司法人员形成具体可操作的证明标准，而是从主观上引导司法人员最大限度地获取合法证据来实现定罪或量刑基础事实的可信度。因此，在刑事速裁程序中，如果降低案件的证明标准，其实就是暗示司法人员在案件的证明上可以放松要求。这种心理上的负面导向，将导致刑事速裁程序摆脱刑事诉讼法典的证明标准，因而创设更低位阶的标准，这种做法并不可取。从诉讼原理上分析，显然没有必要在刑事诉讼通行的证明标准之外人为设立新的主观性证明标准。在刑事诉讼中，如果速裁与非速裁案件采用不同的证明标准，那么是否要区分简易程序与非简易程序审理案件的证明标准？显然，在刑事诉讼中因程序差异建立新的证明标准必然会导致证明主观性的混乱。

第二，在定罪量刑上区分速裁案件与非速裁案件的证明标准，实践上不具有可行性。在司法实践中，刑事速裁案件成立的基本条件是案件事实清楚和被告人自愿认罪。在刑事速裁案件中，被告人认罪意味着"自己指控自己"，是自愿性自证其罪，法官排除非自愿性和建立犯罪事实基础后，就可以

---

[1] 参见冉容、何东青：《积极探索 科学论证 推动刑事案件速裁程序试点健康深入开展——试点中期评估论证会专家意见摘编》，载《人民法院报》2015年9月9日，第6版。

认定犯罪成立。《美国联邦刑事诉讼规则》第 11 条就规定，对于辩诉交易的认罪案件，法官不仅要严格审查被告人认罪的自愿性和明知性，而且要审查控方指控的事实和证据基础，以确保速裁案件的审理具有严格的事实基础。在司法实践中，证明标准降低并不必然带来证明的程序简化，相反可能带来司法责任的顾虑而影响速裁案件的适用。因此试图通过降低证明标准来实现证明过程的简化或定罪量刑上的简便并不可行。

当然，在主观证明标准不降格的情况下，对于速裁案件的证明过程可以采取有别于非认罪案件的统合式证明标准，采取分散式证据要素确定类型化案件的定罪量刑的法定构成。换言之，对于速裁案件的证明标准，虽然可以不在试点或相关的法律条文中明确表述其证明标准可以降低，但是却可以通过证据指引来实现证明或操作过程的简化。在速裁案件中，对案件的证明在通用标准不降低的前提之下，可采取简化证据查证的"法定程序"来实现证明过程简化。例如，西安《证据指引》分门别类对危险驾驶、交通肇事、盗窃、抢夺、诈骗、伤害、非法拘禁和毒品犯罪等罪名制定明确的要素式证明表格，对于指控各种罪名的证据要求一目了然，为办案人员提供了完整的证明要素。这种要素式的证明过程，可以适当简化不必要的或者烦琐的"法定证明程序"，实现速裁案件规范化的证明过程。此外，北京、上海和广州都有具体案件的量刑和证明标准的要素化分解，以保证速裁案件的判决具有事实基础。当然，对于刑事速裁程序案件类型化证明要素的分解，还需要在未来的速裁立法和相关制定设计中根据犯罪构成要件进一步加以完善。

第四节　刑事速裁程序中量刑减让的市地化差异

根据最高人民法院《关于常见犯罪的量刑指导意见》（以下简称"最高法院《量刑指导意见》"），对于当庭自愿认罪的，可以减少基准刑的 10%以下。这条规定直接对应刑事速裁程序案件量刑，可为速裁案件的量刑减让提供依据。根据最高法院《量刑指导意见》量刑减让条件，适用刑事速裁程序案件的被告人如果同时符合上述条件可最高减让量刑的 70%。在试点过程中，两高两部《速裁程序试点办法》等中央层面的速裁相关文本中也缺乏对1年以下有期徒刑试点的11种罪名的被告人"量刑指引"。由于上述诸多因素的叠加，被告人认罪案件中涉及11种罪名的具体量刑就缺乏操作性依据。在刑事速裁程序试点过程中，有的试点地区的法院制定了本地速裁案件1年以下有期徒刑的量刑起点和适用标准。由于各地的文本对量刑情节理解适用存在差异，试点文本中的量刑规范的地方化差异比较明显。在速裁量刑试点的模式上，根据四个试点地区的样本分析，北京和上海属于限缩模式，而广州和西安则属于宽松模式。

一、限缩模式

量刑的限缩是指司法机关对特定的罪名量刑的情节在规范性文本上加以具体区分，限制和缩小法官的量刑裁量权，以保证特定罪名的量刑具有相对高的均衡度。北京市没有制定全市统一速裁试点案件的罪名量刑规范，而是由试点法院自主制定速裁案件的量刑规范。上海市则由上海市高级人民法院制定《〈关于常见犯罪的量刑指导意见〉实施细则》（以下简称"上海法院《量刑意见》"）来规范试点法院在速裁试点中的具体量刑。以危险驾驶罪的量刑条件为例：北京市海淀区人民法院《适用刑事速裁程序审理案件量刑参考意见》（以下简称"北京海淀《量刑意见》"）中规定，对于危险驾驶罪的被告人的量刑，如果其人体血液中酒精含量达到 80mg/100ml ~ 140mg/100ml，在拘役刑 1 ~ 2 个月幅度内确定量刑起点；140mg/100ml ~ 200mg/100ml，基准刑为 2 ~ 3 个月；200mg/100ml ~ 260mg/100ml，基准刑为 3 ~ 4 个月；260mg/100ml 以上的，4 个月以上。上海法院《量刑意见》则规定，危险驾驶罪中被告人酒精含量达到 80mg/100ml，量刑起点为拘役 1 个月；酒精含量达到 150mg/100ml，量刑起点为拘役 2 个月；酒精含量达到 200mg/100ml，量刑起点为 3 个月。比较而言，在危险驾驶罪的量刑方面，北京市和上海市虽然都属于限缩模式，但是北京市对危险驾驶犯罪的规范比上海更加严格。再如，北京海淀《工作细则》第 46 条规定，被告人认罪案件，适用速裁程序的可以依法从轻处罚；积极赔偿或有其他真诚悔罪表现的，可以较大幅度依法从轻处罚；当事人和解的速裁案件，可以依照《刑事诉讼法》第 279 条的规定从轻处罚。对于上述三种情形，可以根据量刑规范化要求分别达到：

10%~30%、20%~40%、40%以上。但是，上海高院仍然采取10%的基准刑幅度，并没有类似北京海淀的做法给予程序选择上的量刑特惠。从上海法院和北京海淀法院量刑指标看，两地都试图将量刑精准化。比较而言，北京海淀的量刑规定处罚标准更加细化，而且操作性更强。另外，从速裁量刑规范的原则看，北京海淀的规范文本更多体现最高法院《量刑指导意见》中的原则，对基准刑、宣告刑的适用条件在速裁案件的量刑中都有原则规定。

二、宽松模式

广州和西安试点地区没有像北京、上海那样制定速裁案件的量刑指引，因此试点法院在量刑权上就具有较大的空间。以盗窃案和诈骗案为例，广州越秀《操作规程》规定：盗窃案件"3万元以下或扒窃3次以下"、诈骗案件"3万元以下"的情形可以适用速裁程序审理。西安《实施细则》规定，盗窃罪"金额为1万元以下；金额为1万元以上3万元以下并全部退赃；盗窃亲友金额1万元以上4万元以下且被害人谅解，但3次扒窃以上入户盗窃及扒窃除外"、诈骗罪"金额1万元以下或金额1万元以上3万元以下且全额退赃，但被害人精神失常、自杀等严重后果除外"的情形可以适用速裁程序审理。由上比较而言，对于侵犯财产类的犯罪，西安的量刑处罚要比广州越秀的更重也更加严格。另外，西安市的速裁案件量刑适用规范，对排他性适用的情节作了特别说明，这比广州越秀《操作规程》更具操作性。

从试点城市速裁罪名的量刑模式区分看，刑事速裁案件量刑本地化过程中存在适用上的差异和量刑的偏差。对于这种因规范制定的层级和地方化引起的差异而导致的量刑偏差需要从规范层级、情节适用、程序选择等方面进行辨析。

第一，规范层级。最高法院《量刑指导意见》在速裁试点之前已经颁布，此次试点中并没有针对速裁程序的11种罪名制定单独的量刑指导规范性意见。最高法院《量刑指导意见》针对的是常见的15种犯罪量刑，很少直接涉及明确为1年以下有期徒刑的罪名量刑。试点地区在解决速裁案件量刑上存在两种规范方式：一是上海和西安在速裁试点过程中制定地区性的量刑规范指导文本；二是北京和广州直接由试点法院来制定试点法院的量刑规范。相比较而言，上海、西安的文本方式有利于在试点地区保证试点速裁案件的量刑均衡。北京和广州两地由于放权试点法院自行制定量刑规范和标准，不可避免地会在试点地区的不同法院之间产生同类速裁案件量刑偏差的情况。从试点创新的角度看，地方法院对所属管辖的案件进行统筹规范，可能有利于试点法院的自我创新。但是，从试点规范和量刑均衡的角度看，上海和西安在全区域内规定统一量刑指引的做法则更可取。

第二，情节适用。速裁案件试点城市在本地试点法院的量刑规范上基本由试点地区或当地法院自行确定，并不需要经过严格的法定听证程序。虽然速裁案件属于轻微刑事案件，且量刑幅度在 1 年以下，表面看起来不存在量刑的大偏差之虞，但是速裁案件审理程序本地化的量刑规范指引在设定的量刑情节上的差异也可能导致被告人在适用法律上的不平等。譬如，盗窃案、毒品犯罪案等适用 1 年以下有期徒刑的基本适用条件就存在盗窃财产数额适用差异，同类案件的被告人在不同的试点区的量刑因此存在差别。当然，绝对的消除量刑本地化带来的量刑偏差是不可能的，但是适度减少量刑偏差在现实中是完全可能的。例如，在减少司法管辖区的量刑偏差方面，北京市海淀区人民法院在刑事速裁程序中试行的《量刑意见》在规范技术上就更具有创新性。从选取的四个样本看，北京海淀《量刑意见》与最高法院《量刑指导意见》的规范风格保持较高的协调性。北京海淀《量刑意见》采纳最高法院《量刑指导意见》中关于确定基准刑和宣告刑的方式，与中央和北京层面的指导性量刑意见保持一致。另外，北京海淀《量刑意见》对不同罪名速裁案件在程序上的量刑情节区分更加细致，特别是通过适用原则、量刑起点、基准刑、宣告刑的四层结构来规范，具有积极的价值。

第三，程序选择。全国人大常委会《速裁程序试点授权决定》和两高两部《速裁程序试点办法》对速裁程序选择在量刑上的权重都没有提及，而只是强调认罪对量刑的影响。但是，被告人认罪不仅在速裁程序，而且在简易程序和普通程序的案件中都具有减让量刑的权重。如果不考虑程序选择对于量刑的影响，被告人对于速裁案件的价值仅仅在审理时间上，对被告人程序选择权的激励程度显然不够。北京海淀《工作细则》将被告人认罪并适用刑事速裁程序的案件中对被告人的量刑最高从轻幅度上调到 30%，这比最高法院《量刑指导意见》中规定的认罪案件的从轻幅度的 10% 高出 20 个百分点，这就意味着认罪程序选择在量刑上具有优惠。对于程序选择在量刑上的优惠，上海高院在《〈上海法院速裁程序案件适用范围及量刑指导意见〉的说明》中指出，上海高院曾设想给予被告人以最高法院《量刑指导意见》2倍的优惠，即减少基准刑的20%，但是后来并没被采纳。主要理由为：对被告人认罪从轻可以通过个罪选择较轻的量刑起点来实现，不必体现在一个情节上；上海的说明和解释，从试点和保持量刑的稳定性的角度上看有其合理性。广州和西安法院的量刑规范中，则完全沿用两高两部《速裁程序试点办法》。由于两高两部《速裁程序试点办法》对量刑多个情节交错适用和对速裁程序选择在量刑上语焉不详，试点法院对速裁案件量刑操作缺乏规范，因此实践中试点法院的量刑偏差是不可避免的。当然，具体罪名在不同试点地区和法院的偏差度还有待于通过案例实证来解释。

被告人因自愿性认罪适用刑事速裁程序可以获得量刑减让，既反映了认罪认罚从宽的基本精神，也是速裁程序的核心特征。全国人大常委会《速裁程序试点授权决定》并没有授权两高两部在速裁案件中可以因适用速裁程序给予对被告人量刑上的特别减让，两高两部《速裁程序试点办法》也没有对被告人选择适用速裁程序给予其量刑上的优惠。[1] 程序选择是否可以作为被告人量刑的权重？笔者的回答是肯定的。刑事速裁程序对被告人来说，最突出的优势是量刑优惠和审理快速，量刑优惠对于被告人来说更具有程序选择的吸引力。美国的辩诉交易程序事实上给予所有进入辩诉交易程序的被告人量刑上的优惠，因为认罪和辩诉交易程序是捆绑一体的。美国刑事诉讼的辩诉交易存在"标准化宽恕"来对认罪答辩进行量刑减让和定罪。[2] 在我国，由于认罪和审判程序选择是割裂的，即便被告人认罪，但是因为案件的其他因素，仍然面临不同的审理程序。被告人认罪且选择快速处理程序来审理其案件，事实上节省了国家的司法资源，这和普通程序认罪被告人在司法资源

---

〔1〕 2003年最高人民法院、最高人民检察院和司法部发布的《关于适用普通程序审理"被告人认罪案件"的若干意见（试行）》（现已失效）第9条规定，人民法院对自愿认罪的被告人，酌情予以从轻处罚。该规定同样没有赋予被告人因适用该特别程序就可以获得从轻处罚的权利。即便2012年《刑事诉讼法》规定适用简易程序审理案件，也同样没有规定对被告人适用程序上的量刑减让。

〔2〕 ［美］艾伦·豪切斯泰勒·斯黛丽、南希·弗兰克：《美国刑事法院诉讼程序》，陈卫东、徐美君译，中国人民大学出版社2002年版。

上的耗费有明显的差别。如果对快速处理程序中认罪的被告人不给予量刑上的优惠或补偿，就可能导致诉讼权利的不公平。从本次试点的中央和地方的文本看，速裁程序的量刑激励功能没有得到充分的发挥。[1] 因此，在未来的速裁程序的立法中应当明确规定，对于被告人认罪且同意适用刑事速裁程序或简易快速程序的，都可以在认罪之外因选择简化程序而另外给予量刑上的优惠。

第五节　速裁审理方式的本地化差异

根据全国人大常委会《速裁程序试点授权决定》，刑事速裁案件可"进一步简化刑事诉讼法规定的相关诉讼程序"，但同时强调指出，"试点刑事案件速裁程序，应当遵循刑事诉讼法的基本原则，充分保障当事人的诉讼权利，确保司法公正。"从本研究选择的四个试点地区的速裁规范文本看，试点地区在速裁案件审理方式等方面规定总体比较接近，但是也存在本地化差异。

一、启动方式

两高两部《速裁程序试点办法》明确规定速裁程序启动的主体为三类：公安机关、辩护人和人民检察院。从四个地区的试点文本看，上海、广州和西安差别不大，但是北京市海淀区在速裁案件启动方面的特色比较明显。北京市海淀区采取公检法三机关联动的方式，全流程刑事速裁程序审理，速裁案件的启动源头前移至侦查阶段。北京海淀区法院和检察院在看守所设立简易法庭和办公室，方便侦查机关在侦查结束后就启动速裁程序。由于北京市海淀区看守所离海淀区人民法院距离比较远，提审犯人很不方便，看守所设立速裁办公区使得法官和检察官和辩护律师工作前移。速裁办公区非常类似西方的"治安法庭"，这种新型的速裁组织结构，对快速处理刑事案件、节约司法资源以及对被告人的教育矫治等都具有积极价值。

除检察机关和辩护人之外，法院是否可以主动启动刑事速裁程序？广州

---

〔1〕　亦可参见廖大刚、白云飞：《刑事案件速裁程序试点运行现状实证分析——以 T 市八家试点法院为研究样本》，载《法律适用》2015 年第 12 期。

市越秀区人民法院在试点中允许法院法官依照职权主动启动速裁案件。两高两部《速裁程序试点办法》并没有明确的限制性规定，因此法院主动启动速裁程序并不违法。从诉讼的基本原理上，法院启动刑事速裁案件也应具有正当性。根据我国《刑事诉讼法》，有些自诉案件或者应当属于简易程序审理的案件，只要符合速裁案件的条件，也可以转为刑事速裁程序审理，所以法院依照职权启动刑事速裁程序审理案件并无不当。但是，法院在启动刑事速裁程序审理案件之前，需要知会被告人、检察官和辩护律师，并征得司法主体的同意。

二、权利告知

从选择的四个样本地区的试点法院犯罪嫌疑人和被告人的规范文本中的权利告知书的内容上看，刑事速裁案件权利告知在四个试点地区之间存在差异（见表 5-1）。这些差异反映出刑事速裁程序试点在告知权内容上因本地化而产生的偏差。

表 5-1　速裁程序权利告知清单区域比对

	北京	上海	广州	西安
申请回避权	√	×	√	√
申请证人、鉴定人到庭和调取新物证权	√	×	√	√
撤回或提出中止速裁程序权	√	×	√	×
申请不公开审理的权利	×	√	×	×
使用本民族语言文字参加诉讼权	×	×	√	√
如实供述获得从宽处理的权利	√	×	√	√
辩护及获得法律援助的权利	×	√	×	√
核对笔录，亲笔书写供词和不回答无关问题权	×	×	×	√
适用速裁程序的权利	×	√	×	√
获得量刑建议的权利	×	×	×	√
变更强制措施权	×	×	×	√
证明文件知悉权	×	×	×	√

	北京	上海	广州	西安
获得国家赔偿权	×	×	×	√
最后陈述权	×	×	√	×

从规定的告知权利数量上看，西安市中级人民法院制定的《犯罪嫌疑人、被告人速裁程序权利义务告知书》中规定了 11 项诉讼权利；广州市越秀区人民法院的《刑事速裁程序权利义务告知书》中规定了 5 项权利；北京市海淀区人民法院规定了 4 项权利；上海市高级人民法院制定的《刑事速裁程序告知书》仅仅规定了 3 项权利。从规范权利内容上看，上海的法院规定了"申请不公开审理"的权利；其他地区的权利告知书中都没有规定；广州和西安的法院都规定使用本民族文字语言进行诉讼的权利。

在选择的四个地区的样本中，刑事被告人在刑事速裁程序中权利告知内容显示出显著差异。这种差异在某种程度上意味着不同区域的被告人实际诉讼权存在本地化差异。由于刑事速裁程序实际上赋予被告人两项新的诉讼权利：即选择认罪并适用刑事速裁程序的权利，以及可以以信息安全为理由申请不公开审理的权利。被告人在刑事速裁程序中被简省的权利主要包括法庭调查和法庭辩论的权利，其余的刑事诉讼权利并没有被简化或省略。除了上述新增两项权利和省略两项权利之外，被告人在刑事诉讼中获得的权利与其他程序中获得的诉讼权利基本没有区别。规范意义上的权利告知书，不仅应对这种在速裁程序中权利规定方面发生的变化有所体现，而且应同时显示与其他程序中的被告人所共有的诉讼权利。

三、集中审理

速裁案件集中分批次审理是试点地区速裁案件审理的共同特征。但是在集中批次审理中也存在地方化差异，有的试点法院采取批量化集中审理，有的法院采取的是个别化集中审理。北京海淀《工作细则》并没有规定集中审理，但是根据笔者在海淀法院调研的现场观摩情况看，海淀法院采取的是相对个别化集中审理，即在个别化审理之前，先由主审法官对集中批次审理的被告人集中告权，在法庭候审室对本批次候审所有被告人进行集中权利告知。

这种方式的好处是可以节省庭审上的权利告知时间，缺点是集中告权使该部分告知处于完全形式状态，被告人的注意力很容易分散，不容易理解权利告知的内容。上海的法院在诉讼文本中，并没有规定具体集中审理方式。从笔者在上海观摩的速裁庭审情况看，上海法院的速裁审理采取的是个别化集中审理。广州越秀《操作规程》和西安《实施细则》都规定，对案由相同批次的轻微刑事案件，符合适用速裁程序审理的，可以集中启动速裁程序，集中移送审查起诉、集中提起公诉、集中开庭审理、集中交付执行。但是，集中开庭审理具体个别化审理中采取还是在法庭上所有批次被告人集中告知和审理还存在严格的区别。从笔者在上述四个城市法院观摩的庭审现场看，并没有法院在单次开庭中同时审理很多被告人的案件。[1]

四、庭审重点

两高两部《速裁程序试点办法》对速裁程序审理方式的规定很原则，只是规定了简式听证流程。普通程序中庭审的重点是法庭调查和法庭辩论，速裁程序省略了这两个重点，那么究竟什么是速裁程序中的庭审重点？换言之，刑事速裁程序仅仅是形式审查，而不是实质性审查？本研究中四个样本地区的文本提供的庭审的结构性安排内容同样很粗疏。根据笔者在上述四个地区试点进行实际庭审观摩的情况看，庭审的结构性安排都比较程式化。上海和广州越秀的法院在相关的速裁审理的文本中都没有对速裁程序的庭审结构性的重点有新安排。西安《实施细则》对庭审规定了 7 项内容，其中 4 项内容重申了两高两部《速裁程序试点办法》中的规定，其余三项内容分别为：核实被告人身份信息等，告知被告人诉讼权利，核实起诉书是否送达给被告人，实际上这三项内容属于刑事案件审理程序中的常规内容。比较而言，北京海淀《工作细则》对法庭审理内容规定比较有新意。[2] 北京海淀《工作细则》

---

〔1〕　笔者在上述四个地区之外的其他试点地区调研，也发现有的地方试点法院将同类案件的被告人在同一个庭审中进行开庭审理，这种庭审方式极大地弱化了法院审判的严肃性，导致法院审理程序的过度形式化，不利于对违法当事人进行法治教育，不利于树立法院的司法权威，不利于提升法院的公信力。

〔2〕　参见郭京霞、李静：《保障人权促公正、全程简化出效率——北京海淀法院刑事案件速裁程序试点工作情况调查》，载《实务周刊》2016 年 1 月 14 日，第 5 版。

第 43 条规定，法庭审理过程中，审判人员应当审查被告人获得法律帮助的情况，听取被告人对基本犯罪事实陈述并审查必要的证据；审判人员认为被告人没有获得必要的法律帮助导致认罪答辩不是出于自愿，或者可能存在《刑事诉讼法》第 54 条〔1〕规定的以非法方法收集证据情形的，应当将案件转为普通程序审理；第 44 条规定，被告人认罪答辩，应当结合必要的其他证据进行认定。定罪量刑的基本犯罪事实有充分证据证明的，可以认定被告人有罪和处以刑罚。北京市海淀区人民法院关于庭审内容的上述规定，实际上触及了速裁程序审理的本质和重点，即审查被告人认罪自愿性和犯罪事实可证性。北京海淀《工作细则》对于认罪自愿性的考察，仅仅是从法律帮助的角度来审查确认。虽然以这样方式来审查认罪自愿性并不充分，但是说明海淀区人民法院注意到认罪自愿性在速裁程序案件庭审中的关键性。另外，对于定罪量刑的事实基础，北京海淀《工作细则》强调庭审中要有"充分证据证明"。这也说明海淀区人民法院在试点中，至少在文本层面，仍然强调速裁程序审理的实质化而非形式化。

两高两部《速裁程序试点办法》第 11 条规定，可以被概括为"意见听证"型庭审，即询问被告人对犯罪指控和适用速裁程序的意见；听取公诉人、辩护人、被害人及其诉讼代理人的意见；听取被告人的最后陈述意见。从法律用语上看，速裁程序中庭审重点是询问被告人对犯罪指控和适用速裁程序"意见"。由于被告人事实上在审前已经被告知并同意适用速裁程序，因此该项询问在庭审中属于确认性审理而并不具有实质审理的价值。对于询问被告人对犯罪指控的意见，由于在公诉阶段被告人同意量刑建议或签署量刑协商书，因此该项询问虽为必要但仍然属于确认性审理，而不具有实质审理的内容。被告人的最后陈述，不可能是庭审的重点，更多具有象征性或形式性意义。因此，可以看出两高两部《速裁程序试点办法》对刑事速裁程序的庭审重点缺乏规定。中央司法层面在速裁审理程序上的规范问题，导致在实际试点中刑事速裁案件的庭审流于随意和程式，速裁庭审基本上属于可有可无状态。速裁审理导致审判法庭的权威性受到严重影响，被告人的法律权威感下

---

〔1〕 此处为 2012 年《刑事诉讼法》第 54 条内容，2018 年修改《刑事诉讼法》后，相关法条调整为第 56 条。

降，法庭审理的法治教育功能被弱化。

五、视频审理

在速裁案件中，采用视频会见、视频起诉和视频审理的方式，可缩短案件办理的时空距离，大幅度节省司法资源。上海、广州和西安法院的速裁规范性文本中并没有关于视频审判的规定，但是笔者实地调研发现，上海和广州的试点法院在速裁试点工作中仍然有视频审判的运用，而在西安调研时没有发现西安在速裁审判中使用视频审判的方式。在四个试点地区，北京市海淀区是视频审判和信息技术创新比较多的试点法院。北京海淀《工作细则》第 37 条规定，人民法院适用速裁程序审理案件，可以经由视频方式公开审判。第 40 条规定，速裁案件开庭审理，除被告人应当到庭以外，公诉人和其他诉讼参与人可以通过视频方式参加法庭审理。海淀看守所设立专门的速裁审理法庭审理案件的过程中，还可以将案件审理过程同步视频至市区的海淀法院速裁法庭，使被告人家属、被害人或家属或公众能旁听案件。视频审理速裁案件在提高刑事案件审理便捷度方面的效果很明显。北京市海淀区人民法院在速裁案件中注重运用视频审理和相关信息技术，对探索运用现代信息技术以更大程度提升速裁案件审理效率和公正司法作出了十分有益的尝试。

当然，由于刑事审判是非常个性化的法律工作，视频审理案件可能导致法官审判亲历性不足，加上视频审判技术要求比较高，还可能导致案件过度程式化问题。[1] 笔者在上述试点地区的某法院调研时旁听一个案件，在速裁案件审理法庭上，公诉人通过视频参加庭审，被告人也通过视频参加庭审，只有法官在法庭中面对两块视频投影进行审理活动。从审理的效果看，视频审理确实可以完成整个案件的法庭审理流程，但是视频审理事实上导致法官与被告人的沟通不是很畅通，法庭的法治教育功能受到严重影响。在某种程度上，在刑事诉讼过程中，过度依赖视频审理等信息技术，可能会导致法庭审理的严肃性或者法庭的审判活动的本质属性得不到充分体现。对于视频审

---

〔1〕　有关速裁案件视频审理的功能讨论，亦可参见最高人民法院刑一庭课题组、沈亮：《关于刑事案件速裁程序试点的若干问题的思考》，载《法律适用》2016 年第 4 期。

理和信息技术在司法活动中的应用程度仍然需要进一步规范和研究，使其在帮助提高司法效率的同时，又不会导致速裁法庭审判权威的降低。

第六节　速裁程序法律援助的市地化

为了保障被告人诉讼权利不因程序简化而受到影响，两高两部《速裁程序试点办法》第 4 条规定，建立法律援助值班律师制度，法律援助机构在人民法院、看守所派驻法律援助值班律师。由此可以看出，试点的刑事速裁案件中被告人事实上可以获得比其他非速裁案件被告人更高位阶的诉讼权利保护。从四个地区的试点文本看，在试点地区，至少在看守所已经建立法律援助值班律师制度。但是，试点地区对于值班律师是否可以参加控辩协商和派驻法院律师等方面存在区域性差异。

一、控辩协商

两高两部《速裁程序试点办法》第 6 条规定，人民检察院经审查认为案件事实清楚、证据充分的，应当拟定量刑建议并讯问犯罪嫌疑人，了解其对指控的犯罪事实、量刑建议及适用速裁程序的意见，告知有关法律规定。犯罪嫌疑人承认自己所犯的罪行，对量刑建议没有异议并签字具结的，人民检察院可以建议人民法院适用速裁程序审理。从上述规定可以看出，对速裁案件中被告人的量刑建议由公诉人主导，虽然被告人可以表示不同意，但是基本上看不出控辩协商的空间。对于检察机关的量刑建议和协商对法院是否有绝对的约束，从司法裁判权的专属性上，法院不应当受到检察机关的量刑建议和控辩协商的约束，可以不接受量刑协商。人民法院经审理认为量刑建议违反法律规定的，可以建议重新进行量刑协商或者决定将案件转为其他程序审理。在适用速裁程序、尊重被告人的程序选择权上，量刑协商可以更多地体现被告人的诉讼主体地位的提升。

2014 年司法部下发的《关于切实发挥职能作用做好刑事案件速裁程序试点相关工作的通知》（以下简称"司法部《速裁工作通知》"）规定，法律援助值班律师的主要职责除了提供法律咨询之外，还可帮助其程序选择和量刑协商。根据北京海淀《工作细则》，北京的值班法律援助律师可以参加控辩协商。但是，对值班律师如何参加控辩协商，以及值班律师对量刑协商的结果是否要在程序上进行确认并没有相关规定。上海、广州和西安的试点文本中，都没有规定值班律师可以参加控辩协商。

虽然司法部《速裁工作通知》规定驻看守所和法院的值班律师具有参加控辩协商的权利，但两高两部《速裁程序试点办法》并没有规定值班律师可以与检察官进行控辩协商。北京海淀《工作细则》中规定，辩护律师可以与检察官进行量刑协商，值班律师还可按照规定进行阅卷、会见等。但是由于值班律师并非被告人委托的辩护律师，严重限制其在控辩协商中的作用的发挥。总体上看，速裁试点中控辩协商的机制并未建立起来，试点地方在该领域探索效果并不是很明显。[1] 这里面的主要原因包括以下三个方面：

第一，速裁案件的量刑空间比较小。速裁案件的主要是1年以下有期徒刑的轻微刑事案件，有些案件譬如危险驾驶案件多适用拘役案件，因此律师与检察官之间就量刑协商的动力不足。量刑协商对于被告人的最终刑罚影响的意义不大，被告人对量刑的期待并不很迫切，作为值班律师就更难有协商方面的积极性。

第二，值班律师非被告人委托的辩护律师，法律上并未赋予量刑协商权。两高两部《速裁程序试点办法》仅仅规定值班律师的法律咨询权利和义务，且值班律师并非被告人的辩护律师，因此值班律师制度对于超越其法定职责的量刑协商权并无内在动力。

第三，法律赋予检察官的量刑建议权，属于检察官的专属权，在量刑上具有职权主导性，导致控辩协商的权力博弈空间比较小。控辩协商有效运作的前提是控辩双方在量刑权上有平等主体地位，但是试点的速裁程序并没有体现值班律师与检察官在量刑上有平等博弈权。

---

〔1〕 根据媒体报道，也有个别地方在速裁控辩协商方面探索出有益的经验。例如，福建省福清市法院在速裁试点的法律援助方面，不只是设立工作站供当事人提供法律咨询，每一个愿意适用速裁程序的当事人，无须申请就可以获得一个律师，律师参加阅卷、会见和控辩协商等。参见任重远：《刑事速裁两年试点即将收官——中国版"辩诉交易"：快可以了，轻了》，载南方周末：http://www.infzm.com/content/117323，最后访问日期：2020年5月28日。

司法部《速裁工作通知》关于值班律师的量刑协商，已超出了普通法律帮助和法律咨询的范围，给予了值班律师更多的服务权限。律师在速裁中的量刑协商权，实际上就是代表被告人对其实体权利进行处分的权利，也即具有辩护人的职能，这与一般意义上提供法律咨询性质的法律帮助有本质的区别。从该项制度建立的初衷分析，法律援助值班律师制度，应当与辩护制度结合起来，才可以使被告人诉讼权利的实现更加便捷和通畅。从长远看，特别是认罪认罚从宽制度的推进实施、量刑上的控辩协商机制的建立在理论和实践上都具有巨大的司法创新空间。当然，控辩协商机制的建立仍然面临着很多亟待解决的难题。譬如，建立具有足够协商空间的量刑指南，法律援助和强制性辩护之间的衔接问题，等等这些问题如果不能得到优先解决，无论是刑事速裁程序还是认罪认罚从宽制度的改革，在控辩协商方面仍将面临巨大的困难。

二、驻院律师

在刑事速裁程序试点中，法律援助律师不仅派驻看守所而且派驻人民法院，实行双机构值班律师制度，这是对刑事诉讼中法律援助制度的新突破。在派驻看守所值班律师方面，试点地区的做法差别并不大，但是在派驻法院的律师方面存在比较明显的差别。

在四个城市的试点文本中，北京市海淀区由于在看守所设立速裁办公区，派驻速裁办公区的律师既提供监管期间犯罪嫌疑人和被告人的法律帮助，也提供速裁审判期间的法律帮助。根据北京海淀《工作细则》规定，犯罪嫌疑人（被告人）可以向公安机关申请法律帮助，也可以向人民检察院和人民法院申请法律帮助。律师提供法律帮助或法律援助，应当至少在开庭审理以前与犯罪嫌疑人（被告人）进行一次会见。值班律师提供法律帮助，可以通过视频方式由办案人员告知看守所民警协助进行。每个工作日的下午2点到4点为视频会见时间。另外，法律援助律师或委托律师可以即时查阅案卷，并与公诉机关进行量刑协商。北京市海淀区由于采取在看守所设置速裁办公区模式，值班律师事实上担负着派驻看守所和法院的双重角色。

广州越秀《操作规程》规定，法律援助机构在法院和看守所建立法律援助值班律师工作站并派驻法律援助值班律师。广州越秀《操作规程》第39条还规定，法律援助机构应当对派驻看守所、人民法院的值班律师给予适当的补贴。司法行政机关应将此项经费纳入年度财政预算。西安《实施细则》第36 条规定，法律援助机构在人民法院和看守所设立法律援助工作站，派驻具有丰富经验的法律援助值班律师。上述试点的文本中，除上海市的文本中没有速裁案件中法律援助律师派驻人民法院的明确规定外，其余北京市海淀区、广州市越秀区和西安市法院的速裁试点文本中都有比较明确的派驻试点法院律师的规定。从笔者在本研究中对四个试点地区调研和庭审观摩的情况看，派驻法院的值班律师，由于非辩护人身份的限制，在审判阶段很少参加庭审且发挥的作用十分有限。

　　总体上看，本次速裁试点地方在值班法律援助制度上有所拓展，但是也存在速裁案件法律援助的服务质量不高和有效帮助不足的问题。[1] 本研究中的四个试点地区，都没有规定刑事速裁案件必须采取强制性律师辩护制度。当然，也有其他极少数试点法院采取速裁案件律师强制性辩护制度。譬如福建省福清市人民法院审理速裁案件都需要律师提供强制性辩护。如果律师仅仅是法律咨询的角色，其辩护的职能发挥的空间就很有限，譬如不能进行阅卷、调查和量刑协商、出庭辩护等。事实上，对值班律师制度只要进行适当技术处理，在目前条件下也可以实现普遍性的强制性辩护。值班律师转化为强制辩护律师，并不具有法律上不可克服的困难。强制性律师辩护制度的普遍建立，可以有效解决速裁案件以及认罪认罚案件中辩护人缺失和权利保护不足的问题。

第七节　速裁试点的市地化规范性检讨

　　从北京、上海、广州和西安四个试点城市刑事速裁程序的试点文本考察来看，速裁试点的地方化既反映出地方试点机构在参与司法改革中的能动性差异，同时也反映出中央层面对地方司法机构参与试点的控制力度不足。结合四个试点城市的地方性刑事速裁程序司法文本的差异性，现仅就刑事速裁

---

　　[1] 潘金贵、李冉毅：《规则与实效：刑事速裁程序运行的初步检视》，载《安徽大学学报（哲学社会科学版）》2015 年第 6 期。

程序试点本地化中的规范性问题进行初步的检讨。

第一，试点的地方性文本需要与中央试点规范相衔接，避免与中央试点规范相抵触。地方在授权制定实施细则方面，要防止地方司法授权擅自扩大试点范围，避免与中央试点规范相冲突，否则将背离试点于法有据和规范运行的基本要求。我国《立法法》第 8 条对全国人大常委会的"国家立法权"作了 10 项规定，其中第 4 项规定了"犯罪和刑罚"，第 10 项规定了"诉讼和仲裁制度"。最高人民法院和最高人民检察院获得了全国人大常委会的授权在部分地区对刑事诉讼的程序事项进行突破性试点，但是地方在执行两高两部《速裁程序试点办法》上是否可以有所突破？从试点的目的看，应当允许地方有适度的实践或者制度创新的空间，但是这种空间本身在什么地方体现并没有明确的指向。因此，在实践中有的地方就突破案件范围的限制，或者量刑幅度的限制来进行速裁程序试点，这样可能导致试点本身偏离中央授权的范围，导致地方对中央立法和司法解释权的侵蚀。[1] 当然，从试点的创新角度看，要在地方形成可复制、可推广的经验性制度，就必须对试点地方的试点权限予以宽松规范。本次刑事速裁程序试点，中央对地方采取比较宽松的或者模糊的授权方式，其实可能就是在鼓励地方进行刑事速裁程序试点的制度和机制创新。当然，在地方试点的实施细则中，应当明确关于实施的细则仅仅是方式和方法的事项，而非具体的立法权限上的事项。试点范围的突破问题，证明标准的解释问题等都属于中央的司法事权事项，这些中央立法和司法事权事项，在地方司法改革试点中不能随意突破。

第二，地方性司法改革试点应当注意发挥地方司法机构的司法能动性，对于试点中属于授权范围中的事项应当鼓励试点机构大胆进行司法再造。在本次刑事速裁程序的试点中，审前羁押替代性措施、地方量刑的指引的标准、法律援助和律师的强制性辩护、速裁试点的信息化和视频审理、集中审理方式等，都属于试点实施细则的操作性的权限范围。这些领域都有创新的空间

---

[1] 由于缺乏国家立法机关的授权，此前传统的司法改革项目特别容易出现法律越位，受到违反法治原则而带来的试点正当性质疑，这既不利于法制权威的维护，也不利于法制的完善。有关司法改革试点的问题讨论，亦可参见顾培东：《中国司法改革的宏观思考》，载《法学研究》2000 年第 3 期；王超、周菁：《试论我国司法改革中的越位问题》，载《南京师大学报（社会科学版）》2002 年第 2 期。

和余地，特别是对于地方在执行试点时提供的被告人或司法参与主体的更多的便利和优惠性保障方面，在试点的相关法律规范没有禁止的前提下，地方有权突破并大胆创新。譬如，海淀区人民法院根据本地实际在看守所设立速裁办公区集中快速办理案件，就属于在具体机制实施方面的创新。地方主管司法机构在制定本地区的试点方案或相关文本方面应本着"上有所依，下有所系"的原则，充分考虑基层试点单位的实际，为其预留足够的制度创新空间。在这方面，北京和广州在速裁程序试点地方化方面充分发挥基层司法机构能动性的做法值得思考和借鉴。

第三，建立完备的地方性试点文本的制定报备制度。备案制度是确保地方保持与中央立法规范协调和减少地方立法偏差的重要措施。虽然备案制度本身并不构成中央对地方规范的必要实质审查，但是仍然具有约束地方性立法权限的功能。建立行之有效的试点实施细则或方案的层报备案制度，是解决中央司法机关在指导和规范司法改革试点方面权限薄弱问题的重要措施。因为通过对备案的地方试点文本的考察研判，中央可以比较好地观察地方对于试点的推进方式和重视程度。两高两部《速裁程序试点办法》中要求各地将制定的实施方案或实施细则由试点地方分别层报最高人民法院、最高人民检察院、公安部和司法部备案。从笔者了解的情况看，这项制度的落实并不是很理想，有些地方并没有按照该规定将实施细则和方案层报中央司法机关备案。究其原因，试点备案制度本身存在立法上的缺陷。如果在备案规则中明确规定试点地方进行层报备案的具体司法机构和期限，或者将层报备案作为评估地方试点工作的重要指标，就可能对层报备案制度的落实起到促进作用。概而言之，细化有关地方试点方案和实施细则的备案制，有助于保障中央对地方试点进程的把控，保证试点改革在规范化轨道内取得最佳效果。

刑事速裁程序试点中的本地化问题是授权性司法改革领域中出现的新问题，不仅对于确保中央司法改革试点项目在地方司法机构试点规范运行有着重大现实意义，而且对于将来刑事速裁程序的科学构造和进行相关的刑事诉讼制度改革也有着重大影响。刑事速裁程序试点开创在司法领域进行试验性立法的先河，肩负着探索依法有序推进刑事程序改革的使命，并在提高轻微刑事案件审理效率，提高缓刑适用率和促进案件繁简分流等方面，已经取得了比较显著的成绩。[1] 刑事速裁程序试点正面临着从经验到理性的转型。[2] 试点地方司法机构在速裁试点本地化过程中，应通过制定地方文本对中央的试点规范进行机制性转换和程序性司法再造，为未来刑事速裁程序的完善和相关诉讼程序的制度性改革提供更加创新性的地方经验。

---

〔1〕《最高人民法院、最高人民检察院关于刑事案件速裁程序试点情况的中期报告》，载《全国人民代表大会常务委员会公报》2015 年第 6 号，2015 年 11 月 20 日。

〔2〕 樊崇义：《刑事速裁程序：从"经验"到"理性"的转型》，载《法律适用》2016 年第 4 期。

下　篇

刑事速裁程序的基本理论

当前中国正处于社会转型的特殊时期，刑事犯罪呈轻微化高发的态势，特别是醉驾入刑和劳动教养废止后犯罪圈的扩大，司法机关受理的轻微刑事案件的积压问题趋于严重。在这种背景下，2018 年修改的《刑事诉讼法》在普通程序和简易程序之外增设刑事速裁程序，在简易程序的基础上进一步简化有关诉讼程序，使被告人可能被判处 3 年以下有期徒刑的轻微刑事案件的处理"驶入快车道"。从国际的经验看，刑事速裁程序并不是简化版的简易程序，而是独立的诉讼程序。刑事速裁程序的立法和研究探索还刚刚起步，特别是在理论抽象和总结方面还相当欠缺。本章结合认罪认罚从宽制度改革和刑事速裁程序的立法和实践情况，就刑事速裁程序的基本理论问题等作初步探讨。

第一节　刑事速裁程序的概念和特点

一、刑事速裁程序的基本概念

从比较法的角度看，刑事速裁程序在两大法系之间以及国别之间并不具有本质的差别，共性多于差异。这里面的原理并不复杂，因为刑事速裁程序在功能上属于弥合控辩高度对抗的普通程序的审理模式。国际上刑事速裁程序存在两种快速处理的结构，一种是刑事诉讼的多元化的简易处理程序，另外一种就是治安或者轻罪法院处理轻微刑事案件适用的程序。这两种情况在很多国家有时是混同适用的，譬如英国、美国和法国等。因此。在司法实践中很难在法律上准确定位刑事速裁程序的范围。在传统的刑事诉讼学术研究中，对刑事速裁程序与简易程序通常未作严格区分，大都将刑事速裁程序等同于刑事简易程序。[1] 导致这种现象的原因，在于中国的刑事诉讼的简易程序本身就被认为是广义上的速决程序。在任何竞争性解释的言语中，如果不能引入新的字，就必须将旧的字改变意义。[2] 刑事速裁程序可以从广义与狭义两个方面进行区分。广义上的刑事速裁程序就是包括简易程序在内所有的快速案件处理程序。依照《布莱克法律词典》的解释，简易程序仅相对于普通程序而言，凡不经检察官起诉、陪审团定罪或者普通法正常程序所要求的其他程序，法官直接以迅速、简单的方式处理争议、解决案件和作出裁判的任何诉讼程序都属于简易程序。[3] 狭义上的刑事速裁程序，是指适用于被告人可能被判处3年以下有期徒刑、社区服务和罚金等轻微刑事案件快速裁决的特别刑事诉讼程序。例如，美国治安法官的轻微犯罪的审理程序、德国处罚令的书面审理程序、意大利立即审判程序以及处罚令程序以及日本的略式审判程序等都属于狭义上的刑事速裁程序的范围。中国的刑事速裁程序同样属于其狭义上的范畴。根据2018年新修改的《刑事诉讼法》，中国语境下的刑事速裁程序是指，基层人民法院管辖的可能判处3年有期徒刑以下刑罚的案件，案件事实清楚，证据确实、充分，被告人认罪认罚，由审判员一人独任审判比简易程序更便捷、更快速的刑事案件快速审理程序。

二、刑事速裁程序的特点

从在立法中所居的地位和担负的功能上看，刑事速裁程序与刑事普通程序分属刑事诉讼一审程序的两极；刑事简易程序则是普通程序与刑事速裁程序的中和。刑事速裁程序虽然与简易程序相比具有共同点，譬如：在适用条件上都是案件事实清楚、证据充分，被告人认罪的案件；被告人都有程序选择权；在庭审程序上，都不受送达期限的限制，都可不进行法庭调查、法庭辩论；都需要听取被告人最后陈述，出现不适用该程序的都应当进行程序转化；等等。但是速裁程序与简易程序相比，特别是在适用的范围和程序的简

---

〔1〕 刘根菊、黄新民：《从普通程序简化审看我国刑事速决程序的建构》，载《法学评论》2005年第3期；熊秋红：《刑事简易速决程序探究》，载《诉讼法论丛》1998年第2卷。

〔2〕 ［德］考夫曼：《法律哲学》，刘幸义等译，法律出版社2004年版，第171页。

〔3〕 *Black's Law Dictionary*（Eigth Edition），pp. 1242-1243.

化等方面还是存在显著的不同。

第一，案件适用范围和条件上，简易程序的案件适用范围可以包括所有基层人民法院依法可以受理的刑事案件，速裁程序仅仅可以适用可能判处3年以下有期徒刑的案件。另外，在限制性的案件范围上，速裁程序与简易程序对被告人是盲、聋、哑人的，案件疑难、复杂或者有重大社会影响的，共同犯罪案件中部分被告人对指控的事实、罪名、量刑建议有异议的案件都不适用；并且速裁程序对于"被告人与被害人或者代理人没有就附带民事赔偿等事项达成调解或者和解协议"的案件不可以适用，而简易程序不受该规定限制。

第二，在审理组织形式上，适用速裁程序审理的案件明确由审判员一人独任审判；而简易程序可以根据案件的情况采取合议庭或者独任审判制。根据2018年新修改的《刑事诉讼法》第216条中规定，适用简易程序审理案件，对可能判处3年有期徒刑以下刑罚的，可以组成合议庭进行审判，也可以由审判员一人独任审判；对可能判处的有期徒刑超过3年的，应当组成合议庭进行审判。至于刑事速裁程序的审判组织形式，2018年新修改的《刑事诉讼法》第183条明确规定可以由审判员一人独任审判，主要目的是节省司法人力资源，提高单位法官审理案件的效率。

第三，在审查起诉方面，刑事速裁程序规则延伸至检察院审查起诉阶段，但是刑事简易程序的规则主要局限在审判程序。适用刑事速裁程序审理的案件，检察院的量刑建议必须为被告人接受并签署认罪认罚具结书，否则不可以进入速裁程序。简易程序并没有关于需要接受量刑建议和签署认罪认罚具结书的规定。另外，适用刑事速裁程序的案件审查起诉的期限比简易程序案件缩短。根据2018年新修改的《刑事诉讼法》第172条的规定，检察院在审查起诉中，对于犯罪嫌疑人认罪认罚，符合速裁程序适用条件的，应当在10日以内作出决定，对可能判处有期徒刑超过1年的，可以延长至15日。但是，如果案件适用刑事简易程序审理的，对于审查起诉的期限并没有相应的缩短规定，仍然适用公诉案件的审查起诉期限。上述规定使得速裁程序延伸至审查起诉阶段，以显著提高速裁案件在审查起诉阶段的司法效率。

第四，在审理的程序上，适用刑事速裁程序应当当庭宣判，但是简易程序并没有要求当庭宣判的规定，且速裁程序的审理期限、起诉期限比简易程序的相关规定要更短。根据 2018 年新修改的《刑事诉讼法》第 224 条规定，刑事速裁程序审理的案件应当当庭宣判，以防止庭审之后的不当拖延影响速裁案件审理的效率。对于适用简易程序审理的公诉案件，2018 年新修改的《刑事诉讼法》第 216 条第 2 款规定人民检察院应当派员出席法庭，但是对适用刑事速裁程序审理的公诉案件并没有类似的规定，这为速裁程序中检察院公诉人不出庭提供了法律改革的空间。此外，在审理期限上，速裁程序规定，人民法院在受理后 10 日内审结，对可能判处有期徒刑超过 1 年的，可以延长至 15 日。但是，适用简易程序审理的案件，人民法院应当在受理后 20 日内审结；对可能判处有期徒刑超过 3 年的，可以延长至一个半月。可见，刑事速裁程序相比简易程序在审理期限上更具效率。

第五，在程序回转方面，刑事速裁程序的相关规定比刑事简易程序的相关规定更加具体，目的是通过正当的程序转换和衔接防止冤假错案的发生。根据《刑事诉讼法》第 221 条规定，人民法院在审理过程中，发现不宜适用刑事简易程序的，应当按照本章第 1 节或者第 2 节的规定重新审理。对于速裁程序的程序回转，《刑事诉讼法》第 226 条规定，人民法院在审理过程中，发现有被告人的行为不构成犯罪或者不应当追究其刑事责任、被告人违背意愿认罪认罚、被告人否认指控的犯罪事实或者其他不宜适用速裁程序审理的情形的，应当按照本章第 1 节或者第 3 节的规定重新审理。比较而言，速裁程序中程序回转的法律规定比简易程序的相关规定更加具体，可以保证刑事速裁程序审理的案件具备严格的程序性和实体性的基础，确保守住不发生冤假错案的底线。

第二节　刑事速裁程序的基本价值

学界在有关刑事速裁程序的价值的理论观点中，比较有代表性的看法是，与普通程序以公正价值为导向、简易程序兼顾公正与效率价值导向不同，刑事速裁程序的构建应当以效率作为价值导向。[1] 有的学者更是指出，效率价

---

[1]　汪建成：《以效率为价值导向的刑事速裁程序论纲》，载《政法论坛》2016 年第 1 期。

值在刑事速裁程序中具有优先性，并把效率价值看作是刑事速裁程序的首要价值。[1] 从立法目的和内容分析，刑事速裁程序的确在功能和价值上把对司法效率的追求放在非常重要的位置。但是，如果把刑事速裁程序的效率价值上升到刑事速裁所追求的司法公正的价值之上，甚至将二者等观平列，不仅在理论上无法自圆其说，而且在实践上也是有害的。

首先，刑事速裁程序是包含于刑事诉讼体系内的程序，必须服从于刑事诉讼的核心价值，而不能超出刑事诉讼的核心价值。刑事诉讼的核心价值是实现司法公正，包含实体公正与程序公正，刑事速裁程序的价值应在实现实体公正与程序公正的基本项下来寻求，而不可能将超越公正的其他价值作为其首要价值。

其次，效率是典型的经济学的范畴，虽然可以转化为司法效率或者用来描述司法的经济特征，但是本质上有别于司法的基本范畴。如果将效率的价值放在首位，毫无疑问将会降低程序追求的公正或者正义的价值，这与刑事诉讼的基本原理和基本规律相冲突。

再次，将效率价值定位为刑事速裁程序的首要价值，将不可避免地导致刑事诉讼程序价值研究体系的混乱。刑事速裁程序的价值和刑事诉讼其他程序的价值一样都具有多元化的特点，无法具体化地区分轻重。譬如，如果界定刑事速裁程序的首要价值是效率价值，那么简易程序的首要价值是什么？刑事缺席审判程序的首要价值是什么？类似这样的问题或者区分可能导致刑事诉讼价值内部体系的冲突或撕裂。

最后，将刑事速裁程序的首要价值定位为效率价值，对司法实践可能会造成消极性影响。刑事诉讼的价值历来是实现司法公正，这符合诉讼原理和规律，如果将追求效率作为案件处理的首要目标，就有可能在刑事诉讼的意识形态领域造成混乱；忽视司法公正的核心价值，追求诉讼效率的价值，就很有可能导致司法不公。

笔者认为，对于速裁程序的价值研究没有必要对其内在的多元价值本身的轻重进行衡量，因为这种衡量在具体个案中无论是工具上还是目的上都毫

---

〔1〕 孔令勇：《刑事速裁程序价值的理论阐释与冲突衡平》，载《烟台大学学报（社会科学版）》2019 年第 4 期。

无意义。刑事速裁程序内在的追求效率的价值是不证自明的，但刑事速裁程序的效率价值必须被置于刑事诉讼的司法公正的价值之下，对刑事速裁程序内在具有的效率价值，进行刻意拔高或者作理论上的"重塑"在实践中其实是有害的。

一、刑事速裁程序在实现司法公正方面的价值——强化诉讼文明

任何刑事诉讼程序的价值都必须服务于实现司法公正。刑事速裁程序的价值在于，通过快速审理机制帮助犯罪嫌疑人、被告人获得"应然层面"的实体公正和程序公正。早在 20 世纪 60 年代，美国最高法院在史密斯诉胡伊案（Smith v. Hooey）中，就对迅速审判的宪法权利保护的利益作出功能性的解释，认为迅速审判的权利至少包含了英美法中的三项基本要求：①防止不适当的、残酷的审前监禁；②降低公诉所带来的焦虑和担心；③限制长期羁押对被告人为自己辩护的能力的削弱的可能性。[1] 在被告人获得迅速审判的权利项下涉及的利益是相互关联的，不仅是被告人的自身利益还包括社会利益（关押成本）等。刑事速裁程序要求对案件比简易程序更加快速地审理，这其实构成被告人的隐性权利。被告人获得快速审判的权利在美国被认为是宪法性的权利。[2] 但是这种宪法性的权利主要存在审判之中，如果被告人放弃审判，那么逻辑上该权利并不存在。但是在辩诉交易和轻微案件的审理中，被告人的快速审判的权利事实上就变为隐性权利，而非宪法上的实质性可救济的权利。

当然，获得快速审判虽然被认为是当事人的权利，但是主要表现为隐性权利。隐性权利并不必然表现为制定法上的权利，即便表现为制定法，也并不必然构成可救济的实质性或实体性的权利。[3] 正因为如此，刑事诉讼中大量存在的隐性权利都没有获得救济的途径。在简单的认罪案件中，被告人在程序上享有的权利与复杂案件中程序上的权利其实并不对等。长期以来，研究刑事诉讼的学者忽视实体法中产生的不同程序的权利不平等问题，而假定

---

〔1〕 Smith v. Hooey, 393US. 374, 89S. Ct. 575, 21L. ED. 2d 607（1969）.

〔2〕 Anthony G. Amsterdam, "Speedy Criminal Trial: Rigths and Remedies", 27 *Stan. L. Rev.* 525（1975）.

〔3〕 David Luban, *Lawyers and Justice: An Ethical Study*, Princeton University, 1988.

所有被告人享有完全的绝对平等的诉讼权利。在不同的诉讼程序中，被告人的权利并不是绝对平等的，并不是所有的正当程序原则都要适用于所有的被告人，也并不是所有的被告人都需要在程序中用尽刑事诉讼所规定的所有的诉讼权利。刑事诉讼的程序上的权利其实是差异化的平等。在简单的刑事诉讼案件中，认罪的被告人有获得刑事速裁程序审理的权利；在复杂的刑事诉讼案件中，被告人有获得普通程序审理的权利。相对于普通程序中所设定的被告人享有的各种显性的诉讼权利，简易程序中的被告人享有的权利是隐性权利。这种隐性权利由于法律规定的不明确而被限制使用，或者说在立法上根本就没有把在简单的刑事案件中获得刑事速裁程序或简易程序的审理作为一种可救济的实质性权利来对待。中国刑事速裁程序规定了被告人自愿认罪和选择程序权，虽然不是以实质的显性的权利体现出来，但是最终将简单的刑事案件的被告人享有的这种隐性权利通过实体程序来对待，这对于被告人的诉讼权利的保护仍然非常重要。因为这种隐性权利在司法上的"浮出"和立法上的认可，事实上是对轻微案件的被告人获得快速审理权利的扩张性支持。

在传统纠问制模式下，刑事被告人在刑事诉讼中被看作是被追诉的客体，被告人的诉讼权利特别是人身权利缺乏基本的保障，这是古代刑事诉讼受到诟病的原因。现代刑事诉讼制度的改革，通过不断提高被告人的诉讼地位，包括赋予其在程序的选择等方面较大程度的自主性，体现现代司法的人本主义或人文主义色彩。刑事速裁程序适用的前提条件是被告人对控方的指控自愿认罪，其对程序具有独立的选择权。这是世界各国刑事案件快速处理程序共同接受的条件，这种尊重被指控人的主观意志的制度设计不仅是为了提高诉讼效率，而且是为了加强诉讼文明性。刑事速裁程序的适用与被告人的诉讼权利和案件结果有直接的利害关系，基于对自身案件的利弊权衡，被告人对程序的选择和量刑应当具有理性的认知。由于指控方对犯罪事实具有充分的证据支撑，并且存在被告人主动认罪之后的证据印证，从而保证案件在发现真实方面具有审结的基础条件。在轻微的刑事案件中，大多数被告人基于自身利益和审判成本的综合考虑，愿意与检控方配合以尽快审结案件，以达到尽快恢复平静的工作和生活的目的。由于案件的复杂性和法律上的不确定性，特别是被指控人在指控认知上存在差异性，各国的立法都规定了法律援助或值班律师制度，为被告人在认罪和程序选择上提供专业法律服务支持。现代司法理念中的人本主义在刑事速裁程序中通过加快案件审理和尊重被告人的意愿相互结合，极大提高了被指控人的诉讼主体地位，体现了现代司法文明。

二、刑事速裁程序在司法资源配置方面的价值——提升司法效率

刑事速裁程序有利于国家对司法资源进行优化配置，提高司法效益。早在 18 世纪，贝卡利亚（Cesare Bonesana Beccaria）就注意到刑事诉讼的及时性问题，强调刑事诉讼应当在尽可能短的时间内解决。贝卡利亚曾形象地指出审判拖延带来的危害——法官懒懒散散，而犯人却凄苦不堪；这里行若无事的司法官员享受着安逸和快乐，那里，伤心落泪的囚徒忍受着痛苦，还有比这更残酷的对比吗!?[1] 另外一位是 18 世纪英国著名的政治学家葛德文（William Godwin），他也曾经生动描述当时审判的诉讼周期之长所带来的危害——我们的大法官厅的诉讼期之长，从一个法庭到一个法庭的逐级上诉之繁，法律顾问、代理人、秘书、书记的巨大费用，起诉书、传票、答辩和二次答辩的草拟，以及所谓的打官司的"胜败难定"，所有这一切，常常会使人们认为放弃一笔财产比为它打官司更为明智，尤其会使那已经因之而穷困的原告不敢抱有取得赔偿的最渺茫的希望。[2] 刑事诉讼的程序受制于法官数量、执法者的素质和司法资源的配置等多种因素，速裁程序并非简单之道。正因为如此，世界各国在刑事诉讼中都有自己的程序性设计来促使刑事案件的快速处理。[3] 刑事简易程序与刑事速裁程序的共同点都是简化普通程序来实现提升刑事诉讼效率的目的。

世界上任何国家都存在刑事司法资源短缺的问题，也正是刑事司法资源的稀缺性导致了刑事案件的积压。陈朴生教授指出，刑事诉讼法之机能，在维护公共福祉，保护基本人权，不计程序之烦琐，进行之迟缓，亦属于个人无益，于国家社会有损。故诉讼经济于诉讼制度之建立实不可忽视。[4] 刑事

---

〔1〕 ［意］贝卡利亚：《论犯罪与刑罚》，黄风译，中国大百科全书出版社 1993 年，第 56 页。

〔2〕 ［英］威廉·葛德文：《政治正义论》，何慕李译，商务印书馆 1997 年版，第 17、18 页。

〔3〕 John C. Godbold, "Speedy Trial—Major Surgery for a National ILL", 24 *Ala. L. Rev.* 265（1972）.

〔4〕 陈朴生：《刑事经济学》，台湾正中书局 1975 年版，第 327、328 页。

诉讼的拖延"于个人无益，于国家社会有损"，其实就是指刑事案件的拖延会导致对被害人惩罚性的增强和社会投入的增加。法律制度像市场一样使人们面临其行为的成本。[1] 在现代诉讼制度的发展过程中，如何提高诉讼的效率问题受到越来越多的重视。日本著名法学家棚濑孝雄指出，所谓效率性的要求是审判大众化不可避免的产物。因为诉讼一旦从有产阶级的独占中解放出来，成为向一般民众提供的一种服务时，把诉讼的成本置之度外的制度运行就变得不可能了……（司法）面对日益增加的案件不得不在提高处理效率上做出更大的努力。具体来讲，这种努力在简易特别程序的导入、积极进行调解、在程序展开中相对强调职权性等措施中表现出来，但这里更重要的是种种措施所包含的对审判功能的潜在影响。[2] 刑事案件千差万别，无论从案件性质、情节，还是当事双方的态度、证据的充分程度都有不同。如果都只按同一种普通程序处理而不加区别，势必造成司法资源不必要的耗费，使人感觉诉讼程序设计得不尽合理与科学。因此，恰当的繁简分流处理案件无疑是合理与科学的，既能够使国家更加充分有效地配置司法资源，提高刑事诉讼的效率，同时又表明刑事诉讼程序的不断发展与完善，刑事诉讼作为法律文明在日趋进步。[3] 英国哲学家奥卡姆（Ockham）指出："如果简单的解释行得通，就无需寻求更复杂的解释。"[4] 从案件适用程序划分的角度，刑事速裁程序的应用将为轻微犯罪案件的被告人提供更多的程序选择的机会，避免简单的案件被复杂程序处理而浪费刑事司法资源。刑事速裁程序在实践中大量应用，符合简单多数与复杂少数原理。[5] 大多数的刑事速裁案件属于结果确定性强的简单案件，通过简化的程序来审理，不仅对简化程序的案件当事人有利，而且对司法资源的合理配置具有重要的意义。由于刑事速裁程序的大量使用而

---

〔1〕 ［美］理查德·波斯纳：《法律的经济分析》（第2版），蒋兆康译，法律出版社2012年版，第763、764页。

〔2〕 ［日］棚濑孝雄：《纠纷的解决与审判制度》，王亚新译，中国政法大学出版社1994年版，第249~250页。

〔3〕 陈卫东、李洪江：《正当程序的简易化与简易程序的正当化》，载《中国法学》1998年第2期。

〔4〕 转引自［英］罗伯特·罗素：《西方的智慧》（插图本），崔权醴译，北京文化艺术出版社2005年版，第174页。

〔5〕 李本森：《法律中的二八定理——基于被告人认罪案件审理的定量分析》，载《中国社会科学》2013年第2期。

节省的司法资源，就可以被有效地配置给复杂案件的处理，以保证复杂案件处理的结果公正。当然，对于简单案件的简化处理并不意味着忽视刑事被告人的权利，而仍要以保证被告人的基本诉权和保证法律结果的公正为前提。如果刑事速裁程序的效率是牺牲被告人的诉讼权利，或者根本无法保证案件处理结果的相对公正，那么这样的速裁程序的效率是不能被支持的，在实践中也根本行不通。

三、刑事速裁程序在完善刑事诉讼程序方面的价值——填补程序空白

从 20 世纪 60 年代西方正当程序革命以来，刑事诉讼的司法改革基本上沿着两个方向进行：一个方向是对复杂刑事案件审理的正当程序的加强，突出的表现就是案件审理程序的职业化和技术化的程度在不断加强；另一个方向就是对简单刑事案件审理的快速分流程序的规范化，其突出的表现就是刑事速裁程序和简易程序更加规范。刑事速裁程序其实是对正当程序烦琐的缺点的补偏，因为大部分刑事案件是简单的事实确定的案件。如果用尽正当程序的所有权利，对于稀缺的刑事司法资源就是浪费。打个比方，如果你身居闹市，家门口附近就有大型的购物超市，你步行几分钟就可过去购物，那你就大可不必开车出门到几十公里之外的同类型的超市购物。刑事诉讼正当程序理念下的无罪推定和直接言词等基本原则主要适用于相对复杂的刑事诉讼案件。那些适用于普通程序的审理规则和原则，不应完全适用于简单的轻微刑事案件。社会的成功发展依赖于卓有成效地完成简单、重复的基础运行工作。[1] 刑事速裁程序在刑事诉讼中所担负的是基础性的分流任务，大量简单和轻微的刑事案件都依赖于刑事速裁程序的处理，其在刑事诉讼中的独特价值不容置疑。

当然，我们在认识到刑事速裁程序内在价值的同时，也应当对该程序可能存在的问题加以重视。任何刑事制度设计无论理论是多么完美，但是在立法和实践上都无法做到完美和价值绝对和谐。立法的艺术就是权衡利弊得失的艺术。研究刑事速裁程序不能回避速裁程序的内在缺陷和问题所在，只有

---

〔1〕 ［美］理查德·A. 爱泼斯坦：《简约法律的力量》，刘星译，中国政法大学出版社 2004 年版，第 7 页。

这样才能对刑事速裁程序的价值进行全面的认识。

第一，刑事速裁程序弱化刑事诉讼的正当程序原则。在美国，刑事速裁程序受到强烈的批评，主流刑法学者认为刑事速裁程序忽视正当程序，不利于保护当事人的诉讼权利。刑事速裁程序以装配线的方式处理刑事案件受到很多的质疑。按照现代刑事诉讼的基本架构，直接言词原则、证据裁判原则和律师辩护原则等都属于正当程序理论体系的范围。刑事速裁程序直接言词原则和证据裁判原则实际上都被简化，因此刑事速裁程序对被告人的权利保护比较薄弱，正当程序理论的适用在刑事速裁程序中受到冲击。刑事速裁程序都是在很短的时间内进行或者直接采取不开庭的书面审理，导致刑事庭查证事实的功能虚化，因此法院在查明案件事实方面基本上不发挥作用。另外，由于检控机关主导刑事速裁活动，快速指控的"装配线"难免"泥沙俱下"，法院的量刑和裁判基本上是参照检察院的指控和相关法律条文，而很少考虑被告人的背景和犯罪的个性化情况，刑事诉讼中应有的教育矫正功能在高度程式化的刑事速裁程序中基本上荡然无存。

第二，刑事速裁程序容易导致犯罪圈的扩大。刑事处罚是对公民最严厉的处罚程序。为了防止刑事程序对公民造成犯罪烙印的伤害，法律上都尽可能减少刑事诉讼对公民案件的刑事处理，特别是对轻微的案件可以采取行政等对公民伤害更小的形式来处理。西方国家立法上大多对犯罪得门槛规定得很低，大量的轻微违法案件被纳入刑事程序中，而刑事速裁程序则事实上促进了更多案件进入刑事程序。譬如日本的略式程序，意大利、德国的保安处分、书面处罚令程序等，使很多可以运用非刑事的行政处罚的案件也被归入刑事诉讼的快速程序处理之中。西方国家的犯罪圈的扩大，与刑事快速程序大范围的使用密切相关。

第三，刑事速裁程序中被害人的权利虚置问题比较突出。被害人刑事诉讼权利在刑事诉讼的改革中受到越来越多的关注。但在快速处理的刑事程序中被害人的权利保护则很薄弱。就刑事诉讼而言，有些国家明确规定刑事诉讼中被害人享有独立的诉权。例如，法国的《犯罪被害人补偿法》，强化了刑事诉讼中民事当事人制度。德国的《被害人保护法》，提升了被害人在刑事诉讼中的地位。但是，由于刑事速裁程序过分突出对案件的快速处理，因此在有被害人的轻微刑事案件中，被害人的权利保障往往受到轻视。这里面有两个原因：一个是被害人所受到的侵犯比较轻微，被害人在刑事速裁程序中忽视自己的权利保护。另一个是刑事速裁程序中被害人不具有独立的诉讼主体地位，其诉讼权利得不到法律的有效保护。因此，刑事速裁程序中被害人的权利容易被虚置和弱化。

第四，刑事速裁程序的过度程式化审理，容易损害法院的审判权威。由于检察官在快速案件中对处理结果的确定性的作用，基本上检察官的指控和量刑建议可以被法院所采纳。刑事速裁程序案件在程序中的走向和结果完全受制于检控机关，审判机关所具有的裁判权很大程度上表现为形式上的裁定权。因此，刑事速裁程序导致检察机关起诉权的司法化以及检察机关自由裁量权的扩张。刑事审判机关的司法权被起诉权所挤压，法院的司法权威容易受到损害和侵蚀。在德国，刑事快速审判程序适用于最高刑罚为 1 年以下监禁和吊销被告人的驾驶执照的案件。但是由于德国对判处 6 个月以上的刑罚的 1 年以下处罚的，法院必须指定辩护律师，因此诉讼的效率也受到影响。同时，刑事速裁案件中的辩护律师只能在审判前的几个小时指定，因此只有非常短的时间来准备辩护，刑事辩护和代理流于形式。2000 年在所有初级法院的处理案件中，仅仅约 4% 的案件使用了快速审判程序。虽然快速审判可以在缩短羁押期限方面发挥作用，但是对这种"通过捷径而达到正义"的制度仍然存在强烈的批评。[1]

第五，刑事速裁程序过分简化的程序，可能导致司法权力寻租。由于刑事速裁程序简化了对抗出庭程序，诉讼中的法律监督和法律救济都受到影响，容易导致司法人员徇私枉法。美国司法委员会对刑事快速案件的实践状况所做的调查，表明在刑事轻微案件处理程序中也存在一定的腐败现象。[2] 程序简化和有效监督的缺乏是刑事速裁程序的主要问题。从各国的实践看，刑事速裁程序的形式化审理现象比较突出。在欧洲国家中，意大利案件积压与诉讼拖延相当严重，1988 年的刑事司法改革着力对刑事案件进行快速处理的立法改革。立法改革者希望这些快速程序能够消化意大利 85% 的刑事案件。但

---

〔1〕 ［德］托马斯·魏根特：《德国刑事诉讼程序》，岳礼玲、温小洁译，中国政法大学出版社 2004 年版，第 208 页。

〔2〕 ［美］爱伦·豪切斯泰勒·斯黛丽、南希·弗兰克：《美国刑事法院诉讼程序》，陈卫东、徐美君译，何家弘校，中国人民大学出版社 2002 年版，第 322 页。

是事实上，改革之后的效果并不明显，案件羁押的问题虽然得到缓解，诉讼效率低下的问题却没有得到根本性的解决。弥漫在意大利法律文化中的法律形式主义已经阻碍新法典所确立的原则的实际应用。特别是大量的文牍性工作实质上对执法活动造成阻碍。由于法律的、文化的以及诉讼结构方面的因素，意大利适用快速审理案件的程序以加快诉讼的目的其实并未实现。[1]　因此，在刑事速裁程序中，加强必要的法律监督并着力提升法律职业人员伦理素质，是保证刑事速裁程序得以健康运行的基础条件。

第三节　刑事速裁程序与刑事诉讼构造

刑事诉讼构造是指刑事诉讼法律规定的诉讼主体基于各自在刑事诉讼程序中的地位、作用和相互关系所生成的模式或者结构。我国刑事诉讼法学界认为刑事诉讼构造有纵向构造与横向构造之分，纵向构造包括侦查、起诉、审判、执行的前后顺序的衔接关系；横向构造则是指，控辩审三方在各自运行过程中与其他诉讼主体产生的法律关系。当然，也有不少学者用诉讼模式代替诉讼构造，认为刑事诉讼模式是指为了实现刑事诉讼过程中的特定诉讼目的而在控诉方、辩护方和裁判者之间所形成的法律地位和相互关系的权力配置模式。[2]　刑事速裁程序立法对我国传统的刑事诉讼构造必然会产生影响，这种影响是深远的，因为在传统的简易程序和普通程序中，稳定的普通程序为主体的诉讼二元结构是具有时代性意义的。刑事诉讼在构造上更加趋向协商司法，刑事诉讼制度的发展更加强调当事人对刑事诉讼进程的参与。在刑事诉讼中事实上产生对抗制刑事诉讼和非对抗制的认罪认罚的二元诉讼结构，这种正当程序模式与犯罪控制模式分别主导的二元分立结构，构成2018年新修改的《刑事诉讼法》的特色。为了对速裁程序的价值和结构形态从比较法的角度进行分析，我们借鉴美国帕克（Herbert L. Packer）等著名刑事法学家的诉讼模式理论和恢复性司法理论来就中国当下的速裁程序对我国

---

〔1〕　[意]马克·法布里：《意大利刑事司法制度改革：理论与实践的悖反》，龙宗智译，载《诉讼法论丛》1998年第2卷。
〔2〕　谭世贵：《论刑事诉讼模式及其中国转型》，载《法制语社会发展》2016年第3期。

刑事诉讼构造的影响进行解构。

一、刑事速裁程序与犯罪控制模式

根据 2018 年新修改的《刑事诉讼法》，适用刑事速裁程序的案件的基本条件是犯罪嫌疑人认罪认罚。毫无疑问，刑事速裁程序与美国的辩诉交易在这个条件设置上是相同的。[1] 根据帕克的概括，犯罪控制模式指的是基础价值，即抑制犯罪行为是刑事诉讼程序履行的最重要功能。在犯罪控制模式中，刑事诉讼程序必须迅速甄别犯罪嫌疑人、确定犯罪或者进行适当的处置。[2] 换言之，犯罪控制模式与提高刑事诉讼的效率是不谋而合的，因为"程序越是迅速有效，它所能处理的人数就越多，因此能够被全部或者部分地交给刑法禁止的反社会行为数量也就越多"[3]。因此，犯罪控制模式将提高犯罪追诉和打击的效率奉为圭臬，这也是所有国家刑事诉讼的基本价值或者功能。从提高诉讼程序的效率角度看，与美国的辩诉交易一样，中国的刑事速裁程序的功能性价值首先受到国家司法机构的认可。中国刑事速裁程序从试点到后来的正式立法，毫不掩饰该程序追求司法效率的特点。结合刑事速裁程序试点的背景，特别是轻微刑事案件的大幅上涨，基层司法刑事机构不堪重负，必须通过刑事司法程序的再造来疏解"案多人少"的现实矛盾。刑事速裁程序的改革必须有助于提高国家的司法机构对刑事案件处理的效率，刑事速裁程序在立法上的诸多规则都是遵循这样的立法精神而规定的。可以说，刑事速裁程序的立法，与此前相比，在很大程度上加强或者提升了中国刑事诉讼犯罪控制或称打击犯罪的效率。换言之，由于认罪、检控与定罪这种类似"流水线"的速裁程序的加入，中国的刑事诉讼职权主义的特征更加明显。在这种职权主义的诉讼结构中，可以看到犯罪控制模式严重依赖于调查及起诉的官员的能力。在这种职权主义的速裁的诉讼结构中，检察官在追诉犯罪方

---

〔1〕 美国还有一种不争辩的辩诉交易，中国的刑事速裁程序则没有这种类型。

〔2〕 ［美］赫伯特·L. 帕克：《刑事诉讼的两种模式》，梁根林译，吴启铮（按原文）修订、校对，载［美］虞平、郭志媛编译：《争鸣与思辨：刑事诉讼模式经典论文选译》，北京大学出版社 2013 年版，第 9 页。

〔3〕 ［美］赫伯特·L. 帕克：《刑事诉讼的两种模式》，梁根林译，吴启铮（按原文）修订、校对，载［美］虞平、郭志媛编译：《争鸣与思辨：刑事诉讼模式经典论文选译》，北京大学出版社 2013 年版，第 5 页。

面的功能得到巨大的释放，主导了包括适用速裁程序在内的所有认罪认罚从宽的案件。由于在刑事诉讼中，不认罪的案件在整个被追诉的案件中的比例基本上不到5%，因此刑事诉讼整体上受制于犯罪控制模式。美国法律界不乏有识之士，对美国对抗制的诉讼模式进行犀利的批判。美国首席大法官伯格（Warren Earl Burger）早在20世纪80年代初就指出，美国刑事诉讼存在太多的花费、太多的痛苦、太大的破坏性和太没有效率。依赖对抗程序作为解决争端的主要方式是一个需要纠正的错误。[1] 这种犯罪控制模式的出现与此前刑事诉讼的正当程序模式或当事人主义的诉讼结构的改革可以说是两个方向。从维护社会稳定和节省司法资源的角度看，这种改革的合理性和正当性有着现实的政治、经济和文化基础。基于有效配置司法资源而提高案件处理"流水线"的速率，速裁程序以及认罪认罚从宽制度的立法改革，可以说在很大程度上强化了中国刑事诉讼的国家职权主义特征。

二、刑事速裁程序与正当程序模式

正当程序模式与当事人主义诉讼形态的功能和价值是相同的。根据帕克的解释，如果犯罪控制模式类似于"流水线"，那么正当程序模式看上去非常像"障碍赛"。它每一阶段的设计，都对将被告人带入程序的下一阶段构成强大的障碍。[2] 正当程序在不同的法律语境中有不同的表述。在刑事诉讼中，正当程序是指在任何被指控人的权利有可能被侵犯时，都需要通过制定并实施特定的程序性规则，减少程序规则之外因素对被指控人造成的潜在风险，以保障被指控人正当的诉讼权利。从实现公正的角度，正当程序在价值上并非与犯罪控制模式相对立；在追求司法效率与公正的价值上，仅仅是二者所主张的方式不同而已。[3] 正当程序模式并不能否认犯罪控制模式，只是反对

---

〔1〕 Burger, The State of Justice, A. B. A. J. , Apr. 1984, at 62, 66. Our system is too costly, too painful, too destructive, and too inefficient for a truly civilized people. To rely on the adversary process as the principal means of resolving conflicting claims is a mistake that must be corrected.

〔2〕 ［美］赫伯特·L. 帕克：《刑事诉讼的两种模式》，梁根林译，吴启铮（按原文）修订、校对，载［美］虞平、郭志媛编译：《争鸣与思辨：刑事诉讼模式经典论文选译》，北京大学出版社2013年版，第12页。

〔3〕 有关正当程序的讨论，可参见樊崇义、夏红编：《正当程序文献资料选编》，中国人民公安大学出版社2004年版，第8~26页。

在大量司法机关内部"非正式规则"主导下的不择手段的犯罪控制。正当程序模式把无罪推定和人权保障作为刑事诉讼中与犯罪控制等量齐观的价值追求。毫无疑问，这种维护被告人的核心利益的价值追求在刑事诉讼中并不总是与犯罪控制的价值相互契合，有时候不免会发生冲突，甚至是强烈的不可调和的冲突。但是，从正当程序的角度看，没有认罪答辩制度的刑事诉讼就像没有投降制度的战争一样不可想象。对抗制是正当程序的土壤，但如果是犯罪人与国家进行合作，则是犯罪控制所追求的价值。在大多数案件中，刑事诉讼程序的实际运作，或许更接近于犯罪控制模式的规定。我们已系统收集的证据表明，同时得到目前我们文化中广泛存在的对现状的印象性感觉的支持：现实的刑事诉讼程序远远地倾向于行政性与管理性，而非对抗性与司法性。[1] 正是因为如此，正当程序对于任何国家的刑事司法来说都是处理特殊或者复杂的对抗性案件中的"奢侈品"，而非日常生活必备的"日用品"。

如果说简易程序是对普通程序的补偏救弊，则刑事速裁程序就是对正当程序的补偏救弊。美国是非常重视正当程序的国家，但也是非常重视诉讼效率的国家。刑事诉讼的科学理论是决定刑事诉讼制度进步的关键。自 1964 年美国学者帕克提出犯罪控制与正当程序两个模式理论之后的 50 年间，刑事诉讼理论上的研究似乎还没有超出帕克划定的范围。在这 50 年间，两大法系的刑事诉讼制度都在不断地演化。帕克的理论，促使刑事诉讼程序之间的对抗从审判走向侦查。由于正当程序理论的局限性，刑事诉讼中的正当程序理论受到广泛的质疑。[2] 更为显明的是，帕克的理论植根于如美国这样的联邦制度的普通法国家的对抗制传统。但是，正当程序理论无法有效解释刑事速裁程序的问题，刑事速裁程序的非对抗性的程序性机制，本质上是对正当程序理论所带来的刑事程序过于繁复的矫正。

在速裁程序中，正当程序因素主要包括在侦查阶段，犯罪嫌疑人享有值班律师或者辩护律师提供及时的法律帮助的权利，在起诉阶段被告人的辩护

---

〔1〕 [美] 赫伯特·L. 帕克：《刑事诉讼的两种模式》，梁根林译，吴启铮（按原文）修订、校对，载 [美] 虞平、郭志媛编译：《争鸣与思辨：刑事诉讼模式经典论文选译》，北京大学出版社 2013 年版，第 46 页。

〔2〕 张泽涛：《反思帕卡的犯罪控制模式与正当程序模式》，载《法律科学》2005 年第 2 期。

律师或值班律师有参与量刑协商和程序见证的权利；在审判阶段享有辩护律师的法律辩护的权利，这些随附正当程序的权利已经被犯罪嫌疑人、被告人认罪流水线的推进程序所"淹没"。辩护律师所行使的对抗性的正当程序权利，在绝大多数的案件中，根本不是正当程序的对抗，而是与侦查与检控的合作。因此，在刑事速裁程序中，虽然存在当事人主义中被指控主体的自主性，但是更多的是被动性与合作性。换言之，正当程序在刑事速裁程序中决定性地让位于犯罪控制的价值追求。正如帕克在 20 世纪 60 年代指出，美国刑事诉讼的正当程序化虽然发生，但是从长期看，刑事诉讼程序的实际运作更接近犯罪控制模式的规定。距离帕克时代，时光已经悄然过去 60 年，这种犯罪控制的趋势在美国并没有发生根本性改变。正如帕克所预言的，刑事诉讼程序越来越倾向于行政性而非司法性，官方决定的程序规范正在迅速地提供标准，看上去越来越像正当程序模式。[1] 中国刑事诉讼程序的改革在某种程度上，特别是速裁程序和认罪认罚从宽制度的改革，同样加深了刑事诉讼犯罪控制模式的烙印，只不过在其中辅以正当程序的色彩而已，速裁程序作为流水线作业的犯罪控制模式的性质并没有因此而改变。

从交易效益的角度看，正当程序论下的刑事普通程序是"昂贵"的，而刑事速裁程序则是最为"廉价"的。因为其程序"花费"的"廉价"，才有更为广泛的司法"市场"，不仅被告人和相关案件的当事人，而且刑事侦查、起诉和审理机关都因其廉价速效而愿意使用。也正因为如此，刑事速裁程序在日本被看作是刑事审判的"脸面"。廉价的刑事司法程序是否可以保障司法结果的公正？答案是肯定的，因为案件事实的清楚并不需要借助追求案件事实真相的复杂程序的层层剥离过程。"廉价"的刑事速裁程序的结果在质量上不仅是可接受的，而且是优质的。从这个意义上，"廉价"的刑事速裁程序是对昂贵的正当程序下的普通程序的矫治与补偏。

---

〔1〕〔美〕赫伯特·L. 帕克：《刑事诉讼的两种模式》，梁根林译，吴启铮（按原文）修订、校对，载〔美〕虞平、郭志媛编译：《争鸣与思辨：刑事诉讼模式经典论文选译》，北京大学出版社 2013年版，第 46 页。

三、刑事速裁程序与恢复性司法模式

诉讼程序不能脱离事实的、实践的、具体的实质性影响。[1] 与帕克同时代稍晚的格里菲斯（Johan Griffiths）在对帕克的犯罪控制与正当程序模式的批判的基础上，提出了刑事诉讼的第三种模式——"家庭模式"。格里菲斯试图应用全新的实践形态的理想更具温情脉脉的"家庭模式"。[2] 其实，在刑事诉讼中，作为国家的"父亲"并不是人所期待的那样能够"严慈"有度，更多的时候则表现为"冷漠无情"。但是在西方改造刑事诉讼程序努力终归无效时，20世纪80年代秉承格里菲斯家庭模式的恢复性司法模式出现，并开始影响美国的刑事司法制度。这种以被害人为中心的崭新的制度开始逐步被嵌入刑事诉讼，犯罪嫌疑人、被告人在刑事诉讼活动中应当通过主动帮助社区修复被其破坏的社会关系，这种将犯罪预防与控制融入刑事诉讼程序中的模式，对各国刑事诉讼制度的改革产生了很大的影响。刑事速裁程序的改革同样将对于被害人的利益保护放在很重要的位置。犯罪嫌疑人、被告人如果没有与附带民事诉讼的被害人达成和解和赔偿协议，就无法进入速裁程序获得量刑的从宽。在这方面，我国2012年修改的《刑事诉讼法》的刑事和解制度和速裁程序中鼓励被告人与被害人达成和解和赔偿协议等，都是恢复性司法对传统控辩审的等腰三角形诉讼结构形成的冲击，被害人的权利被嵌入刑事诉讼程序，此次修改试图通过恢复性司法的模式来改造冷冰冰的犯罪控制或正当程序的诉讼模式。

在司法机关审查案件是否适用速裁程序过程中，如果案涉被害人，犯罪嫌疑人、被告人获得被害人的谅解并达成赔偿协议被看作是被告人认罪认罚的重要指标，也是决定该案件是否可以适用速裁程序的关键条件。刑事速裁程序不仅更加尊重被告人程序选择的意愿，而且注重效率与公正高度融合的

---

〔1〕［美］约翰·格里菲斯：《刑事程序中的理念或刑事诉讼的第三种"模式"》，吴启铮译，载［美］虞平、郭志媛编译：《争鸣与思辨：刑事诉讼模式经典论文选译》，北京大学出版社2013年版，第88页。

〔2〕［美］约翰·格里菲斯：《刑事程序中的理念或刑事诉讼的第三种"模式"》，吴启铮译，载［美］虞平、郭志媛编译：《争鸣与思辨：刑事诉讼模式经典论文选译》，北京大学出版社2013年版，第51页。

新型和谐司法。美国著名法律经济学家波斯纳（Richard Allen Posner）比较了普通法的抗辩制与大陆法的审问制在审判效率上的差别，他指出，审问制的主要经济意义在于它减少了用于对抗程序的资源量，而在这一意义上就是一种社会性的节约；用于对抗程序的资源相互抵消而并没有增加司法判决的准确性。这段话对于我们理解刑事速裁程序的价值和其在两大法系的趋同性具有重要的启发。[1] 根据 2018 年新修改的《刑事诉讼法》第 223 条第 5 项规定，被告人与被害人或者其法定代理人没有就附带民事赔偿等事项达成调解或者和解协议的案件不适用速裁程序。速裁程序强调被告人认罪悔罪，具有程序性矫正作用，但是同时也注重对被害人权利的保护。在轻微的刑事案件速裁程序中，如果有被害人，司法机关鼓励被告人与被害人和解，被告人及时赔偿被害人的损失或与被害人达成谅解，有助于恢复被犯罪破坏的社会关系。从这个意义上，刑事速裁程序具有恢复性司法的效能。

由于速裁程序审理的案件大多是轻微的刑事案件，恢复性司法的嵌入将会受到来自诉讼参与主体的较少的阻力是可以确定的。当然，目前刑事速裁程序中涉及被害人权利保护的恢复性司法，并未构成速裁程序的内在机制。在目前的速裁程序确定的审理结构中，保护被害人权利的基本上还是被动的程序性规范，对于司法机关主动在刑事速裁程序或认罪认罚从宽制度中是否可以发展和推出新的基于速裁程序的恢复性司法形态模式的诉讼结构，仍然需要继续观察。

第四节　刑事速裁程序与以审判为中心的诉讼制度改革

党的十八届四中全会的《中共中央关于全面推进依法治国若干重大问题的决定》，明确提出推进以审判为中心的诉讼制度改革，确保侦查、审查起诉的案件事实证据经得起法律的检验。以审判为中心的刑事诉讼审判制度要求，审判案件以庭审为中心，事实证据调查在法庭、定罪量刑辩论在法庭、裁判结果形成于法庭，要求全面落实直接言词原则，严格执行非法证据排除制度，

---

〔1〕　〔美〕理查德·波斯纳：《法律的经济分析》（第 2 版），蒋兆康译，法律出版社 2012 年版，第 764 页。

通过克服笔录中心主义或卷宗中心主义，避免庭审虚化和形式主义的问题。刑事速裁程序的立法和改革与以审判为中心的诉讼制度改革的精神和要求是否一致，需要进行辨明。

第一，以审判为中心的诉讼制度改革与刑事速裁程序的具体功能有着明显不同，但都为了促进司法公正。以审判为中心的诉讼制度改革的提出主要是试图改革以侦查为中心的诉讼制度，发挥审判职能，防止冤错案发生。刑事案件存在复杂与简单的区分；不同的程序适用于案情复杂程度不同的案件。刑事速裁程序处理的案件是事实清楚、证据充分，且被告人认罪认罚的案件，其目的是通过快速处理程序来实现对大量的轻微刑事案件之处理，保证将更优质的司法资源配置到复杂、重大和疑难案件。以审判为中心的诉讼制度改革要求的庭审实质化仅仅适用在比较重大、复杂和疑难案件，由于速裁程序适用的案件的条件与以审判为中心的庭审实质化适用的案件有着明显不同，二者之间并不存在本质上的对立。

第二，刑事速裁程序虽然在庭审程序上简化，但仍然坚持证据裁判原则，"简化"的庭审并非"虚化"的庭审。有人认为速裁程序中庭审环节的简化不利于以审判为中心的诉讼制度构建，甚至与以审判为中心相违背，此种说法有失偏颇。这里应当明确的是以审判为中心与以庭审为中心的区别。以审判为中心对应以侦查为中心，而以庭审为中心对应以卷宗为中心。[1] 刑事速裁程序在证据裁判的要求上与以审判为中心的诉讼制度改革的要求保持一致。审判为中心诉讼制度改革要求，全面贯彻证据裁判原则，严格依法收集、固定、保存、审查运用证据，完善证人、鉴定人出庭制度，保证庭审在查明事实、认定证据、保护诉权、公正裁判中发挥决定性作用。无论是刑事速裁程序的试点规则，还是刑事速裁程序的正式立法，在证据裁判和证明标准上并没有降低要求。两高两部《速裁程序试点办法》和两高三部《认罪认罚从宽试点办法》中都要求适用速裁程序的案件必须事实清楚，证据确实充分，要贯彻证据裁判原则。虽然刑事速裁程序的证明标准是否该有所降低，在学界和法律实务界有不同的认识，但是刑事速裁程序和认罪认罚从宽制度的立法并没有因此改变刑事诉讼统一要求的证明标准。虽然速裁程序简化了庭审的

---

[1] 陈卫东、胡晴晴：《刑事速裁程序改革中的三重关系》，载《法律适用》2016年第10期。

程序，但是实质上加重了审前程序的证据审查责任。特别是检察院在决定案件进入刑事速裁程序时，必须实质性地审查案卷并讯问被告人，获得对该案件涉及的定罪和量刑证据事实，形成排除合理怀疑的内心确认。在审判阶段，虽然法庭简化调查程序，但是并没有排除法官依照职权对其案件事实中的疑点进行法庭调查。另外在刑事速裁程序中，辩护律师对于案件的基本事实和关键证据的确认，必须与公诉人、法官形成共识，否则就不能将案件推进速裁程序。由此可见，虽然速裁程序基于效率的原因简化了庭审的法庭调查与辩论的程序，但是并没有忽视证据裁判的原则和要求。刑事速裁程序的审判重心主要集中在被告人是否自愿认罪，对其认罪的真实性和自愿性进行实质性审查，庭审的实质化的功能并未完全消失。刑事速裁程序的庭审仍然具有积极意义，与以审判为中心并不矛盾。[1] 可以说，刑事速裁程序的立法，在简化程序的同时，在证据裁判和证明标准等方面与以审判为中心的诉讼制度改革的精神完全一致。

第三，刑事速裁程序在诉讼结构上，并未打破控辩审的传统诉讼形态。刑事速裁程序的立法，整个诉讼形态上与简易程序和普通程序相比，在职能上加强了检察机关的司法职能。由于检察机关同样采取员额制职业化的管理模式，采取的司法责任制同样要求办案的检察官对其办理的案件适用错案责任追究制。严格司法不仅对审判机关而言很必要，对于检察机关来说同样重要。在速裁程序中，由于检察院处于侦查和审判的中间环节，不但要保证侦查行为的正当性，还要对审判阶段进行法律监督。刑事速裁程序并没有因追求效率而放松对检察机关的公诉人的约束，在证据审查和量刑方面。检察机关承担的责任并没有减轻。另外，在速裁程序与认罪认罚从宽制度中，立法上同样强调侦查、起诉、辩护与审判之间的相互配合与制约。刑事速裁程序的立法并没有改变公安、司法行政、检察院与审判机关之间传统的相互配合与制约的法律关系。换言之，刑事速裁程序并没有改变刑事诉讼的基本构造的原则或者原理，并没有"牺牲"公正来换取司法效率的提高，而是在立法上坚持了基本的刑事诉讼构造并严格遵循司法规律，这与以审判为中心的诉

---

〔1〕 樊崇义：《刑事速裁程序：从"经验"到"理性"的转型》，载《法律适用》2016 年第 4 期。

讼制度改革的基本精神是一致的。

第四，刑事速裁程序可以发挥繁简分流的功能，强化以审判为中心的诉讼制度改革。繁简分流是刑事速裁程序的重要功能，这种功能在于刑事速裁程序用相对简化的程序快速审理消化大量的简单案件，把大量的司法资源留给重大、疑难和复杂的刑事案件，为以审判为中心的诉讼制度改革优化资源配置。以审判为中心的诉讼制度改革，要求庭审实质化，充分发挥庭审的法庭调查和法庭辩论在查明案件事实方面的功能。但是，在刑事诉讼中由于案件存在简单与复杂之区分，事实上并不能做到每个案件都在统一的程序下进行，否则就会造成刑事司法资源的极大浪费。正因为如此，刑事速裁程序通过审理大约50%以上的刑事案件，为在普通程序中的案件进行庭审实质化预留更多的司法资源和司法审理的空间，确保这些重大、疑难和复杂的刑事案件通过以审判为中心的庭审实质程序的审理，最终得到公正的处理。从这个意义上，刑事速裁程序通过分流大量轻微刑事案件，实现司法资源在不同程序中根据案件的实际复杂情况进行配置，实质性地促进以审判为中心的诉讼制度改革。以案件分流为基础的刑事速裁程序，在程序的结构上与刑事简易程序、普通程序形成阶梯式的诉讼结构。这种阶梯式程序递进的诉讼结构不仅符合刑事诉讼的基本规律，也符合以审判为中心的诉讼制度改革的理念和精神。

第五节　刑事速裁程序与认罪认罚从宽制度

刑事速裁程序试点两年期即将结束前，全国人大常委会再次授权两高进行认罪认罚从宽制度试点，并将速裁程序的试点时间延长到认罪认罚从宽制度试点的结束。刑事速裁程序的试点因此从原来计划的两年改变为四年。可见，刑事速裁程序与认罪认罚从宽制度之间存在着密切的关系。为了深入理解刑事速裁程序在刑事诉讼程序中的地位和作用，必须结合认罪认罚从宽制度的试点和立法来进行综合解析。

一、刑事速裁程序的试点为认罪认罚从宽制度的试点提供了经验性基础

党的十八届四中全会通过的《中共中央关于全面推进依法治国若干重大

问题的决定》，提出要在刑事诉讼中完善认罪认罚从宽制度，但是并未提出要建立刑事速裁程序。刑事速裁程序的试点，其实是为认罪认罚从宽制度的试点提供先期的经验和程序保障。认罪认罚从宽制度与速裁程序都体现了宽严相济刑事政策的精神，都体现了非对抗性的司法合作精神。[1] 认罪认罚从宽制度是刑事诉讼中贯彻宽严相济刑事政策的具体体现，不可能因案件适用程序的不同而受到严苛的限制，否则就会限制其功能的发挥。认罪认罚从宽制度试点的波及面必然相当宽泛。刑事速裁程序本质上是认罪认罚从宽制度的先期试验，只不过这种试验隐含在速裁程序试点规范中。2014 年启动的刑事速裁程序的试点被严格限制在很小的范围，即在可能被判处 1 年以下有期徒刑的 11 种相对较窄的罪名范围内才可以适用速裁程序。刑事速裁程序在试点上采取非常谨慎的态度，这与后来的较大规模的认罪认罚从宽制度试点完全不同。两高两部《速裁程序试点办法》就为速裁程序的具体条件明确了犯罪嫌疑人、被告人必须认罪认罚的条件。可以说，刑事速裁程序的试点本质上就是认罪认罚从宽制度的微缩版试点。认罪认罚从宽制度的本质是鼓励和促进犯罪嫌疑人、被告人自愿与国家司法机关进行合作，而不是展开对抗。由于刑事诉讼制度和立法并没有与认罪认罚从宽制度高度匹配的特殊性程序，无论是传统的简易程序还是普通程序都无法与认罪认罚从宽制度的价值理念高度契合。刑事速裁程序的制度基本上是围绕认罪认罚从宽制度的内在要求进行设计的，包括量刑建议等都是围绕认罪认罚从宽制度来设计。刑事速裁程序两年试点顺利结束，国家并未发现刑事速裁程序试点本身存在不可控的刑事风险，认罪认罚从宽制度的试点进一步开展就顺理成章。

二、刑事速裁程序与认罪认罚从宽制度具有共同追求诉讼效益的特征

刑事速裁程序和认罪认罚从宽制度通过试点，最终都被吸收到 2018 年修改的《刑事诉讼法》中。刑事速裁程序试点中审理的全部案件都属于认罪认罚从宽案件，其在立法上更多体现的是认罪认罚从宽制度所追求的诉讼效益的特征。速裁程序的适用范围为可能被判处 3 年以下有期徒刑的认罪认罚案件，这就确保刑事案件中大多数被告人认罪的轻微刑事案件可以通过速裁程

---

〔1〕 陈卫东、胡晴晴：《刑事速裁程序改革中的三重关系》，载《法律适用》2016 年第 10 期。

序来分流和处理。另外，认罪认罚从宽制度试点中最具特色的成果是检察机关量刑建议的确定化，这也被 2018 年修改的《刑事诉讼法》所吸收，客观上形成检察机关主导刑事速裁程序的实际进程和结果。这与审判机关主导的简易程序、普通程序相比具有显著的不同。刑事速裁程序相比简易程序、普通程序，为适用认罪认罚从宽的案件提供了更加快速和便捷的通道。此外，认罪认罚从宽制度中值班律师制度的建立，有利于在速裁程序为认罪的犯罪嫌疑人、被告人提供律师帮助和认罪认罚见证，确保速裁程序中被告人诉讼权利的正当实现。速裁程序中审查起诉期间的缩短，使得认罪认罚从宽案件减少在刑事诉讼程序中毫无意义的等待时间，降低犯罪嫌疑人、被告人对刑事诉讼的焦虑，契合认罪认罚从宽制度的刑事政策导向。虽然被告人认罪认罚也可以适用简易程序和普通程序，但显然速裁程序是诉讼主体更为青睐的且更富效率的程序。

三、刑事速裁程序的规则和运行机制的根基来源于认罪认罚从宽制度

认罪认罚从宽制度与刑事速裁程序之间是体与用的关系，刑事速裁程序很大程度上可以说是为在刑事诉讼中完善认罪认罚从宽制度而创设的。认罪认罚从宽制度的相关规范，必然直接影响速裁程序的规则和运行机制。2018年修改的《刑事诉讼法》，特别是 2019 年 10 月 11 日最高人民法院、最高人民检察院、公安部、国家安全部、司法部发印的《关于适用认罪认罚从宽制度的指导意见》（以下简称“两高三部《认罪认罚从宽指导意见》”）中，认罪认罚从宽制度的内容相当丰富，从基本原则到侦查、起诉和审判各个环节都有细致的规范。由于速裁程序审理的案件在条件上基本上就是认罪认罚从宽的案件，因此认罪认罚从宽的规则必然也是速裁程序的运行规则。在侦查方面，认罪认罚从宽制度明确规定要进行对于认罪的犯罪嫌疑人是否具有社会危害性的审查，试图降低刑事速裁程序中被告人的羁押比例。认罪认罚从宽制度的认罪认罚具结书和律师见证的规定，为速裁程序中保证被告人认罪的自愿性提供程序性保障。认罪认罚从宽制度的证据规则使速裁程序保证案件的处理具有扎实的证据基础，防范因注重程序的效率出现冤错案的风险。两高三部《认罪认罚从宽指导意见》中明确规定了认罪认罚从宽的证据裁判的原则，为审查起诉和审判阶段对于速裁程序案件的公正处理提供了证据适

用上的指导。此外，认罪认罚从宽制度对于认罪自愿性悔罪等程序性回转都有更加明确的规定，这也为速裁程序的回转提供了具体的指引。概而言之，认罪认罚从宽制度作为刑事诉讼中的新型合作性的协商司法，其体系化的规则为速裁程序提供了全面的程序性规则，确保速裁程序审理的认罪认罚从宽案件能够实现公正与效率的双赢。

刑事速裁程序中的证据问题

由于适用刑事速裁程序的案件同属于认罪认罚从宽案件，其证据规则与证明标准必然要被纳入整个认罪认罚从宽制度的框架之中。关于刑事速裁程序的证据适用问题，2018 年修改的《刑事诉讼法》无论是认罪认罚从宽制度还是刑事速裁程序都没有明确对应的证据规则和证明标准。这就意味着刑事速裁程序和认罪认罚从宽制度仍然继续适用刑事诉讼法中的证据规则与证明标准。虽然两高三部《认罪认罚从宽指导意见》对适用认罪认罚从宽制度的案件的证明问题提出若干原则性指导性的意见，但是这些都局限在刑事诉讼传统的证据规则的框架之内，并未有任何突破或者降低证明标准的暗示性语言。虽然，有关刑事速裁程序的证据和证明等问题，在速裁程序试点期间就在理论界和实务界有过广泛的讨论。由于适用刑事速裁程序审理的案件必须坚守司法公正的底线，任何降低证明标准带来的对司法公正底线的冲击都将产生刑事诉讼的系统性风险。从这个意义上，刑事速裁程序中的证据应用和证明标准等并非无足轻重。

第一节　刑事速裁程序的证明标准

刑事速裁程序试点期间，学界就对速裁程序的证明标准展开了广泛的讨论。关于刑事速裁程序中的证明标准，学界主流的观点是适用刑事速裁程序审理的案件可以在一定程度上降低证明标准。[1] 但是随着认罪认罚从宽制度

---

〔1〕 参见冉容、何东青：《积极探索 科学论证 推动刑事案件速裁程序试点健康深入开展——试点中期评估论证会专家意见摘编》，载《人民法院报》2015 年 9 月 9 日，第 6 版。

受到更广泛的关注，对刑事速裁程序证明标准的研究逐渐被认罪认罚从宽制度的证明标准研究所代替。[1] 由于速裁程序适用的案件主要是认罪认罚从宽案件，因此认罪认罚从宽案件的证明标准应当适用速裁程序。因此，研究刑事速裁程序的证明标准基本上就等同于研究认罪认罚从宽制度的证明标准，本研究将把这两个方面结合起来进行讨论。

一、关于刑事速裁程序的证明标准的讨论

刑事速裁程序的证明标准问题，从 2014 年刑事速裁程序的试点开始就被学界和实务界广泛讨论。这主要是因为刑事速裁程序中被告人自愿认罪客观上降低了指控方举证的责任和动力，被告人的自愿性认罪和接受处罚客观加强了司法人员对犯罪事实的内心确认，因此需要重新审视刑事诉讼的证明标准是否还可继续适用于刑事速裁程序。关于降低刑事速裁程序证明标准的意见可以归为以下几类：有学者主张刑事速裁程序的证明标准可以降低，采取两个基本就可以，即"基本事实清楚、基本证据充分"[2]。在速裁程序试点过程中，相当部分学者就提出刑事速裁程序应当降低证明标准。龙宗智教授认为，速裁程序的证明标准可以适当放宽，只要"案件事实清楚，可以排除合理怀疑"。这比刑事诉讼法的证明标准，应当综合全案，事实清楚，证据确实充分，排除合理怀疑的标准有所降低。也有的学者提出分层的证明标准，定罪的证明标准采取客观真实高标准，对于具体量刑上的证明标准可以适当降低，采取优势证据即可。[3] 有学者认为，速裁程序审理案件不再进行法庭调查、法庭辩论，已经与严格法庭调查的普通程序的证明要求完全不同，因此刑事速裁程序不应适用严格证明的标准，而应适用自由心证的原则。在具体设计上，对于被告人自愿性的证明需要达到排除合理怀疑的程度；被告人的犯罪事实和量刑事实的证明适当降低至"大致的心证"即可[4]。当然，也有些学者根据刑事诉讼证明标准的统一性设置的基本原理，坚持速裁案件和

---

〔1〕 孙长永：《认罪认罚案件的证明标准》，载《法学研究》2018 年第 2 期。

〔2〕 汪建成：《以效率为价值导向的刑事速裁程序论纲》，载《政法论坛》2016 年第 1 期。

〔3〕 肖红、李逍遥：《刑事速裁程序中的证明标准的层次化构建》，载《人民检察》2019 年第 1 期；陈瑞华：《认罪认罚从宽制度中的若干争议问题》，载《中国法学》2017 年第 1 期。

〔4〕 高通：《刑事速裁程序证明标准研究》，载《法学论坛》2017 年第 2 期。

认罪认罚从宽案件的证明标准的门槛不应降低，但应在证明上有所侧重，重点审查认罪的自愿性与真实性。[1] 总体上，在刑事速裁程序证明标准的讨论上，降低证明标准或者实行差异化的证明标准是主流观点。

法律实务界对刑事速裁程序应降低证明标准的呼吁或实践的积极性要比学界更高。根据笔者主持的中国政法大学组织的课题组的调查，73.4%的法官、68.45%的检察官、80.92%的律师和86.61%的警察同意降低证明标准。[2] 在刑事速裁程序试点的地方司法机关相关文本中，大部分文本坚持刑事诉讼法客观真实的标准，但是也有部分试点地区的文本规定可以降低证明标准，例如北京市海淀《工作细则》关于速裁案件证明标准相关条文的说明中，指出"在被告人自愿认罪前提下的证明标准可以适当降低"[3]。还有西安《证据指引》，其中第3条规定，适用速裁程序办理案件应当做到全案证据无矛盾、排除合理怀疑和犯罪嫌疑人认罪、对适用速裁程序无异议。这一证据指引将全案证据无矛盾、排除合理怀疑作为办理刑事速裁案件的证明标准，与《刑事诉讼法》规定的案件事实清楚，证据确实充分和排除合理怀疑的标准相比，明显降低。[4] 根据调研，司法实践中刑事速裁程序的证明标准实际上已经被降低，因为速裁程序如果按照传统的证明标准的要求来审查核实相关证据，很多案件就无法在规定的速裁案件的审查起诉期间和审限内完成。可见刑事速裁程序中的证明标准与立法本身存在不协调的地方。

刑事速裁程序已经实质性地改变了庭审结构，简化了法庭调查的重点，不再对控辩双方认可的基础事实通过法庭调查进行重新审查，而是通过推定证明的方式来认可已经被控辩双方认可的事实。在降低刑事速裁程序案件的证明标准方面，学界存在"两个基本""高度概然性""可以排除合理怀疑""自由心证"和"定罪和量刑分层差异化证明标准"等不同的说法。有些学者直接认为刑事速裁程序不适用严格的证明，而采取自由心证的证明标

---

〔1〕 孙长永：《认罪认罚案件的证明标准》，载《法学研究》2018年第2期。

〔2〕 李本森：《刑事速裁程序试点研究报告——基于18个试点城市的调查问卷分析》，载《法学家》2018年第1期。

〔3〕 李本森：《刑事速裁程序试点的本地化差异——基于北京、上海、广州和西安试点的地方文本分析》，载《中外法学》2017年第2期。

〔4〕 肖红、李道遥：《刑事速裁程序中的证明标准的层次化构建》，载《人民检察》2019年第1期。

准。[1]

上述这些说法，究竟哪种是可以供司法实践部门操作使用，或者说哪种说法更加贴近实践的需求？在刑事速裁程序和认罪认罚从宽制度的改革试点过程中，地方司法机关出台了不少规范性试点文件。这些文件中关于速裁程序和认罪认罚从宽制度的规定不再明确证明标准，而是根据案件的类别制定相应的证据指引。这种做法可以避免关于刑事速裁程序或者认罪认罚从宽案件的证明标准差异化的探讨走入死胡同。

事实上，学界有关刑事速裁程序中证明标准可适当降低的观点和实务部门中降低证明标准的做法，并未在 2018 年《刑事诉讼法》的修改中得到任何回应。相反，两高三部《认罪认罚从宽指导意见》在基本原则中明确规定，办理认罪认罚案件，应当以事实为根据，以法律为准绳，严格按照证据裁判要求，全面收集、固定、审查和认定证据。坚持法定证明标准，侦查终结、提起公诉、作出有罪裁判应当做到犯罪事实清楚，证据确实、充分，防止因犯罪嫌疑人、被告人认罪而降低证据要求和证明标准。由于刑事速裁程序案件都要求犯罪嫌疑人、被告人认罪认罚，因此上述证明标准和证据要求同样适用于刑事速裁程序。显然，上述两高三部《认罪认罚从宽指导意见》中的认罪认罚从宽制度关于证据裁判的基本原则和坚持法定证明标准的规定，并没有回应刑事速裁程序和认罪案件在证明上的特殊性。《刑事诉讼法》的证明标准统率整个刑事诉讼程序，立法并没有考虑分层证明标准的体例。这里很重要的原因是，降低证明标准将有可能放大在刑事诉讼中出现冤假错案的风险。特别在当下国家强调以审判为中心的诉讼制度改革、坚决防范冤假错案的背景下，降低刑事诉讼中速裁程序证明标准的时机或条件并不成熟。为了保证刑事案件的公正判决和刑事办案机关严格责任办案，立法机关在刑事案件的证明标准上需要采取顶格的最高标准。虽然证明标准在不同的诉讼程序或诉讼阶段客观上具有不同的表现，但是在立法上并不层级性地区分不同级别的证明标准。立法上的要求与实践中的运作实际上存在巨大的差异，立法机关并不能为此退让，因为任何降低证明标准的退让都将为执法机关及其人

---

〔1〕　欧卫安：《论刑事速裁程序不适用严格证明——以哈贝马斯的交往共识论为分析的视角》，载《政法论坛》2018 年第 2 期。

员的违法行为提供合法的借口。

二、刑事速裁程序中证明标准的现实选择

由于《刑事诉讼法》规定了刑事案件的判决要适用"事实清楚、证据确实充分"的证明标准，基本上属于主观认识层面的引导性标准，并不具有严格的技术上的可测量性以及可操作性，因此其在实践中的价值相当有限。刑事速裁程序中认罪认罚案件的量刑在审前阶段就已经完成，审判阶段对于刑事速裁程序案件仅仅具有形式上的意义，并非庭审实质化所要求的需要进行严格质证的庭审活动。刑事诉讼的证明标准主要针对审判活动，对于协商性司法并不具有严格的适用价值。刑事速裁程序的证明标准并不应该采用严格证明的"事实清楚，证据确实、充分"的标准。对于刑事速裁程序的证明标准，由于被告人自愿认罪认罚，且对于量刑同检察机关达成初步的合意，因此案件事实的证明将与非合意案件的证明标准有所不同。因此，应当采取分层进阶和建立证据指引的制度来规范速裁案件的证明活动。

（一）根据速裁程序的诉讼进程采取分层区分的证明标准

首先，在侦查阶段，侦查人员应当就犯罪嫌疑人对被指控犯罪事实的态度负有查证确实的责任，对侦查阶段的犯罪嫌疑人的认罪自愿性负保证性责任。在刑事诉讼中，绝大多数的犯罪嫌疑人在侦查人员已经搜集到充分的证据时就会主动认罪。因此，侦查人员在被指控的犯罪基本事实尚未查清的情况下，并不能将犯罪嫌疑人的自愿性认罪作为侦查结案的根据。换言之，只有侦查人员通过证据确认并证明存在犯罪事实，且犯罪嫌疑人自愿认罪的情况下，认罪认罚从宽的基本条件才开始具备。因此，在侦查阶段，侦查人员在速裁和认罪认罚案件中的证明责任主要是两个部分，确认犯罪事实，确保认罪不是受侦查人员的胁迫和外力的压迫而产生。侦查人员在提交给公诉机关的对速裁案件提起公诉的意见书中，至少要在上述两个证明方面达到优势证明的标准。

其次，在起诉阶段，公诉人员应当对被告人被指控的犯罪事实和认罪的自愿性进行核查，进一步强化对侦查人员确认事实和认罪自愿性的核实。起诉阶段，检察机关需要被告人签署认罪认罚具结书，被告人的律师应当在场并在被告人的认罪认罚具结书上进行背书。审查起诉阶段的证明活动，实际

上是对侦查阶段的证明活动的进一步证实。在这一阶段，侦查人员已经退出诉讼活动，公诉人和律师进入案件的实质性审查阶段。在审查起诉阶段，公诉人具有实质性证明责任，即证明侦查阶段的犯罪事实查证的证明活动，对于被告人认罪的自愿性进行实质性审查，所有这些活动本身就是证明活动。公诉人的证明责任在整个刑事速裁程序和认罪认罚从宽案件中居于核心地位，若此阶段在犯罪事实的证明和认罪的自愿性两个证明环节上出现差错，将很可能导致冤错案的出现。因此，在刑事速裁和认罪认罚从宽案件中，证明的核心主体的责任在检察机关的公诉人；其在证明标准上应当承担严格的证明责任。

最后，在审判阶段，速裁法庭的法官在证明案件的活动中应当采取自由证明责任。刑事速裁案件前一阶段的认罪认罚从宽，庭审活动不再进行法庭调查和法庭辩论，因此庭审的查证和证明活动的空间很小，基本上无法完成严格的证明活动。对于速裁案件的审判法官来说，对案件的审查基本上是通过审判前的阅卷活动完成，但是由于阅卷本身的非公开性且并不具有严格的程序性标准，因此阅卷对于案件的事实和认罪的自愿性本身的查证和证明活动，仅仅具有形式上的意义。在适用刑事速裁程序的案件中，审判法官试图通过庭前阅卷来查证案件事实和认罪自愿性的真实性，不具有实质的意义。在简化的庭审活动中，审判法官能够做的无非是对指控的事实和认罪的自愿性通过法庭讯问的方式进行再核实。因此，审判阶段的法官对于速裁案件的证明标准应当达到排除合理怀疑的自由心证的层次。

(二) 制定适用刑事速裁程序审理的类型化案件证据指引规则

关于速裁案件和认罪认罚从宽案件的证明，应当通过国家最高司法机关建立统一规范的证据指引制度来引导速裁案件或认罪认罚从宽案件制度的证据适用问题。最近实务界在证明标准之外提出证据标准，其本质上就是证据指引。对于刑事速裁程序中的证据问题，最高司法机关可以建立速裁案件证据标准指引和裁前证据开示制度，制定速裁案件量刑轻于其他刑事案件的刑罚适用标准。[1] 事实上，在刑事速裁程序和认罪认罚从宽制度的试点过程

---

[1] 王卫：《探索建立速裁案件证据标准指引制度》，载《人民法院报》2015 年 9 月 9 日，第 6 版。

中，有些地方的检察机关已经开始尝试建立速裁和认罪认罚案件处理的不同类型的证据指引制度。有些地方司法机关在这方面已经开始有所动作。例如，河南省禹州市检察院制定轻微刑事案件类案证据收集审查指引表，自该院制定类案证据收集审查指引表以来，危险驾驶类案件98%，其他三类刑事案件92%以上，均适用刑事速裁程序办理，审查起诉案件退补率同比下降34%。[1]由检察机关建立证据指引制度来处理速裁案件和认罪认罚从宽案件，有利于在保证案件处理质量的前提下，解决证明标准难以把握或者降低证明标准后无章可循的问题。按照检察机关制定的类型化的犯罪指控的证据指引，可以完善速裁案件和认罪认罚从宽案件的指控标准，在审前阶段就案件的事实基础部分的证据认定基本上就可以达到排除合理怀疑的标准。如果运用模糊的"两个基本"或者非严格的"自由心证"等标准，由于这些标准仍然具有高度的主观性和不可度量性，仍然很难解决速裁案件和认罪认罚从宽案件认定标准的统一问题，甚至会出现刑事速裁案件的证明标准在认识上的混乱。

理论上，在不同类型案件的直接证据或间接证据相互印证的规范指引下，速裁案件在审理中达到证据确实、充分的证明标准是可以实现的。从规范的角度看，适用刑事速裁程序或认罪认罚从宽制度审理的案件无论是审前还是审判阶段都需要统一证据规则指引。适用刑事速裁程序审理的案件的证据指引应当有别于适用普通程序审理的刑事案件的证据指引，以突出刑事速裁程序和认罪认罚从宽案件证据的特殊要求。譬如，关于判断认罪认罚具结书的真实性、合法性的速裁证据规则指引，就应当重点审查核实以下内容：①被告人是否知悉认罪认罚从宽制度的相关规定；②被告人是否清楚自愿认罪认罚的法律后果；③被告人是否获得有效法律帮助；④被告人是否自愿认罪认罚；⑤被告人签署的认罪认罚具结书是否系其真实意思表示，签署认罪认罚具结书时辩护人或者值班律师是否在场；⑥被告人是否同意适用速裁程序或者简易程序审理；⑦值班律师或辩护律师是否在具结书上签字；等等。目前，最高人民检察院和地方检察机关特别重视各类犯罪案件的刑事证据规则指引的制定，中央司法机关在此基础上可以就适用于刑事速裁程序或认罪认罚从

〔1〕 刘立新等：《河南禹州：类案证据收集审查指引确保速裁案件质效》，载新浪网：https://finance.sina.com.cn/roll/2019-08-11/doc-ihytcitm8352029.shtml，最后访问日期：2020年6月8日。

宽案件的证据指引的特殊规则发布全国性统一适用的规范性指引规则，统合刑事速裁程序与认罪认罚从宽案件的证据应用标准。

第二节　关于刑事速裁程序中证据运用的观察

刑事速裁程序的证明过程和证明标准能够通过裁判文书来发现其实际应用的规律。虽然裁判文书上显示的是证据的名称，但是通过不同的证据种类也可以观察到刑事速裁程序在证据应用方面的特点。我们对 2019 年度北京、上海等城市的速裁案件的裁判文书中的证据采用进行摘要描述，以期观察速裁案件审理中不同地区的基层法院在速裁案件的证据应用上的差别。

一、速裁裁判文书中的证据表述情况

在表 7-1 中，比较清楚地反映了若干一线城市审理的速裁案件在证据应用上的显著差异。对于认罪认罚从宽具结书是否属于裁判文书中的证据种类在不同的地区存在差异，譬如北京市在危险驾驶案的裁判文书中就把认罪认罚具结书当作证据来使用。其在一起危险驾驶案的裁判文书的尾部这样表述：被告人 XXX 在开庭审理过程中亦无异议，且有当事人血样提取登记表，呼吸酒精含量检验记录表，驾驶人、机动车信息查询结果单，机动车驾驶证、行驶证复印件，涉案车辆照片，证人陈某、仲某的证言，辨认笔录，北京市公安交通司法鉴定中心检验报告，执法录像，公安机关出具的到案经过、网上比对工作记录、户籍信息，被告人 XXX 的供述，认罪认罚具结书等证据证实，足以认定。天津、上海和深圳的速裁案件的裁判文书则没有将认罪认罚从宽具结书当作证据来使用。对于庭审质证的证据，只有深圳法院的速裁裁判文书有所体现。速裁法律文书中的证据引用方式的差异其实折射出各地在证据审查与应用上的差别。

表 7-1 北京、天津、上海和深圳速裁裁判文书中的证据表述差异

试点城市	举 例	证据表述概括	表述细节
北京	被告人 XXX 在开庭审理过程中亦无异议,且有当事人血样提取登记表,呼吸酒精含量检验记录表,驾驶人、机动车信息查询结果单,机动车驾驶证、行驶证复印件,涉案车辆照片,证人陈某、仲某的证言,辨认笔录,北京市公安交通司法鉴定中心检验报告,执法录像,公安机关出具的到案经过、网上比对工作记录、户籍信息,被告人 XXX 的供述,认罪认罚具结书等证据证实,足以认定。	上述事实,被告人 XX 在开庭审理过程中无异议,并有 XXX 等证据证实,足以认定。	①罗列所有证据,没有按照法定证据种类区分;②将认罪认罚具结书视为证据。
天津	上述事实,被告人 XXX 在开庭审理过程中亦无异议,并有公诉机关提供的证人王某1、张某1、王某2、张某2、史某的证言,道路交通事故当事人陈述材料,案件来源及抓获经过,常住人口基本信息,司法鉴定意见书,道路交通事故现场勘查笔录,现场照片,现场图、行车证、驾驶证复印件,行政强制措施凭证,谅解书,赔偿协议,事故汽车买卖协议书,情况说明等证据证实,足以认定。	上述事实,被告人 XX 在开庭审理过程中亦无异议,并有公诉机关提供 XXX 等证据证实,足以认定。	①强调"并有公诉机关提供的"这样的表述;②证据表述中首先罗列言词类证据。
上海	为证实上述指控事实,公诉机关当庭出示了民警沈某的证言,公安机关出具的受案登记表、查获经过、案发简要经过、当事人血样提取登记表及相关照片、呼气式酒精检测结论告知书,司法鉴定意见书,驾驶人信息、车辆信息及被告人 XXX 提供的驾驶证复印件、行驶证复印件,被告人 XXX 的供述等证据。	为证实上述指控事实,公诉机关当庭出示了 XXX 等证据。	①有关证据的表述出现在公诉机关的控诉中;②明确指出"公安机关出具的 XXX";③体现被告人陈述,并放在罗列的证据最后部分。

续表

试点城市	举　　例	证据表述概括	表述细节
深圳	上述事实，被告人 XXX 在开庭审理时亦无异议，且有以下经庭审质证的被告人身份材料、违法犯罪查询结果单，查获经过，呼气式酒精检测结果单，抽血登记表，涉案车辆信息、驾驶人员信息查询表，行车轨迹卡口信息，人身损害赔偿协议、收据、谅解书，情况说明；证人喻某的证言；被害人李某的陈述；被告人屈某坤的供述和辩解；广东中一司法鉴定中心司法鉴定意见书；辨认笔录；执法现场录像以及现场监控录像（光盘 1 张）等证据予以证实，足以认定。	上述事实，被告人 XXX 在开庭审理时亦无异议，且有以下经庭审质证的 XXX 等证据予以证实，足以认定。	①证据表述详实；②表述中有"经庭审质证"。

二、速裁文书中的证据种类的分布情况

在速裁案件中，法院裁判文书中的证据应用可以从侧面反映法官对案卷中的证据取舍。从表 7-2 中显示的江苏、上海和湖南三地的证据种类的采用看，法院在速裁的裁判文书中对于直接证据的应用，主要是言词证据；而间接证据中，有鉴定意见、勘验笔录、视听资料、公民信息、司法文书等。从上述裁判文书的证据适用情况看，这些证据都是为了达到证明标准而在裁判文书中体现出来，且每份证据的证实都有严格的证明力要求。有学者认为，刑事速裁程序中的间接证据并不能组成完整的证据链，是一种"点"式验证。[1] 但是，如果从这些间接证据和直接证据的相互印证看，应当说速裁的法律文书实际上揭示了证据的客观性和真实性的统一的证明过程。虽然从这种直接证据与间接证据之间并没有通过具体的论证说理进行印证，但是应当能够达到证明的客观真实性的标准。这种标准的认定必须来自于速裁案件审判法官通过证据归集和庭审活动以及裁判文书进行的表述，最终形成对案件的确证。

---

[1] 高通：《刑事速裁案件的证明模式》，载《法学》2017 年第 3 期。

表 7-2　江苏、上海、湖南三地速裁裁判文书证据应用的分布情况

案件名	证据总数	直接证据种类和数量	间接证据种类和数量
江苏地区			
陆某某危险驾驶案	14 份	1 份证人证言、1 份被告人供述、1 份道路交通事故认定书，共 3 份	1 份辨认笔录、1 份勘验笔录、2 份书证、1 份鉴定意见、3 份视听资料、1 份行政处罚决定书、1 份户籍信息查询、1 份公民信息查询，共 11 份
孔某危险驾驶案	12 份	1 份证人证言、1 份被告人供述，共 2 份	3 份书证、1 份鉴定意见、1 份说明、1 份视听资料、1 份行政处罚决定书、1 份户籍信息查询、2 公民信息查询，共 10 份
史某某危险驾驶案	8 份	2 份证人证言、1 份被告人供述，共 3 份	1 份物证检验报告、1 份视听资料、1 份破案经过、1 份公民信息查询、1 份情况说明，共 5 份
上海地区			
李某某盗窃案	17 份	1 份被告人供述、3 份证人证言，共 4 份	1 份辨认笔录、1 份价格认定结论书、10 份书证、1 份公民基本信息，共 13 份
凌某某危险驾驶案	11 份	1 份证人证言、1 份被告人供述，共 2 份	4 份书证、1 份鉴定意见、2 份视听资料、1 份情况说明、1 份户籍资料，共 9 份
宁某某诈骗案	11 份	1 份证人证言、1 份被害人陈述、1 份被告人供述，共 3 份	8 份书证，共 8 份
湖南地区			
粟某某危险驾驶案	14 份	1 份被告人陈述、1 份案件来源，共 2 份	3 份视听资料、4 份书证、1 份行政强制措施单、3 份公民基本信息查询、1 份鉴定意见，共 12 份

续表

案件名	证据总数	直接证据种类和数量	间接证据种类和数量
朱某掩饰、隐瞒犯案所得、犯案所得收益案	20 份	1 份案件来源、7 份证人证言、1 份被告人供述，共 9 份	9 份书证、1 份辨认笔录、1 份价格认定结论书，共 11 份
周某危险驾驶案	23 份	1 份案件来源、3 份证人证言、1 份被告人供述，共 5 份	1 份现场勘验笔录、1 份鉴定意见、5 份情况说明、1 份行政强制措施单、4 份公民个人信息查询、6 份书证，共 18 份

三、速裁案件裁判文书中关键证据应用的规范化

上述速裁文书中的证据应用问题，主要体现为直接证据与间接证据等关键性证据的组合印证问题。有研究者提出刑事速裁程序的关键证据应当满足以下三个条件：其一，关键证据必须与待证事实有高度相关性，即要满足关键证据的有效性；其二，关键证据要尽可能采用实物证据以及鉴定意见等客观性较强的言词证据；其三，关键证据的真实性、合法性和有效性要通过程序上的审查判断。[1] 无论是直接证据还是间接证据都必须体现关键证据的特点，这些关键证据在速裁案件中主要包括三大类，即证明犯罪事实的证据、证明被告人自愿性认罪的证据和证明被告人获得量刑宽宥的证据。这些关键性证据在裁判文书中将直接形成对案件的定性和量刑的客观真实性的证明。

首先，证明犯罪事实的关键性证据。言词证据在速裁案件中具有关键性，被告人的供述与认罪认罚具结书都是证明犯罪事实的主观性较强的言词证据。这些言词证据必须与客观性较强的言词证据相互印证，譬如鉴定意见就是属于客观性较强的言词证据，这类证据都应当被纳入关键证据中。无论是直接证据还是间接证据在速裁案件涉及的犯罪事实的关联性上都必须展示直接性，实现速裁案件证明的直接性与简洁性。证明犯罪人的动机、犯罪目的等的证据虽然与犯罪事实相关，但是处在证明的末端，因此可以简化这类证据在速

---

[1] 高通：《刑事速裁案件的证明模式》，载《法学》2017 年第 3 期。

裁案件的裁判文书中的应用。

其次，证明被告人自愿性认罪的关键性证据。速裁案件中被告人自愿性认罪的证据主要体现在认罪认罚具结书中。被告人的认罪认罚具结书应当在速裁的裁判文书中作为关键性证据予以载明。此外，庭审中对认罪自愿性的查明部分亦应当在裁判文书中明示。被告人认罪的自愿性和对认罪后果的明知性，都是速裁案件认罪认罚从宽中的印证性关键证据，既与犯罪事实的定性相关联，也与量刑建议和裁量结果形成印证。因此，应当将被告人认罪自愿性的相关证据作为关键性证据在裁判文书中予以载明。

最后，证明被告人获得量刑宽宥的关键性证据。量刑上的关键性证据是指被告人获得谅解、和解和赔偿被害人的损失。在量刑方面的证据中，除了被告人自愿性认罪之外，被告人与被害人达成的谅解、和解等证据同样是刑事速裁程序中的关键证据。这些与被害人达成和解的关键性证据虽然主要是支持量刑裁判，但实际上与被告人的认罪事实形成关联性的印证。因此在速裁裁判文书中，都应当将这类影响被告人量刑的证据作为关键证据予以记载。

第三节　构建体系化刑事速裁程序中的证据规则

刑事速裁程序中犯罪嫌疑人和被告人在侦查和起诉阶段的认罪和认罚行为本身就构成刑事诉讼的重要证据，这种证据的形成、收集和判断必然需要配套的体系化的证据规则。刑事速裁程序和认罪认罚从宽制度中的指引性证据规则本质上是操作性规则。指引性的证据规则规定得越具体、边界越清晰，就越容易被执行，就越能充分体现抽象的原则性证据规则的精神。指引性证据规则的精细化、体系化和完整化的程度是衡量证据规则科学性和先进性的重要尺度。刑事速裁程序和认罪认罚从宽制度中在指引性证据规则包括该类案件在侦查阶段的证据规则、审查起诉阶段的证据规则和审判阶段的证据规则，这些指引性证据规则共同构成刑事速裁程序的证据指引规则的体系和内容。

一、速裁案件侦查阶段的证据规则

首先，应完善速裁案件中认罪认罚案件侦查阶段的取证规则。适用于刑事速裁程序的认罪认罚案件的取证规则是认罪认罚从宽制度侦查阶段的证据规则核心。侦查机关运用法律许可的方法和手段，发现、收集、提取证据的各种活动都需要严格的证据流程。认罪认罚从宽案件的取证规则中，除了客观证据之外，还存在大量的口供和认罪类的主观性证据。对于这些证据的取证，特别是在犯罪嫌疑人和被告人到庭第一次取证之后，应注意证据规则的运用、勘验规则的运用等。在认罪认罚案件的取证上，特别应注意区别的是对于被告人自愿性认罪的证据的收集，必须符合严格的取证规则。譬如，对于自愿性认罪的权利告知程序，对于自愿性认罪的口供的证据的确认，等等。对被告人的认罪认罚的口供证据必须由更高位阶的严格证据规则来保证认罪性"口供"供述的真实性。除了正面的取证规则的要求，譬如权利告知的前置性规则，以及对于认罪证据的录音录像等证据规则，还应确立律师的前置性或者正式认罪时的在场权的规则。除此之外，还应当规定禁止性规则：禁止刑讯逼供，禁止采用威胁、欺骗、引诱等手段进行取证。特别是不能在认罪认罚的口供取证之前有任何的人身或家属自由的威胁，或者任何欺骗，不能以认罪可以很快取保候审或者减轻处罚等不恰当的诱骗等方式来骗取犯罪嫌疑人或被告人违反真实意愿的认罪。只有被告人供述，但是没有其他证据的，不能认定被告人认罪或对其处以刑罚。因此，除了被告人供述之外，认罪认罚从宽案件虽然存在激励认罪口供性证据，但是并没有免除其他印证性证据的获得。因此，确认认罪的口供性证据后，必须对认罪的口供印证性证据加以收集并进行印证性关联。

其次，在速裁案件侦查的证据规则中要赋予认罪独立程序性证据的功能。我国刑事诉讼中有关犯罪嫌疑人、被告人的认罪、供述两个词经常混用，其法律意义间的界限模糊，在立法和司法实践中并不严格区分。根据官方的解释，认罪认罚从宽制度试点"是我们国家现行法律里规定的'坦白从宽'这项刑事政策的一种具体化、制度化、程序化、规范化的做法"，可见，认罪主要是包括坦白供述在内的概念。学界也基本上认同这样的观点。有的学者直接将认罪与供述等同，认为认罪认罚作为一种供述，就是一种证据。[1] 在英美法系，认罪（guilty plea）与供述（confession）是两个完全不同的法律用

---

〔1〕　王敏远：《认罪认罚从宽制度疑难问题研究》，载《中国法学》2017年第1期。

语，认罪表示犯罪嫌疑人、被告人对司法机关犯罪指控的认同或同意，认罪的法律后果是案件将直接进入量刑，不再进行独立的审判；供述则表示犯罪嫌疑人、被告人向司法机关陈述其犯罪事实和犯罪过程，供述并不产生类似认罪的程序上的法律后果。认罪的内容比较单一，仅仅是认可犯罪指控的意思表示；而供述的内容很广泛，包含承认犯罪事实、描述犯罪动机、提供犯罪侦查线索、为犯罪事实进行辩解等内容。认罪并不意味着必然供述，而供述并不必然是认罪，二者之间具有严格的区分，其证据和法律后果都不相同。认罪主要是犯罪嫌疑人、被告人的诉讼行为，没有外部因素干扰的认罪行为是具有诉讼行为的证据上的确定性；供述作为犯罪嫌疑人、被告人对司法机关指控的自我指证，即便是完全自愿性的供述，其证据上的确定性并不可靠，需要其他物证、言辞证据加以佐证。因此，认罪作为言词证据本身并不直接产生确认犯罪事实的功能，供述作为言词证据则可以对犯罪事实产生确认的功能。在英美法中，认罪的功能是程序上的，即可进入简化的辩诉交易阶段；供述的功能是实体上的价值，并不意味着产生诉讼程序的变化。我国的认罪认罚从宽制度可以借鉴和吸收英美法系辩诉交易的内核，对认罪和供述的法律意义和功能进行严格区分，使其具有不同的证据法上的功能，这样就可以更好地规范认罪认罚制度的证据体系。[1]

二、速裁案件起诉阶段的证据规则

起诉阶段的指引性证据规则主要体现在起诉机关与被告人就认罪和量刑达成的合意性证据规则。在我国认罪认罚从宽制度中的"认罚"，表示愿意接受检察机关或审判机关对犯罪的量刑，本质上是一种诉讼行为的证据。有学者将我国司法实践中的认罚界定为，犯罪嫌疑人、被告人在认罪的基础上自愿接受所认之罪在实体法上带来的刑罚后果。[2] 认罚是认罪的后续行为，只有在认罪基础上接受司法机关的处罚，才可以得到从宽的处理。认罚本身并不意味着不受限制的处罚，而是在法律规定的量刑幅度内处罚，除了自由刑之外，还包括退赃退赔，没收违法所得等财产刑。在我国认罪认罚从宽制度

---

〔1〕 孙长永等：《认罪案件办理机制研究》，载《西南政法大学学报》2010 年第 2 期。
〔2〕 陈卫东：《认罪认罚从宽制度研究》，载《中国法学》2016 年第 2 期。

的试点中，认罚与认罪之间的次序往往颠倒，即先由公安、检察机关给予权利告知和量刑建议，然后激励犯罪嫌疑人、被告人认罪，接受认罪和认罚的处理。这和西方国家的认罪在前、量刑合意在后之间有明显的不同。特别是在我国，在认罪认罚案件中，犯罪嫌疑人和被告人的认罚的根据或证据，是以具状书的形式反映出来的。在英美法系，量刑是一种协商的结果，最终以被告人、检察机关和律师签署的认罪协议作为认罪答辩的程序上的诉讼根据。我国以认罚为基础的具状书，体现了国家主义的弹劾式样式的诉讼形态；而认罪认罚协议书体现的是当事人主义控辩式的诉讼形态。

　　刑事速裁程序与认罪认罚从宽制度改革并轨试点后，立法和司法机关应加快创新认罪后的量刑控辩协商制度。控辩协商制度是推进刑事诉讼民主，提升被告人在司法正义上的获得感的重要制度。控辩协商制度由于注重诉讼主体间民主参与和公平交流，充分体现了程序的内在价值和当代诉讼制度发展的趋势。一项法律程序或者法律实施过程是否具有正当性，并不是看其是否有助于产生正确的结果，而是看它能否保护一些独立的价值。[1]辩护律师的有效参与正是正当程序体现的控辩双方内在要求的平等性价值。两高三部《认罪认罚从宽试点办法》拓展了值班律师的法定职责，规定值班律师不仅可以向犯罪嫌疑人和被告人提供法律咨询，而且可以提供程序选择和申请变更强制措施。但是，对于值班律师是否可以担负控辩协商中的辩护人的角色，需要在认罪认罚程序中结合认罪认罚从宽的试点作进一步探索。在认罪认罚和刑事速裁程序试点中，地方司法人员特别是律师呼吁要抓紧建立完备的控辩协商程序，以保证认罪认罚案件的控辩结构性平衡。认罪认罚从宽试点开启了控辩协商的"大门"，但是离规范意义上的控辩协商制度还有相当差距。这主要表现在两个方面：其一，无论是认罪认罚程序还是认罪认罚从宽制度，控辩协商的规范性程序性机制没有建立起来。在认罪认罚程序和认罪认罚从宽试点中，指控方仍然是通过量刑建议等方式来主导量刑活动，辩护律师被赋予参与量刑协商的实质性权利与救济机制。其二，在司法实践中，保证控辩协商有效实施的律师参与力量严重不足。由于法律援助资源存在区域性差

---

　　〔1〕　陈瑞华：《走向综合性程序价值理论——贝勒斯程序正义理论述评》，载《中国社会科学》1999 年第 6 期。

异，要保证所有认罪认罚案件的被告人都享有律师辩护权，仍然面临实际困难。根据笔者有关调查统计，仅仅有不到 50% 的看守所或法院设立了值班律师。这说明在地方试点中，值班律师制度并没有实现看守所和法院全覆盖。控辩协商如果没有辩护律师的有效参与，在审前监督机制不完善的情况下将极有可能产生冤案、错案。在目前法律援助资源稀缺的情况下，国家应当加大对法律援助的投入，并采取措施将有限的律师资源配置给最有需要的认罪认罚案件中认罪认罚的被告人，以帮助其与控方进行有效的量刑协商。在认罪认罚试点期间，有的试点地方开始探索建立律师广泛参与的认罪认罚案件控辩协商机制，这为中央层面的控辩协商立法提供了可资参考的经验。[1] 在未来的刑事诉讼立法中，可以汲取部分地方认罪认罚试点中控辩协商机制和运行的经验，并吸收国外控辩协商方面的有益做法，制定律师有效参与的规范的认罪认罚控辩协商机制。

另外，在完善控辩协商程序的基础上，将被告人的认罪具状书改革为认罪量刑的协议书，作为证据固定被告人的认罪量刑答辩。在该协议书中明确规定自愿性认罪、量刑区间、权利告知、权利放弃、认罪答辩后果、保密、法律救济和被告人、律师、检察官的真实性声明等。量刑协商程序形成直接的证据，就是认罪量刑协议。在认罪量刑协议签署后，法院可以据此做出确认和判决。这样，在认罪和认罚的证据确认固定后，法院的量刑判决就有了扎实的程序性证据的支持和基础。

三、速裁案件审判阶段的证据性规则

首先，关于确定事实基础的指引性证据规则。审判法庭应当在裁决前确定该答辩存在事实基础。要保障认罪认罚案件存在事实基础就必须有相应的审理的具体性证据规则支持。对于认罪答辩，法庭是最后一道环节，法庭绝对不能成为量刑协议的"橡皮图章"。《美国联邦刑事诉讼规则》第 11 条规定，在进入有罪答辩的裁决前，法庭应当确定该答辩存在事实基础。法庭在接受有罪答辩或不愿答辩也不承认有罪的答辩前，首先要在公开法庭上亲自

---

〔1〕 郑敏等：《刑事速裁程序量刑协商制度若干问题研究——基于福建省福清市人民法院试点观察》，载《法律适用》2016 年第 4 期。

讯问被告，并确认答辩是自愿的，不是强迫、威胁或是承诺（除答辩协议中的许诺以外）的结果。可见，有罪答辩的事实基础与自愿性的基础必须得到证据的支撑。法庭审理的规则必须具备，以保证法庭审理具备基础。

其次，关于审查认罪自愿性的指引性证据规则。对认罪认罚案件的认罪程序性机制的完善，可以结合刑事速裁程序和认罪认罚从宽制度的试点，对认罪的自愿性进行实质性的程序审查，保证被告人认罪是在非强迫性的环境中和对认罪后果具有明知性的基础之上作出的。关于认罪的构成和范围等已经有不少学者进行讨论。但是，对于认罪的构成和定性等，还存在认识上不一致的问题。根据两高三部《认罪认罚从宽试点办法》，被告人认罪必须是自愿的，这个问题在认罪认罚程序试点中的重要性不能低估。为了解决这个问题，结合认罪认罚从宽制度的试点，最高司法机关在认罪认罚和认罪认罚从宽制度试点创设了认罪答辩规则。

从笔者组织的课题组收集的被告人问卷的结果看，绝大多数被调查的被告人在问卷中声称其认罪是自愿的，但是也有极少数不认为自己的认罪是自愿的。在认罪认罚从宽制度的试点上，采取值班律师或辩护律师见证下签署认罪具结书的方法，但是这并不能绝对保证被告人认罪的自愿性。在审理案件的过程中，很多法官认为认罪被告人已经签署认罪具结书，经过审查起诉机关的审核把关，在法庭上没有必要浪费时间再对被告人进行自愿性认罪的审查。实际上，认罪自愿性的审查是认罪认罚从宽制度在庭审环节保证案件质量不可或缺的要求。由于两高两部《速裁程序试点办法》和两高三部《认罪认罚从宽试点办法》并没有明确要求在法庭审理上对被告人的自愿性认罪进行实质审查，缺乏相应的可操作性的规则，给制度留下了创新的空间。在这方面，可以借鉴美国认罪答辩机制，对被告人认罪的自愿性、真实性和明知性进行审查。换言之，被告人的认罪是基于对其犯罪行为的性质和量刑结果以及后果的清楚认识，特别是在辩护人或律师的指引下进行的出于个人内心自愿的认罪，表明其真实性和对认罪后果承担的自愿性。事实上，在认罪认罚从宽试点中，有些地方已经尝试建立认罪自愿性审查机制，在规范被告人权利告知程序的基础上，结合被告人对认罪后果的认知能力和案件证据等方面进行审查，确保被告人明知法律后果、自愿接受处罚、自由选择程序。在认罪认罚从宽制度的未来立法中，对被告人进行认罪自愿性审查的环节或机制应当被明确纳入法定的刑事速裁程序、简易程序和普通程序之中。

最后，关于认罪撤回的指引性证据规则。刑事速裁程序与认罪认罚从宽制度的指引性证据规则必须包含认罪的可撤回性的证据规则。认罪认罚从宽制度对认罪撤回的证据规则没有任何规定，这反映认罪认罚从宽制度证据规则还远不成熟。譬如，被撤回的有罪答辩或者已经被撤回的认罪具状书就不应当作为不利于被告人的后续的定罪和量刑的证据使用。全美律师协会制定的《有罪答辩标准》14-2.2规定：①被告人撤回的有罪答辩或者不认罪也不申辩答辩不得在任何刑事、民事或者行政诉讼中用作不利于被告人的证据。②当有罪答辩撤回后，被告人在答辩过程中的陈述以及在辩诉协商谈判过程中对控方所作的陈述，不得在任何刑事、民事、行政诉讼中用作不利于被告人的证据，除非出现以下情况：在伪证或者虚假陈述刑案中，如果被告人陈述是在宣誓后，有记录且律师在场的情况下作出的；或者在任何诉讼中，被告人在同一答辩或者协商中作出的另一陈述已出示，公平而言被告人陈述和该陈述是同时作出的。[1] 上述这些规定，其中有些也可为我国制定和完善刑事速裁案件及认罪认罚从宽制度中认罪撤回后的证据规则提供启示和借鉴。

---

〔1〕 祁建建：《美国律协〈刑事司法标准〉之〈有罪答辩标准〉评析》，载《中国刑事法杂志》，2016年第5期。

刑事速裁程序中的侦查问题

2018 年新修改的《刑事诉讼法》对于刑事速裁程序的立法主要规定在审查起诉阶段和审判阶段。2019 年的两高三部《认罪认罚从宽指导意见》对认罪认罚从宽制度中涉及侦查机关职责的规定对刑事速裁程序的侦查阶段有直接的影响。由于犯罪嫌疑人的认罪认罚行为在刑事侦查阶段就会发生，侦查阶段的认罪认罚必须与其他诉讼阶段和诉讼权利保护相衔接。虽然两高两部《速裁程序试点办法》对侦查机关的职责作了具体的规定，但主要局限于在看守所建立值班律师制度和对犯罪嫌疑人、被告人认罪认罚的应当听取值班律师和辩护律师的意见等方面。速裁案件的侦查阶段，包括犯罪嫌疑人权利保护等问题，并未得到足够的重视。本章围绕侦查机关在刑事速裁程序中的地位、速裁案件中的羁押措施以及在公安机关执法办案管理中心设置速裁法庭等问题进行初步的探讨。

第一节 侦查机关在速裁程序中的职责

侦查机关是刑事案件的启动者，也是刑事速裁程序的启动者。《刑事诉讼法》并没有对侦查阶段的速裁程序的侦查期限或侦查方法的具体运用于轻微的刑事案件上作出特别的规定。因此，刑事案件可以进入后续的刑事速裁程序，在刑事侦查阶段从刑事拘留到刑事逮捕阶段都有可能发生。在侦查阶段，侦查机关对于速裁案件的识别与建议是推动案件进入刑事速裁程序的关键。对于可能适用的速裁案件和认罪认罚从宽案件而言，侦查机关的具体职责主要包括以下几个方面：

一、权利告知

刑事诉讼中指控机关在讯问前的权利告知是保障犯罪嫌疑人、被告人基本诉讼权利的程序性机制。著名的美国米兰达告知规则就是刑事权利告知的典范。米兰达告知的内容涵盖四条高度凝练的具体内容，包括：你有权保持沉默；你所说的每一句话将作为法庭上对你不利的证据；你有权聘请律师，在讯问过程中他可以在场；如果你没有能力聘请律师，国家将免费为你指定律师。在美国，侦查机关如果没有对处于羁押状态的犯罪嫌疑人履行米兰达告知，侦查机关获得的供述或自白就不能作为法庭指控的证据。欧洲许多大陆法系国家也有上述权利告知的类似规定。我国刑事诉讼法采取职权主义，虽然在刑事诉讼的不同阶段都规定需要对犯罪嫌疑人进行权利告知。但是对权利告知的具体内容缺乏硬性的法律规定。另外，立法上对违反权利告知的后果缺乏惩罚性救济机制，因此权利告知程序在中国的刑事诉讼中并没有真正发挥其应有的作用。特别是，对于没有权利告知的讯问的言词证据并不能严格适用非法证据排除的规则。

两高三部《认罪认罚从宽指导意见》对侦查人员的权利告知程序在侦查阶段的具体告知内容和时间点并没有明确规定。在刑事速裁程序试点初期，有的公安机关的告知内容主要包括：告知犯罪嫌疑人有关速裁的法律规定；告知犯罪嫌疑人有权同意或者不同意适用刑事速裁程序；告知犯罪嫌疑人有权申请值班律师的法律帮助或者依法申请法律援助帮助聘请辩护律师。虽然对于侦查机关权利告知的基本内容，法律上并没有作出特别的具体规定，但是实践中司法机关会根据刑事诉讼法关于犯罪嫌疑人、被告人享有的诉讼权利来确定哪些属于必须告知的内容。根据《刑事诉讼法》和相关司法解释，侦查机关人员在犯罪嫌疑人到案后接受第一次讯问就应当进行全面的权利告知。刑事案件在犯罪嫌疑人被羁押后是否可以进入速裁程序，主要取决于犯罪的严重程度、被告人是否自愿认罪认罚，案件事实是否清楚等。根据认罪认罚从宽制度的法律规定，侦查机关在犯罪嫌疑人采取强制措施之后就应当对其在刑事诉讼中享有的权利进行告知，包括享有认罪认罚从宽的权利和速裁程序选择的权利。当犯罪嫌疑人表示自愿认罪和如实供述，就具备案件进入速裁程序的最基本的条件。

对于侦查机关来说，通过权利告知等方式识别进入速裁程序的案件，有助于提升这类案件侦查阶段的效率。《刑事诉讼法》规定普通案件从刑事拘留到逮捕的侦查时间为 3 个多月。如果在侦查阶段通过侦查活动已经可决定这类案件接下来可进入速裁程序，那么就意味着这类案件可以提前终结侦查程序。从侦查机关的角度，对于犯罪嫌疑人认罪认罚且符合速裁程序其他条件的案件，侦查阶段直接配套的速裁程序或者认罪认罚从宽的特殊的程序规定，必然有助于这类案件的快速和规范化的处理。但是，立法上对于侦查机关的程序识别缺乏具体的法律规定，主要是各地在侦查期间的规范性文件作出的规定，譬如对于侦查期间发现的轻微刑事案件犯罪嫌疑人认罪的在案卷上作出特殊的标注，推进案件的审查和报送检察院起诉的流程。

二、认罪教育

刑事诉讼的目的在于查明案件事实，追究犯罪人的法律责任。原则上，认罪教育并不是刑事诉讼过程中司法人员的工作重点。认罪悔罪教育的起始点理论上是法院判决后的执行阶段，但是由于很多犯罪在审判之前就已经事实确定，因此诉讼过程中并不绝对地排除司法机关工作人员对犯罪嫌疑人、被告人进行认罪教育。两高三部《认罪认罚从宽指导意见》第 23 条规定，公安机关在侦查阶段应当同步开展认罪教育工作，但不得强迫犯罪嫌疑人认罪，不得作出具体的从宽承诺。笔者认为，侦查人员对犯罪嫌疑人进行认罪教育的规定，违背刑事诉讼中无罪推定的基本原则。认罪是犯罪嫌疑人对指控本身的了解和自己犯罪行为的深刻认识的主观反映，是犯罪嫌疑人在律师帮助下的自觉自愿的行为。侦查人员的职责是对犯罪行为进行侦查并提出指控的证据，对犯罪嫌疑人的认罪教育会使侦查人员过度依赖口供。犯罪嫌疑人的认罪必须在其不被强制和胁迫的情况下发挥作用。实践中，犯罪嫌疑人处在侦查机关强制措施的高压态势下，侦查人员认罪教育的言语运用不当，很有可能导致犯罪嫌疑人认罪的不自愿性或者扭曲认罪的悔罪基础。在司法解释中规定，侦查人员对犯罪嫌疑人进行认罪教育，容易与犯罪嫌疑人的自愿性认罪产生冲突，不利于使犯罪嫌疑人在后续的起诉和审判活动中保持认罪的稳定性和连续性。

从贯彻宽严相济的刑事政策的角度看，公安机关对犯罪嫌疑人进行认罪教育本来无可厚非。但是，由于案件是否可以进入速裁程序或者适用认罪认罚从宽的决定权在检察院，因此在侦查阶段任何关于认罪认罚从宽的承诺都有可能在后续的司法程序中无法兑现。因此，侦查机关的认罪教育中涉及认罪认罚从宽，如果案件处理结果不能和预期一致，那么犯罪嫌疑人就有可能将侦查人员的认罪教育看作是对其诱使或者强迫认罪的证据，导致侦查人员在诉讼程序中处于非常被动的地位。因此，侦查机关对于犯罪嫌疑人的认罪教育在没有具体的规范指引下，其实应当非常慎重。在侦查阶段，侦查人员在权利告知程序中，明确告知犯罪嫌疑人享有认罪认罚从宽和适用刑事速裁程序的权利，其在对犯罪嫌疑人的自愿性认罪的认知上就已经完成其职责。犯罪嫌疑人认罪的自愿性在律师的指导或帮助下完成，侦查人员负责记录在案即可，无须侦查人员在没有律师在场的情况下对犯罪嫌疑人进行认罪教育，否则会引起认罪是否符合自愿性要求的争议。

此外，有些犯罪嫌疑人希望通过投机认罪获得从宽处罚，这种现象在速裁和认罪认罚从宽的案件中也常见。因此，如何避免这种投机性认罪是处理认罪认罚从宽案件中的难点。有学者根据正在服刑的 1000 名罪犯的调查发现，认为自己有罪的占 89%，认为自己无罪的占 11%；表示充分认识到自己的犯罪行为后果和危害的仅仅占 60%；表示完全服从法院判决的占 79%；对法院判决表示不满，认为判重了的占 68%；判决民事赔偿的，有能力赔偿而拒绝赔偿的占 17.2%；判处罚金附加刑的，有执行能力但是拒绝执行的占 29.9%。[1] 由此可见，认罪悔罪并不是简单在诉讼程序中进行认罪教育就能够解决问题，必须将认罪认罚从宽制度延伸到执行阶段，对于在刑事诉讼阶段犯罪嫌疑人通过虚假认罪和悔罪投机骗取司法机关从宽处罚的，在其后的监狱和社区矫正的执行过程中如果不能在制度上进一步确保犯罪人一以贯之认罪悔罪，必然会削减宽严相济的刑事政策的实际效果。

三、建议适用刑事速裁程序

刑事速裁程序的启动，主要取决于犯罪嫌疑人的程序选择和案件的事实

---

〔1〕 赵正顺、彭辉：《罪犯认罪悔罪教育情况调查研究》，载《犯罪与改造研究》2012 年第 10 期。

基础等，侦查机关虽然不具有直接启动速裁程序的权利，但是根据案件侦查的实际情况，对于符合案件速裁程序的可以直接建议检察机关适用速裁程序。两高两部《速裁程序的试点办法》第 5 条规定，公安机关侦查终结移送审查起诉时，认为案件符合速裁程序适用条件的，可以建议人民检察院按照速裁案件办理。两高三部《认罪认罚从宽指导意见》也明确规定，对移送审查起诉的案件，公安机关应当在起诉意见书中建议人民检察院适用速裁程序办理，同时写明犯罪嫌疑人自愿认罪认罚的情况。上述规定实际上赋予了侦查机关在速裁程序启动方面的功能，这对于推动速裁程序往侦查阶段前移，提高侦查效率具有重要意义。

对于侦查机关的适用刑事速裁程序的建议，原则上检察机关在审查确认后应当采纳侦查机关的建议。当然，当认罪认罚的案件进入审查起诉阶段，检察机关还需要保证犯罪嫌疑人在值班律师或辩护律师在场的情况下签署正式的认罪认罚具结书，案件才可以正式进入速裁程序。对于侦查机关适用速裁程序的建议，检察机关经过审查后发现并不符合适用速裁程序的条件，检察机关应当向侦查机关书面说明理由，目的是对侦查机关侦查中出现的问题进行法律监督，同时也有利于侦检机关的相互配合与协作关系的顺畅。当然，案件进入审查起诉阶段后，由于犯罪嫌疑人或者辩护人撤回认罪或者出现其他新的不符合速裁案件的事实，是否需要退回侦查，这个需要具体情况具体分析。如果仅仅是被告人撤回认罪，并无其他新的犯罪事实或者证据需要补充，原则上案件不应当退回补充侦查，检察机关直接适用普通程序来处理即可。对于侦查机关建议适用速裁程序的案件，检察机关在审查起诉阶段，原则上不应当退回补充侦查，防止案件的拖延和审前速裁效率的低下。速裁程序的程序回转必将损害程序的效率价值，速裁程序的回转或倒流必须符合法定的实质性的要件，其中检察机关在控制程序的回转或倒流方面起到关键作用。

第二节 速裁案件的羁押措施的适用问题

认罪认罚从宽中的"从宽"不仅指量刑从宽，而且还应包括在程序上从宽。程序上从宽的具体表现就是对认罪认罚的犯罪嫌疑人不再采用刑事拘留或逮捕等羁押措施，而应当更多地采用宽松自由的取保候审、监视居住的替代性羁押措施。逮捕措施的高适用率是我国刑事司法实践中的普遍现象，其中既有制度设计方面的问题，也有办案理念的原因。[1] 刑事拘留和逮捕手段在刑事诉讼中被看作是侦查措施，以保证犯罪嫌疑人能够配合司法机关进行案件调查。从无罪推定和人权保障的角度，审判前对犯罪嫌疑人、被告人的羁押应当属于在特定条件下的例外情况，绝大多数的犯罪嫌疑人、被告人在审前阶段不应当羁押。但是在司法实践中恰恰相反，绝大多数的犯罪嫌疑人受到刑事拘留和逮捕的羁押。刑事速裁程序试点中强调相关案件应当采取取保候审、监视居住的替代性羁押措施，在一定程度上降低了刑事案件的总体羁押率。2018 年修改后的《刑事诉讼法》对于速裁案件和认罪认罚从宽案件中的犯罪嫌疑人，是否应当采取替代性羁押措施可以说是语焉不详，有必要对该问题进一步研究。

一、速裁案件的羁押率实证观察

在适用刑事速裁程序和认罪认罚从宽的案件中，对犯罪嫌疑人、被告人应当采取取保候审、监视居住等替代性羁押措施，保障犯罪嫌疑人、被告人在侦查阶段具有较大的权利行使和自由活动空间。从刑事速裁程序和认罪认罚从宽制度的试点情况看，刑事速裁程序案件的强制性羁押措施的适用率有明显的下降。[2] 截至 2018 年 9 月，适用刑事速裁程序审结的案件，被告人采取取保候审的近 7 万人，占速裁案件的 48.99%，被采取监视居住的 1635 人，占 1.15%，两者合计 49.14%。这就意味着全国速裁案件中有接近一半的案件的犯罪嫌疑人被采取替代性羁押措施。[3] 有的地方速裁案件中替代性羁押措施的适用比例甚至高达 74%。[4] 可见，刑事速裁程序和认罪认罚从宽制

---

〔1〕 陈卫东、聂友伦：《侦查视角下的刑事速裁程序效率研究——现状、问题与展望》，载《中国刑事法杂志》2016 年第 6 期。

〔2〕 参见《最高人民法院、最高人民检察院关于刑事案件速裁程序试点情况的中期报告》，载《全国人民代表大会常务委员会公报》2015 年第 6 号，2015 年 11 月 20 日。

〔3〕 胡云腾主编：《认罪认罚从宽制度的理解与适用》，人民法院出版社 2018 年版，第 89 页。

〔4〕 刘方权：《刑事速裁程序试点效果实证研究》，载《国家检察官学院学报》2018 年第 2 期。

度的试点中刑事诉讼替代性羁押措施的适用比例确实得到大幅度提高。该规定虽然加入认罪认罚对于羁押措施的限制，但是关于逮捕的自由裁量权的弹性规定，在实践中是否可以发挥立法者的指向性作用，仍然有待观察和检讨。

对犯罪嫌疑人、被告人采取替代性羁押措施是评价刑事速裁程序是否贯彻宽严相济刑事政策的重要指标。为了观察羁押措施在不同地区的差异，笔者对 2019 年度北京、上海、西安、长沙四地速裁案件中危险驾驶罪和其他案件的羁押情况进行样本比较研究，观察刑事速裁程序入法之后的区域羁押率和在不同的案件中变动的实际情况。[1]

表 8-1　2019 年度北京、上海、西安、长沙速裁案件中危险驾驶罪和
其他案件羁押情况

地区/逮捕率	危险驾驶罪				其他犯罪			
	逮　捕	取保候审	监视居住	总　数	逮　捕	取保候审	监视居住	总　数
北京 （22.35%）	7 （0.19%）	104 （2.82%）	0	3689	1552 （47.25%）	1291 （39.30%）	7 （0.21%）	3285
上海 （0.74%）	0 （0.00%）	11 （0.51%）	0	2141	33 （1.43%）	29 （1.26%）	1 （0.04%）	2302
西安 （12.71%）	2 （0.21%）	159 （16.44%）	2 （0.21%）	967	208 （30.36%）	126 （18.39%）	9 （1.31%）	685
长沙 （41.47%）	84 （6.57%）	1219 （95.38%）	0	1278	1068 （71.20%）	556 （37.07%）	24 （1.60%）	1500

从上表中可以比较清楚地看出 2019 年度北京、上海、西安和长沙四个城市的逮捕和其他替代性羁押措施适用的差异情况。在四个城市逮捕率方面，中部城市长沙最高，速裁案件的逮捕率高达 41.47%；其次是北京，速裁案件的逮捕率为 22.35%；再次为西安，速裁案件的逮捕率为 12.71%；最低的为

---

[1]　在中国裁判文书网以"2019 年""刑事一审""判决书""速裁程序""北京市"为关键词进行检索，通过审查和筛选，共获得 6974 份裁判文书；以"2019 年""刑事一审""判决书""速裁程序""上海市"为关键词进行检索，通过审查和筛选，共获得 4443 份裁判文书；以"2019 年""刑事一审""判决书""速裁程序""西安市"为关键词进行检索，通过审查和筛选，共获得 1652 份裁判文书；以"2019 年""刑事一审""判决书""速裁程序""长沙"为关键词进行检索，通过审查和筛选，共获得 2778 份裁判文书；总计 15 847 份裁判文书。

上海，速裁案件中的逮捕率仅为 0.74%。从四个城市的速裁案件的总体逮捕羁押率看，存在地区间的严重不平衡。如果从全国看，这种不平衡可能存在更大的问题。从样本中的危险驾驶罪的个案观察，长沙的逮捕率最高，但是仅仅为 6.57%，其他三个城市间的差别也不大。这说明在危险驾驶案方面区域间在羁押措施的适用方面趋于平衡。在除危险驾驶罪案之外的其他犯罪的羁押措施的适用方面还存在较大差别；虽然在本样本中没有具体统计，但是可以看出存在严重的案件差别。上海地区其他速裁案件的逮捕率仅为 1.43%，而北京、长沙均超过了 35%，西安地区也超过 30%。这说明在除危险驾驶案之外的其他犯罪类型的速裁案件的逮捕率总体上比较高，而且存在严重的地区差异。速裁案件的羁押措施存在巨大地区间差异的根本原因有以下几个方面：

第一，罪名之间量刑差异的幅度影响了羁押措施的适用。危险驾驶罪的量刑总体幅度比较低，一般都是 6 个月以下拘役。在司法实践中，量刑的轻重往往是羁押措施适用的重要考量。从四个城市的数据看，危险驾驶罪的逮捕适用率很低与其量刑较低具有明显的关系。但是，其他类型犯罪的速裁案件，譬如故意伤害、寻衅滋事等罪行的量刑幅度可能比较大。虽然速裁案件适用的是 3 年以下有期徒刑的案件，但是在司法实践中受传统刑事政策的惯性影响，速裁案件的羁押率仍然会比较高。譬如长沙市除危险驾驶罪之外的案件，即便是属于量刑 3 年以下有期徒刑的案件，逮捕率也在 70% 以上，这与其他适用普通程序审理的案件并无多大差异。即便是属于经济发达地区的北京，除危险驾驶罪之外的速裁案件的羁押率也达到 35%，说明北京市总体刑事案件羁押率仍然比较高。在某些地区，羁押率并没有因适用刑事速裁程序或认罪认罚从宽制度而有所下降。

第二，不同地区的刑事政策的差异会对区域的羁押率产生直接影响。我国国家治理属于单一制的国家，国家基本法律的制定一般不考虑区域性。但是由于各地经济文化的差别，法制的实施方面客观上存在差别。从上述四个城市速裁案件羁押措施的具体适用，就可清楚地看到不同地区在执行国家统一的基本法律方面存在巨大的差异。即便是经济文化条件相似的地区，其内部仍然存在差别，譬如同属于经济发达的特大城市的北京就比上海的羁押率要高很多；同样属于中西部的长沙比西安的羁押率要高出很多。这都说明不同地方的诉讼文化与对刑事速裁程序价值定位的理解客观上存在巨大偏差之间有密切关系。

第三，刑事诉讼羁押措施立法上的模糊，为司法机关在执行方面预留了太大的自由裁量空间。从人权保障的角度，刑事逮捕等强制措施对刑事被指控人的个人自由、名誉和权利的维护等都会产生很多消极负面的影响。但是，对于侦查机关来说，强制措施被看作侦查的手段，其通过强制措施给犯罪嫌疑人施加外部环境的巨大压力，进而获得侦查机关需要的供述。从侦查机关办案的角度看，羁押犯罪嫌疑人对其办案有利而并不存在任何法定的风险，而采取取保候审或监视居住的强制措施，不但可能出现犯罪嫌疑人失控的情况，而且可能面临玩忽职守或者被监督机关认为人情案等被追责的潜在风险。因此，在《刑事诉讼法》中对取保候审、监视居住条件的规定比较有利于侦查机关，而不是有利于犯罪嫌疑人进行抗辩。即便是2018年修改后的《刑事诉讼法》规定应当将认罪认罚因素作为采取替代性羁押措施的重要考量，但是由于不具有强制性，其实际的效果非常有限。这种模糊性的立法导向对于侦查机关提请批捕和检察院审查批捕上的权力制约并无严格约束力。对于审前阶段的羁押措施的审查批捕，虽然有羁押必要性审查机制，但是这种机制由于运行于检察院内部，同样对于认罪认罚案件的犯罪嫌疑人、被告人在寻求羁押救济方面的作用甚微。

二、大幅度降低速裁案件的羁押率的路径分析

客观地说，刑事速裁程序和认罪认罚从宽制度的实施，对于这些案件中的犯罪嫌疑人、被告人来说意味着获得更高的替代性羁押的机会。从上面四个城市的情况看，确实如此。譬如上海市不仅危险驾驶罪的逮捕率为零，而且其他类型的犯罪适用速裁案件的羁押率仅仅为1.43%。这说明刑事速裁程序的适用在某些地区确实大幅度降低了羁押率，对于保障犯罪嫌疑人的诉讼权利发挥了重要的作用。但是，也要看到有些地区的速裁案件的羁押率仍然很高，譬如长沙，速裁案件的羁押率接近80%，这就很不正常。这说明刑事诉讼有关刑事速裁程序的制度设计和实施等方面还存在漏洞，尚需进一步完善。

第一，在立法上，不仅应规定速裁案件在实体量刑上从宽，还应明确规

定羁押措施的程序性从宽。2018 年修改后的《刑事诉讼法》第 81 条第 2 款规定，批准或者决定逮捕，应当将犯罪嫌疑人、被告人涉嫌犯罪的性质、情节、认罪认罚等情况作为是否可能发生社会危害性的考虑因素。但是该规定由于是非强制性规定，对于速裁案件实用替代性羁押措施的影响相当有限。刑事速裁程序试点之后的立法，与涉及速裁案件程序上的羁押措施的具体规定基本上没有衔接上，因此可能导致试点之后某些地方的速裁案件羁押适用率的反弹。绝大部分速裁案件中，犯罪嫌疑人认罪且已愿意适用刑事速裁程序，因此其主客观上脱逃审判的可能性比较小。立法上，可以明确规定对于在侦查阶段已经启动刑事速裁程序的案件，羁押措施应当主要适用传唤和拘传等非长时间持续的羁押措施，对于确实需要持续性侦查的案件，可以运用取保候审、监视居住等替代性羁押措施，原则上对于认罪认罚从宽的案件犯罪嫌疑人可能被判处 3 年以下有期徒刑的案件，不适用刑事拘留、逮捕等强制性羁押措施。

第二，在司法上，降低羁押率还需要地方司法机关的不断探索和创新。地方司法机关应当转变思维，树立人权保障意识，确立对认罪认罚案件的犯罪嫌疑人、被告人采取取保候审、监视居住是常态，强制性羁押措施是例外的执法原则。在侦查阶段，侦查机关通过侦查活动已经查明案件事实，并且在犯罪嫌疑人自愿认罪认罚的情况下，就可以根据可能的量刑结果基本上判定该案件是否可以进入刑事速裁程序。如果该案件符合刑事速裁程序的适用条件，侦查机关就可以变更强制措施。这里的问题是，侦查机关必须加强内部的监督机制，对于符合速裁案件条件的犯罪嫌疑人，在刑事速裁程序条件基本具备的情况下，就应当主动变更强制措施。辩护律师可以根据案件的实际进展情况，及时向侦查机关提出变更强制措施的请求。这里面的困难主要在于侦查机关必须建立有效的速裁案件的早期识别规则，同时值班律师或者辩护律师可以对该规则的实施发挥实质性的监督功能。从上海速裁案件适用替代性羁押措施的比例之高，可以看出上海市侦查机关在侦查阶段对速裁案件的识别机制已经初步建立起来。目前国家层面在立法上对于程序从宽规则的规定比较模糊，对于程序性从宽，特别是降低羁押率还需要地方司法机关的不断探索和创新。

第三，在侦查监督方面，检察机关应当对刑事速裁程序中认罪认罚案件羁押申请进行严格的司法审查。公安机关作为侦查机关提起的逮捕等强制措施的申请需要检察院依法审查批准，司法实践中检察院对公安机关提请批捕的申请大都是"照单全收"。长期以来，中国的检、警关系配合有余，制约不足。检察院在通过批捕环节限制侦查机关适用羁押措施方面并未发挥法律赋予的监督制约作用。检察院对公安机关的侦查活动的监督更多是形式上的监督，并没有多少实质性的监督。审查批捕是检察机关依照《刑事诉讼法》的逮捕条件的规定严格履行审查批准权，但是在对有无社会危害性方面长期以来不予实质性考量，导致批捕羁押率高居不下。即便在 2012 年《刑事诉讼法》修改后，增加了羁押必要性审查的法律规定，羁押率高的问题也没有得到根本性的扭转。刑事速裁程序和认罪认罚从宽制度试点过程中，试点地区的案件羁押率有所下降，但是在刑事速裁程序和认罪认罚从宽制度正式入法之后，试点地区的羁押率是否会有所反弹仍然有待进一步观察。对于制约侦查机关在速裁案件适用逮捕措施方面，检察机关根据法律赋予的职权完全可以发挥应有的作用。

第三节　速裁案件侦查阶段的司法效率

从刑事速裁程序的立法上看，刑事速裁程序所要求的司法效率集中体现在刑事起诉和审判两个阶段。无论是两高两部《速裁程序试点办法》还是 2018 年新修改的《刑事诉讼法》，其中对侦查阶段的速裁程序适用的规定都比较抽象。结合速裁案件侦查阶段司法效率的提升，本节主要探讨速裁案件的侦查期限以及"刑拘直诉"两个问题。

一、关于速裁案件的侦查期限

长期以来，侦查机关对犯罪嫌疑人大都是顶格适用刑事强制措施的期限，主要通过各种内部书面请示审批流程达到合法延长侦查羁押期限的目的。轻微的刑事案件中有的侦查仅仅几天就可完成，但是往往历时几个月，甚至半年以上也是常见。由于侦查羁押的期限可折抵刑期，因此检察院在量刑建议和法院判决时候都不能不考虑审前羁押期限问题，由于侦查羁押期限较长，本来可以判处管制或者单处罚金的案件转为更重的量刑。这样直接导致司法成本的增加，也不利于对犯罪嫌疑人进行矫正，甚至会导致犯罪感染和再犯率的上升，影响刑罚的实际社会效果。对于侦查阶段速裁程序介入关于侦查期限的规定要比起诉和审判程序复杂，因为在侦查阶段案件事实属于待查和证据收集阶段，加上犯罪嫌疑人的认罪节点很难掌控，速裁程序的启动存在太多的不确定性。这些因素叠加起来就给确定固定的速裁侦查期限带来操作上和立法上的困难。虽然如此，对于犯罪嫌疑人已经认罪且事实比较清楚、证据比较充分的案件也完全可以提速案件的侦查，不必在临近期限届满时才提起。两高两部《速裁程序试点办法》和2018年修改的《刑事诉讼法》均没有对侦查程序阶段可能适用速裁程序审理的案件的侦查期限进行任何的调整。理论上，认罪案件与不认罪案件在侦查活动上所费的时间成本应当有所区别，因为犯罪嫌疑人认罪和如实供述总体上导致案件侦查效能的提高，因此与不认罪案件相比应当有侦查期限上的区别。从有关统计数据上看，刑事拘留的期限比简易程序案件的时间总体上要有效率，但是并不明显。笔者认为，对于认罪案件事实比较清楚、证据比较清楚的，侦查阶段的程序可以作出灵活的变通，侦查机关推进刑事起诉的速度可以加快，规定在认罪案件查处的期限内可以提交公诉部门进行起诉；由起诉部门审查侦查行为的合法性以及决定是否需要变更强制措施，以此在很大程度上缩短案卷在侦查部门的流转时间，实现侦查与起诉之间的提前对接。[1]

此外，速裁案件取保候审、监视居住的期限也可以缩短。根据《刑事诉讼法》第79条的规定，取保候审最长的期限为12个月，监视居住最长不得超过6个月。速裁程序案件的事实比较清楚、证据比较充分，《刑事诉讼法》取保候审和监视居住的期限规定，对于速裁案件来说显然过长。目前速裁案件出现侦查时间拖延的情况，大多数的原因是取保候审、监视居住的时间比较长。侦查机关往往选择在取保候审、监视居住期限快到时才向检察院提交起诉意见书，客观上导致侦查期限并没有因速裁程序而有所缩短。为了从根本上提高速裁阶段的侦查效率，有必要从立法或者内部机制上缩短替代性羁

---

〔1〕 欧阳福生：《刑事速裁程序的初始风险及其克服》，载广州市法学会编：《法治论坛》（第41辑），中国法制出版社2016年版，第81页。

押措施的期限。只有在立法上进行相应的改革，才能从根本上缩短速裁案件的侦查期限，提高速裁案件的侦查效率。

二、关于"刑拘直诉"的检讨

在速裁案件中"刑拘直诉"是指，侦查机关对于处于刑事拘留阶段的认罪的犯罪嫌疑人，符合速裁程序适用的基本条件的，就不再适用逮捕措施或替代性羁押措施，在刑事拘留期限结束前就直接移交检察院审查起诉。"刑拘直诉"是刑事速裁程序试点期间地方司法机关进行程序创新的产物，对于提高速裁案件侦查阶段的效率具有重大价值。"刑拘直诉"的方式在北京、山东、重庆、福建等地都有试点和相关报道。据媒体报道，这种"刑拘直诉"的方式，可以避免诉讼拖延，避免交叉感染和罪刑倒挂。[1] 公安机关运用"刑拘直诉"的方式仅仅几天的时间就完成从犯罪嫌疑人被刑事拘留到起诉、审判。最高人民法院在《最高人民法院、最高人民检察院关于在部分地区开展刑事案件认罪认罚从宽制度试点工作情况的中期报告》中对于地方试点中的"刑拘直诉"的做法表示肯定。有的学者在研究中也高度肯定"刑拘直诉"的做法。[2] 当然对该方式也有人提出不同的看法，指出其存在明显的弊端。[3] 有的研究者甚至对其方式的正当性和合法性提出质疑，认为"刑拘直诉"做法未得到相关主体的授权，未经备案审查，有违形式合法性与实质合法性的要求，面临合法性危机。[4] 对于"刑拘直诉"这种新生事物，我们既不应过度赞誉，也不应过分苛责，而应对其利弊进行实事求是的评价。对于"刑拘直诉"在刑事速裁程序案件中的应用，在肯定其提高刑事侦查效率方面的积极意义的同时，我们也要看到"刑拘直诉"可能存在以下弊端：

第一，"刑拘直诉"方式与《刑事诉讼法》规定的刑事拘留的立法性质或者功能不协调。根据刑事诉讼法的相关规定，刑事拘留作为刑事诉讼中的

---

〔1〕　参见蔡长春：《北京全流程简化刑事速裁机制成效凸显，刑事速裁案最短 3 天全程审结》，载《法制日报》2016 年 4 月 11 日。

〔2〕　陈瑞华：《"认罪认罚从宽"改革的理论反思——基于刑事速裁程序运行经验的考察》，载《当代法学》2016 年第 4 期。

〔3〕　顾顺生、刘法泽：《"刑拘直诉"方式不妥》，载《检察日报》2015 年 9 月 9 日。

〔4〕　戴紫君、易文杰：《刑拘直诉的方式的审视与反思》，载《三明学院学报》2019 年第 1 期。

强制措施，是指在紧急情况下对犯罪嫌疑人进行的临时性或紧急性强制措施。2018 年新修改的《刑事诉讼法》第 82 条规定的刑事拘留的 7 项条件，其实都是以案件需要逮捕为前提。根据《刑事诉讼法》第 91 条的规定，公安机关对于被拘留的人认为需要逮捕的，应当在拘留后的 3 日以内，提请人民检察院审查批准。在特殊情况下，提请审查批准的时间可以延长 1 日至 4 日。对于流窜作案、多次作案、结伙作案的重大嫌疑分子，提请审查批准的日期可以延长至 30 日。可见，刑事拘留的常规期限是 11 日到 14 日，特殊案件最长期限是 37 日。刑事速裁案件属于案件简单轻微的刑事案件，一般不应当适用特殊案件的最长期限。通常情况下，一个刑事案件在 7 日内要走完侦查、起诉和审判三个环节，基本上不太可能。地方司法机关的"刑拘直诉"的方式，必须依赖地方公、检、法三机关高度协作配合才可以完成。可见，"刑拘直诉"的方式就是为了追求速裁案件的司法效率，并不符合《刑事诉讼法》对刑事拘留的性质和功能立法本意。

第二，"刑拘直诉"在司法实践中有可能增加刑事拘留措施被滥用的风险。根据 2018 年新修改的《刑事诉讼法》第 82 条规定，法定的刑事拘留情形包括正在预备犯罪、实行犯罪或者在犯罪后即时被发觉的；被害人或者在场亲眼看见的人指认他犯罪的；在身边或者住处发现有犯罪证据的；犯罪后企图自杀、逃跑或者在逃的；有毁灭、伪造证据或者串供可能的；不讲真实姓名、住址、身份不明的；有流窜作案、多次作案、结伙作案重大嫌疑的。上述规定都属于需要对嫌疑人采取拘留强制措施的紧急事项。在刑事速裁程序中，事实上相当部分的案件，譬如危险驾驶罪的案件中很多嫌疑人并不需要立即拘留，采取不需要限制人身自由的传唤方式即可解决问题。如果对速裁案件鼓励适用"刑拘直诉"将导致刑事拘留被滥用，将大量不符合刑事拘留条件的嫌疑人予以刑事拘留。不仅如此，刑事拘留的期限也因直诉的要求在司法机关内被变相延长，原来仅仅需要拘留 3 日的可能被延长为 7 日，甚至可通过司法机关内部的非常规操作，将不符合延长的刑事拘留期限延长至 37 日，导致不符合延长条件的犯罪嫌疑人的实际刑事拘留的期限被延长。由于刑事拘留本身也是限制人身自由的强制措施，"刑拘直诉"导致刑事拘留被滥用，期限被延长，不可避免地侵犯犯罪嫌疑人法定的诉讼权利。

第三，"刑拘直诉"严重偏离以审判为中心的诉讼要求，导致审查起诉与审判环节流于形式，存在司法不公的潜在风险。刑事诉讼的终极目的是公正司法，而不是司法效率，司法效率必须服从司法公正。刑事速裁程序固然重视司法效率，但是绝对不能将效率置于公正之上，更不能因追求效率而可能损害司法公正。由于刑事拘留是在侦查机关完全控制下的紧急性强制措施，基本上游离于检察机关的法律监督之外。"刑拘直诉"过程中的起诉与审判都必须受到刑事拘留的期限等限制，即刑事起诉和审判都必须受制于侦查机关，因此其本质上是侦查机关控制下的诉讼活动。这实际上是强化了以侦查为中心的传统诉讼制度，与以审判为中心的诉讼制度改革的精神和方向不一致。以侦查为中心的"刑拘直诉"，过分强调公检法机关之间的相互配合，导致法律监督的缺失，不可避免地会增大速裁案件审理的司法不公的问题。此外，"刑拘直诉"确定的快速审理结构往往需要在看守所设立速裁法庭，很多地方并不具备这样的条件。速裁法庭设在看守所固然有助于提高速裁案件的效率，但是审判机关与侦查机关之间的办公设施的混同，不可避免地使人们对审判机关依法独立行使审判权产生怀疑。

虽然"刑拘直诉"存在上述弊端，但是其作为地方司法机关在刑事速裁程序试点中的机制创新，也说明侦查阶段的司法效率具有较大的提升空间。2018年修改的《刑事诉讼法》和相关司法解释虽然没有肯定"刑拘直诉"的方式，但是如何在刑事速裁案件中大幅度提高刑事侦查的效率，还需要结合认罪认罚从宽制度的实践不断探索。

首先，在侦查阶段建立速裁案件识别节点规则，加速推进速裁案件程序进程。2018年修改的《刑事诉讼法》对于刑事速裁程序的建构，主要是对审查起诉和审判程序进行的结构性简化改革。对于刑事速裁程序案件在刑事侦查阶段，并没有刑事诉讼基本法律上的新变化。这就意味刑事速裁案件与其他刑事案件在侦查阶段适用的法律保持一致。有关速裁案件延伸至侦查阶段只能通过认罪认罚从宽制度的相关规定来解读。譬如，在侦查阶段，犯罪嫌疑人自愿认罪认罚，当该条件成就时，侦查机关就应当对该案件进行程序审查。如果该案件符合刑事速裁程序的条件，该案件就应当在合理的时间结束侦查程序，并及时推送到检察院进行审查起诉，而不是等待侦查期限缩短或者变更强制措施来延长侦查期限，拖延案件的进程。在侦查阶段，侦查人员如何可以识别哪些案件可以进入刑事速裁程序，包括识别的条件和时间节点。

这个识别性的时间节点应当是在传唤或者刑事拘留的早期阶段形成。这里面就需要司法机关完善相关司法解释，结合认罪认罚从宽制度的规定，制定与刑事诉讼法相互衔接的侦查人员识别速裁案件节点规则。

其次，对轻微刑事案件的侦查应当简化行政审批手续，提高程序的"润滑度"。在侦查阶段，刑事侦查过程中的各种内部行政性审批手续，严重制约了速裁案件在侦查阶段的效率。根据《刑事诉讼法》和相关的司法解释，无论是轻微刑事案件还是重大刑事案件，任何侦查行为的发起或变动，侦查人员都需要依法依规履行内部审批手续。从刑事拘留、延长拘留期限、变更强制措施，到决定起诉和程序建议等，都需要烦琐的内部审批流程。由于刑事速裁程序的案件属于轻微刑事案件，理论上应当在侦查阶段建立与之相适应的特殊的刑事侦查流程。由于行政审批手续占据侦查人员的大量时间，而且耗费案件的资源，有些案件根本不需要这些行政审批手续也完全可以推进。譬如，对轻微刑事案件的取保候审、监视居住的适用，在 3 年以下有期徒刑的案件中，案件主办的侦查人员就可以独立作出决定，不需要再进行内部审批。另外，对于可能适用速裁案件的犯罪嫌疑人，除非特别紧急需要的情况，均应当不采用刑事拘留和逮捕的强制措施。在侦查阶段针对可能判处 3 年以下有期徒刑的犯罪嫌疑人的侦查活动，应当提高侦查人员独立办案的能力和权力，压缩程序审批各种烦琐环节，从根本上提高刑事速裁程序的"润滑度"。

最后，对认罪的轻微刑事案件的侦查过程中证据收集与审查认定应当简化，革除案卷中心主义的弊端。在刑事侦查过程中，特别是在口供获取的讯问阶段，侦查人员讯问犯罪嫌疑人的问题经常多次重复、多次记录。受案卷中心主义的影响，刑事案件的侦查笔录过度繁复，导致刑事侦查的案卷庞杂。根据 2012 年公安部发布的《公安机关办理刑事案件程序规定》，在司法实践中，侦查终结的案件的案卷分为诉讼卷和侦查卷，前者为正卷，包括实施侦查措施以及结案报告等公文，以及通过侦查行为获得的证据；后者为副卷，包括侦查工作记录、审批流程、领导批示、技术侦查等资料。根据公安机关办理刑事案件的程序规定，公安机关向检察院移送的案卷仅包括正卷，副卷留档备查。由此可见侦查阶段的卷宗复杂程度。可以说，改革案卷中心主义的弊端是提高刑事诉讼效率的重要路径。案卷中心主义严重影响证据规则在侦查阶段的建立与应用。[1] 缺乏严格证据规则指引的以证言笔录为核心的证据归集必然会导致效能低下。对于轻微刑事案件，如果犯罪嫌疑人于侦查阶段已经认罪，侦查人员在查清案件基本事实和收集到关键的定罪证据之后，就应当及时侦查结案。我国案卷中心主义是刑事侦查阶段诉讼效率低下的重要原因。在轻微刑事案件中，应当改革案卷中心主义的传统做法，避免相关口供等证据的重复收集，降低侦查人员的案卷工作强度。我国的刑事侦查属于流水线作业，在刑事速裁程序方面尤其如此，因此避免程序衔接不畅，关键是证据和案卷的流转必须畅通，否则将耗费大量的司法资源。在侦查阶段就应当通过对轻微刑事案件的证据收集和案卷归集工作进行简化改革，使整个速裁流程畅通高效。

总之，地方司法机关探索"刑拘直诉"的积极意义，在于提示侦查阶段轻微刑事案件侦查效率的提升存在很大的空间。但是，"刑拘直诉"的方式作为地方司法机关的有益探索，如果不能通过立法改革进行适当的司法再造，就很可能"昙花一现"，无法成为可推广、可复制的经验。

第四节　公安机关执法办案管理中心与速裁法庭建立

在刑事速裁程序的试点过程中，有些地方公安机关创办或者利用执法办案管理中心来快速处理和分流各类刑事案件，规范刑事诉讼的立案审查环节，为派驻看守所值班律师提供办公条件和工作便利，保证犯罪嫌疑人获得法律帮助。两高三部《认罪认罚从宽指导意见》中明确规定，加快推进公安机关执法办案管理中心建设，探索在公安机关执法办案管理中心设置速裁法庭，对适用刑事速裁程序的案件进行快速办理。执法办案管理中心设置速裁法庭对加速速裁案件的流转，全流程提高速裁案件的效率具有重要作用。

一、公安机关的执法办案管理中心的探索

根据相关的媒体报道和学术研究，公安机关在执法办案管理中心速裁法

---

〔1〕　单子洪：《案卷笔录中心主义"治愈"论——以刑事证据规则的完善和正确适用为切入点》，载《犯罪研究》2015 年第 5 期。

庭等方面的建设和探索，具体表现为以下几个方面：

首先，在执法办案中心或看守所建立速裁法庭，加快速裁案件的审理流程。2016年最高人民法院发布了《关于进一步推进案件繁简分流优化司法资源配置的若干意见》，其中就提出要创新刑事速裁工作机制。总结刑事速裁程序试点经验，加强侦查、起诉、审判程序的衔接配合。推广在看守所、执法办案单位等场所内建立速裁办公区的经验，推动案件信息共享及案卷无纸化流转，促进案件办理的简化提速。各地公安机关积极推进在执法办案管理中心设置速裁法庭。速裁法庭从法院移到公安机关管理的看守所，这是刑事速裁程序试点过程中在法庭设置方式上的制度创新。在大城市，特别是交通比较繁忙的大城市，在远郊的执法办案管理中心或者看守所内设立速裁法庭，对于公、检、法三机关集中办案，节省提押犯罪嫌疑人在途时间和降低交通成本等方面具有明显的优势。

其次，执法办案管理中心为适用刑事速裁程序的案件提供平台保障。根据北京的经验，公安机关的执法办案管理中心建成后，全部刑事案件在初查阶段全部移至执法办案管理中心办理，民警抓到嫌疑人后不再在派出所看押，而是直接送至中心开展讯问，然后移交中心统一办理后续工作。目前，很多地方的执法办案管理中心已成为深化法治公安建设和执法规范化建设的主要抓手和载体。通过执法办案管理中心建设，让基层民警从看押嫌疑人以及录入登记等繁重日常工作中脱离出来，集中精力、专心致志开展执法办案工作，同时更好地统一执法办案标准，提升规范执法水平。[1]

再次，执法办案管理中心可以提升司法机关之间的协调配合与监督能力。公安机关的执法办案中心，可以实现公安机关内部以及与其他司法机关之间的配合与监督。在速裁试点阶段，有些地方性司法机关的相关试点文件明确规定，在侦查阶段，公安机关建议适用刑事速裁程序的，人民检察院可以派员适时介入侦查活动，对收集证据、适用法律提出意见，对公安机关适用刑事速裁程序的诉讼活动进行法律监督。两高三部《认罪认罚从宽指导意见》规定，办理速裁和认罪认罚案件，公、检、法三机关应当分工负责、互相配

---

〔1〕 黄洁、钟馨：《北京公安全面推行执法办案管理中心建设》，载中国长安网：http://www.chinapeace.gov.cn/chinapeace/c54244/2016-09/05/content_11607156.shtml，最后访问日期：2020年5月20日。

合、互相制约，保证犯罪嫌疑人、被告人自愿认罪认罚。要严格执法、公正司法，强化对自身执法司法办案活动的监督，防止"权权交易""权钱交易"等司法腐败。目前很多执法办案中心都设有检察机关的监督室，在执法办案中心，公安机关、检察机关和司法行政机关的法律援助工作人员就案件适用刑事速裁程序和认罪认罚从宽情况进行及时的沟通。有的执法办案中心建立通报速裁案件办理情况和完善跨部门协作的绿色通道，建立健全速裁案件的专人联络、定期通报、联席会议等工作机制，通过各部门之间的相互协作不断提升速裁和认罪认罚案件办理质量和效率。

最后，执法办案管理中心的规范化、制度化建设不断加强。各地在执法办案管理中心的建设过程中，不断探索执法办案管理中心的规范化、制度化的机制建设。例如，北京市公安局专门制定了《全面推进执法办案管理中心规范化建设的意见》《执法办案中心管理系统建设业务规范》等一系列规范性文件，紧紧抓住"人、物、卷"等重点要素流转和管控，科学设置执法办案流程和管理运行模式，并有机衔接受案立案制度改革，进一步明确了所有非涉密案件一律登记录入平台、一律开具回执、一律网上运转、一律公开进展的"四个一律"刚性要求，实现全局"执法队伍专业化、执法行为标准化、执法管理系统化、执法流程信息化"的目标。[1] 执法办案管理中心制度建设的加强，有助于保障执法办案管理中心的运行更加规范。

二、执法办案管理中心建设的问题分析

由于各地条件的限制，目前执法办案管理中心的建设和运转还处于初创阶段，还存在很多亟待解决的问题。有研究者将公安机关的执法办案管理中心存在的问题概括为：执法办案管理智能化不足，包括科技强警智能设备融合不足；大数据公安信息化平台对接支撑力度不够；涉案财物管理混乱；办案环节缺乏有效监管，外部资源整合率低，缺乏实用性；后勤保障不合理；等等。[2]

---

〔1〕 黄洁、钟馨：《北京公安全面推行执法办案管理中心建设》，载中国长安网：http://www.chinapeace.gov.cn/chinapeace/c54244/2016-09/05/content_11607156.shtml，最后访问日期：2020年5月20日。

〔2〕 马加民、匡宇清：《公安机关一体化智能化刑事执法办案管理中心运行模式研究》，载《中国刑警学院学报》2019年第6期。

这些问题不同程度地存在于各地执法办案管理中心的建设和运转当中。

首先，执法办案管理中心的建设容易受到政绩观的影响，成为地方公安机关的"面子工程"。执法办案中心的建设都需要有较大的资金和建设成本的投入，特别是经济欠发达地区的执法办案中心建设其实并没有必要。在看守所的基础上建立执法办案中心可能会存在资源浪费的问题，因为有的地方刑事案件本身就比较少，按照高标准建立的执法办案中心并不能发挥其应有的效能，就可能违背执法办案中心建设的初衷，更可能流于形式或者成为地方司法机关的面子工程。因此，建立执法办案中心，各地必须根据自身的实际条件和办案需要进行规划，必须充分考虑本地司法资源和刑事案件的发案情况。另外，国家公安行政管理部门应当出台执法办案管理中心建设的指导性意见，规范执法办案管理中心的建设，防止各地为了追求政绩不顾条件地建设各类执法办案中心，这不但无法达到优化司法资源的目的，还可能导致司法资源的浪费。

其次，执法办案管理中心建设重硬件、轻软件建设的问题比较突出。在执法办案管理中心的建设过程中，比较容易出现硬件建设高大上，但是对于规范执法办案中心运行的管理规范和队伍建设方面跟不上，导致硬件设施和技术水平没有充分发挥出来。因此，在执法办案中心的建设方面，除了要重视硬件建设和技术配置，也需要加强对执法办案中心工作的警察、检察官、法官和律师的培训和教育，提升其在办案中心的工作能力和水平，适应执法办案中心高效能的办案节奏。执法办案管理中心的建设必须根据当地的实际情况，确定办案中心的功能室设置、技术规范、建设标准；制定完善执法办案中心管理流程、管理规定以及财物管理、人身安全检查、人身信息采集、辨认、询问、等候、调解等工作规范。国家层面，公安行政管理机关可以组织有条件的高水平的执法办案中心在满足自身办案条件的前提下，开展执法办案管理中心的队伍培训方面的工作，为各地执法办案管理中心的软件水平的提高提供服务。

最后，执法办案管理中心规范化建设的水平亟待提高。有些执法办案中心虽然建立起来，但是其办案的方式和机制仍然停留在传统的办案模式上，对于案件侦查和起诉环节的质量的提高并没有发挥应有的作用。这里面深层次的原因就是执法办案中心的规范化制度建设的缺乏。执法办案中心的建立，主要是使刑事案件立案和侦查启动阶段的法律程序工作规范化、有序化和高效化。目前各地虽然建立了执法办案管理中心，但是在管理上仍然采取粗放式的管理模式，与传统的看守所和预审机构的办案模式没有多大的区别，只不过换了个地方而已。因此，执法办案管理中心的建设，除了硬件和队伍建设之外，还必须由公安机关联合检察院和司法行政机关协同就执法办案管理中心的规范化运转建立切实可行的运行规范和机制。

三、关于在公安机关执法办案管理中心设置速裁法庭的若干思考

在执法办案管理中心设置速裁法庭，是中国刑事司法的创新举措，在试点的地方提高速裁案件的审理效率方面确实发挥了积极的作用。由于这项措施目前还没有在全国普遍推开，且速裁法庭设置的法律依据也比较缺乏，因此有必要从速裁法庭设置的合法性、诉讼原理和操作性等方面对该机构设置和运行等进行审视和反思。

第一，从《立法法》的角度，在公安机关执法办案管理中心设置速裁法庭缺乏上位法的支持。无论是《刑事诉讼法》还是《中华人民共和国人民法院组织法》（以下简称《人民法院组织法》）都没有速裁法庭的相关规定。目前关于速裁法庭设置的相关依据就是2019年的两高三部《认罪认罚从宽指导意见》中第25条的规定。两高三部《认罪认罚从宽指导意见》属于最高司法机关的司法解释，虽然具有规范性法律文件的属性，但是并不具备国家基本法律的地位。从立法的角度看，速裁法庭的设置缺乏上位法的支持，客观上存在合法性或者正当性不足的问题。随着两高三部《认罪认罚从宽指导意见》的实施，相信会有越来越多的速裁法庭被设置在执法办案管理中心。虽然两高三部《认罪认罚从宽指导意见》关于在执法办案管理中心设置速裁法庭的规定仅仅要求"探索"，但是其指向性和目的性是相当明确的，就是要通过在执法办案管理中心设置速裁法庭来对适用刑事速裁程序的案件进行快速办理。从两高三部《认罪认罚从宽指导意见》的立法目的看，就是要通过司法解释探索推出新的审判组织机构，提升案件的审理效率。但是由于缺乏上位法律依据和关于设置速裁法庭的规范性文件的支持，可能导致执法办案管理中心速裁法庭的设置出现严重不规范的问题。同时速裁法庭不仅有设置的问题，更重要的是其存在规范运行的问题，目前也缺乏相应的规范性法律文

件的支持。可以说，在两高三部《认罪认罚从宽指导意见》仅仅依据个别地方的经验而没有得到全国人大授权的情况下，就在适用全国性的司法解释的法律文件中提出在公安机关执法办案管理中心探索设置速裁法庭并不合适，在司法解释中存在不恰当的越权问题。

第二，从诉讼原理的角度，在公安机关的执法办案管理中心设置速裁法庭并不符合审判机构设置的原则性要求。《刑事诉讼法》和《人民法院组织法》明确要求，审判机关依照法律规定独立行使审判权，不受行政机关、社会团体和个人干涉。在公安机关的执法办案管理中心设置速裁法庭固然有助于提高审理案件的效率，但是却容易使人们对速裁法庭是否能够依法独立行使审判权产生合理的怀疑。其中道理很简单，因为速裁法庭在公安机关管理的执法机构内设立，速裁法庭的法官不可避免会受到来自公安机关的影响。另外，如果检察院也在公安机关执法办案管理中心设置速裁办公室，也会面临与速裁法庭同样的问题。速裁法庭作为刑事案件的审判组织或机构，不能仅仅考虑效率就将审判组织或机构直接延伸至侦查机关内部行政管理的区域。实际上，在速裁试点过程中，很多地方尝试对速裁案件采用视频审理的方式，就很好地解决了速裁案件审理的效率问题。随着电子卷宗的普及和传送的方便，速裁案件这种视频审理的方式可能比在看守所设置速裁法庭更加有效。从诉讼原理的角度看，将速裁法庭设置在公安机关的执法办案管理中心的做法并不科学。

第三，从速裁法庭运行模式的角度，在公安机关的执法办案管理中心设置速裁法庭也存在一些弊端。首先速裁法庭设置在公安机关执法办案管理中心，从管理的角度讲，增大了公安机关的管理成本和设施运行成本。从法院、检察院的角度看，设置速裁法庭必然要在速裁法庭派驻日常的检察官和法官，必然会影响这些专门从事速裁案件办理的检察官、法官的业务学习和日常管理，也间接增加了检察院、法院的管理成本。从辩护的角度，无论是值班律师还是辩护律师前往执法办案管理中心的速裁法庭进行代理和辩护服务，与在法院的审判法庭代理案件相比也并不具有节约司法资源的明显优势。从速裁法庭的内部运行机制上看，目前缺乏速裁法庭的操作规程，地方还都在探索中，这其中必然存在很多不确定性，客观上也会加大速裁法庭的运行成本。

总体上，在公安机关执法办案管理中心设置速裁法庭的探索，面临合法性和司法实践等很多方面的挑战。目前的反思仅仅是理论上的初步检讨，究竟速裁法庭的未来命运该当如何还有待司法实践给出答案。在公安机关执法办案管理中心设置刑事速裁法庭，作为刑事速裁和认罪认罚从宽制度实施的机构创新，在初创阶段必然面临各种问题。速裁法庭的设置必然牵动司法权力和司法资源配置方面各机关的博弈，也只能在权力博弈以及公正和效率的平衡中寻找解决问题的最佳答案。

刑事速裁程序与律师辩护

刑事速裁程序作为快速案件处理程序，其运行的效率必须以保障程序公正与实体公正为底线。刑事速裁程序很大程度上简化了庭审的内容，但是在诉讼结构上仍然实质性地具有控辩审的三方稳定的形态。速裁案件中的犯罪嫌疑人、被告人有权获得有效辩护是刑事速裁程序正当性的基石。在刑事速裁程序运行过程中，律师的辩护是相当薄弱的环节，这在刑事速裁程序和认罪认罚从宽制度的试点中就已经反映出来。可以说，律师辩护问题是刑事速裁程序实施中的难点问题。具体来说，这里面涉及两个层面的问题：第一个层面的问题是在国家律师队伍资源有限的条件下，如何保证速裁案件中的犯罪嫌疑人、被告人能够得到法律帮助和律师辩护；第二个层面的问题是犯罪嫌疑人、被告人在接受律师提供的法律帮助的时候，如何保证其获得有效的法律帮助或律师辩护。本章主要围绕这两个问题展开。

第一节 刑事速裁程序中的值班律师问题

一、值班律师制度的新发展

中国的法律援助值班律师制度肇始于 21 世纪初。联合国开发计划署与中国商务部、司法部于 2006 年联合在河南省修武县启动了法律援助值班律师制度试点项目，该项目经过一年半的运行，取得了较好的效果。2008 年 3 月，河南省决定进一步探索法律援助值班律师制度，将试点工作扩大到 20 个市县。在河南省试点取得成功经验的基础上，2010 年，司法部决定在全国范围内推行法律援助值班律师制度。2014 年，中央全面深化改革领导小组正式将

"在法院、看守所设置法律援助值班律师办公室"列为我国司法体制改革的重要内容。这标志着法律援助值班律师制度被纳入国家司法体制改革的整体框架之中。2014 年 8 月的两高两部《速裁程序试点办法》和 2016 年 11 月的两高三部《认罪认罚从宽试点办法》规定：法律援助机构可以根据人民法院、看守所实际工作需要，通过设立法律援助工作站派驻值班律师、及时安排值班律师等形式提供法律帮助；犯罪嫌疑人、被告人自愿认罪认罚，没有辩护人的，人民法院、人民检察院、公安机关应当通知值班律师为其提供法律咨询、程序选择、申请变更强制措施等法律帮助。2017 年 8 月，最高人民法院、最高人民检察院、公安部、国家安全部、司法部发布了《关于开展法律援助值班律师工作的意见》（以下简称两高三部《值班律师意见》），对在刑事诉讼中全面实行值班律师制度起到了积极的推动作用。两高三部《值班律师意见》为充分发挥法律援助值班律师在以审判为中心的刑事诉讼制度改革和认罪认罚从宽制度改革试点中的职能作用，依法维护犯罪嫌疑人、刑事被告人诉讼权利，加强人权司法保障，促进司法公正具有重要作用。在刑事案件中，虽然法律援助律师、委托辩护律师介入的比例在近些年来获得较快提高，但经济欠发达地区的辩护律师不足问题依旧突出。从尊重和保障人权角度、从防止冤假错案角度、从促进严格执法角度，值班律师制度在当下中国是势在必行的一项改革举措。从法律援助值班律师的发展历程看，法律援助值班律师制度的发展并非一帆风顺。值班律师获得真正发展的转折点是刑事速裁程序和认罪认罚从宽制度的试点。由于律师和法律帮助是保障犯罪嫌疑人、被告人自愿认罪的重要条件，社会律师无法满足大量的速裁案件和认罪认罚从宽案件的犯罪嫌疑人、被告人对法律帮助的需求，因此值班律师具有的高效便捷的功能就被凸现出来。

根据刑事速裁程序和认罪认罚从宽制度试点中的值班律师试点经验，2018 年新修改的《刑事诉讼法》第 36 条正式将值班律师制度予以法律化，明确规定法律援助机构可以在人民法院、看守所等场所派驻值班律师。犯罪嫌疑人、被告人没有委托辩护人，法律援助机构没有指派律师为其提供辩护的，由值班律师为犯罪嫌疑人、被告人提供法律咨询、程序选择建议、申请变更强制措施、对案件处理提出意见等法律帮助。人民法院、人民检察院、看守所应当告知犯罪嫌疑人、被告人有权约见值班律师，并为犯罪嫌疑人、被告人约见值班律师提供便利。值班律师被刑事诉讼法基本法律所确立，在值班律师制度发展中具有里程碑的意义，对于进一步推进值班律师的制度化和规范化的发展具有重要价值。为推动值班律师制度规范化实施，司法部2020年6月公布了《法律援助值班律师工作办法（征求意见稿）》（以下简称司法部《值班律师征求意见稿》），相比两高三部《值班律师意见》，值班律师的功能更加明确，职责更加具体，服务的范围更加宽泛。虽然值班律师的功能定位以及在司法实践中的操作模式等还存在司法磨合期，理论界和实务界对值班律师的功能定位和职责也有不少的争议，但是其作为一项基本辩护制度的保障性制度已经被刑事诉讼的基本法律所确认，其后逐步发展和完善是完全可以预期的。

二、值班律师的定位与功能

在传统的刑事诉讼中，值班律师通常是法律帮助人的角色，并不具有委托辩护律师的辩护功能。但是，随着认罪认罚从宽制度和刑事速裁程序的试点与立法实施，值班律师在速裁程序和认罪认罚案件中的法律帮助人的角色显然已经无法满足有效辩护的需要。为满足这种实践的需求，法律是否应当赋予值班律师辩护功能就成为争议性的问题。有学者明确指出，从我国刑事辩护制度的理论发展与现实需要以及联合国刑事司法准则的要求来看，应当赋予值班律师辩护人的地位；值班律师制度不仅适用于轻罪案件，而且应当适用于重罪案件；在认罪认罚案件中，值班律师的职责应当是围绕犯罪嫌疑人、被告人是否了解认罪认罚的内涵及其法律后果，认罪认罚案件是否具有事实依据，犯罪嫌疑人、被告人是否自愿认罪认罚以及如何进行量刑协商等问题提供辩护。[1] 2018年5月，全国人大常委会向社会发布《刑事诉讼法修正案（征求意见稿）》（以下称全国人大常委会《刑诉征求意见稿》），公开征求公众意见。在全国人大常委会《刑诉征求意见稿》中的第4项规定：法律援助机构可以在人民法院、人民检察院、看守所派驻值班律师。犯罪嫌疑人、被告人没有委托辩护人，法律援助机构没有指派律师为其提供辩护的，由值班律师为犯罪嫌疑人、被告人提供法律咨询，程序选择建议，代理申诉、

---

[1] 张泽涛：《值班律师制度的源流、现状及其分歧澄清》，载《法学评论》2018年第3期。

控告，申请变更强制措施，对案件处理提出意见等辩护。但是，2018 年新修改的《刑事诉讼法》将全国人大常委会《刑诉征求意见稿》中值班律师"代理申诉和控告"的职责删掉，同时将原来条文中的"辩护"替换为"法律帮助"。这一关于值班律师职责定位的变化和调整，说明立法机关在赋予值班律师更宽泛的辩护功能方面是非常审慎的。

虽然 2018 年新修改的《刑事诉讼法》并没有赋予值班律师一定的辩护职责，但是却要求辩护律师在犯罪嫌疑人、被告人自愿签署的认罪认罚具结书上签字，对认罪认罚具结书予以背书。2018 年新修改的《刑事诉讼法》第 174 条规定，犯罪嫌疑人自愿认罪，同意量刑建议和程序适用的，应当在辩护人或者值班律师在场的情况下签署认罪认罚具结书。值班律师要为认罪认罚适用速裁程序的被告人提供具结书的在场签署见证，这实际上已经超出值班律师的法律帮助功能，而具有辩护功能，这与 2018 年新修改的《刑事诉讼法》第 36 条的规定显然相互矛盾。从国际上看，凡是具有值班律师制度的国家，都不会要求值班律师在场为被告人的认罪认罚具结书或协议书上见证。立法机关要求值班律师承担辩护人的职责，但是不认可值班律师辩护人的地位。值班律师因律师见证导致的功能错位，即值班律师不具有有辩护职责而履行辩护律师义务，可能引发潜在的执业风险，这对于值班律师来说并不公平。因此，立法机关和司法机关必须从值班律师应有的功能的角度，而不是仅仅从司法机关工作便利的角度，理顺值班律师与辩护律师的关系，从根本上解决刑事速裁程序中为犯罪嫌疑人、被告人提供有效的法律辩护之问题。

三、值班律师制度的改革路径

2020 年司法部《值班律师征求意见稿》关于值班律师功能的规定很大程度上吸收了实务界关于值班律师具有辩护功能的定位，和此前的相关规定相比具有明显的进步。但是由于 2018 年《刑事诉讼法》关于值班律师的法律咨询和法律帮助的定位，作为部门规章或者司法解释原则上应当与刑事诉讼基本法律规定保持一致，即便作适当的扩张性司法解释，也不能突破上位法的规定。根据司法部《值班律师征求意见稿》第 6 条规定，值班律师可以对案件处理提出意见；对人民检察院指控罪名、量刑建议、诉讼程序适用等事项提出意见。显然，这些规定已经超出 2018 年新修改的《刑事诉讼法》赋予的值班律师的法律帮助范围，而是属于辩护律师的正常法律职责。笔者认为，在刑事诉讼法没有对值班律师的功能定位进行调整之前，值班律师功能的职责和功能的改革必须充分考虑值班律师的本质属性，不然就可能导致值班律师与辩护律师的职责混同，不利于值班律师制度的健康有序发展。据此，笔者就值班律师制度的改革路径提出以下几点建议：

（一）应当区分值班律师在刑事诉讼不同阶段的功能和定位

值班律师工作相比委托辩护律师工作，就重要性而言，应是辅助性的、应急性的法律服务。值班律师为犯罪嫌疑人、被告人提供法律服务方面起到的作用仅仅是临时协助性的，并非贯穿在整个刑事诉讼过程之中。在侦查阶段值班律师可以发挥的作用，主要是为没有委托辩护人的犯罪嫌疑人提供法律咨询等服务。理论上，值班律师的工作应当主要限定在侦查阶段，而不应当扩展到审查起诉阶段，更不应当扩展到庭审阶段。值班律师的工作就是在犯罪嫌疑人被采取强制措施期间，在没有聘请辩护律师时为其提供应急性的法律咨询服务，临时代替辩护律师提供必要的法律咨询。当案件进入审查起诉阶段后，刑事案件的性质发生了很大的变化，定罪量刑的问题就上升为关系犯罪嫌疑人、被告人身家性命和财产权保护等的复杂的法律问题，将这些重大的问题交给没有委托代理合同约束的值班律师，显然是不合适的。因此，进入审查起诉阶段，值班律师就不应当再继续为被告人提供法律服务。审查起诉和法庭审理阶段的辩护工作必须由更加专业且有委托合同约束的辩护律师来行使，以保证辩护律师的辩护工作建立在扎实的法律专业基础之上，只有这样才有可能充分保障被告人的合法权益。

（二）可以取消值班律师对被告人认罪认罚具结书在场见证的义务，统一由辩护律师来承担

由于辩护律师的数量无法满足大量的速裁程序中刑事案件的辩护工作，因此就由值班律师代行辩护律师的职责。这其实是对犯罪嫌疑人、被告人享有有效的法律辩护和法律帮助的基本诉讼权利的漠视。值班律师如果要在审查起诉阶段继续为被告人提供法律服务，其负责工作不仅是会见，而且包括阅卷和必要的证据调查以及同检察机关进行沟通协商等，值班律师根本无法负担如此繁重的法律服务工作。没有这些扎实的辩护工作作为基础，值班律师如何能够为关系被告人定罪和量刑的认罪认罚具结书作见证呢？鉴于上述

情况，笔者建议从速裁程序进入审查起诉阶段开始，为被告人提供法律辩护的工作必须由辩护律师来承担。要实现这样的设想，对于犯罪嫌疑人或被告人在审查起诉阶段没有委托辩护律师的，建议由法律援助机构统一指派辩护律师来为刑事速裁程序案件的被告人提供辩护。目前阶段可以由法律援助机构的公职律师、值班律师与社会律师联合实施。值班律师本身部分就是社会律师，在审查起诉阶段就不应当继续以值班律师的身份来开展工作，应当全部转化为辩护律师。这个问题主要是中央和地方法律援助的组织实施问题，并不存在律师资源和法律制度上的障碍。

（三）制定适用认罪认罚从宽或速裁案件法律帮助和律师辩护的规范性指引

刑事速裁程序本身就是为提高诉讼效率而设计的案件快速处理特别程序。对于这种特别程序就必须有严格的规范和严格的执行和纪律责任，才能保证案件处理的质量，确保守住不发生冤假错案和徇私舞弊等情况的底线。笔者主持的刑事速裁程序试点和认罪认罚调查的问卷结果都显示，犯罪嫌疑人、被告人很多反映值班律师在速裁程序案件中存在形式主义、走过场的问题，有的值班律师敷衍塞责，提供的法律咨询不细致，没有充分体现专业精神。刑事速裁程序的实施必须有配套的侦查程序、审查起诉程序和法庭程序性规范，这些司法机关在速裁程序试点过程中就已经积累不少的经验。但是相比而言，司法行政机关制定的刑事速裁程序和认罪认罚从宽案件的法律帮助和辩护方面的行为规范指南较为缺乏。刑事速裁程序的律师法律帮助和辩护的规范必须遵循刑事辩护的基本原理和基本规律。

第一，刑事速裁程序的法律帮助在侦查阶段的次数限制、会见的时间和回答问题的要求、权利告知的内容和程序性要求、控告或申诉事项的转处，程序选择建议等都需要在值班律师的工作规范中加以明确，特别是根据刑事速裁程序和认罪认罚从宽制度关于犯罪嫌疑人、被告人认罪的自愿性保障等方面，值班律师在这方面的工作行为的要求等都必须在值班律师参与认罪案件的法律帮助指南中加以明确规定。

第二，对辩护律师在审查起诉阶段对于被告人认罪认罚具结书的签署的事先审查，权利告知和与检察机关之间就定罪与量刑的协商与沟通等，都应当在工作指南和流程中加以明确规定；在审判阶段，辩护律师在法庭上的工作职责，对于检察机关的量刑建议等发表辩护意见等，都需要在辩护审判指南中加以明确规定。适用刑事速裁程序的案件虽然是轻微刑事案件，值班律师和辩护律师收费也比较低，但是并不意味值班律师和辩护律师因此就可以将速裁案件中的法律帮助和辩护工作简单化、省略化，甚至走过场。

第三，当下最重要的任务就是司法行政机关和律师协会应当根据刑事速裁程序和认罪认罚从宽案件的办案要求，制定刑事速裁程序和认罪认罚从宽案件法律帮助和辩护工作的规范性指南，提升值班律师的法律帮助和辩护律师的法律辩护的质量，保证适用刑事速裁程序案件中的犯罪嫌疑人、被告人真正得到有效的法律帮助和法律辩护。

第二节　速裁案件中律师辩护的实证考察

为了更好地观察刑事速裁程序正式写入《刑事诉讼法》之后速裁案件中律师辩护的实际情况，笔者选取全国和北京、上海、武汉与西安四个地区的样本进行了描述。裁判文书的样本选择虽然有一定的局限性，并不可能精确地反映实际情况，但是可以在很大程度上揭示速裁案件律师辩护的实际状况。

一、样本描述

（一）2019 年全国刑事案件速裁程序律师辩护情况

第一，以"刑事一审""判决书""2019 年""速裁程序"为关键词在中国裁判文书网进行检索，经过筛选，共获得 101 349 份样本文书。在此基础上，以"辩护人"为关键词再次检索并筛选，获得 8550 份样本文书；以"指定辩护人"为关键词进行检索并筛选，获得 4590 份样本文书；以"值班律师"为关键词进行检索并筛选，获得 3185 份样本文书。

第二，以"案由：危险驾驶罪""刑事一审""判决书""2019 年""速裁程序"为关键词在中国裁判文书网进行检索，经过筛选，共获得 57 364 份样本文书。在此基础上，以"辩护人"为关键词再次检索并筛选，获得 3644 份样本文书；以"指定辩护人"为关键词进行检索并筛选，获得 2629 份样本文书；以"值班律师"为关键词进行检索并筛选，获得 2276 份样本文书。

第三，以"案由：寻衅滋事罪""刑事一审""判决书""2019 年""速裁程序"为关键词在中国裁判文书网进行检索，经过筛选，共获得 1177 份样本文书。在此基础上，以"辩护人"为关键词再次检索并筛选，获得 235 份样本文书；以"指定辩护人"为关键词进行检索并筛选，获得 55 份样本文书；以"值班律师"为关键词进行检索并筛选，获得 29 份样本文书。

第四，以"案由：故意伤害罪""刑事一审""判决书""2019 年""速裁程序"为关键词在中国裁判文书网进行检索，经过筛选，共获得 2524 份样本文书。在此基础上，以"辩护人"为关键词再次检索并筛选，获得 382 份样本文书；以"指定辩护人"为关键词进行检索并筛选，获得 133 份样本文书；以"值班律师"为关键词进行检索并筛选，获得 100 份样本文书。

第五，以"案由：盗窃罪""刑事一审""判决书""2019 年""速裁程序"为关键词在中国裁判文书网进行检索，经过筛选，共获得 19 547 份样本文书。在此基础上，以"辩护人"为关键词再次检索并筛选，获得 1345 份样本文书；以"指定辩护人"为关键词进行检索并筛选，获得 921 份样本文书；以"值班律师"为关键词进行检索并筛选，获得 329 份样本文书。

（二）2019 年四个区域速裁程序律师辩护样本采集方式

第一，以"法院名称：北京""刑事一审""判决书""2019 年""速裁程序"为关键词在中国裁判文书网进行检索，经过筛选，共获得 6929 份样本文书。在此基础上，以"辩护人"为关键词再次检索并筛选，获得 909 份样本文书；以"指定辩护人"为关键词进行检索并筛选，获得 10 份样本文书；以"值班律师"为关键词进行检索并筛选，获得 986 份样本文书。

第二，以"案由：危险驾驶罪""法院名称：北京""刑事一审""判决书""2019 年""速裁程序"为关键词在中国裁判文书网进行检索，经过筛选，共获得 3658 份样本文书。在此基础上，以"辩护人"为关键词再次检索并筛选，获得 350 份样本文书；以"指定辩护人"为关键词进行检索并筛选，获得 2 份样本文书；以"值班律师"为关键词进行检索并筛选，获得 713 份样本文书。

第三，以"案由：寻衅滋事罪""法院名称：北京""刑事一审""判决书""2019 年""速裁程序"为关键词在中国裁判文书网进行检索，经过筛选，共获得 194 份样本文书。在此基础上，以"辩护人"为关键词再次检索并筛选，获得 22 份样本文书；以"指定辩护人"为关键词进行检索并筛选，获得 0 份样本文书；以"值班律师"为关键词进行检索并筛选，获得 19 份样本文书。

第四，以"案由：故意伤害罪""法院名称：北京""刑事一审""判决书""2019 年""速裁程序"为关键词在中国裁判文书网进行检索，经过筛选，共获得 447 份样本文书。在此基础上，以"辩护人"为关键词再次检索并筛选，获得 68 份样本文书；以"指定辩护人"为关键词进行检索并筛选，获得 1 份样本文书；以"值班律师"为关键词进行检索并筛选，获得 57 份样本文书。

第五，以"案由：盗窃罪""法院名称：北京""刑事一审""判决书""2019 年""速裁程序"为关键词在中国裁判文书网进行检索，经过筛选，共获得 1188 份样本文书。在此基础上，以"辩护人"为关键词再次检索并筛选，获得 105 份样本文书；以"指定辩护人"为关键词进行检索并筛选，获得 3 份样本文书；以"值班律师"为关键词进行检索并筛选，获得 77 份样本文书。

2019 年度上海、武汉、西安刑事案件适用速裁程序中的律师辩护情况样本获取方法与北京相同。

二、数据描述

（一）全国的情况

从 2019 年的速裁案件的裁判文书的样本观察，全国平均委托辩护率为 8.44%，寻衅滋事罪、故意伤害罪委托辩护率高于平均水平，危险驾驶罪、盗窃罪低于平均水平。委托辩护率排名：寻衅滋事罪辩护率最高，为 19.97%；其次是故意伤害罪为 15.13%；再次是盗窃罪为 6.88%，最低的是危险驾驶罪案件，辩护率只有 6.35%。全国速裁案件 2019 年度的指定律师辩护率为 4.53%，故意伤害罪、盗窃罪、寻衅滋事罪、危险驾驶罪案件的指定辩护的比例差距不大。值班律师参与认罪认罚具结书签署的占整个案件的 3.14%。当然，这数值是根据裁判文书中明确表明有值班律师参与认罪认罚具结书的签署而计算出来的。就总体情况而言，委托辩护率大于指定辩护率。根据样本显示，2019 年全国速裁案件的委托辩护率加上指定辩护率所代表的年度速裁案件的总辩护率为 12.97%。这个数字与其他相关研究比较吻合。[1]

---

[1] 魏化鹏：《刑事速裁程序之检视》，载《国家检察官学院学报》2017 年第 2 期。

说明刑事速裁程序入法之后，速裁案件的律师辩护情况仍然没有得到改善。

（二）北京的情况

2019 年度北京市速裁案件的平均委托辩护率高于全国，为 13.12%，其中故意伤害罪速裁案件的委托辩护率为 15.21%，寻衅滋事罪为 11.34%，危险驾驶罪为 9.57%，盗窃罪为 8.84%。北京市 2019 年度速裁案件中的指定辩护率较低，为 0.14%，远低于全国速裁案件指定辩护率的 4.53%。其中，盗窃罪中指定律师辩护率为 0.25%，故意伤害罪中指定律师辩护率为 0.22%，危险驾驶罪为 0.05%。北京市 2019 年度速裁案件的总辩护率为 13.26%，与全国平均水平的 12.97% 基本上持平。但是，相比上海、武汉和西安，这个比例显著较低。这说明北京市的速裁案件的律师辩护工作还有较大的差距和问题。北京作为国家首善之区，其律师辩护方面存在差距，其中的原因值得深思。

（三）上海的情况

上海市的速裁案件委托辩护率为 25.54%，其中寻衅滋事罪案件中的辩护率为 37.89%；其次为盗窃罪 22.22%，危险驾驶罪为 22.10%，故意伤害罪为 18.33%。上海市速裁案件的指定辩护率为 17.06%，其中故意伤害罪案件的指定辩护率为 23.33%，盗窃罪为 22.67%，寻衅滋事罪为 17.89%，危险驾驶罪为 14.55%。在四个地方样本中，上海市的速裁案件的总体辩护率为 41.60%，这个比例远远高于全国平均水平，并且在对比样本的四个城市中属于最高。这说明上海市律师辩护工作的成绩走在全国的前头，其中的经验和做法值得进一步总结。

（四）武汉的情况

武汉市 2019 年度速裁案件的委托律师辩护率为 10.17%，其中故意伤害罪速裁案件的委托辩护率为 25.32%，寻衅滋事罪速裁案件的委托辩护率为 21.43%，盗窃罪速裁案件的委托辩护率为 9.96%。危险驾驶罪速裁案件的委托辩护率为 7.56%。在指定辩护案件方面，武汉市速裁案件的指定辩护比例比较高，为 14.34%；盗窃罪指定辩护率为 17.35%，危险驾驶罪指定辩护率为 13.60%，故意伤害罪指定辩护率为 6.49%；寻衅滋事罪指定辩护率为 4.29%。武汉市的总辩护率为 24.51%，高于全国平均水平 12.97%，在对比的四个城市中仅次于上海。

（五）西安的情况

西安市 2019 年的速裁案件的委托辩护率为 9.63%，其中寻衅滋事罪速裁案件的委托辩护率为 14.29%；故意伤害罪为 11.10%；危险驾驶罪为 10.13%；盗窃罪为 5.00%。西安市速裁案件的指定律师辩护率为 5.39%，其中危险驾驶罪的速裁案件指定辩护率为 8.50%，故意伤害罪为 1.85%，盗窃罪为 0.94%，寻衅滋事罪为 0。西安的总辩护率为 15.02%，高于全国平均水平，在对比的四个城市中排第三。

表 9-1　2019 年全国和北京、上海、武汉和西安速裁案件的辩护情况

2019 年全国刑事案件速裁程序律师辩护情况				
	危险驾驶罪（57 364）	寻衅滋事罪（1177）	故意伤害罪（2524）	盗窃罪（19 547）	全国案件总数（10 1349）
委托辩护	3644 6.35%	235 19.97%	382 15.13%	1345 6.88%	8550 8.44%
指定辩护	2629 4.58%	55 4.67%	133 5.27%	921 4.71%	4590 4.53%
值班律师（裁判文书注明）	2276 3.97%	29 2.46%	100 3.96%	329 1.68%	3185 3.14%
2019 年北京刑事案件速裁程序律师辩护情况				
	危险驾驶罪（3658）	寻衅滋事罪（194）	故意伤害罪（447）	盗窃罪（1188）	当年案件总数（6929）
委托辩护	350 9.57%	22 11.34%	68 15.21%	105 8.84%	909 13.12%
指定辩护	2 0.05%	0	1 0.22%	3 0.25%	10 0.14%
值班律师（裁判文书注明）	713 19.49%	19 9.79%	57 12.75%	77 6.48%	986 14.23%

续表

2019年上海刑事案件速裁程序律师辩护情况					
	危险驾驶罪 （2158）	寻衅滋事罪 （95）	故意伤害罪 （60）	盗窃罪 （1341）	当年案件总数 （4414）
委托辩护	477 22.10%	36 37.89%	11 18.33%	298 22.22%	1083 24.54%
指定辩护	314 14.55%	17 17.89%	14 23.33%	304 22.67%	753 17.06%
值班律师 （裁判文书注明）	0	1 1%	0	7 0.52%	11 0.25%
2019年武汉刑事案件速裁程序律师辩护情况					
	危险驾驶罪 （2647）	寻衅滋事罪 （70）	故意伤害罪 （154）	盗窃罪 （1395）	当年案件总数 （6341）
委托辩护	200 7.56%	15 21.43%	39 25.32%	139 9.96%	645 10.17%
指定辩护	360 13.60%	3 4.29%	10 6.49%	242 17.35%	909 14.34%
值班律师 （裁判文书注明）	0	0	0	0	0
2019年西安刑事案件速裁程序律师辩护情况					
	危险驾驶罪 （859）	寻衅滋事罪 （7）	故意伤害罪 （54）	盗窃罪 （320）	当年案件总数 （1485）
委托辩护	87 10.13%	1 14.29%	6 11.10%	16 5.00%	143 9.63%
指定辩护	73 8.50%	0	1 1.85%	3 0.94%	80 5.39%
值班律师 （裁判文书注明）	0	0	0	0	0

三、讨论与分析

根据样本显示的数据分析，可以看出全国的刑事速裁程序案件的律师辩护的比例仍然很低，与认罪认罚从宽案件的律师辩护全覆盖的要求相距甚远。这说明刑事速裁程序案件的律师辩护工作仍然有很大的空间，其中区域性差别的问题并没有得到解决。这些问题的存在不仅影响速裁案件当事人诉讼权利的平等保护，而且也直接影响法律权利的平等和法制实施的统一。从样本数据中可以看出，速裁程序中的律师辩护存在以下几个方面的突出问题：

第一，全国速裁案件的律师辩护率相当低，远远低于同期全国刑事案件的辩护率。根据2018年修改的《刑事诉讼法》，速裁案件中的都是认罪认罚从宽的案件，都需要律师参与具结意见书的签署，但是从裁判文书中看出，各地在执行这一法律方面存在显著差距。这说明认罪认罚从宽案件的指定辩护制度还没得到有效实施。对于认罪认罚从宽案件，不论是适用速裁程序，还是适用简易程序和普通程序，在律师辩护方面的要求都应当保持一致。从样本的裁判文书中可以看出，全国认罪认罚从宽制度实施中的律师辩护制度需要进一步规范，必须结合刑事诉讼法的修改和两高三部《认罪认罚从宽指导意见》作出新的规定和要求。

第二，速裁案件律师辩护的区域性差别仍然比较大。在选取的四个样本中，上海和武汉的律师辩护率要高于西安和北京。令人惊奇的是，北京速裁案件中的律师辩护的比例相当低，各项指标都显著低于其他三个城市。北京作为经济发达的一线城市，速裁案件中刑事辩护比例如此之低，确实反映出各地在执行认罪认罚从宽案件律师辩护全覆盖方面还存在巨大的差异和问题。由于样本研究的局限，其他经济欠发达地区的速裁案件的律师辩护比例就更令人担忧。对于速裁案件律师辩护的区域性差别的研究揭示了我国刑事辩护制度实施上的严重失衡，这说明刑事辩护制度本身还存在巨大的改革和优化空间。这也印证刑事诉讼制度在具体实施方面存在虚化的问题，部分与刑事法治改革效果息息相关的深层指标并未同步改善。[1]

---

〔1〕 王禄生：《论刑事诉讼的象征性立法及其后果——基于303万判决书大数据自然语义挖掘》，载《清华法学》2018年第6期。

第三，刑事速裁案件的律师辩护在指定辩护方面的比例仍然很低，说明值班律师的法律帮助与辩护的功能并没有得到发挥。全国速裁案件的指定辩护比例为 4.53%，北京速裁案件的指定辩护比例仅仅为 0.14%，西安的速裁指定律师的辩护为 5.39%，即便上海也仅仅是 17.06%，武汉为 14.34%。以上数据说明各地指定辩护的比例相当低，法律援助机构和值班律师制度在速裁案件的辩护代理中发挥的作用十分有限。虽然样本数据的统计受制于裁判文书网的局限性，但是上述数字折射出速裁案件中值班律师应当发挥的功能远远没有显示出来。由于值班律师在立法上的定位模糊，值班律师在速裁案件中的辩护功能无法得到认可和实现，值班律师参与速裁案件辩护的风险存在很大的不确定性，值班律师介入刑事速裁案件的积极性就会大大降低。理论上和立法上的定位的模糊性，导致值班律师无法发挥指定辩护的功能，可以说是制约值班律师在速裁案件中发挥作用的深层次原因。

第四，刑事速裁案件不同犯罪类型的辩护率存在比较大的差异。从样本数据上看，危险驾驶犯罪和盗窃犯罪的委托辩护和指定辩护的比例都比较低，而寻衅滋事和故意伤害罪的委托辩护和指定辩护的比例较高。危险驾驶罪和盗窃罪的犯罪事实和证据相对比较容易确定，对辩护律师法律帮助需求的动力不足，因此这类速裁案件的律师辩护率比较低。总体上看，对于案件结果确定性比较强的案件，普通值班律师就完全可以发挥基本的辩护作用，而对于案件结果相对不确定的复杂案件，可能就需要安排或委托专门的刑事辩护律师来进行辩护。因此，在速裁案件的律师辩护中，区分委托律师和指定律师在不同类型犯罪案件中的作用具有重要价值。

第五，刑事速裁案件中值班律师在裁判文书中的记载存在区域性差异。虽然最高人民法院对于刑事速裁案件的裁判文书有示范文本，但是对于速裁案件裁判文书的记载要素缺乏明确的规定，导致各地速裁案件的裁判文书的要素记载事项差异很大。北京和上海的速裁判决书中值班律师记载比较明确，而武汉和西安的速裁文书中普遍缺乏对值班律师事项的记载。值班律师记载事项的缺乏，也给相关的研究带来不便。从样本数据看，速裁案件的裁判文书中值班律师的记载不完整，说明速裁案件整体性运行制度的建设还需要体系化完善。

第三节 刑事速裁程序与律师有效辩护

一、有效辩护制度的确立

律师有效辩护一般是指律师在具备充分的法律执业保障的前提下依法行使刑事辩护律师的职责，为犯罪嫌疑人、被告人提供充分并适格的法律帮助与法律辩护。2018 年新修改的《刑事诉讼法》确认的刑事速裁程序和认罪认罚从宽制度特别规定，认罪认罚案件适用刑事速裁程序必须有律师在场时签署的认罪认罚具结书，这样实际上就确保了每个进入刑事速裁程序的案件都有律师参与。认罪认罚从宽制度试点办法和 2019 年的两高三部《认罪认罚从宽指导意见》进一步明确了适用刑事速裁程序认罪认罚从宽制度的强制律师帮助或辩护制度。

"有效法律帮助"被写入国家立法和司法解释，这应当说是刑事被指控人权利保障方面的重大进步。两高三部《认罪认罚从宽指导意见》第 10 条第 1 款就明确提出，"人民法院、人民检察院、公安机关办理速裁程序案件，应当保障犯罪嫌疑人、被告人获得有效法律帮助，确保其了解认罪认罚的性质和法律后果，自愿认罪认罚。"不仅要有法律帮助，而且必须为有效法律帮助。有效法律帮助这个问题我们已讨论多年，有的学者认为在立法层面规定有效法律帮助和有效辩护过早或者不合时宜。但是，对于什么是速裁程序和认罪认罚中的有效的法律帮助，值班律师是否可以做到有效法律帮助，可能有不同的理解。但是从两高三部的试点办法规定的有效法律帮助的目的上看，如果犯罪嫌疑人和被告人仅仅获得值班律师的法律咨询或法律帮助，但是没有使得他们了解认罪认罚的性质和后果，并且不是自愿认罪，这样的法律帮助应当被看作是无效的。应当说，这样的标准对法律帮助提出了很高的要求。根据速裁程序和认罪认罚从宽制度的试点办法相关条款，这里的有效法律帮助，应当涵盖法律援助的值班律师和辩护律师。但是，这里面也带来一个问题，如果值班律师的权利受到很大限制，譬如值班律师的阅卷权、在场权、调查权得不到保障，律师的有效法律帮助就无从谈起。虽然立法机关提出了对犯罪嫌人和被告人的更高层面的辩护权的要求，有效辩护标准的确立对保障被指控人的诉讼权利很有价值，但是要实现真正意义上的有效法律帮助，特别是确立被指控人出现法律帮助无效时的救济权，甚至可以因法律帮助无效宣布诉讼无效，可能还有很长的路要走。根据目前的立法和司法实践的情况，当下的制度设计与满足刑事速裁程序中的律师有效辩护需求之间仍然存在很大的距离。

二、律师在场权问题

犯罪嫌疑人、被告人被指控机关讯问时享有委托律师在场权，不仅是犯罪嫌疑人、被告人的基本权利，也是律师进行有效辩护的基本前提。律师在场权是中国刑事诉讼立法改革中最难推进的部分。虽然学术界多年来不断呼吁，但是这项制度的立法没有任何的实质性进展。认罪认罚从宽制度实施后，虽然立法规定审查起诉阶段在被告人签署认罪认罚具结书时律师必须在场，其目的是让辩护律师为被告人的自愿认罪和接受量刑建议作背书，对于检察机关来说有保障，但是对于辩护律师来说，侦查阶段讯问犯罪嫌疑人在场权保障的缺位，无疑增加了律师执业的风险。值班律师的在场权被有限度地纳入刑事速裁程序和认罪认罚从宽制度中。律师辩护权中的核心权利律师在场权是非常关键的权利，特别是被告人不认罪案件和主要靠口供获得指控证据的案件，在场权与沉默权和不被强迫自证其罪的权利都是息息相关的，互为联系、互为表里。如果在侦查讯问中没有律师在场权，律师辩护权都不是完整意义上的辩护权。

两高三部《认罪认罚从宽试点办法》第 10 条第 2 款规定，犯罪嫌疑人自愿认罪，同意量刑建议和程序适用的，应当在辩护人或者值班律师在场的情况下签署具结书。2018 年新修改的《刑事诉讼法》对此进一步加以立法确认，可以说是中国刑事辩护制度立法上的进步，因为这是有条件、有限度地确认了律师在场权，在自愿认罪的情况下辩护人和值班律师要在场。这个可以说是打破了律师在场权的禁区。当然，律师在场权仅仅限制在被指控人自愿认罪的情况下，而且还有同意量刑建议等附加条件。认罪认罚中律师在场权，还限制在审查起诉阶段的自愿性认罪，并未扩展到侦查阶段。另外，审查起诉阶段的律师在场权行使的具体方式和操作方式等还需要进一步明确，使其便于操作。另外，律师作为认罪具结书的见证人，是否要承担相应的法律责任和后果等也要加明确。譬如，被告人认罪之后反悔或者翻供了，律师是否应当承担责任或者是否应当免责，这里面是否有法律风险，都需要加以研究。

对于刑事速裁程序案件以及认罪认罚从宽制度适用的案件，如果在侦查阶段侦查人员的权利告知后，犯罪嫌疑人就向侦查机关明确并正式表示认罪且愿意接受处罚，侦查机关应当就该行为本身请求律师在场。律师在场权不仅要在审查起诉阶段落实，更重要的是在侦查阶段，在认罪认罚案件的犯罪嫌疑人被侦查机关讯问时，律师有权在场，并确认犯罪嫌疑人的犯罪事实、犯罪证据和核实自愿认罪的态度，等等。在侦查阶段律师可以对犯罪嫌疑人提供法律帮助和法律咨询，但是对于侦查机关的侦查行为本身并不可以构成制约和监督，使得大多数被羁押或限制人身自由的犯罪嫌疑人的自主性表达受到严重影响。在封闭的羁押环境中，犯罪嫌疑人接受侦查人员讯问本身就构成极大的心理压力，如果没有律师在场的监督和帮助，犯罪嫌疑人的认罪和供述的自愿性是无法得到充分保障的。审查起诉阶段，犯罪嫌疑人的口供或者供述已经被固定为证据，在认罪认罚具结书上签字仅仅是形式而已，而这时无论是法律援助机构指定的值班律师还是犯罪嫌疑人委托的辩护律师，也只有顺从犯罪嫌疑人的意思而签字。但是当犯罪嫌疑人反悔或者没有得到其预期量刑的时候，犯罪嫌疑人就很容易迁怒于律师，给律师的执业造成潜在的风险。因此，只有在侦查阶段允许律师在侦查机关讯问犯罪嫌疑人时在场，律师在被告人的认罪认罚具结书上的签字才具有事实的基础和程序上的保障。律师在场权的问题牵涉公安机关侦查权力的制约，因此在目前环境中无论立法和试点都存在很大的困难。虽然如此，律师在场权是刑事诉讼中律师享有的基本权利，不仅对于律师的辩护具有重要价值，更为重要的是对确保讯问程序的合法，避免非法强迫取证和刑讯逼供，减少和避免冤错案具有十分重要的价值。

三、值班律师阅卷问题

侦查阶段听取辩护人和值班律师的意见，被明确写入刑事速裁程序的试点办法中，这也是比较大的进步。律师参与自愿认罪往往在侦查阶段，但是没有规定律师在场权，而是规定"在侦查过程中，听取辩护人和值班律师的意见"。至于在侦查的什么节点上听取值班律师和辩护人的意见，如何听取，如不听取会产生什么样的法律后果，都没有规定。目前的规定虽然有进步，但是操作性的意义并不大，特别是在值班律师权利有限的情况下，这种听取意见且缺乏正当程序保障的权利，在实践中无法达到其目的，对自愿性认罪认罚和不被强迫自证其罪都无法实现制度上的保障。因此，认罪认罚案件中侦查阶段的值班律师的作用还有待继续加强。

律师有效辩护的保障是律师享有阅卷权。由于我国刑事诉讼的卷宗主义盛行，因此律师阅卷对于保障有效辩护具有不可或缺的意义。根据 2018 年新修改的《刑事诉讼法》和认罪认罚从宽制度的相关规定，值班律师需要在犯罪嫌疑人认罪认罚具结书上签字确认。但是，在没有侦查阶段的在场权和阅卷权的情况下，值班律师在被告人认罪认罚从宽的具结书上签字本身就缺乏足够的基础准备。犯罪嫌疑人委托辩护律师，辩护律师根据法律规定依法有权到审查起诉的机关进行阅卷，对案件事实和证据进行核实，在此基础上对刑事速裁程序中的被告人的认罪认罚事实基础和法律适用才能有比较清楚的认知。但是值班律师没有阅卷权，没有侦查阶段的在场权，值班律师在认罪认罚从宽具结书上的签字本身就具有很大的执业风险。

由于值班律师在很大程度上要担负委托辩护律师的职责，因此在审查起诉阶段，应当通知法律援助机构为犯罪嫌疑人在侦查阶段提供法律帮助的具体办案律师前来阅卷。检察机关办案人员应当为值班律师的阅卷提供便利。目前这样的制度只在部分地方的司法机构实行，在立法层面还没有相应的规定。特别是 2018 年新修改的《刑事诉讼法》和 2019 年的两高三部《认罪认罚从宽指导意见》对值班律师的阅卷权都缺乏明确的具体规定，实际上暴露了立法的漏洞。虽然值班律师阅卷可能会增加值班律师的工作量和刑事速裁程序的效率，但是从保证程序公正、案件事实基础和被告人认罪自愿性上看，刑事速裁程序中的值班律师的阅卷权并非可有可无。笔者建议，两高三部应该修改《认罪认罚从宽指导意见》或者在新的司法解释或规范性法律文件中明确值班律师的阅卷权，这个并不存在太多的法律障碍。只要赋予值班律师阅卷权，并增加相应的工作报酬，这项权利的落实并非不可能。

四、法庭辩护问题

对刑事速裁程序中律师在法庭上的功能和作用，学术界研究不够，实务界创新探索也不多。虽然刑事速裁程序简化了法庭调查和法庭辩论，但是并不意味着律师在法庭上的辩护可有可无。刑事速裁程序中律师具有法庭辩护的功能。律师辩护虽然受制于认罪认罚的具结书，但是认罪认罚的具结书并不能排除律师的独立辩护的法律地位。在刑事速裁程序中，律师的辩护并不受被告人签署的认罪具结书的约束，其具有独立的法律辩护的主体地位。

首先，律师法庭辩护对于被告人的定罪是否可以提出与量刑建议不同的辩护意见。如果律师对定罪有看法，只要本身对被告人的权利维护或量刑减轻具有实质性的意义，律师辩护本身完全可以从有利于被告人的利益的角度展开。律师的价值就在于利用其法律专业知识为被告人提供专业的法律帮助，这种帮助来自于当事人的授权，但是又不受当事人意志的约束。因此，关于定罪的意见，律师完全可以从事实和法律适用的角度提出不同的意见。

其次，律师对于刑事速裁程序中的量刑建议是否可以提出不同的量刑意见。量刑建议是控辩双方就量刑达成的共识，并且为被告人和辩护律师或指定的值班律师签署确认，因此在法庭上辩护律师对该量刑建议不应当发表不同的意见。但是，这不是绝对，如果审查起诉阶段认罪认罚具结书签署后发生了情势变更，譬如被告人在财产赔偿方面有新的进展，该因素此前并未被检察机关的量刑建议所考量，在庭审中辩护律师完全可以根据新的情况请求在量刑建议的基础再进一步克减。此外，如果在被告人签署具结书之后，律师通过审查案件发现新的对于被告人具有减轻处罚的情节，譬如立功等，辩护律师也可以根据新的情节请求法庭在原来的量刑建议基础上进一步从轻或减轻。

再次，律师对于刑事速裁程序审理的证据是否可以发表不同的质证意见。根据刑事速裁程序审理的要求，法庭不进行质证，但是不进行质证并不意味着律师可以不提出证据审查的意见。刑事速裁程序为了提高效率，对于控辩双方已经确认并查明的案件事实和证据可以不进行质证。但是，这并不意味着辩护律师在证据审查方面可以高枕无忧。辩护律师就刑事速裁程序审理的案件，即便被告人已经签署认罪认罚具结书，在庭审之前辩护律师对定罪量刑的每一份证据都需要认真审查，对于认罪认罚具结书签署后补充新的证据，如果发现对案件的定性或量刑具有重大价值，在庭审阶段辩护律师仍然可以要求在法庭调查阶段进行质证，提出有利于被告人的辩护意见。

最后，刑事速裁程序中的辩护律师是否需要发表辩论意见。根据 2018 年新修改的《刑事诉讼法》的规定，刑事速裁程序的审理可以省略法庭辩论。从司法实践的案件审理中观察发现，辩护律师在刑事速裁程序和认罪认罚从宽案件中很少发表系统的辩护意见。笔者认为，刑事速裁程序本身程序简洁，律师在案件事实已经非常清楚且量刑建议已经为被告人确认的情况下，律师的法庭辩论就失去了反驳的前提。但是，在刑事速裁程序中，由于量刑建议并不必然为法官所接受，辩护律师就量刑建议可以在辩论阶段发表必要的看法，通过案件的事实和证据以及被告人认罪等情节，请求法院接纳量刑建议，如果有新的证据或者情势变更，可以提出在量刑建议确定的量刑基础上进一步要求予以从轻或减轻。辩护律师在速裁程序审理的案件中，仍然维系控辩审的结构，刑事速裁程序的简化并不意味着控辩审结构的瘫痪，相反在刑事速裁程序中控辩审的结构微缩化，但并不是消亡，辩护律师作为控辩审的结构中的重要一极，应当在庭审中积极发挥其辩护律师的功能和作用。

第四节　刑事速裁程序中的控辩协商

一、刑事速裁程序中的控辩协商机制

刑事速裁程序和认罪认罚从宽制度相关立法都明确了检察机关的量刑建议权，但是并没有赋予值班律师和辩护人与指控方就量刑和指控进行协商的权利。虽然两高三部《认罪认罚从宽试点办法》规定，在审查起诉阶段对犯罪嫌疑人和被告人的量刑建议、指控罪名、审理程序等应当听取值班律师和辩护律师的意见。根据两高三部《认罪认罚从宽指导意见》第 33 条关于量刑建议提出的规定，犯罪嫌疑人认罪认罚的，人民检察院应当就主刑、附加刑、是否适用缓刑等提出量刑建议。人民检察院提出量刑建议前，应当充分听取犯罪嫌疑人、辩护人或者值班律师的意见，尽量协商一致。这是最高司法机关通过司法解释层面规定控辩协商的相关内容，虽然相关的规定还比较模糊，

但是其实践的意义重大。

控辩协商机制对于辩护律师来说更具有迫切性和现实必要性，因为只有真正建立平等的控辩协商机制，辩护律师的辩护功能才能得到充分的发挥。黑格尔指出，不是把罪犯看成是单纯的客体，即司法的奴隶，而是把罪犯提高到一个自由的、自我决定的地位。[1] 随着律师辩护和法律援助制度的建立，以及刑事速裁程序和认罪认罚制度的建立，刑事被指控人的主体地位不断得到提高。这个过程本身虽然与国际刑事人权司法准则仍然有差距，但是也表明我国刑事诉讼中犯罪嫌疑人、被告人的人权保障在显著地提高。刑事速裁程序试点中并没有规定辩护律师就定罪与量刑可以与控诉方进行协商。从辩护的角度看，认罪认罚从宽制度为控辩协商提供了制度机制。在刑事速裁程序和认罪认罚从宽制度的试点过程中，不少试点单位或地区譬如福建省福清市人民法院等都创新控辩量刑协商机制，并且在实践中取得了很好的效果。

二、刑事速裁程序中控辩协商的试点经验

刑事速裁程序和认罪认罚从宽制度试点中，在控辩协商方面，不少地方的法院都创造了地方经验或模式。比较有代表性的是福建省福清市人民法院在刑事速裁程序中创设的认罪认罚从宽的经验，值得研究和借鉴。2015 年 9 月，福建省福清市人民法院联合检察院、公安局、司法局共同出台《关于刑事案件速裁程序值班律师全面法律援助制度和量刑协商制度试行办法》，根据上述办法的规定，在侦查阶段，犯罪嫌疑人提出申请的，应当为其提供援助值班律师；在审查起诉阶段，犯罪嫌疑人没有委托辩护人的情况下必须指派援助值班律师提供法律帮助，援助律师享有阅卷权并直面犯罪嫌疑人聆听辩解，审查案件事实、定性准确与否，帮助犯罪嫌疑人进行程序选择，与公诉人就刑罚种类、刑期、认罪认罚从宽幅度以及刑罚执行方式等进行量刑协商。达成一致意见的，公诉机关应当按照协商结果拟定明确、具体的刑罚种类及刑期向人民法院提出量刑建议。[2] 根据规定，我们可以看出，地方法院的试

---

〔1〕 转引自易延友：《沉默的自由》，中国政法大学出版社 2001 年版，第 146 页。
〔2〕 陈敏等：《刑事速裁程序量刑协商制度若干问题研究——基于福建省福清市人民法院试点观察》，载《法律适用》2016 年第 4 期。

点活动实际上在控辩协商方面很大程度超越了立法的规定，并且更加体现诉讼民主和平等的成分。从上述规定看，福清的经验主要在以下几个方面值得思考：

首先，量刑协商的范围比较灵活。福清市人民法院的试点中没有借鉴美国辩诉交易制度中的罪名罪数的协商方式，认为我国不具备对罪名罪数进行量刑协商的理念，社会不具备接纳罪名和罪数交易的法律文化，而是结合中国的法律实际和司法状况确定为量刑协商，而非认罪协商。在刑事速裁程序中试点量刑协商制度实际上有一定的风险。但是，福清市人民法院在试点中将罚金刑纳入协商的范围，这具有实质的意义。刑罚的内容当然包含罚金的内容，罚金的协商可以让犯罪嫌疑人和被告人对应当缴纳的罚金有相应的预期和准备，避免到审判阶段因判处罚金超出预期而对量刑协议反悔及改变适用程序而导致诉讼效率低下的问题。

其次，量刑协商中允许法官的参与。福清市人民法院在量刑协议的主体上不拘泥于控辩双方，在法院自行决定启动速裁程序的特定情况下允许法官与被告人进行量刑协商。在这种情形下，法官需要讯问被告人是否认罪和适用速裁程序的意见，如果被告人认罪认罚并同意适用速裁程序，在征得公诉人意见的基础上对量刑建议酌情从轻10%~30%，这意味着法官已经参与到速裁程序中的量刑协商。这个做法可以说是对传统意义上控辩双方协商的突破，对于完善量刑协商制度具有积极的意义。

最后，量刑协商的律师权利得到比较充分的保障。福清市人民法院试点中的量刑协商都有律师的参与，保障律师与犯罪嫌疑人、被告人会见和单独沟通的权利。对于可能进入量刑协商的速裁案件，主张让律师提前阅卷，了解公诉人审查拟定的意见以及拟提出的量刑建议，并提前会见犯罪嫌疑人、被告人核实案情，了解犯罪嫌疑人、被告人对量刑和适用速裁程序的意见。另外，公诉人提审被告人的时候，律师必须在场，及时有效提供法律帮助。这些做法对于完善值班律师制度下的量刑协商都具有重要的价值。

三、刑事速裁程序的控辩协商机制

(一) 协商的主体

我国刑事速裁程序控辩协商的参与主体是公诉方和辩护方，即由辩护律师与公诉人就量刑进行协商。中国控辩协商机制中，辩护律师是协商的主体，因为辩护律师不仅具备刑事法律专业知识和经验，更为重要的是了解案件中被告人在量刑方面所具有的有利的经验和不利的因素，相比于被告人，特别是知识文化程度比较低的被告人来说，辩护律师作为控辩协商的主体是非常必要的。当然，简易程序或者刑事速裁程序中就量刑等问题参与协商的主体除了辩护律师与公诉人之外，还包括法官，譬如德国式的认罪协商主要是通过辩护律师同法官之间的协商完成。法官参与协商更多地体现职权主义诉讼模式的特点，有利于在更多保障案件真实性的基础上不发生错案或减少错案的发生。根据福清市人民法院课题组的问卷调查，对于法官是否可以参与控辩协商的问题，75%的法官、100%的公诉人认为法官参与控辩协商容易导致先入为主，影响审判的公正。但是在对于法官能否与被告人协商问题上与前面的问题存在不同的态度，62.5%的法官、60%的公诉人、54.55%的律师持肯定态度；37.5%的法官、40%的公诉人、27.7%的律师持否定态度，同时还有18.18%的律师并没有表态。可见，在这个问题上，超过一半以上的法律职业人员认可法官可以参与协商。这个问卷的结果一方面反映这个问题存在比较大的分歧，但同时也说明法官参与协商并非绝对不可能，而是仍然存在比较大的可能性或者比较大的参与空间。但是，这种法官参与协商量刑的模式存在比较明显的弊端，就是由于法官完全控制案件的最终结果，因此被告人或辩护人很难与其进行平等的协商。在法官参与量刑协商的情形中，如果法官具有偏见，协商的结果就很容易出现偏见。德国这种法官参与协商的模式具有特殊性，因为德国非常强调法官在发现真实方面的职责，是强调法官的父爱主义下的高度理想化的法官职业色彩的结果。比较而言，美国协商机制更多强调诉讼的效率和诉讼主体间的民主和平等。可见，德国的认罪协商与美国强调当事人主义的弹劾诉讼模式下的辩诉协商具有很大的不同。

此外，犯罪嫌疑人和被告人在控辩协商中的地位和作用如何把握？对于这个问题，毫无疑问被指控人的地位非常重要。中国的控辩协商机制在立法上并没有确立，因此目前的控辩协商在某种程度上是在法律框架之外的模糊领域的非正式的操作。就目前而言，在刑事速裁程序和认罪认罚从宽制度的试点过程中所出现的控辩协商机制的主体，主要是公诉人与辩护律师作为主要协商主体来完成具体案件中被告人的量刑建议。但是，法官并不是绝对地不可参与到控辩协商中来，在二审和特定的情形下，法官在某种特定情形下也是可以参与控辩协商的，这样可以解决控辩协商机制本身无法解决的保证协商主体意见真实性的基础等问题。

（二）协商的范围

美国辩诉交易中控辩双方协商的范围很广泛，不仅是量刑协商，还可以进行罪名、罪数协商等。[1] 大陆法系国家控辩协商的机制主要是量刑协商。我国目前刑事速裁程序和认罪认罚从宽制度试点中，主要是量刑协商。

我国的刑事速裁程序中的控辩协商是否可以进行罪名协商，如果可以进行罪名协商，是否具有操作的空间和必要性？根据福清市人民法院课题组的问卷调查，75%的法官、100%的公诉人和27.7%的律师认为罪名和罪数交易在中国与刑事诉讼法追求事实真相的价值观相互背离，而且罪名和罪数的交易会扭曲社会的公正体系。但是，25%的法官、72.7%的律师认为罪名和罪数可以进入协商的范围，因为罪名、罪数的协商才能真正体现控辩两造的对立和公平。[2] 从这个问卷调查的结果可以看出，我国的诉讼主体对该问题实际上存在巨大的分歧。从理论上看，既然是控辩协商，在法律规定下能够影响被告人的利益的所有对象都应当被允许进入协商的范围，而不应当进行任何的限制。在司法实践中，控辩双方对定罪的形状或罪数在许多具体的案件中都能存在尖锐的对立，譬如抢劫罪与抢夺罪、非法吸收公众存款罪与集资诈骗罪等在司法实践的具体个案中都会产生严重的分歧。这种关于罪名或罪数认识上的分歧当然会影响案件处理的最终量刑结果。因此，从刑事诉讼的被告人权利保障的角度看，罪名和罪数也毫无疑问应当处于控辩协商的范围。从辩护律师的角度看这个问题，当然支持的角度更有利于辩护。但是，从检察官的角度看，如果对于罪名或者罪数也可以讨价还价的话，那么就会限制检察机关的控诉权限，挑战检察机关在罪名和罪数上的公诉独占权。因此调查问卷被调查的检察官毫无例外地反对对罪名和罪数进行协商或交易。从上述问卷结果中不同诉讼主体在该问题上的巨大反差可以看出，该问题不仅是理论上的问题，还存在立法和司法实践的问题。目前在我国要推行罪名和罪

---

〔1〕　王兆鹏：《美国刑事诉讼法》，北京法学出版社 2005 年版，第 676 页。

〔2〕　陈敏等：《刑事速裁程序量刑协商制度若干问题研究——基于福建省福清市人民法院试点观察》，载《法律适用》2016 年第 4 期。

数的协商所面临的观念上、立法上的障碍还比较大。虽然如此，对该问题的理论上的探讨并非不可能。笔者认为，对于罪名和罪数的协商，在司法实践中应当可以进行，虽然立法上不存在空间，但是并不妨碍在司法实践中，律师就罪名和罪数上与检察机关之间的看法存在巨大的实质性差异时，并且具有证据或法律的基础时，辩护律师在检察机关提出正式的量刑建议之前可以就罪数和罪名问题与检察机关进行沟通和协商。

此外，关于罚金是否可以协商的问题，福清市人民法院课题组的问卷显示，参与调查问卷的 50% 的法官、60% 的公诉人、100% 的律师对该问题持肯定意见。[1] 在访谈中，大部分律师提到在协商过程中如果涉及罚金，被告人都希望能够具体了解罚金的数额。在这个问题上，法官和公诉人的态度比较接近，基本的理由应该推测为法律仅仅规定量刑建议，但是对罚金本身没有具体规定是否可以进行协商或纳入协商或建议的范围。但是，有些案件，特别是比较轻微的案件，因为情节显著轻微，可能仅仅是单处罚金。因此，案件的最终结果如果涉及被告人的核心利益，则从协商的角度完全可以将其纳入协商的范围。

总体上看，我国目前的刑事速裁程序和认罪认罚从宽制度关于量刑的协商方面，主要还是职权主义的检察机关主导的刑事公诉权的量刑建议，并非实质平等主体之间的协商。因此，检察机关的量刑建议具有强烈的公诉职权主义，并非严格意义上的诉讼主体之间的平等协商。目前中国的刑事速裁程序和认罪认罚从宽制度并没有给控辩协商机制留有足够的空间，律师的辩护权相当狭窄。从长远看，对于控辩协商的空间和范围还应进一步扩大，否则就不可能产生真正意义上的控辩平等下的协商机制。

（三）协商的方式

犯罪嫌疑人和被告人在没有律师辩护或律师帮助的情况下是否可以和检控方进行量刑协商？对于这个问题，2018 年修改的《刑事诉讼法》规定，认罪认罚从宽的具结书必须在律师见证下签署，因此从这个意义上，犯罪嫌疑人、被告人必须在法律援助律师或其辩护律师的协助下，才可与控方就程序

---

〔1〕 陈敏等：《刑事速裁程序量刑协商制度若干问题研究——基于福建省福清市人民法院试点观察》，载《法律适用》2016 年第 4 期。

选择和量刑建议达成一致。因此，犯罪嫌疑人、被告人在认罪认罚从宽制度实施之后，认罪认罚从宽的量刑协商不能在没有值班律师或辩护律师协助下进行。这里面的道理并不复杂，在犯罪群体中，高中以下学历的犯罪人超过90%。因此由于缺乏文化和法律方面的知识，只有在专业律师帮助下才可能同具有较高职业准入要求的检察官进行协商。

在控辩协商的时间方面，在什么情况下就可以进行控辩协商？根据《刑事诉讼法》的有关规定，侦查结束之后才可进行控辩协商，因此，在中国，侦查阶段的犯罪侦查和调查的人员无权与犯罪嫌疑人和被告人就量刑进行协商。即便犯罪嫌疑人在侦查阶段就认罪认罚，但是只有到公诉阶段才可以进行正式的协商程序。但是，刑事速裁程序中侦查阶段是否可以进行控辩协商，其实法律并没有完全禁止。实际上，在侦查阶段，如果犯罪嫌疑人认罪认罚，侦查人员虽然不能与犯罪嫌疑人进行量刑的协商，但是可以就认罪认罚从宽制度的适用与犯罪嫌疑人进行有效的沟通，取得犯罪嫌疑人的信任与合作，进而提升侦查的效率。对于犯罪嫌疑人在侦查阶段就提出认罪认罚的，侦查阶段的期限是否可以相应地缩短？笔者认为完全可以，只要犯罪嫌疑人提出认罪认罚且犯罪事实的主要证据已经落实，就可以尽快与检察院公诉部门进行协商推进办案流程，不一定非等到侦查期限即将届满时再提交公诉部门检控。目前我国修改的刑事诉讼法与相关的司法解释，在推进侦查阶段的轻微犯罪案件的侦查效率方面还缺乏相关规定，严重影响了认罪认罚案件在侦查阶段的程序推进的速度。

另外，就是协商的启动和具体的形式如何安排？在刑事速裁程序的控辩协商中，究竟谁可以先启动这样的程序？我国刑事诉讼法由于没有规定控辩协商的规则，没有成文法的规则可以参考。司法实践中，刑事速裁程序的启动应当首先由辩护律师根据案件的事实和证据，以及被告人的认罪态度综合评估之后，对被告人的认罪认罚给出相应的建议并获得认可，这才具备认罪认罚量刑协商的条件。值班律师或辩护律师可以在案件提交前就向指控方提交量刑协商的请求。因此从逻辑上，刑事速裁程序中量刑协商的率先启动者应当是辩护方。控方在收到辩护方提出的认罪量刑协商的信息的时候，就可以着手安排量刑的初步建议，并与辩护律师或值班律师进行沟通。在此基础上，控辩双方在充分知晓并且对被告人进行充分释明其内容和后果的情况下，在律师见证的情况下签署正式的包括量刑建议的具结书。这个具结书在法律的效力上类似于美国辩诉交易中控辩双方签署的认罪协议。

（四）协商的结果

比较而言，从内容和形式上看，中国的认罪认罚具结书比起美国的认罪协议相对简化。从美国加利福尼亚地方法院制定的认罪协议书可以看出，美国的认罪量刑协议不仅包括量刑协议的结果，而且还包括认罪自愿性、认罪的后果。在协议书中，对于认罪量刑中律师法律帮助有明确的指示，譬如在协议中释明在认罪之前，被告人已经与律师讨论了本案的案件事实、被指控犯罪的要件、前科、加重情节以及特殊控告；拥有所有抗辩的权利和宪法上的各项权利、认罪的后果以及本案的重要事项等。此外，在美国认罪协商中被告人被要求放弃的权利包括：陪审团审判的权利、法庭审判的权利、对质权和交叉询问的权利、保持沉默和不自证其罪的权利、提出证据和抗辩的权利。[1] 该协议由被告人、代理律师和检察官共同签署后提交法院最后审理确认，法官确认后该认罪量刑协议就正式生效。

量刑协商的结果在中国的刑事司法实践中具体表现为检察机关的量刑建议，具体内容体现在被告人签署的认罪认罚具结书之中。根据两高三部《认罪认罚从宽指导意见》第 31 条的规定，认罪认罚从宽具结书的内容主要包括被告人理解并接受其全部内容，自愿适用认罪认罚从宽制度，同意适用速裁程序，认可人民检察院指控犯罪事实，构成犯罪，以及检察院提出的量刑建议；同意程序适用。根据相关的范本，具结书最后是被告人自愿签署的声明，表明被告人已经获得辩护人/值班律师的法律援助并听取意见，知悉认罪认罚可能导致的法律后果；同时在知情和自愿的情况下签署，未受任何暴力、威胁或任何其他形式的非法影响，亦未受任何可能损害理解力和判断力的毒品、药物或酒精物质的影响，除了本认罪认罚具结书载明的内容，没有获得其他任何关于案件处理的承诺。此外，值班律师或辩护律师在该被告人的具结书上签署声明，其是犯罪嫌疑人、被告人的辩护人/值班律师，并证明犯罪嫌疑人、被告人已经阅读了认罪认罚具结书及认罪认罚从宽制度告知书，犯罪嫌

---

〔1〕 "Plea Form, with Explanations and Waiver of Rights—Felony", accessed July 18 2020, https://www.courts.ca.gov/documents/cr101.pdf.

疑人、被告人系自愿签署上述认罪认罚具结书。我国的认罪认罚具结书从效力上确认被告人自愿认罪认罚，同意认可检察机关的量刑建议。量刑建议本身对法院并不具有绝对的约束力，如果出现违法或者特定的情形，法院有权作量刑或程序上的改变，换言之，认罪认罚量刑建议最终必须通过法院的裁判来确认。

（五）协商的保障

在实践中，有的值班律师制度依托法律援助中心驻看守所或法院的工作站工作，但是有时值班律师更换频繁，并不能保证值班律师固定为同一犯罪嫌疑人或被告人提供法律帮助。很多情况下，值班律师对案情和案件程序的进展并不熟悉，仅仅对相关的案件提供一般性的法律服务，无法进行会见之外的调查与阅卷等辩护工作，必然影响其对案件解决的综合判断。同时，由于值班律师对速裁程序中认罪的前提和后果等告知和解释过于形式化、简单化，严重影响犯罪嫌疑人、被告人对量刑建议的正确理解，甚至出现签署具结书后反悔上诉的问题。因此，对于值班律师来说，应当明确固定值班律师固定犯罪嫌疑人帮助制度，某律师为犯罪嫌疑人提供法律帮助后，尽可能在此后的认罪协商和签署具结意见书的时候安排原来的值班律师，保障值班律师对案件的充分知情权。值班律师的阅卷权如果不能得到充分保障，也会直接影响律师参与控辩量刑协商的效果。在未来的认罪协商制度改革与保障方面，应当充分保障值班律师包括辩护律师有充分的会见权和阅卷权，并畅通与检察院等办案机关的办案人员的充分沟通渠道。总体而言，从保障认罪协商的自愿性以及控辩平等的角度看，控辩协商的保障性机制仍然有待立法或司法机关予以不断完善。

刑事速裁程序中的检察职能

无论是两高两部的《速裁程序试点办法》还是两高三部的《认罪认罚从宽指导意见》，都可以从中看出检察机关在刑事诉讼中的地位和作用得到强化。特别是，检察机关在速裁案件和认罪认罚从宽案件中确定罪名和量刑建议等方面享有比此前更多的自由裁量权，审查起诉阶段的公诉活动基本上决定了速裁案件的结果。从这个意义上，速裁案件中检察机关的审查起诉活动很大程度上决定了速裁程序的走向。本章就刑事速裁程序中检察机关的职能作用、量刑建议和不起诉几个重要的问题进行初步探讨。

第一节　刑事速裁程序中检察机关的功能定位

一、刑事速裁程序与检察机关的职能定位

检察机关的角色定位问题在我国刑事诉讼法学学术研究中长期存在争论。从两高两部《速裁程序试点办法》、两高三部《认罪认罚从宽试点办法》以及 2018 年新修改的《刑事诉讼法》的相关规定看，在刑事速裁程序和认罪认罚从宽案件中，检察机关的公诉人的角色和过去传统的公诉人相比在职能上已经有较大的不同。

有的学者主张，检察机关在刑事诉讼中处于主导地位。[1] 适用刑事速裁程序的案件都是认罪认罚从宽的案件，检察机关在审前程序中保障被告人的认罪自愿性和审查案件的事实证据基础，提出为被告人接受的量刑建议，实

---

[1] 赵恒：《论检察机关的刑事诉讼主导地位》，载《政治与法律》2020 年第 1 期。

际上在绝大部分案件中主导了刑事诉讼的结果。在这个意义上，检察机关在刑事诉讼中，特别是在刑事速裁程序与认罪认罚从宽案件中居于主导地位已经被立法所认可。在刑事速裁程序的试点推广阶段，各地的司法机关就发挥主导作用，建立预约提审制度，合并告知权利和讯问程序，与司法行政机关密切配合举行社区调查，减少审批环节，提高刑事速裁程序内部流转效率，建立和规范刑事速裁程序量刑建议书的文书格式等。检察机关在刑事速裁程序审前阶段的工作，实际上为刑事速裁程序的法庭审理奠定了扎实的工作基础。没有检察机关事实证据审查的基础以及控辩双方的协商沟通，就没有速裁法庭审理的快速便捷。因此，刑事速裁程序中检察机关的职能作用不再是流水线上的配送环节；而是对案件进行证据事实和量刑"深加工"的生产者，法院的审理工作主要成了对已经深度加工的"产品"的质量的审查者。刑事速裁程序中公诉机关的角色的变化，决定了检察机关公诉机关在刑事速裁程序案件的审查起诉过程中处于主导地位。

刑事速裁程序中的检察官的自由裁量权过大，必然会挤兑辩护方在认罪认罚中的"议价"空间。在刑事速裁程序中，基于检察机关主导下而形成的认罪认罚具结书具有强烈的纠问制色彩。控辩双方平等基础上达成的认罪量刑协议具有法律文件的对等约束的属性，而量刑建议并未充分考虑被告人对裁判结果自主性的诉讼主体的权利属性。问卷调查显示，被告人在认罪认罚从宽中绝大多数获得从轻的处罚，但是也有相当部分对认罪后悔和对判决结果不满意。这说明在认罪认罚制度中基于认罪具结书和单向度的量刑建议，并没有充分考虑被告人协商上的自主自愿性，协商的元素在刑事速裁程序中还相当欠缺。

由于在刑事诉讼中，检察院代表国家行使公诉权，控辩平等协商很大程度上只有理论的可能。但是在实践中，检察机关在绝大多数的案件中在控诉方面都居于主导性地位。辩护方由于法律赋予的权利很有限，且实质性介入刑事诉讼的时间比较晚，因此在控辩协商的机制的操作中实际上处于弱势地位。控辩协商制度是现代刑事诉讼民主化重要特征。虽然经过历次修法和学者呼吁，我国刑事诉讼法典并没有明确控辩协商的法律地位。虽然在两高两部《速裁程序试点办法》中也没有明确规定控辩协商规则，但是由于强调速裁程序试点中法律援助值班律师的深度参与，实际上在速裁程序试点中预留了控辩协商的空间。有些试点法院已经开始在试点中尝试运用控辩协商规则来处理案件，例如福清市人民法院联合其他政法机关出台《关于刑事案件刑事速裁程序认罪认罚从宽协商制度》，探索刑事速裁程序的控辩协商规则运行机制。但是，新修改的《刑事诉讼法》并没有吸纳地方认罪认罚试点中的控辩协商的创新做法。从诉讼规律和权力制约机制的角度看，在刑事速裁程序中赋予检察官较大的量刑等方面的裁量权的同时，也有必要加强辩护方在量刑协商中的权力，防止认罪认罚案件审查起诉阶段的权力配置严重失衡。

二、刑事速裁程序中检察机关的职能发挥

2018 年修改的《刑事诉讼法》和 2019 年两高三部《认罪认罚从宽指导意见》对认罪认罚从宽制度中检察机关的职责作出了明确的规定，同样适用于刑事速裁程序。这些职责的规定对于进一步完善检察机关在刑事速裁程序中的工作提供了具体的操作性指南。

（一）权利告知

对犯罪嫌疑人、被告人告知权利是刑事诉讼当事人诉讼权利的重要保障，是为确保刑事速裁程序在基本诉讼权利得到切实保证的前提下进行，这也是刑事速裁程序正当化的前提条件。根据两高三部《认罪认罚从宽指导意见》的规定，检察机关对于认罪认罚并适用刑事速裁程序的案件，要对犯罪嫌疑人、被告人进行权利告知。具体为案件移送审查起诉之后，人民检察院应当告知犯罪嫌疑人享有的诉讼权利和认罪认罚的法律规定，保障犯罪嫌疑人的程序选择权。告知应当采取书面形式，必要时应当充分阐明。实践中，也有被告人文化程度不高，或者对法律知识的理解能力不够，公诉人书面告知的时候，应当充分向被告人逐项阐明其内容。现在的规定比较笼统，两高三部《认罪认罚从宽指导意见》规定的"必要时候阐明"，实际上授权公诉人在告知方式上的自由裁量权，由于在会见和讯问被告人时候缺乏第三方的有效监督，其实对公诉人的约束性不强。一般来说，移送审查起诉后，犯罪嫌疑人的权利告知在公诉人第一次讯问犯罪嫌疑人时候就应当进行。告知采取书面的方式，意味着该告知将形成检察机关规范的权利告知书，比较容易为犯罪嫌疑人所全面认知和理解，在缺乏监督的情况下也不容易被公诉人简化或省略。书面权利告知的具体内容，应当由最高人民检察院提供规范的范本。在

刑事速裁程序的试点中，各地提供的权利告知书的书面版的内容差异很大，有的地方只有几条，有的地方十多条，内容也参差不齐，对于被告人的权利保护的程度必然会产生差异。因此，对于书面权利告知书的内容应当根据刑事诉讼法和刑事速裁程序以及认罪认罚的相关规定，对于犯罪嫌疑人、被告人的权利告知应当全面具体，对于告知程序要记录在案并附卷，防止权利告知的程序走过场，导致该项制度流于形式。

（二）听取意见

在审查起诉阶段听取意见的程序对于保障犯罪嫌疑人、被告人的审前诉讼权利具有根本性的作用。根据两高三部《认罪认罚从宽指导意见》，适用刑事速裁程序审理的案件，人民检察院应当就该案涉嫌的犯罪事实、罪名以及适用的法律规定，从轻、减轻或者免除处罚等提出从宽处理的建议；审理适用的程序听取犯罪嫌疑人、辩护人或者值班律师的意见，记录在案并附卷。应当说上述规定对于保障被告人的审前辩护权提供了法律依据。但是该规定存在以下几个问题：首先，审查起诉阶段的听取犯罪嫌疑人的意见，具体的方式和程序并不明了。譬如，听取的时间、地点，参加的人数、次数、程序性的要求、救济措施，等等，都缺乏具体的规定。由于缺乏上述规定，听取意见就很有可能出现为公诉人省略的情形。其次，值班律师、辩护律师是否可以主动申请要求检察机关的公诉人听取意见。如果检察机关仅仅听取犯罪嫌疑人、被告人的意见，而不听取值班律师或辩护律师的意见，在程序上如何处理？类似这样的问题在实践中可以说很多。听取意见的职责由于是加重了检察机关的工作量，因此很容易被忽视或者被简化处理。笔者认为，听取意见是很重要的工作，但是必须对听取意见的程序和救济方式制定更具有操作性的规范。

（三）自愿性、合法性审查

刑事速裁程序的犯罪嫌疑人、被告人自愿认罪是保证程序正当性与合法性的前提。如果犯罪嫌疑人、被告人的认罪是被胁迫、利诱或者带有虚假投机等不正常的情况，刑事速裁程序就不能适用。实践中，犯罪嫌疑人、被告人认罪的动机有很大的差别，绝大部分的认罪应当是在犯罪之后对于自己罪行的后悔并希望得到宽大处理的真实的内心反应。同时我们也应当看到，刑事速裁程序案件中有些犯罪的性质和情节显著轻微，有些行为与行政违法行为之间的界限模糊，在这种情况下，如果办案人员没有认真区分和甄别，就有可能利用手中的指控的权力对犯罪嫌疑人进行人身威胁利诱，导致其认罪是在法律认知被蒙蔽的情况下的非真实性认罪。此外，还有极个别的情况就是犯罪嫌疑人的认罪很有可能是帮助别人顶罪。因此，检察机关对于犯罪嫌疑人、被告人的认罪的自愿性和真实性必须认真审查核实。根据两高三部《认罪认罚从宽指导意见》，对于犯罪嫌疑人、被告人认罪的，人民检察院应当重点审查当事人有无因受到暴力、威胁而违背意愿认罪的；犯罪嫌疑人的认知能力和精神状态；犯罪嫌疑人、被告人对认罪认罚的性质和可能产生的法律后果；侦查机关是否进行必要的权利告知，起诉意见书是否载明认罪认罚的情况，是否真诚悔罪和是否向被害人赔礼道歉等。上述这些指导性的规定，对于检察机关公诉人准确审查认罪自愿性具有重要的价值。但是上述规定也存在明显的缺陷或疏漏，现分述如下：

第一，对于审查起诉阶段在自愿性、合法性的审查方面，检察机关还应当审查犯罪嫌疑人、被告人是否听取值班律师、辩护律师的法律咨询和法律意见。这一条非常重要，因为这关系到犯罪嫌疑人、被告人是否在认罪认罚方面得到有效的法律帮助或辩护。如果没有得到律师的有效的法律帮助或辩护，这种认罪的自愿性和真实性是很值得怀疑的。因为在指控阶段，绝大部分的犯罪嫌疑人是在人身自由受到限制的情况，如果没有值班律师或辩护律师为其提供充分自主的法律帮助，其认罪的自愿性、真实性其实是缺乏有效的保障。

第二，两高三部《认罪认罚从宽指导意见》中关于"承诺性"认罪的审查欠缺。自愿性认罪必须是在无承诺的前提下作出。如果指控机关对于认罪采取的是承诺性的条件，譬如认罪后可以取保候审，认罪可以获得缓刑等较轻的处罚，或者认罪可以免除某些指控，等等。如果出现上述的承诺性认罪，那么这种认罪也应当被看作是非自愿的。但是两高三部《认罪认罚从宽指导意见》对这种很有可能出现的承诺性的认罪的规定比较笼统。引诱性的规定必须具体和明确，否则在司法实践中就无法操作，对这种不具有法律约束力的承诺性的认罪，必须通过严格的司法过滤程序来完成。目前指导意见中关于认罪的自愿性的规定，仅仅强调审查暴力性的、威胁性的认罪的有无，这是并不全面的，对于引诱承诺等认罪的审查必须作为认罪自愿性的重点来加以审查过滤。

第三，对于认罪自愿性的审查还应当包括审查犯罪嫌疑人、被告人是否知晓指控的法律性质，而不仅仅是认罪认罚的性质。这也是指导意见规定方面的重大欠缺。犯罪嫌疑人、被告人认罪自愿性的前提必须是清楚知道自己犯罪的性质、指控的规定及要件和刑罚。如果犯罪嫌疑人、被告人对指控的罪名的性质本身没有清晰的认识，就无从谈起认罪的自愿性与合法性。因此，在自愿性审查过程中，检察机关还应当审查犯罪嫌疑人、被告人对指控的罪名的理解和认识是否正确和准确。对犯罪嫌疑人、被告人认罪的自愿性、合法性审查必须同时考虑自愿性，也要考虑合法性。只有自愿性与合法性同时具备，才能保证认罪案件具有被告人的主观性和法律上的合法性的前提。

（四）量刑建议

检察机关的量刑建议是指检察机关公诉人根据案件初步查明的事实和相关证据，在罪名定性准确的基础上，根据《刑法》量刑相关规定和刑事政策，就法院应当对被告人适用的刑种、轻重、幅度以及执行方式等问题，在法院正式判决之前向法院提出的量刑的主张。量刑建议一般采用书面的方式由检察机关向主审法院提交。量刑建议自1996年起虽然在局部地区得到试验，但是较大范围的试行则是刑事速裁程序和认罪认罚从宽制度的试点之后，特别是2018年《刑事诉讼法》修改后正式得到立法的确认。刑事速裁程序中的量刑建议，是检察机关主导的在法定刑幅度内给予审判机关的对于被告人的量刑意见。根据刑事速裁程序的规则，只要被告人认罪认罚，原则上应当给予被告人在法定刑幅度内从轻处罚。这种从轻处罚对于被告人来说是因为其自愿性认罪而获得宽宥的回报。这实际上将过去的坦白从宽的制度法律化，而不仅仅是没有法律保障的刑事政策。两高三部《认罪认罚从宽指导意见》对于检察机关的量刑建议进一步规范化和具体化，量刑建议呈现新的变化。首先，量刑建议的范围更广。根据两高三部《认罪认罚从宽指导意见》，对于认罪认罚的，人民检察院应当就主刑、附加刑、是否适用缓刑等提出量刑建议。其次，量刑建议必须是控辩协商的结果。人民检察院提出量刑建议前，应当充分听取犯罪嫌疑人、辩护人或值班律师的意见，尽量协商一致。刑事速裁程序中的量刑建议不再是检察院的单方行为的结果，还需要犯罪嫌疑人、辩护人或值班律师的同意。最后，量刑建议的形式主要是确定型量刑建议。根据两高三部《认罪认罚从宽指导意见》，量刑建议一般应当提出确定性的量刑建议。这和过去传统的幅度量刑建议有比较大的变化，反映了检察机关在刑事速裁程序和认罪认罚从宽案件中的检察职权的进一步强化。

（五）证据交换

两高三部《认罪认罚从宽指导意见》对适用刑事速裁程序等认罪认罚从宽制度规定了证据交换的要求。这是刑事速裁程序和认罪认罚从宽制度试点过程中没有的新规则。对于该规则的理解和应用的效果还有待司法实践的检验。审前证据交换制度的具体实施必须有严格的程序性要求，否则这种证据交换就流于具文。在司法实践中，证据交换制度主要适用于普通程序审理的案件，对于可能影响被告人定罪的关键的有利证据，指控方有义务向辩护方展示，并与辩护方进行证据交换。这项制度旨在避免法庭审理阶段的突然袭击导致审判程序被打乱，影响审理的效率。但是，在刑事速裁程序中，由于双方对于证据本身都没有异议，同时辩护律师享有比较充分的阅卷权，因此适用刑事速裁程序的案件在审判前，控辩双方的证据交换在绝大多数情况下并无实质的意义。但是，在刑事速裁程序案件中，如果案件涉及自首或者赔偿等影响量刑的证据，如果指控方没有及时入卷，就必须主动将该类证据交换到代理律师手中。

（六）诉讼监督

刑事速裁程序试点要求检察机关的公诉人出庭支持公诉。公诉人出庭是刑事速裁程序保持控辩审结构完整和诉讼监督的保障。检察机关在诉讼程序中居于侦审中间环节，对于侦查活动的合法性和证据上的审查都有制约作用，对于审判阶段的庭审活动亦可通过审判监督等程序发挥审理监督的功能。刑事速裁程序中，检察机关对于替代性羁押措施、缓刑和罚金刑的适用等都可以给出具体的意见。诉讼监督主要是保障审前侦查活动的合规，防止认罪认罚的非真实性、非自愿性。对于审判阶段，虽然法庭审理活动比较短促，但是检察机关在控诉犯罪方面的职能并不因审理的程序而弱化。相反，检察机关通过宣读公诉书和量刑建议，对于法庭审理的程序性要求仍然具有控制性的作用，并非可有可无。有一种观点认为，在刑事速裁程序中由于已经存在控辩达成的量刑协商，公诉人就没有必要出庭。这其实是对我国检察机关的诉讼监督职能缺乏深入理解，没有看到我国检察机关的法律监督在诉讼程序中是不可或缺的，对于保障审判程序和结果的公正都具有十分重要的价值。

第二节　刑事速裁程序中的量刑建议实证考察

检察机关过去对量刑建议的改革和司法实践证明，量刑建议对于规范审判机关的量刑裁判、提高司法效率发挥了积极的作用。在量刑建议被法院接受方面，从过去的司法实践情况看，检察机关提起的量刑建议被法官采纳的比例都很高。从 2014 年刑事速裁程序和 2016 年认罪认罚从宽制度试点之后，检察机关在审查起诉阶段的量刑方面的程序性功能得到充分的发挥。2018 年新修改的《刑事诉讼法》和 2019 年两高三部《认罪认罚从宽指导意见》在制度设计上很大程度上吸纳了试点的经验，赋予了检察机关在认罪认罚案件中的量刑建议等方面的权力。为了更好地观察刑事速裁程序正式立法之后量刑建议的地方性差异，笔者收集了 2019 年度北京市朝阳区和上海市杨浦区适用速裁案件中的盗窃、危险驾驶、诈骗三种犯罪类型中检察机关提出的量刑建议的基本情况。

一、实证观察样本采集方式

（一）北京市朝阳区速裁裁判文书的样本收集和描述

在中国裁判文书网上以"刑事案件""判决书""基层法院""2019 年""北京市朝阳区人民法院""量刑建议""犯盗窃罪"为关键词进行检索，筛选出与目标案例不符的部分判决书，共获取 234 份一审刑事判决书；以"刑事案件""判决书""基层法院""2019 年""北京市朝阳区人民法院""量刑建议""犯危险驾驶罪"为关键词进行检索，筛选出与目标案例不符的部分判决书，共获取 305 份一审刑事判决书；以"刑事案件""判决书""基层法院""2019 年""北京市朝阳区人民法院""量刑建议""犯诈骗罪"为关键词进行检索，筛选出与目标案例不符的部分判决书，共获取 21 份一审刑事判决书。以上总计获得北京市朝阳区人民法院刑事一审判决书 560 份。

表 10-1　北京市朝阳区 2019 年度盗窃、危险驾驶和诈骗三罪
在判决书中量刑建议的整体特征

类　　别	盗窃（234）	危险驾驶（305）	诈骗（21）	总计（560）
	基本情况			
建议内容	主刑涉及有期徒刑168 件，拘役 66 件；财产刑涉及罚金刑230 件；提出适用缓刑 57 件。	主刑涉及有期徒刑 3件（数罪并罚），拘役 302 件；财产刑涉及罚金刑 299 件；提出适用缓刑 0 件。	主刑涉及有期徒刑 18 件，拘役 3件；财产刑涉及罚金刑 21 件；提出适用缓刑 9 件。	主刑涉及有期徒刑 172 件，拘役 371 件；财产刑涉及罚金刑 550 件；提出适用缓刑 66 件。
量刑幅度	主刑确定刑 66 件；幅度刑 168 件；最长量刑幅度 24 个月；最短量刑幅度1 个月；绝大多数量刑幅度 2 个月。	主刑确定刑 114 件；幅度刑 191 件；最长量刑幅度 4 个月；最短量刑幅度 15 天；绝大多数量刑幅度 2个月。	主刑确定刑 5 件；幅度刑 16 件；最长量刑幅度 24 个月；最短量刑幅度 2 个月；绝大多数量刑幅度 6个月。	主刑确定刑185 件；幅度刑 360 件。
适用财产刑	检察机关提出适用罚金刑 230 件；提出具体罚金数额的0 件，包括 0 件提出最低或最高罚金数额；概括性罚金刑 230 件。	检察机关提出适用罚金刑 299 件；提出具体罚金数额的 0 件，包括 0 件提出最低或最高罚金数额；概括性罚金刑 299 件。	检察机关提出适用罚金刑 21 件；提出具体罚金数额的 0 件，包括0 件提出最低或最高罚金数额；概括性罚金刑21 件。	检察机关提出适用罚金刑550 件；提出具体罚金数额的 0 件，包括 0 件提出最低或最高罚金数额；概括性罚金刑 550 件。
适用缓刑	检察机关提出适用缓刑 57 件；法院判处适用缓刑 59 件。	检察机关提出适用缓刑 0 件；法院判处适用缓刑 0 件。	检察机关提出适用缓刑 9 件；法院判处适用缓刑9 件。	检察机关提出适用缓刑 66件；法院判处适用缓刑 68件。

类别	盗窃（234）	危险驾驶（305）	诈骗（21）	总计（560）
	基本情况			
律师参与	委托辩护律师/法援律师参与24件；值班律师参与签署认罪认罚具结书210件。	委托辩护律师/法援律师参与44件；值班律师参与签署认罪认罚具结书261件。	委托辩护律师/法援律师参与3件；值班律师参与签署认罪认罚具结书18件。	委托辩护律师/法援律师参与72件；值班律师参与签署认罪认罚具结书489件。
法院采纳	231件采纳，3件未被采纳。	305件采纳。	21件采纳。	557件采纳，3件未被采纳。

（二）上海市杨浦区2019年的速裁文书样本收集和描述

以"刑事案件""判决书""基层法院""2019年""上海市杨浦区人民法院""量刑建议""犯盗窃罪"为关键词进行检索，筛选出与目标案例不符的部分判决书，共获取134份一审刑事判决书；以"刑事案件""判决书""基层法院""2019年""上海市杨浦区人民法院""量刑建议""犯危险驾驶罪"为关键词进行检索，筛选出与目标案例不符的部分判决书，共获取95份一审刑事判决书；以"刑事案件""判决书""基层法院""2019年""上海市杨浦区人民法院""量刑建议""犯诈骗罪"为关键词进行检索，筛选出与目标案例不符的部分判决书，共获取7份一审刑事判决书，总计获得上海市杨浦区人民法院刑事一审判决书236份。

表10-2　上海市杨浦区2019年度盗窃、危险驾驶、诈骗三罪
在判决书中量刑建议的整体特征

类别	盗窃（134）	危险驾驶（95）	诈骗（7）	总计（236）
	基本情况			
建议内容	主刑涉及有期徒刑14件，拘役120件；财产刑涉及罚金刑134件。	主刑涉及有期徒刑0件，拘役95件；财产刑涉及罚金。	主刑涉及有期徒刑3件，拘役4件；财产刑涉及罚金刑7件。	主刑涉及有期徒刑17件，拘役219件。

续表

类　别	盗窃（134）	危险驾驶（95）	诈骗（7）	总计（236）
	基本情况			
建议内容	提出适用缓刑25件。	缓刑95件；提出适用缓刑88件。	提出适用缓刑5件。	财产刑涉及罚金刑236件；提出适用缓刑118件。
量刑幅度	主刑确定刑56件；幅度刑78件；最长量刑幅度3个月；最短量刑幅度1个月；绝大多数量刑幅度1个月。	主刑确定刑44件；幅度刑51件；最长量刑幅度1个月；最短量刑幅度1个月；绝大多数量刑幅度1个月。	主刑确定刑2件；幅度刑5件；最长量刑幅度2个月；最短量刑幅度1个月；绝大多数量刑幅度1个月。	主刑确定刑102件；幅度刑134件。
适用财产刑	检察机关提出适用罚金刑134件；提出具体罚金数额的132件，包括0件提出最低或最高罚金数额；概括性罚金刑2件。	检察机关提出适用罚金刑95件；提出具体罚金数额的93件，包括51件提出最低或最高罚金数额；概括性罚金刑2件。	检察机关提出适用罚金刑7件；提出具体罚金数额的7件，包括0件提出最低或最高罚金数额；概括性罚金刑0件。	检察机关提出；适用罚金刑236件；提出具体罚金数额的232件，包括51件提出最低或最高罚金数额；概括性罚金刑4件。
适用缓刑	检察机关提出适用缓刑25件；法院判处适用缓刑25件。	检察机关提出适用缓刑88件；法院判处适用缓刑88件。	检察机关提出适用缓刑5件；法院判处适用缓刑5件。	检察机关提出适用缓刑118件；法院判处适用缓刑118件。
律师参与	委托辩护律师/法律援助律师参与134件；值班律师参与签署认罪认罚具结书86件。	委托辩护律师/法律援助律师参与95件；值班律师参与签署认罪认罚具结书12件。	委托辩护律师/法律援助律师参与7件；值班律师参与签署认罪认罚具结书0件。	委托辩护律师/法律援助律师参与236件；值班律师参与签署认罪认罚具结书98件。
法院采纳	134件采纳。	95件采纳。	7件采纳。	236件采纳，0件未被采纳。

二、北京市朝阳区、上海市杨浦区 2019 年度盗窃、危险驾驶和诈骗三罪在判决书中量刑建议的整体特征

（一）量刑建议中的刑罚适用差异

从北京、上海两地速裁案件的样本中观察，对于盗窃、危险驾驶、诈骗三罪上海市杨浦区人民检察院在给法院的量刑建议中更多建议适用拘役，而北京市朝阳区人民检察院的建议中适用有期徒刑和拘役的比例更高。比较而言，北京市朝阳区的刑罚建议的尺度显然比上海市杨浦区高。北京市朝阳区检察机关量刑建议中提出适用缓刑比例低于上海市杨浦区，尤其体现在危险驾驶罪与诈骗罪中；北京市朝阳区人民法院判决适用缓刑比量刑建议中多，上海市杨浦区判决结果与量刑建议基本上没有出入。

（二）量刑建议中的适用财产刑的差异

北京市朝阳区检察机关每个案件的量刑建议中都是概括财产刑，而上海市杨浦区很少案件提出概括财产刑的量刑建议，除危险驾驶罪的量刑建议中半数提出最低数额至最高数额的罚金刑，另外两罪都是具体数额的罚金刑。关于罚金刑适用，上海市杨浦区的样本中每个速裁案件都提出适用罚金刑，而北京是朝阳区的案件罚金适用比例比上海市杨浦区显著低。此外，上海市杨浦区样本中量刑建议单独提出缓刑的比例也比北京市朝阳区的样本高。

（三）量刑建议的方式差异

比较而言，北京市朝阳区的量刑幅度区间跨度较长，最短的为 15 天，最长的为 24 个月，上海市杨浦区区间跨度不大，最短为 1 个月，最长为 3 个月；并且上海市杨浦区幅度刑的幅度大多为 1 个月，而北京市朝阳区为 2 个月。下面两个表可以清楚看见两地检察机关在量刑建议幅度上的差异。从样本中可以观察到，北京市朝阳区、上海市杨浦区两地的量刑幅度区间的广度不同，上海市杨浦区总体量刑幅度区间没有北京市朝阳区大；北京市朝阳区三罪的量刑建议中量刑幅度大多为 2 个月，而上海市杨浦区大多为 1 个月。

表 10-3　北京市朝阳区盗窃、危险驾驶和诈骗案件的量刑建议情况

量刑幅度区间	盗窃（168）		危险驾驶（191）		诈骗（16）	
	幅度刑案件数量	占比（%）	幅度刑案件数量	占比（%）	幅度刑案件数量	占比（%）
15 天			1	0.52		
1 个月	5	2.98	11	5.76		
45 天			1	0.52		
2 个月	50	29.76	144	75.39	4	25.00
3 个月	28	16.67	31	16.23	1	6.25
4 个月	17	10.12	3	1.57	1	6.25
6 个月	38	22.62			6	37.5
8 个月	5	2.98				
11 个月	1	0.60				
12 个月	23	13.69			3	18.75
24 个月	1	0.60			1	6.25

表 10-4　上海市杨浦区三罪检察机关提出幅度刑量刑建议情况

量刑幅度区间	盗窃（134 件）		危险驾驶（51 件）		诈骗（5 件）	
	幅度刑案件数量	占比（%）	幅度刑案件数量	占比（%）	幅度刑案件数量	占比（%）
1 个月	130	97.01	51	100	3	60%
2 个月	3	2.24			2	40%
3 个月	1	0.75				

（四）量刑建议中的法院采纳情况

从北京市朝阳区和上海市杨浦区两区的样本描述和表 10-1、表 10-2 中可以看出检察院的量刑建议被法院采纳的比例都很高，朝阳区量刑建议采纳率低于杨浦区，朝阳区总体为 99.46%，杨浦区总体为 100%。在主刑方面，无论是量刑建议还是判决结果，朝阳区、杨浦区的两地差距不大；在财产刑方面，上海市杨浦区检察机关总是提出具体的罚金刑，而北京市朝阳区检察

院量刑建议中为概括罚金刑，法院判决中朝阳区的罚金数额明显高于杨浦区；就适用缓刑而言，上海市的适用率更高，即检察机关量刑建议中会建议适用缓刑，法院判决亦会予以采纳，尤其体现在危险驾驶罪和诈骗罪中。此外在律师参与方面，北京市朝阳区的辩护律师介入案件比例不及上海市杨浦区，朝阳区值班律师参与认罪认罚具结书的比率高于杨浦区，但是上海市杨浦区每个案件都有辩护人及时介入，有些案件辩护律师与值班律师均有介入，此外，上海市杨浦区辩护律师姓名与值班律师高度重合，存在值班律师被委托为辩护人的情形。从数据来看，北京市朝阳区的值班律师在法院量刑判决中起到更明显的作用。实际上，从判决书中可以看出，上海市杨浦区的每一个案件都有辩护人参与辩护，而北京市朝阳区辩护人参与比例明显低于上海；上海市杨浦区的值班律师并不是覆盖面不高，而是上海市杨浦区此三罪刑事案件中辩护律师与值班律师姓名高度重合，不排除案件办理过程中值班律师后期直接转变为辩护人。

表 10-5　北京市朝阳区、上海市杨浦区两地量刑建议和法院判决的情况差异性

地　　区	量刑情节	量刑建议	判　　决
北京	将楼道内绿源牌两轮电动自行车 1 辆（经鉴定价值人民币 2136 元）窃走。	有期徒刑 8 个月，并处罚金。	有期徒刑 8 个月，罚金人民币 4000 元。
	在地铁站地下通道内盗窃艾茂牌电动自行车一辆（经鉴定价值人民币 1150 元）。	拘役 3 个月，适用缓刑，并处罚金。	拘役 3 个月，缓刑 3 个月，罚金人民币 5000 元
	窃走墙角处灰色小牛牌电动自行车 1 辆（经鉴定价值人民币 2130 元）。	拘役 4 个月至 6 个月，适用缓刑，并处罚金。	拘役 5 个月，缓刑 5 个月，罚金人民币 4000 元。
上海	窃得依莱达牌 TDT014Z 型电动自行车 1 辆后逃逸。经价格认定，被窃电动自行车价值人民币 3660 元。	拘役 4 个月至五 5 个月，罚金人民币 1000 元。	拘役 4 个月，罚金人民币 1000 元。
	窃得爱玛牌 TDR361Z-1 型电动车 1 辆后逃逸（经价格认定被窃电动自行车价值人民币 2300 元）；窃得依莱达牌电动自行车 1 辆后逃逸窃得杰宝大王牌 TDR2238Z 型电动自行车 1 辆后逃逸（经价格认定，被窃电动自行车价值 2170 元）。	有期徒刑 6 个月，罚金人民币 1000 元。	有期徒刑 6 个月，罚金人民币 1000 元。

续表

地　区	量刑情节	量刑建议	判　决
上海	窃得依莱达牌 TDR899Z 型电动自行车 1 辆后逃逸（经价格认定，上述被窃电动自行车价值人民币 1420 元）。	拘役 3 个月以上，4 个月以下，罚金人民币 1000 元。	拘役 3 个月，罚金人民币 1000 元。
北京	在某高速辅路出京方向某桥下西侧处，酒后驾驶宝马牌小型轿车民警当场查获归案。经鉴定，左凯血液中酒精含量为 181.8mg/100ml。	拘役 2 个月，并处罚金。	拘役 2 个月，罚金人民币 6000 元。
	酒后持与准驾车型不符的驾驶证驾驶二轮摩托车（经鉴定系伪造）在某路公交车总站前发生交通事故。经鉴定，孙洪涛对此次事故负全部责任。经检测，其血液中酒精含量为 188.1mg/100ml。	拘役 2 个月至 4 个月，并处罚金。	拘役 2 个月 10 日，罚金人民币 6000 元。
	酒后无证驾驶灰色福田牌轻型普通货车在高速出京辅路东马各庄桥被民警查获归案。经检测，其血液中酒精含量为 100.8mg/100ml。	拘役 2 个月，并处罚金。	拘役 2 个月，罚金人民币 6000 元。
	在某中街口南 50 米处，酒后驾驶颐达牌小型轿车，被民警当场查获归案。经鉴定，其血液中酒精含量为 99.9mg/100ml。	拘役 1 个月 10 日，并处罚金。	拘役 1 个月 10 日，罚金人民币 5000 元。
上海	驾驶小型汽车行驶至本市杨浦区政学路进智星路东约 20 米处，被上海市公安局杨浦分局警察当场查获。经检验，被告人陈某某案发时血液中酒精含量为 110.7mg/100ml。	拘役 1 个月以上、2 个月以下，罚金人民币 1000 元以上、2000 元以下，可适用缓刑。	拘役 2 个月，缓刑 2 个月，罚金人民币 2000 元。
	驾驶小型普通客车行驶至本市杨浦区翔殷路进国定东路西约 100 米处，被民警当场查获。经检验，被告人邓某某在案发时血液中的酒精含量为 105.45mg/100ml。	拘役 1 个月，缓刑 2 个月，罚金人民币 1000 元。	拘役 1 个月，缓刑 2 个月，罚金人民币 1000 元。

地 区	量刑情节	量刑建议	判 决
上海	驾驶小型轿车从崇明区长兴岛方向经五洲大道、翔殷路隧道行驶至本市杨浦区南翔殷路进军工路东约200米处，被上海市公安局杨浦分局交通警察支队民警当场查获。经检验，被告人于某某在案发时血液中的酒精含量为181.90mg/100ml。	拘役3个月，缓刑3个月，罚金人民币3000元。	拘役3个月，缓刑3个月，罚金人民币3000元。
	驾驶小型轿车从浦东新区经翔殷路隧道，行驶至杨浦区南翔殷路进军工路东约160米处被民警当场查获。经检验，被告人杨某某在案发时血液中的酒精含量为186.60mg/100ml。	拘役2个月以上、3个月以下，缓刑2个月以上、3个月以下，罚金人民币2000元以上、3000元以下。	判处拘役2个月，缓刑2个月，罚金人民币2000元。
北京	以能联系购买铜板为由，通过微信转账的方式，骗取被害人人民币13 000元。	拘役4个月至6个月，适用缓刑，并处罚金。	拘役4个月，缓刑4个月，罚金人民币5000元。
	虚构能够帮助被害人以人民币16 000元办理大学本科学历的事实，骗取被害人的信任，通过支付宝转账人民币16 000元。	有期徒刑6个月至8个月，适用缓刑，并处罚金。	有期徒刑6个月，缓刑1年，罚金人民币8000元。
上海	以有渠道低价购买吹风机、吸尘器等商品为由，骗取被害人通过支付宝、微信转账的共计人民币10 000余元。	拘役5个月，可适用缓刑，罚金人民币1000元。	拘役5个月，缓刑5个月，罚金人民币1000元。
	虚构可以办理江南大学学历的事实，骗取受害人信任，通过其微信账户转账支付人民币20 000余元。	有期徒刑7个月以上，9个月以下，罚金人民币1000元，可以适用缓刑。	有期徒刑8个月，缓刑1年，罚金人民币1000元。

在北京市朝阳区、上海市杨浦区的研究样本中可以发现仅有极少数的速裁案件的量刑建议没有被采纳，在本次采集的796份判决书中，只有北京市朝阳区的3份速裁案件的判决书中涉及"量刑建议不当"。这些没有被法院采

纳的速裁案件的类型均为盗窃罪。从裁判文书的表述看，法院在判决书中对于不接受检察院的量刑建议，均在裁判文书中明确申明"检察院量刑建议不当"，但是对为什么量刑建议不当则没有任何的解释。在3起案件中，有2个案件，检察院在量刑建议中明确表示控辩双方对量刑达成一致意见，另外一起案件，检察院在量刑建议中表明辩护意见被采纳。从上面的判决中可以看出，北京市朝阳区的法院在衡量检察院的量刑建议方面不仅考虑控辩双方的意见，还综合庭审和审判阶段的情况，体现审判的独立性。

表 10-6　样本中量刑建议没有被法院采纳的基本情况

量刑情节	量刑建议	判　决	法院意见
从被害人微信绑定的银行卡账号共计转账 5000 元至被告人自己的微信账号。案发后，被告人家属赔偿被害人损失人民币 5000 元，被害人出具书面谅解书。	建议判处有期徒刑 10 个月以下，并处罚金。	判处拘役 2 个月，并处罚金人民币 1000 元。	被告人的行为构成盗窃罪，其具有赔偿谅解、认罪认罚的情节。辩护人的相关辩护意见予以采纳。经审理认为人民检察院的量刑建议不当，人民检察院更改被告人量刑建议为 7 个月有期徒刑或拘役，并处罚金，被告人无异议。
2019 年 2 月至 3 月，被告人通过用扳手松开电瓶固定装置的方式，先后 5 次窃取他人车辆上的 7 个电瓶（均无法估价）。	拘役 2 个月至 4 个月，并处罚金。	判处拘役 5 个月，并处罚金人民币 1000 元。	被告人以非法占有为目的，采用秘密手段多次窃取他人财物，其行为已构成盗窃罪。控辩双方达成一致意见，认为被告人具有自首情节，且认罪认罚，未退赃，建议判处拘役 2 个月至 4 个月，并处罚金。该量刑建议不当，不予采纳。

续表

量刑情节	量刑建议	判　决	法院意见
2019 年 3 月 15 日至 3 月 17 日，被告人先后窃取他人共 3 辆自行车（无法估价）。	拘役 2 个月至 3 个月，并处罚金。	拘 4 个月，并处罚金人民币 1000 元。	被告人以非法占有为目的，采用秘密手段多次窃取他人财物，其行为已构成盗窃罪。控辩双方达成一致意见，认为被告人具有坦白情节，且认罪认罚，建议判处拘役 2 个月至 3 个月，并处罚金。该量刑建议不当，不予采纳。

三、样本中反映的速裁程序中量刑建议存在的问题

本研究样本仅仅选取北京和上海两个区的法院的速裁案件的裁判文书，反映了速裁案件中量刑建议在不同案件和地区上的差异，同样一定程度上反映出量刑建议中存在的问题。

第一，同类型的犯罪的量刑建议存在明显区域化差异。北京、上海都属于特大城市，都属于经济文化发达城市，按理在同类犯罪的量刑上应当差异不大。但是，从样本中观察，北京市朝阳区在盗窃、危险驾驶和诈骗犯罪提出的量刑建议普遍要重于上海市杨浦区。北京市朝阳区的量刑建议更倾向于有期徒刑实刑，而上海市杨浦区则更倾向于拘役和财产刑。从这方面反映，北京市的刑罚处罚的程度要重于上海。在经济文化相近的城市都存在量刑的显著不均衡，可以推论在其他经济文化差异较大的地区的量刑的不均衡程度可能会更高。

第二，量刑建议中量刑的幅度差异较大，影响同类案件判决的均衡性。由于两高三部《认罪认罚从宽指导意见》在 2019 年 10 月份下发，北京和上海两个检察院在速裁案件中的量刑建议主要采取幅度刑，并非两高三部《认罪认罚从宽指导意见》中应当主要采取的确定型量刑建议。从样本观察，北京市朝阳区的量刑建议的幅度比上海市杨浦区要更大，上海市杨浦区的量刑建议的幅度一般为 3 个月以内，而北京市朝阳区有的案件的量刑建议的量刑

幅度高达 24 个月。由上可以推测，在量刑建议方面，北京市朝阳区更倾向于幅度型量刑建议，而上海市杨浦区则更倾向于确定型量刑建议。由于量刑建议提出的方式的差异，不避免地会出现同类型案件的量刑均衡上的显著性差异，从而影响刑罚的公平适用。

第三，对于量刑建议没有被采纳的案件，裁判文书缺乏说理。样本中仅仅有少数几起不采纳检察机关的量刑建议，仅仅指出"量刑建议不当"，根本不予具体解释。速裁案件判决书的程式化的特点决定了裁判文书的简明扼要。但是，如果速裁案件中存在特殊的情况，譬如法院不接受检察院的量刑建议，那么法院就应当在裁判文书中详细释明，否则可能导致公诉机关和被告人对判决书的接受度降低，引起不必要的抗诉或上诉。即便是速裁案件，裁判文书的说理部分也必须充分考虑裁判文书在司法说理的基本规律和要求，不能仅仅因为是速裁案件就全部省略本来应该有的司法说理的内容。从样本中发现的这个问题并不是个别的，其实裁判文书的说理不充分的问题长期存在。速裁案件的裁判文书也需要根据案件的实际情况，当繁则繁。

第三节　刑事速裁程序中量刑建议的规范化改革

从北京、上海的两区 2019 年的速裁裁判文书的样本中可以看出，刑事速裁程序案件中的量刑建议存在比较严重的不均衡等问题。这些问题仅仅揭示了量刑建议在具体实施过程中存在的部分问题。这些问题必须从法制统一的角度和量刑规范化改革的路径寻求解决。

一、量刑在审判机关与检察机关之间的权力再分配

刑事速裁程序和认罪认罚从宽制度中的量刑建议实际上是法院和检察院对量刑权力的再分配，不可避免会产生冲突性的问题。根据刑事速裁程序和认罪认罚从宽制度试点问卷调查和实地调研，检察院的量刑建议被法官采纳的情况中，有超过 84% 的被调查的检察官认为量刑建议被法院判决采纳；但是也有 15% 的检察官回答量刑建议不被采纳。另外，问卷中的开放性问题也显示，有的地方的公诉机关的公诉人在同类案件中的量刑建议差别较大，甚

至同时期起诉的同类型的案件量刑建议差别很大；有的对退赃、犯罪对象、犯罪动机等酌定量刑情节未全面收集，造成量刑建议不准确；有的没有进行层级计算或者依法进行吸收并合，而是直接加减，量刑建议的量刑幅度甚至超出法定最高刑；另外对于审理过程中出现的新的量刑情节没有充分考虑，造成法院的调解难度加大，限制法官在案件审理上的自由裁量权。可见，量刑建议的不规范化是审查起诉阶段中比较突出的问题。笔者在浙江高级人民法院调研发现，目前的量刑建议方面存在问题比较多。[1] 例如，部分案件公诉机关在提量刑建议时，存在仅就主刑部分提出量刑建议，对附加刑部分未作明确的情况，如部分案件罚金的具体数额不明确；有部分案件，在同案犯另案处理时，公诉机关未兼顾另案处理的已决犯及未决犯的量刑情节，或者在与已决犯相平衡的同时，一轻到底，未给情节更轻的未决犯留有余地；几乎所有适用认罪认罚从宽制度的案件，在量刑建议上均没有体现在侦查阶段认罪认罚和在审查起诉阶段认罪认罚的区别；各县市区之间出现类似案件量刑建议不统一的情况，导致法院在量刑时出现裁判尺度不统一的问题；公诉机关的量刑建议在部分案件中是精准量刑，法院的在量刑时如何采纳，争议也很大。此外，对外地籍被告人量刑建议适用缓刑的，未事先开展社区矫正调查工作，法院立案后开展审前调查时社区矫正机关不同意接受矫正的，会导致无法判处缓刑或判处缓刑后无接收单位的情况发生；公诉机关个别量刑建议对是否适用缓刑未予明确。有被告人反映检察官称量刑建议只能建议主刑刑期，缓刑届时由法院决定，被告人由此签订认罪认罚具结书，到法院阶段后称受检察官误导签订认罪认罚具结书；在被告人未全额退赃、附带民事赔偿未全额赔偿或未达成和解协议的情况下，公诉机关仍建议适用缓刑，存在较大法律风险，如量刑建议适用缓刑的，须先行解决退赃及赔偿问题。公诉机关提出适用缓刑的量刑建议，法院若认为不妥，是否可以作为排除情形而不予采纳。如果公诉机关未提出缓刑建议，法院认为可以适用缓刑的，是否可以判决采纳其量刑建议的同时直接适用缓刑？这些问题具体处理方式，都需要上级法院予以明确和统一。

---

〔1〕　本节中有关浙江高院提出量刑建议的问题的资料由浙江高院冯喜恒博士提供，在此表示感谢。

根据浙江高院提供的材料，刑事速裁程序中因量刑建议问题导致的负面影响主要包括以下情形：①降低效率。公诉机关量刑建议明显不当，在法院提出意见后，不愿意更改，导致无法适用刑事速裁程序审理，只能适用简易程序去变更，司法资源浪费，庭审效率不高。同时，适用刑事速裁程序的案件有的只是做到基本事实清楚，但是缺少退赔追赃情况，自首、立功等证据材料，造成不能快审快结，失去了适用该程序的意义。②取证倒退。对于被告人认罪认罚的案件，公安、检察在侦查、审查起诉中可能放宽了证据的要求，取证没有到位。③诉审合一。审判人员经常接到公诉人的电话，提起要起诉案件的量刑建议，有未审先定，诉审合一的嫌疑。④托底、"甩锅"。侦查机关、检察机关存在将认罪认罚从宽制度作为"消化"部分事实尚未查清、证据尚不充分案件的倾向，一些被告人在庭审完毕后表示"其实我是不认罪的，但是检察院和我说不签具结书就要判一年（或更久）"。由于我国没有对认罪认罚规定一审终审，一旦被告人提出上诉，二审将很难处理。

由于量刑工作，传统上由审判机关行使，量刑规范化的改革也是在审判机关范围内试点的。因此，这里存在检察机关与审判机关在量刑上是否可以达到契合的问题。目前由于量刑规范化的改革主要是法院范围内的试点，法院在量刑规范和操作经验方面相比检察院具有显著的优势。量刑建议中确定性量刑被改的比例高于幅度型量刑，也就是幅度量刑建议更容易被法院采纳。在调研中也发现有些法院更倾向于幅度量刑，而对确定性的定点量刑不予认可，因为量刑的具体化和确定化属于法院的司法权。刑事速裁程序推开之后，检察院在量刑建议的规范化方面，确实有一个如何解决量刑建议本身的合理性与正当性的问题。美国在20世纪90年代制定的量刑指南，客观上导致了辩诉交易适用率有较大的提升，主要是由于美国的量刑规范指南具有比较清晰的指引，这使得案件结果的预期判断更加客观和可靠。作为刑事速裁程序的配套改革，规范统一量刑指南是必备的法律工具。借鉴国外的经验，最高人民法院和最高人民检察院应当就量刑问题出台统一的司法解释，或者指定国家层面的统一的量刑操作指南，为法院、检察院和辩护律师提供可供参考的基础性量刑规范。

二、刑事速裁程序中量刑建议精准化的趋势

刑事速裁程序中量刑建议的规范化改革，并非孤立于刑事速裁程序，而是要在认罪认罚从宽制度的大框架下进行。目前在司法实践和学术研究中，量刑建议方面争议比较大的问题是，量刑建议究竟应当是确定性的精准量刑还是不确定的幅度量刑。

传统的量刑建议主要是幅度量刑。但是随着量刑建议制度改革，最高人民检察院日益主张量刑建议的精准性，以此强化检察机关在刑事诉讼中的主导性地位。检察学界普遍赞同和支持确定性的精准量刑。该观点认为，量刑建议越具体，被追诉人对处罚结果的预期越清晰，被指控人与检察机关达成协商一致的动机越强，检察机关提出的精准型量刑越容易被被告人接受，上诉的可能性就越小，司法效率就越高。[1] 2019 年 10 月 24 日，最高人民检察院就量刑建议精准化问题作出了具体的说明。最高人民检察院认为，精准确定刑的量刑建议一方面可以更好地激活认罪认罚从宽制度的"激励机制"，有利于犯罪嫌疑人自愿作出认罪认罚的选择。从而有利于认罪认罚从宽制度的推进和稳定适用。量刑建议越具体，犯罪嫌疑人对结果的预期越明确，达成认罪认罚具结的可能性就越大，对判决的接受度也就越高。另一方面，精准确定刑的量刑建议也意味着控辩双方围绕量刑问题，展开了实质性的平等沟通与协商，最终形成了控辩合意，这对量刑建议的合理性、可接受性、认可度，都有积极的保障价值，可以防止事后因量刑问题引发上诉、抗诉以及程序回转等问题，从而有利于认罪认罚从宽制度的推进和稳定适用。[2] 如何看待刑事速裁程序和认罪认罚从宽案件中的确定型的精准量刑问题，笔者认为有以下几个原则需要把握：

第一，适用刑事速裁程序审理的案件中量刑建议应当精准化。两高三部《认罪认罚从宽指导意见》规定，适用认罪认罚从宽的案件，检察院一般应当

---

〔1〕 参见陈国庆：《刑事诉讼法修改与刑事检察工作的新发展》，载《国家检察官学院学报》2019 年第 1 期。

〔2〕 参见最高人民检察院 2019 年 10 月 24 日召开"准确适用认罪认罚从宽制度"新闻发布会，发布两高三部《认罪认罚从宽指导意见》，通报检察机关适用认罪认罚从宽制度的相关情况，发布典型案例，并回答记者提问的相关内容。

提出"确定刑量刑建议"。在目前控辩不平等的条件下应当分级实施，而不应当在所有的刑事案件中全面铺开。确定型的精准量刑实际上是检察官在行使部分的司法权，这样的权力如果过度泛化，将很有可能严重侵蚀刑事法官的司法权。审判机关享有的定罪和量刑权力是法定和不容置疑的。基于司法效率的考量，刑事审判机关可以在一定程度和范围让度量刑权，但是这种让度不是无限度的。量刑建议幅度越大，给法院的自由裁量的空间就越大，就会失去量刑建议的本来功能。量刑建议采取幅度量刑，有助于减少检察院和法院在量刑上的冲突，但是检察院容易在量刑建议方面放任自由，无法发挥量刑建议的作用。如果量刑建议采取确定刑，有助于发挥量刑建议的作用，但是可能造成检察院与法院在量刑建议方面的冲突。笔者认为，检察机关的精准量刑的建议可以控制在刑事速裁程序适用的案件范围之内，即 3 年以下有期徒刑的案件可以适用精准量刑建议。这样做的好处在于，轻微刑事案件的量刑相对来说更加简单，量刑建议出现风险较低，案件结果的可控性和确定性比较强，因此，对 3 年以下有期徒刑并且适用刑事速裁程序的案件可以运用精准量刑。下面是浙江省杭州市某区制定的关于诈骗罪的量刑建议表。[1]笔者认为这样的量刑建议表制定的很精细，国家最高司法机关在案件量刑方面的指导性规范上也应当在根据个案制定更加详细的量刑指南。

表 10-7　杭州市某某区检察院关于诈骗犯罪的量刑参考表

罪名	犯罪情节和量刑幅度		
	犯罪数额/元	刑　　期	罚金/元
诈骗	6000（较大）	6 月	2000
	9133.3	7 月	2000
	12 266.6	8 月	2000
	15 399.9	9 月	2000
	18 533.2	10 月	2000

---

〔1〕 鲍键、陈申骁：《认罪认罚从宽制度中量刑建议的精准化途径与方法——以杭州市检察机关的试点实践为基础》，载《法律适用》2019 年第 13 期。

罪名	犯罪情节和量刑幅度		
	犯罪数额/元	刑　　　期	罚金/元
诈骗	21 666.5	11 月	2000
	24 799.8	12 月	2000
	27 933.1	1 年 1 月	4000
	31 066.4	1 年 2 月	4000
	34 199.7	1 年 3 月	4000
	37 333	1 年 4 月	4000
	40 466.3	1 年 5 月	4000
	43 599.6	1 年 6 月	4000
	46 732.9	1 年 7 月	4000
	49 866.2	1 年 8 月	4000
	52 999.5	1 年 9 月	4000
	56 132.8	1 年 10 月	4000
	59 266.1	1 年 11 月	4000
	62 399.4	2 年	6000
	65 532.7	2 年 1 月	6000
	68 666	2 年 2 月	6000
	71 799.3	2 年 3 月	6000
	74 932.6	2 年 4 月	6000
	78 065.9	2 年 5 月	6000
	81 199.2	2 年 6 月	6000
	84 332.5	2 年 7 月	6000
	87 465.8	2 年 8 月	6000
	90 599.1	2 年 9 月	6000
	93 732.4	2 年 10 月	6000

续表

罪名	犯罪情节和量刑幅度		
	犯罪数额/元	刑　期	罚金/元
诈骗	96 865.7	2 年 11 月	6000
	100 000（巨大）	3 年	8000
注意事项	①通过发送短信、拨打电话或者利用互联网、广播电视、报纸杂志等发布虚假信息，对不特定多数人实施诈骗的； ②诈骗救灾、抢险、防汛、优抚、扶贫、移民、救济、医疗款物的； ③以赈灾名义实施诈骗的； ④诈骗残疾人、老年人或者丧失劳动能力人的财物的； ⑤造成被害人自杀、精神失常或者其他严重后果的； ⑥惯犯或者流窜作案，危害严重的； ⑦挥霍诈骗所得财物，致使无法返还的； ⑧其他可以从重处罚的情形。		增加基准刑的20%以下

第二，量刑建议的提出必须由检察机关独立作出，避免案外因素的干预。量刑建议必须是检察官依法与犯罪嫌疑人、被告人以及值班律师或者辩护律师反复沟通的结果。量刑建议体现主办检察官依据案件事实和证据，并根据法律作出的具有一定拘束力的量刑意见。由于传统上量刑属于法官司法的范畴，检察官并不在该权力范围内发挥主导作用，但是认罪认罚制度的实施和2018 年修改的《刑事诉讼法》赋予了检察机关在量刑方面的实质性权力。这种权力的行使必须由检察机关独立行使。但是也有观点认为，检察官在提出确定刑量刑建议前要与法官充分沟通，争取达成一致认识。对法官认为量刑建议明显不当建议调整的，检察机关应当认真对待，确实不当的应当虚心接受法官的建议进行调整。这有助于统一执法尺度，也是检察官积累量刑建议的过程。[1] 笔者认为该做法无论理论还是实践上都说不通。

第三，精准化的量刑建议应当是在控辩双方合意的基础上作出的，值班

---

〔1〕　张楷欣：《最高检回应认罪认罚案件为何要强调量刑建议精准化？》，载中新网：http://www.chinanews.com/gn/2019/10-24/8988409.shtml，最后访问日期：2020 年 5 月 18 日。

律师和辩护律师应当在精准化的量刑建议中发挥应有的作用。根据控辩协商的合作型司法的要求，刑事速裁程序和认罪认罚从宽都要求辩护律师与检察机关就犯罪嫌疑人、被告人涉嫌的犯罪的性质和量刑进行深入的沟通。虽然量刑建议是检察机关独立享有的职权，但是由于该结果和程序选择具有密切关联，只有量刑建议得到被指控人和辩护人的认可，案件才可以进入被告人选择的刑事速裁程序或其他的相应程序中。检察机关对于认罪认罚从宽案件中涉及的量刑建议应当听取律师意见，犯罪嫌疑人、被告人认罪具结书的签署都必须由辩护律师在场见证。检察院主导下的精准化的量刑建议能够进入审判程序中，并为审判机关所接受，很大程度上要得到被告人及其代理人的充分认可。因此，检察机关在刑事速裁程序和认罪认罚从宽案件中提出的精准的量刑建议，应当尊重被告人和代理律师的意见，如果案件有被害人的，还应当听取被害人及代理律师的意见。在精准量刑建议上，检察机关应当与案件相关的当事人、利害关系人和代理律师达成共识。

第四节　刑事速裁程序中的不起诉问题

1996 年的《刑事诉讼法》废除了免予起诉制度，确立了合理的酌定不起诉制度。根据《刑事诉讼法》《人民检察院刑事诉讼规则》关于不起诉部分的规定，不起诉是指人民检察院对公安机关侦查终结移送起诉的案件、人民检察院自行侦查终结的案件进行审查后，认为案件不符合起诉条件或者可以不将犯罪嫌疑人交付审判，而作出的不将犯罪嫌疑人提交人民法院审判的一种处理决定。不起诉决定具有在审查起诉阶段终结诉讼的法律效力。检察机关对于侦查机关移送审查起诉的符合认罪认罚从宽条件的案件，在审查证据材料之前应当核实侦查阶段犯罪嫌疑人认罪认罚的自愿性及过程的合法性，再按照不起诉、附条件不起诉或起诉的法律规定处理。对于起诉案件适用速裁程序来审理，并无疑问。但是对于有些情节显著轻微、酌定不起诉的认罪认罚案件，是否可以通过速裁程序来实现快速处理？这个问题，司法实践已经存在，但是对适用速裁程序进行不起诉的特殊情况，理论界比较少探讨。但是由于该问题大量存在于司法实践中，有必要从理论和实践相结合的角度予以探讨。

一、刑事速裁程序中适用不起诉制度的司法实践

为了对速裁案件中的不起诉的特殊的现象进行观察，我们选取两份有关速裁案件的不起诉案例的媒体报道。

（一）贵州省兴义市检察院适用刑事速裁程序处理不起诉案例的媒体报道[1]

2019 年 4 月 26 日，贵州省兴义市人民检察院对 4 名被不起诉人进行公开宣告，这是新刑事诉讼法实施以来，兴义市首批适用认罪认罚从宽制度和速裁程序办理的不起诉案件，检察机关从案件受理到作出不起诉决定仅仅用时 9 天。根据《兴义市人民检察院适用认罪认罚从宽制度案件办理规定（试行）》，该院对认罪认罚速裁程序案件进行专业化集中办理，在审查起诉阶段，充分听取值班律师及犯罪嫌疑人的意见，本次作出不起诉决定的 4 起危险驾驶案，均是血液酒精含量刚达入罪标准，同时系现场查获，未造成严重后果，符合不起诉条件，值班律师及被不起诉人对不起诉决定均无异议，并签署具结书。本次宣告，兴义市人民检察院邀请值班律师到场参与，充分保障了被不起诉人的合法权利。检察官当场宣读不起诉决定书，并对被不起诉人进行了训诫和教育；宣告结束后，被不起诉人任某某、贾某某均表示，"在审查起诉阶段，承办检察官对认罪认罚从宽制度的耐心解释，让我能够更早地认罪认罚，获得从宽处理的机会，检察机关办理案件时的严谨与高效给我留下了深刻的印象。今后我将遵纪守法，并劝解身边的朋友不要以身试法，喝酒不开车，开车不喝酒。"

（二）陕西省镇坪县检察院适用速裁程序处理不起诉案件的媒体报道[2]

2020 年 3 月 4 日，陕西省镇坪县人民检察院对刘某危险驾驶一案作不起诉处理进行公开宣告。这是刑事诉讼法修订后，该院首例适用认罪认罚从宽制度速裁程序办理的不起诉案件，该案件从受理到作出不起诉决定仅仅用时 3 天。被不起诉人刘某在饮用自制白酒约 2 两后，驾驶三轮摩托车上路行驶，

---

[1]《黔西南州兴义首批认罪认罚速裁程序不起诉案件公开宣告》，载 http://www.zgjzx.com.cn/qxnnews/20190509/139865.html，最后访问日期：2020 年 5 月 18 日。

[2] 宁军等：《镇坪县检察院对首例认罪认罚速裁程序不起诉案件公开宣告》，载华商网：http://news.hsw.cn/system/2020/0306/1163163.shtml，最后访问日期：2020 年 6 月 19 日。

被交警查获，经鉴定刘某驾驶时血液酒精 99.9mg/100ml。该案于 2020 年 3 月 2 日移送镇坪县检察院审查起诉，承办案件检察官审查后认为，该案事实清楚，证据确实、充分。被不起诉人刘某具有坦白等酌定从轻处罚情节，未造成严重后果，犯罪情节轻微，且自愿认罪认罚，符合适用认罪认罚从宽制度条件，依法可从宽处罚。在听取刘某及值班律师意见后，刘某当场签署认罪认罚具结书。为了在做好疫情防控工作的同时，提供高质高效的检察服务，该院在充分保障被不起诉人的合法权利情况下，于 2020 年 3 月 4 日，以微信视频"不接触"方式，邀请值班律师和办案民警参加公开宣告会。承办检察官现场宣读不起诉决定书，并对被不起诉人刘某进行了训诫和教育。宣告结束后，被不起诉人刘某表示，自愿接受处罚，真诚悔罪，遵纪守法。

从上述报道看，检察机关适用刑事速裁程序作出不起诉决定的案件客观存在，而且根据从中国裁判文书网收集的案例数量看，这方面的案件并不少。另据媒体报道，2019 年 1 到 10 月，全国检察机关适用认罪认罚从宽制度的案件 493 492 件，占同期办结刑事案件的 44.1%；适用认罪认罚从宽制度不起诉处理的占比 9.3%。认罪认罚从宽案件中不起诉案件接近 10%，这其中绝大多数应该适用刑事速裁程序审理。[1]

检察机关适用刑事速裁程序的不起诉案件具有以下特点：

第一，在案件的性质上，属于认罪认罚从宽的案件。被告人必须认罪认罚，必须签署认罪认罚具结书。

第二，在犯罪的情节上，绝大多数属于犯罪情节显著轻微，适用的是酌定不起诉。酌定不起诉的适用必须同时具备两个条件：一是犯罪嫌疑人的行为已构成犯罪，应当负刑事责任；二是犯罪行为情节轻微，依照刑法规定不需要判处刑罚或者免除刑罚。

第三，检察机关应当和案件的当事人就不起诉达成一致。一是控辩双方必须就不起诉达成一致意见。二是案件中如果有被害人的话，被害人对不起诉的决定应当表示同意。不起诉决定是检察机关综合案件的实际情况，并根据法律的规定，在当事人之间就不起诉决定达成共识。

---

〔1〕 王俊：《前 10 月，检察机关适用认罪认罚从宽制度案件近 50 万件》，载快资讯：https://www.360kuai.com/pc/9bf8af8a3d72d48a1？cota＝4&kuai_so＝1&tj_url＝so_rec&sign＝360_57c3bbd1&refer_scene＝so_1，最后访问日期：2020 年 6 月 18 日。

第四，在司法效率方面，不起诉的审前期限，适用刑事速裁程序起诉期限的规定，一般不超过 10 日。

不起诉案件缺乏审判程序，仅仅适用审判前的审查起诉程序。对于这种不需要审判的特殊形态的速裁案件如何加以规范，检察机关有必要在相关的机制方面进行探索和创新。

二、检察机关刑事速裁程序扩大适用不起诉制度的必要性

目前认罪认罚从宽案件中不起诉的比例比较低，很多案件虽然轻微，但是仍然起诉导致被告人处于定罪和承担刑罚的状态。有学者在研究中对 36 个不起诉案例进行了分析：在 36 个案例中，相对不起诉 32 件；证据不足不起诉 4 件。相对不起诉案件中标注"其他情节轻微不起诉"25 件，标注刑事和解不起诉 7 件。[1] 情节显著轻微不起诉是适用刑事速裁程序的前提。因此，笔者建议在刑事速裁程序中适当扩大不起诉案件的数量，其必要性主要表现在以下几个方面：

首先，刑事速裁程序中扩大适用不起诉制度有助于犯罪的预防和改造。刑事速裁程序中的不起诉，是指对犯罪嫌疑人在事实上构成犯罪，且在程序上符合起诉要件的侦查终结公诉案件，在审查起诉阶段，检察官运用法律所赋予的裁量权，作出的不起诉决定。不起诉是非犯罪化思潮的必然产物，是诉讼经济的必然要求，是报应刑向教育刑转化的必然趋势。在刑事速裁程序中检察机关恰当运用酌定不起诉，它既让轻微犯罪的犯罪嫌疑人尽快摆脱刑事追究程序，恢复原有的正常生活工作，同时又让国家践行了保障人权的基本理念，对构建社会主义和谐社会意义重大。刑罚本身是一种心理和身体自由的惩罚，不论是肉刑、身体刑或自由刑都是如此。刑罚一旦适用，很难逆转，不可弥补。由于定罪处罚给犯罪嫌疑人、被告人带来的精神上的伤害很大。因此，根据案件的实际，在刑事速裁程序中对于犯罪情节显著轻微的偶犯、初犯且犯罪后强烈表示认罪悔罪，并有积极的行动的，应当作出不起诉的决定，鼓励其回归社会，重新做人。对犯有恶劣罪行的人不能放弃刑罚，

---

〔1〕 李大槐、师索：《认罪认罚从宽与不起诉的逻辑关联》，载《西南政法大学学报》2020 年第 1 期。

但对特别轻微的犯罪，如果过分强调用刑罚去严惩，不给他们悔过自新的机会，结果很可能是坚定了他们继续作恶的决心，甚至可能引发新的严重犯罪，从而给社会带来更多不安定的因素。

其次，刑事速裁程序中扩大适用不起诉制度有助于程序分流，提高司法效率。检察机关在刑事速裁程序中根据认罪认罚从宽的法律规定，依法对符合不起诉条件的犯罪嫌疑人、被告人适用不起诉，使案件不再进入审判程序，而在审查起诉阶段就终结案件，有助于分流刑事案件的审判，减少法庭审判的压力。虽然存在认罪认罚从宽制度改革和刑事速裁程序的适用，但是案件分流，特别是审前的分流的效果并不明显，加大审前起诉阶段不起诉的适用比例，可以为后续的司法资源的节省提供更多的保障。目前司法机关的不起诉案件在认罪案件中不到10%，实际上这个比例完全可以再提高。对于刑事案件中适用1年以下有期徒刑的案件，大部分案件应当考虑不起诉或者附条件不起诉。如果不起诉的案件控制在20%左右，那么法庭审理案件的压力就会有比较大的降低。不起诉案件由于不需要法庭审理，更不需要后续的社区矫正的执行环节，因此在司法资源的节省方面具有更大的空间，有助于将司法资源配置给更为复杂或者疑难的案件，有助于司法公正和司法效率的水平的整体提升。由于制度上的问题，刑事速裁程序和认罪认罚从宽制度在适用于不起诉案件、提高司法效率方面仍然有比较大的拓展和改革创新的空间。

最后，在刑事速裁程序中扩大适用不起诉制度，有助于充分发挥检察机关的公诉职能。检察机关作出的不逮捕、不起诉决定都属于终结诉讼的功能，具备准司法裁决的性质。扩大适用不起诉制度，对于发挥检察机关在审判前的公诉裁量权，创新审前程序在犯罪控制与起诉方面的工作机制，强化检察机关的公诉职能具有十分重要的价值。扩大适用不起诉制度，有效贯彻宽严相济的刑事政策，已经成为检察机关的时代共识。事实上，刑事速裁程序和认罪认罚从宽制度的实施，为发挥检察机关的职能作用，提高不起诉率提供了契机。过去，在司法领域的应用由于受到各方面因素的影响，不起诉制度在刑事案件中的实际应用率并不高。这里面的因素主要是不起诉的内部审批的流程比较复杂，有的检察官对案件采取不起诉心存顾虑，担心有徇私舞弊之嫌，因此不敢大胆在案件中运用。在司法责任制实施的大背景下，不起诉制度可能面临更多的监督评查，给检察官的业绩评价和责任追究带来潜在的不确定性风险。认罪认罚从宽制度的改革和刑事速裁程序的司法提速，使检察机关在审查起诉环节具有更大更多的自主权。特别是精准量刑建议的赋权，检察机关在审前阶段的刑事判定上享有更广泛的自由裁量权，检察机关如何运用好更加广泛的起诉裁量权具有现实的挑战性。公诉裁量权首先在相对轻微的刑事案件和相对简化的刑事速裁程序中应用，在此基础上不断积累相关经验，有助于在普通程序、刑事和解等其他复杂程序中更多更大胆地采用不起诉制度分流刑事案件。总体上看，目前检察机关在审查起诉环节运用不起诉方式贯彻宽严相济的刑事政策方面还有很大的不足，认罪认罚从宽制度为在刑事速裁程序中扩大适用不起诉、充分发挥检察机关的公诉自由裁量权提供了制度性保障。

三、刑事速裁程序扩大适用不起诉制度的路径分析

传统上，我国刑事诉讼公诉制度采取起诉法定主义，兼公诉自由裁量权下的起诉便宜主义。一般来说，只要犯罪嫌疑人、被告人符合起诉条件，就必须提起公诉。虽然检察机关具有起诉裁量权，但是这种起诉裁量权受到严格的法律限制。刑事速裁程序的创设和认罪认罚从宽制度的建立，除了传统的酌定不起诉之外，还创设了特殊不起诉制度，也客观上为检察机关行使酌定不起诉提供了更大的空间。[1] 虽然如此，要在刑事速裁程序中扩大适用不起诉制度面临诸多障碍。笔者从立法和司法的角度就在刑事速裁程序中扩大适用不起诉制度作如下初步分析。

首先，在立法上明确扩大酌定不起诉案件的适用范围。理论上，只要符合《刑事诉讼法》中关于酌定不起诉成立条件的，即犯罪情节轻微、危害不大，没有必要处以刑罚或者免除刑罚，应当作出酌定不起诉。由于立法和司法解释对酌定不起诉中的犯罪情节轻微的情节要件规定得过于模糊，检察官在把握不起诉案件适用情节轻微的尺度、行使自由裁量权上相当困难。由于犯罪的类型多样化和复杂，要在立法上归纳制定涵盖所有犯罪的情节轻微的具体标准并不具有可行性，现实的路径就是对常见的适用刑事速裁程序的 3

---

〔1〕 有关特殊不起诉的研究，参见董坤：《认罪认罚从宽中的特殊不起诉》，载《法学研究》2019 年第 6 期。

年以下有期徒刑的犯罪案件进行必要的量化和条件具体化处理。例如，对于刑事和解类案件，犯罪嫌疑人、被告人与被害人达成刑事和解和不起诉谅解，赔偿被害人的损失，犯罪情节比较轻微，可能判处 1 年以下有期徒刑的案件，可以纳入酌定不起诉中来。对于诈骗犯罪的案件，根据 2011 年最高人民法院、最高人民检察院《关于办理诈骗刑事案件具体应用法律若干问题的解释》第 3 条规定，行为人认罪、悔罪的，可以根据《刑法》第 37 条规定不起诉或免予刑事处罚。对于该条规定《刑法》第 37 条独立作为酌定不起诉的情形，诈骗犯罪的不起诉还必须符合具体的条件，譬如犯罪未遂或退还诈骗钱财，数额较小等具体条件。此外，对于醉酒驾驶案件的处罚，对于没有造成实际损害，情节显著轻微的也可以不起诉。对于醉酒驾驶案件的不起诉，实践中定罪不起诉的比较多，可以根据案例归纳必要的醉驾不起诉的案件的具体情节，在立法或者指导性案例方面给予参照。总之，对于酌定不起诉还是需要通过案件的类别化制定规范化的司法解释来实现。

其次，建立控辩协商下的酌定不起诉制度。对于刑事速裁程序中适用不起诉制度的必须通过控辩协商进行。代理犯罪嫌疑人、被告人值班律师或辩护律师如果认为案件具备酌定不起诉条件，就可以启动不起诉协商程序。检察机关在审查辩护方启动不起诉的辩护意见后，与值班律师或辩护律师就不起诉的具体事项和条件进行协商，譬如赔偿被害人的损失的数额和支付方式等。当不起诉的条件基本具备的时候，控辩双方可就不起诉建议达成协商一致，签署认罪不起诉具结书等。由于认罪认罚从宽制度为不起诉制度的量刑建议等协商提供了合意机制，因此在刑事速裁程序中专门建立不起诉的控辩协商机制是完全可行的。对于双方达成的不起诉的合意，检察机关不得利用起诉裁量权反悔将此前的控辩不起诉合意撤销。

最后，提高被害人在刑事速裁程序不起诉案件中的地位。我国刑事诉讼中被害人的法律地位并不明确，学术界争论很多。在刑事速裁程序适用的不起诉案件中，对于有被害人案件可以创设新的机制来提升被害人在刑事速裁程序中适用不起诉案件中的参与程度。根据《人民检察院办理不起诉案件公开审查规则（试行）》明确规定，检察机关办理不起诉案件应当听取犯罪嫌疑人和被害人意见，听取侦查机关办案人员及其法定代理人或辩护人的意见和建议。但是，实践中检察机关在听取被害人的意见方面并无规范性的具体规则，随意性比较大。在刑事速裁程序中，对于适用不起诉的案件，可以建立控辩和被害人、被告人单位代表、社区工作人员等共同参加的不起诉意见听证会。被害人不仅可以自己参加，而且也可以委托代理人参加听证。理论上，被害人对于是否不起诉的决定并不具有决定权，但是尊重被害人的意见，有助于将控辩双方的合意建立在被害人认同的基础上，不起诉的决定就具有了坚实的基础。被害人同意下的不起诉决定，对于重建为犯罪所破坏的社会关系，重塑社会关系的和谐具有重要的价值。

刑事速裁程序与法庭审理方式

刑事速裁程序在简易程序的基础上进一步简化法庭审理的流程，提升了法庭审判的效率。由于控辩双方在开庭审判前已经就检察机关的量刑建议达成一致，因此法庭审理的程式化色彩比较浓厚，法庭调查和法庭辩论的功能都弱化，法庭的审判中查明案件的功能很大程度上降低。法庭审判是一个具有法的范式和象征意义的法的空间；在这个空间中，有法律程序的展开，控辩活动的推进，以及不同诉讼角色的扮演，而其围绕的中心，是法官对案件实体的心证形成。[1] 显然，刑事速裁程序的庭审中无法展示这种"戏剧化"的场景，取而代之的是更像"流水线"的作业。虽然刑事速裁程序中，法庭审判的对抗性弱化，但是这种弱化的法庭审理，其在程序设计上必须要保障基本的程序公正与实体公正。换言之，在刑事速裁程序中，必须在保障被告人的基本诉讼权利的前提下，通过简化的正当程序来守住不发生冤假错案的底线。基于此，本章就刑事速裁程序审理新机制的创新等方面进行初步论述。

第一节　刑事速裁程序与法庭审理

一、刑事速裁程序法庭审理机制的创新

在刑事速裁程序试点过程中，无论立法机关还是中央司法机关都期待试点的地方司法机构提供可复制、可推广的经验和做法。很多参与试点的地方

---

〔1〕　龙宗智：《刑事庭审制度研究》，中国政法大学出版社 2001 年版，第 1 页。

法院根据提高刑事速裁程序的法庭审理效率的要求，结合轻案快审的改革，创新刑事速裁程序审理的快速反应的内部机制，实质性推动轻刑案件的审判方式的改革。

（一）建立速裁案件审理专班

在刑事速裁程序试点过程中，很多试点法院设立速裁案件专人专任审理工作组，有的地方建立速裁工作组或者组建速裁庭，建立与刑事速裁程序相配套的主审法官、助理法官办案机制、审判业绩评价机制和违法违纪行为惩戒机制；建立速裁案件立案绿色通道，快速交付执行等审判工作机制。例如，在北京的调研活动中，我们实际参观北京市海淀区法院联合检察院、公安局和司法局在看守所建立的速裁案件办公区，公检法司都有专人值守的速裁办公室，就近犯罪嫌疑人、被告人的羁押场所靠前审理案件，大大提高了速裁案件的审理效率。

（二）集中批量开庭审理

有的地方法院采取集中开庭审理、同类案件的所有被告人同时到庭，统一告知诉讼权利。庭前核实身份，被告人之间有无利害关系。在法庭上，法官查明被告人是否自愿认罪，公诉人宣读起诉书、听取被告人和辩护人的辩护意见和程序选择意见，审判员逐案宣判。集中审理的方式由于批量审判案件，大大提升了庭审的效率。据不完全统计，法庭通过集中批量审理速裁案件的方式，审结速裁案件平均时间在 3 分钟到 5 分钟，平均审理天数在 5 天左右。

（三）远程视频开庭，节约犯人提押在途时间

随着各地法院和司法机关的信息化建设的提速，促进案件审理的信息技术的应用。目前，刑事速裁程序审理案件在地方适用视频审理的方式已经成为常态。视频审理的优势在于在保障速裁审判程序完整的前提下，大大节约了从看守所押送被告人到法庭的在途时间。

（四）改革审批和文书签发制度，当庭宣判

根据中央政法机关的要求，适用刑事速裁程序审理的案件，包括可能宣告缓刑、判处管制、免予刑事处罚的案件，一般不提交审判委员会讨论。刑事判决书一般由独任法官直接签署，当庭宣判送达。刑事速裁程序当庭宣判的比例在 90% 以上，这样可以避免案件虽然开庭审理，但是判决结果延宕多

日的问题的出现。

（五）为保护被告人的隐私，部分速裁案件可不开庭审理

根据《速裁程序试点办法》第 12 条规定，人民法院适用速裁程序审理案件，被告人以信息安全为由申请不公开审理，人民检察院、辩护人没有异议的，经本院院长批准，可以不公开审理。虽然我国还没有制定正式统一的个人信息保护法，但是刑法、民法等基本法律对公民个人信息的保护都有严格的规定。《刑法修正案（七）》增设了非法提供公民个人信息罪名。虽然这项制度在实践中应用不是很广，但是其立法的出发点还是值得肯定的。

二、刑事速裁程序审理方式方面存在的问题

刑事速裁程序的审理方式在立法上条文很粗疏，对于法院来说完全是新生事物。各地在机制创新过程中不可避免存在简单化、形式化的问题，存在忽视案件的实质审查与过度追求效率等方面的突出问题。这些都需要根据试点和目前刑事速裁程序的运行状况加以认真总结和反思。

（一）刑事速裁程序与简易程序在审理方式上混同

在刑事速裁程序出台前，各地曾经开展快速办理刑事案件的机制的改革，但是该改革实是在简易程序框架内进行的改革，目的是扩大简易程序审理的范围，提高简易程序案件审理的效率。由于刑事速裁程序的审理方式与简易程序的审理方式本身的差别不大，都是简化庭审法庭调查和法庭辩论环节，这就容易导致刑事速裁程序的审理方式与简易程序审理方式的混同。虽然中央对这个问题作过解释：纳入刑事速裁程序试点的地方，对符合刑事速裁程序适用条件的案件，要适用刑事速裁程序，并可借鉴快速办理机制的相关的经验和做法；对不符合刑事速裁程序适用条件的案件，仍可继续适用快速办理机制。刑事速裁程序正式立法之后，刑事速裁程序适用的案件范围很大程度上与简易程序的案件适用范围相重叠。由于简易程序案件也要认罪认罚从宽，简易程序与刑事速裁程序案件的适用条件重合，相比简易程序，刑事速裁程序的审理方式的特点并不明显。在立法上进一步厘清刑事速裁程序与简易程序审判在方式上的差别，需要理论和实践的进一步探索。

（二）刑事速裁程序中审判组织形式单一化

目前立法上，刑事速裁程序与简易程序的审判组织形式基本相同，都是

独任法官审判，隶属于刑事审判法庭。在试点中，有些地方专门成立刑事速裁审判组专门负责处理速裁案件。由于独任审判的法官在审理速裁案件上缺乏有效的组织保证和法律的监督，审理案件缺乏正当性的基础。在速裁案件的审判组织上，世界各国做法并不一致。有的国家并不设立专门的治安法庭，例如俄国；也有的专门建立违警罪法院、轻罪法院来处理轻微刑事案件，例如法国；[1] 有的国家通过治安法庭来审理速裁案件，例如英国、美国。笔者认为，在英美法系国家实行的治安法庭专门审理速裁案件的做法，可以为中国完善刑事速裁审判的组织形式提供借鉴。治安法庭是世界上很多国家采行的制度，治安法院或者专门的社区治安法院在西方已经有相当成熟的做法。[2] 中国学界对治安法庭的讨论已经基本上形成共识。[3] 从长远看中国治安法庭有利于实现刑事诉讼程序配置的多元化，也有利于建立以审判为中心的诉讼制度。我国有的地方也开始在速裁案件中积极探索治安法庭的建立，譬如北京市海淀区轻微案件专门的治安速决法庭。可以考虑在刑事速裁程序的未来立法中，对治安法庭的组织机构、运行机制等进行有限度的设计。在未来的速裁程序中，应当允许有些地方在条件具备的前提下建立专门的刑事治安法庭，作为刑事速裁程序的专门审判组织。当然在初期可以首先在发达地区或其他基础条件比较好的地区进行专门的治安法庭的试点，为未来在全国范围创设治安法庭积累经验。

（三）刑事速裁程序审理中程式化、形式化问题严重

刑事速裁程序试点中庭审方面的突出问题是刑事速裁程序的庭审的过度程式化。刑事速裁程序审理案件以效率为导向，但是不能唯效率至上，忽视或者贬低法庭的审理方式，降低法庭在审判案件方面的仪式性和权威性、教育性的功能。为了解决这个问题，在未来的刑事速裁程序中，应增加对被告人认罪自愿性的实质查明环节。被告人认罪的自愿性与否是刑事速裁程序适用的基础性条件，并且该环节容易出现被告人对法律和事实的认知错误，以

---

〔1〕 〔法〕贝尔纳·布洛克：《法国刑事诉讼法》，罗结珍译，中国政法大学出版社 2009 年版，第 264、265 页。

〔2〕 马可：《建立中国的治安法庭制度——司法职权的优化配置探索》，载《重庆工商大学学报（社会科学报）》2010 年第 4 期。

〔3〕 赵秉志：《劳动教养制度改革的方向与方案》，载《法学研究》2010 年第 1 期。

及非法诱供等问题。相关的调查问卷也显示司法人员对被告人的认罪的自愿性存在顾虑。

（四）刑事速裁程序的不公开审理案件并未得到有效执行

对速裁案件的被告人有条件不公开审理，是两高两部《速裁程序试点办法》赋予被告人一项新的重要权利。但是由于缺乏告知程序，且限制性条件太苛刻，因此流于形式，很少具体应用。根据两高两部《速裁程序试点办法》的要求，人民法院适用刑事速裁程序审理案件，被告人以信息安全为由申请不公开审理，人民检察院、辩护人没有异议的，经本院院长批准，可以不公开审理。该项制度要在实践中发挥作用还需要配套的规范，譬如不公开审理应当作为权利告知内容列入被告人的权利告知清单。

三、刑事速裁程序的审判方式规范化改革的路径

随着刑事速裁程序和认罪认罚从宽制度正式被写入《刑事诉讼法》，特别是速裁程序审理方式的不规范的问题突出，刑事速裁程序审判方式的规范化问题已经是紧迫的任务。目前刑事速裁程序与简易程序在性质与程序的内部构造上存在显著的混同问题，刑事速裁程序必须独立于简易程序，并且具有与简易程序更加显著的区别，才能更加有效的发挥简易程序的效能。

（一）探索建立处理轻微刑事案件的治安法庭

英国轻微刑事案件处理的最具特色部分是其治安法庭或治安法院制度。该项制度集中规定在《1980 年治安法院法》。治安法院受理案件的范围包括《1980 年治安法院法》表Ⅰ中所列的犯罪，一般如非重大的偷窃、针对人身的暴力犯罪等。对于此类犯罪，被告人一般可以自行选择审理法院。如果被告人选择由治安法院进行审理，则案件由治安法院进行简易审判。但是，治安法院在案件适用何种审理程序的问题上仍然享有最终决定权，即如果治安法官认为案件性质过于严重，不宜由治安法院进行审理，则应裁定将案件移送刑事法院进行审理。而如果被告人选择由刑事法院进行审理，则案件必须移送刑事法院按照正式审判程序进行审理，此时治安法院对审理程序的适用没有裁量权。治安法庭与纯粹的单一刑事法庭相比，其最大特点是其对轻微犯罪案件的处理在保证快速的同时具有对犯罪人综合性预防矫治和被害人的恢复性司法功能。治安法庭或者社区法院在我国的建立非常有必要，而且具有

现实操作性。治安法庭也是除英国之外，其他很多国家采行的制度，美国和加拿大等其他国家也有较成熟的治安法庭制度。

刑事速裁程序的改革为催生中国特色的治安法庭提供了契机。中国学界对治安法庭的讨论已经基本上形成共识。[1] 从长远看中国治安法庭有利于实现刑事诉讼程序配置的多元化，也有利于建立以审判为中心的诉讼制度。我国有的地方也开始在速裁案件中积极探索治安法庭的建立，譬如北京市海淀区的轻微案件专门的治安速决法庭。可以考虑在刑事案件快速处理程序的未来立法中，对治安法庭的组织机构、运行机制等进行有限度的设计。在未来的刑事速裁程序中，应当允许有些地方在条件具备的前提下建立专门的刑事治安法庭，作为刑事案件快速处理程序的专门审判组织。当然在初期可以首先在发达地区或其他基础条件比较好的地区进行专门的治安法庭的试点，为未来在全国范围创设治安法庭积累经验。

（二）建立健全法院值班律师制度，发挥值班律师在速裁庭审中的功能

根据两高两部《速裁程序试点办法》第4条规定，建立法律援助值班律师制度，法律援助机构在人民法院、看守所派驻法律援助值班律师。犯罪嫌疑人、被告人申请提供法律帮助的，应当为其指派法律援助值班律师。根据笔者的调研，试点中在广州等地区都设立值班律师工作室，但是调研中也发现相当部分的试点法院并没有在法院建立值班律师制度。2017年8月的两部三高《值班律师意见》第3条明确规定，法律援助机构可以根据人民法院的工作需要，通过设立法律援助工作站派驻值班律师或及时安排值班律师等形式提供法律帮助。值班律师职责主要是为犯罪嫌疑人、刑事被告人提供法律咨询、转交法律援助申请等法律帮助。同时，其职责还包括在认罪认罚从宽制度改革试点中为当事人提供程序选择、申请变更强制措施等法律帮助、对检察机关定罪量刑建议提出意见、见证犯罪嫌疑人签署认罪认罚具结书，以及对刑讯逼供和非法取证情形代理申诉、控告等。两部三高《值班律师意见》进一步明确了法律援助值班律师运行模式，对法律援助工作站建设、值班律师选任、值班方式、工作要求等方面作出规定，要求法律援助机构通过派驻值班律师、及时安排值班律师等形式为犯罪嫌疑人、刑事被告人提供法律帮

---

〔1〕 赵秉志：《劳动教养制度改革的方向与方案》，载《法学研究》2010年第1期。

助，律师值班可以相对固定专人或者轮流值班，落实法院值班律师制度具体实施机制。

在法院建立值班律师制度是刑事速裁程序和认罪认罚从宽制度试点中的制度创新，对于保障被告人的诉讼权利具有重大意义。由于是新生事物，在法院设立值班律师的工作机制和出庭规则需要创新规范。法院设立法律援助值班律师与看守所设立值班律师应当具有不同的功能。看守所值班律师主要是为犯罪嫌疑人提供应急的法律咨询等法律服务，而法院值班律师主要是为进入审判阶段而没有委托辩护律师的被告人提供法律服务和为取保候审和监视居住在审判前提供法律服务。法院值班律师制度的建立方便了被告人在审判前就其关心的问题向值班律师咨询法律问题。在速裁案件中，由于法庭审理程序被高度简化和程式化，因此被告人的诉讼权利不可避免会受到削弱。在此情况下，在审判前阶段被告人能够获得有效的法律帮助就显得尤为重要。在职权主义模式主导我国诉讼结构的情况下，被告人的法庭上的诉讼权利保障往往流于形式。由于刑事速裁程序的诉讼结构被简化，现在遵循的是对抗制的当事人主义诉讼模式，法官处于消极地位，法庭获取的信息来源于侦查和起诉方提供的案卷，诉讼的结构中的对抗性弱化。法院的值班律师并不代表法院，而是为被告人提供必要的法律咨询，保证庭审活动中被告人的权利能够得到充分保护。更为重要的是，通过法院建立的值班律师制度，使法庭能够获得更多的信息，并且把这些信息转化成当事人主义框架下法庭可以取舍的信息，有利于法庭作出更公正的判决。法院值班律师制度需要解决以下两个具体问题：

第一，法院派驻的值班律师是否可以阅卷，如果可以阅卷，值班律师的阅卷应当有哪些限制？笔者认为，根据案件的具体情况，如果法律咨询并不能满足被告人的案件需要，或者在咨询过程中发现案件的疑点需要核实等，在法院的值班律师可以申请主审法官批准，同意其进行阅卷。但是，值班律师在阅卷后，对于其核实的相关证据或法律适用问题，在给当事人提供专业咨询意见的同时，还应当同时向法庭提出书面意见，为法庭审理案件作为参考。

第二，在法院派驻的值班律师是否可以出庭，如果可以出庭，值班律师在法庭中的角色？笔者认为，在法院的值班律师可以在速裁案件中出庭，但是在法庭中的角色就是提供法律咨询，并不具有独立辩护人角色。值班律师的性质和功能决定其主要提供法律咨询的服务，但是并不具有独立辩护人的功能。在速裁案件的法庭审理过程中，如果被告人没有聘请辩护律师为其进行专业辩护，在法庭审理过程中如果遇到即时需要提供法律服务，值班律师就可以现场提供法律问题的解答，协助被告人进行辩护。至于值班律师是否可以在法庭上独立发表辩护意见，这要根据案件的实际情况判断，如果被告人现场授权值班律师代为辩护，值班律师同意作为辩护人发表辩护意见，在法院确认的情况下就可以独立发表辩护意见。值班律师在速裁案件的庭审中发表辩护意见，应当在裁判文书中得到充分体现，并对是否采纳作出具体的说理。

（三）完善被告人在速裁庭审中相关答辩和陈述的规则设计

被告人在速裁庭审过程中的答辩和陈述主要包括对自愿性认罪答辩、对指控的犯罪事实的确认及最后陈述三个方面内容。在速裁法庭审理的速裁程序中，应当逐步建立健全速裁程序法庭实质审理清单规则。美国的认罪答辩或陈述的实质性的审查机制值得中国借鉴。速裁程序在法庭的实质审查方面，可参考美国律师协会制定的《刑事司法标准规则》中的《有罪答辩准则》来制定中国刑事案件的被告人认罪答辩规则。具体包括，认罪前的权利告知和相关认罪问题的解释，包括伪证罪的后果、被告人享有的包括辩护权在内各种基本诉讼权利、认罪的后果、认罪后法院在判决上的权力等；明确对认罪的撤回、上诉的条件以及相关救济措施；对认罪事实的确认和审查；明确有关认罪后的可能产生的民事赔偿、罚金罚款、刑罚执行方式；等等。对速裁案件应当建立实质审理的清单制度，规范有关庭审活动，对被告人的自愿性认罪的标准和条件进行严格掌握和实质查明，而非形式查明。强化量刑环节，增加有关量刑的释法、训诫和教育的内容，增强法庭的权威和法庭的法治教育功能。目前的刑事速裁程序的庭审形式化问题比较突出，特别缺乏案件审理的个性化，影响了法庭的严肃性和权威性。速裁审理不能因为追求速度而严重淡化或削弱法庭树立法治权威和对被告人进行法制教育的功能。

我国刑事速裁程序的庭审虽然作了很大的简化，但是仍然保留被告人最后陈述的权利。从实际观摩的庭审情况看，速裁案件中被告人的最后陈述大都是愿意接受法庭的判决，并希望能够从轻判决，或者表示要汲取教训和重新做人，等等。刑事速裁程序被告人陈述实际上对被告人的权利保护的实质性意义并不大，因此有研究者认为刑事速裁程序的庭审可以取消被告人的最后陈述。即便取消被告人的陈述，也并非对被告人的权利侵犯。[1] 笔者认为这种看法有待商榷。被告人在法庭上享有作最后陈述的权利，实际上是包含在被告人享有的辩护权之中。被告人的最后陈述，可以看作是司法机构赋予被告人为自己进行辩护的权利。虽然这种辩护权在案件中大多数表现为愿意接受和配合司法机关的审判，希望法庭从轻判处刑罚。被告人的最后陈述权的辩护价值虽然大多数情况下会显得苍白无力，对法庭的判决也不会产生实质性影响，但是毕竟是司法机构赋予被告人的核心诉讼权利。由于刑事速裁程序的案件中很多被告人并没有委托辩护律师出席法庭审判，从保障控辩审的诉讼结构的完整性的角度，保留并确保速裁案件的庭审中的被告人陈述的意义仍然非常重要。对于被告人的最后陈述的权利，有些法官已经习惯于无视，这并不正常。对于被告人的陈述，法官应当认真听取，对于其陈述中的合理诉求应当予以积极回应。这不仅是保障被告人的诉讼权利的基本要求，也有利于被告人对法庭的司法活动产生尊重或者敬畏感，有助于被告人在执行刑罚阶段认识到自己的罪责和进行行为矫正，有助于刑罚执行之后能够尽快融入社会。

（四）探索和推进信息技术在刑事速裁程序中的广泛应用

刑事速裁程序在审理案件过程中除了可以通过简化程序和内部行政流程来提高效率之外，还可以通过信息技术手段来提高案件办理的效率。在刑事速裁程序试点过程中，很多地方譬如北京、上海、广东和山东等试点法院采用网络视频的技术来实现提审、电子阅卷和被告人视频远端出庭工作，较大大幅度提高速裁案件审理的效率。当然，视频审理案件受制于一定的外部条件，经济比较发达地区的网络软硬件设施基础好，技术人员配备较强，就比较容易利用网络技术来实现远程视频审理。远程视频审理案件的最大优势在于不需要被告人来到法庭，被告人在看守所指定的视频室内就可以接受审讯。但是，视频审理刑事速裁案件也存在一些弊端，譬如，法庭审判的亲历性受到弱化，当事人对法庭审理的仪式感感受不深，对于法庭的庄严性和权威性

---

[1]　胡熙瞳：《对刑事速裁程序保留被告人最后陈述的反思》，载《法学杂志》2017 年第 7 期。

的感觉不强，降低法庭本身对被告人的仪式感和教育感。另外，受制于视频网络的资源的限制，法庭采用视频审理的案件更加注重程式化审理，案件审理的个性化特点不明显，缺乏法官和被告人之间的有效互动，对案件事实的庭审查明也带来一定的障碍。刑事速裁程序适用视频审理的案件应当加以规范和限制，为了保证速裁案件的质量，必须限制速裁案件进入视频审理的数量。在新型冠状病毒流行期间，视频审理案件已经逐步常态化。例如媒体报道的广西南宁市两级法院视频审理刑事速裁和认罪认罚从宽案件的具体做法[1]：

2020年3月2—6日，广西壮族自治区南宁市两级法院通过繁简分流机制，对于证据充分、事实清楚、争议不大的"简案"，充分利用远程视频系统进行视频提审、开庭审理、案件宣判、认罪认罚案件律师远程见证以及检察院沟通协调案件等。期间，两级法院依法审理刑事案件72件92人。其中，市中院书面审理二审案件45件、提讯64人；基层法院开庭审理适用简易程序、认罪认罚类案件27件28人，当庭宣判率达74%。疫情防控的特殊时期，为尽可能降低疫情传播风险，同时尽快高质高效的审结案件，南宁市法院积极与检察机关、看守所沟通协调，通过法院与看守所连线的方式视频开庭。目前，南宁市第一看守、武鸣、马山、隆安共9个远程视频讯问室已全部投入使用，辖区内的其他看守所已相继建立了视频讯问点，基本实现了视频审理全覆盖，通过多渠道、多方式保障防控疫情庭审"不打烊"。视频审理案件的具体做法包括：①利用远程视频进行律师见证。2020年3月3日，兴宁区法院针对4起刑事认罪认罚案件被告人因没有律师见证无法签订书面具结书的问题，安排了专门的远程视频见证室，对见证过程进行同步录音录像，在见证完成后，分别对上述4起案件通过远程视频方式进行公开审理并当庭宣判。4名被告人均表示服判息诉。据悉，这是广西首次在审判阶段通过远程视频方式为被告人提供法律援助和进行认罪认罚见证。②利用远程视频开庭。2020年3月4日，良庆区法院与看守所、检察院三方视频连线，适用简易程序开庭审理了6起认罪认罚刑事案件。庭审中，借助远程视频系统实现了语

〔1〕 邰资源：《南宁市法院利用远程视频共审理72起刑事案件》，载南宁法制网：http://www.nnfzw.gov.cn/news_show.asp? id=101710，最后访问日期：2020年6月8日。

音、视频、物证展示等多项实时传输。整个庭审过程规范有序，历时 40 分钟审理了 6 起刑事案件，并当庭宣判，6 名被告人当庭表示服从判决。③利用远程视频讯问被告人。2020 年 3 月 4 日，市中院集中选取了 7 件证据确实、充分，上诉人承认其犯罪事实的二审案件，依法对 9 名被告人进行讯问。讯问前，法官、书记员均戴着口罩进入法庭，法官通过远程庭审系统连线武鸣区看守所。讯问时，法官再次确认各原审被告人同意适用远程视频的方式进行讯问，告知其诉讼权利，随后依法有序对各被告人展开讯问。讯问结束后，书记员将庭审笔录编辑并生成，通过远程视频系统当场传送并打印给被告人查看、确认、签字。当天上午仅用时 2 小时便完成了对 7 件刑事案件 9 名被告人的讯问。这些讯问虽然通过网络进行，但整个讯问过程程序规范，画面流畅、声音清晰，全程同步录音录像。

当然，司法机关在广泛应用视频审理的方式提高刑事速裁案件的审理的效率的同时，也要注意防止滥用技术手段，忽视对案件审理的质量控制。对于刑事速裁案件中涉及有争议的事实或证据需要通过庭审进行来现场确认的，都必须慎用视频审理的方式。虽然视频审理速裁程序案件已经不是什么新生事物，但是运用视频审理案件的范围和限定的条件还需要司法机关进一步通过总结经验来规范和明确，防止和避免技术的过度适用所可能带来的影响司法公正的问题。

（五）探索和完善建立保护隐私的不开庭审理的规则

不公开审理要成为速裁案件当事人的一项重要权利被固定下来。虽然我国《宪法》和《刑事诉讼法》都明确要求除非特别规定，审判一律公开进行。但是，公开审判在保障审判的透明和接受社会监督的同时，对于被告人来说可能会影响其自身的信誉和隐私。在轻微的刑事案件中，允许被告人基于信息和隐私的保护而申请不公开审理，可以在维护司法公正的前提下保障被告人的合法权益，使其不因案件的审理而受到额外的损害。德国学者就指出，德国的刑事处罚令不仅节约了司法系统的时间和精力，而且因为避免公开审判所引起的麻烦和影响名誉的后果而吸引了许多被告人。[1] 传统上，只

---

〔1〕〔德〕托马斯·魏根特：《德国刑事诉讼程序》，岳礼玲、温小洁译，中国政法大学出版社 2004 年版，第 208、212 页。

要被告人犯罪都要公开审理，不顾及被告人在审理中的感受，这个过程其实是对被告人一种精神上的折磨与惩罚。在特别轻微的刑事速裁程序的案件中，建立有条件的不公开审理制度，对轻微案件的被告人的隐私、名誉和信息进行有限度的保护，体现了刑事诉讼的人文关怀。

第二节　刑事速裁程序与书面审理方式的改革探讨

在刑事速裁程序研究中关于书面审的学术讨论很多，对是否可以书面审理速裁案件分歧比较大。[1] 在试点过程中有个别地方法院，例如，广东省深圳市龙岗区法院探索书面审理速裁案件，提讯后直接作出判决，不再开庭审判。[2]虽然书面审理速裁案件的审判方式创新改革，最终没有国家被立法机关所认可，但是由于其在改革速裁审判方式上具有革命性的特点，加上国外确实存在书面审理轻微刑事案件的做法，因此仍然有必要对这种特殊的审理方式在刑事速裁程序中应用的可行性等问题进行探讨。

一、刑事速裁程序中部分案件采取书面审方式的探索

德国、法国、意大利和日本等国在刑事案件快速处理程序中可以在特定的案件中采取不开庭的书面审形式。我国刑事速裁程序中是否可以进行书面审？对于这个问题，有的学者持明确的反对态度，主要理由是：其一，国外与我国的入罪门槛和犯罪轻微的判断标准不同。国外的入罪门槛比较低，譬如违警罪相当于我国的违反治安管理的行政违法，而我国刑事速裁程序中的轻微刑事案件在国外已经属于比较严重的犯罪。如果盲目借鉴书面审，有违比例原则。其二，审前阶段被追诉人的权利保障未达到省略庭审的程度。我国被追诉人律师帮助制度、辩护制度和知悉权尚未得到充分、有效的保障，

---

〔1〕　贾志强：《"书面审"抑或"开庭审"：我国刑事速裁程序审理方式探究》，载《华东政法大学学报》2018 年第 4 期。

〔2〕　最高人民法院刑一庭课题组：《关于轻微刑事案件特别程序的调研报告》，载最高人民法院编：《刑事案件速裁程序——试点实务与理解适用》，内部资料（京内资准字 2015-Y0026 号），第 111页。

难以真正确保被追诉人与控诉方之间诉讼合意的有效性。[1] 应该说这两个理由都有一定的道理。但是，以这样的两个理由完全否定书面审的方式的可能性，理由上可能还不是很充分，因为这两个理由的条件都可以根据立法和司法的情况发生变化，且目前变化的条件已经比较大。所以，对于书面审的方式的改革仍然要抱有乐观的期待。

首先，我国刑事速裁程序的案件范围与审理方式并非不可以进行二次切分。譬如适用认罪认罚从宽制度的案件，虽然可以简化，但是可以适用速裁程序，也可以适用简易程序、普通程序审理。逻辑上，速裁程序中可能判处1年以下的有期徒刑、拘役、管制和单处罚金的案件，在案件的轻微的程度上与国外的轻微刑事案件是基本吻合的。因此，在速裁程序中对于可能判处1年以下有期徒刑的案件完全可以使用书面审理的方式。此外，国际上的处罚令适用的范围也有扩充的趋势，譬如，德国《刑事诉讼法典》第407条加入了2a，将处罚令程序的适用范围从"轻微"犯罪扩充至"轻罪"案件。[2]

其次，认罪认罚从宽制度实施后，刑事速裁程序中被追诉人的审前权利保护得到大大加强。轻微刑事案件的权利保护随着值班律师法律援助制度的发展，完全可以实现被指控人的审前有效法律帮助等基本诉讼权利的保护。另外对于法律和诉讼权利等的知悉权，在认罪认罚从宽制度中建立了完备的权利告知体系，包括侦查人员、检察人员、值班律师或辩护律师都要对认罪的被告人进行权利告知，被追诉人的知悉权完全可以得到充分的保证。

最后，认罪认罚从宽的控辩协商机制的突破，为速裁程序创设书面审方式提供了正当性的基础。认罪认罚从宽制度完善了速裁程序审前合意制度，犯罪嫌疑人、被告人在其值班律师或辩护律师的帮助下认识案件的性质和认罪的后果，就量刑与检控方达成一致，并在律师见证的情况下签署认罪具结书。这在审前程序已经就量刑建议达成一致，且《刑事诉讼法》明确规定，法院一般应当采纳认罪认罚从宽案件中的控辩双方合意的量刑建议。实际上法院已经将案件的裁量司法权出让给检察指控机关。在这样一种情况下，对

---

〔1〕　贾志强：《"书面审"抑或"开庭审"：我国刑事速裁程序审理方式探究》，载《华东政法大学学报》2018年第4期。

〔2〕　李倩：《德国刑事诉讼快速审理程序及借鉴》，载《法律适用》2017年第19期。

于控辩双方已经达成合意的那些轻微的刑事案件，只要法院对控辩双方达成的合意量刑签署接受的书面意见即可，完全没有必要再继续开庭审理。如果我们实际观察各地法院的速裁程序的庭审过程，很多案件都是在三五分钟内走完程序并宣判。这种程式化的程序已经很大程度上失去了庭审的应有功能。这类案件所耗费庭审的时间和司法资源已无实际意义，因此采取书面审的方式能够使包括法院在内的司法机关更加节省司法资源。

二、在我国刑事速裁程序中实行书面审理方式的路径

首先，中央司法机关可以就审判方式的改革授权基层司法机关进行试点。书面审理方式属于审判机关的内部机制的改革，由两高两部组织一定范围的授权试点即可，不需要全国人大常委会再专门授权。试点地区仍然可以选择有丰富律师资源的比较发达的地区，充分保障书面审理中被告人的权利。对于试点方面比较成功的有代表性的单位，组织经验观摩，提供可复制、可推广的经验和做法。在试点经验的基础上，进行司法解释或修法。刑事速裁程序的书面审理在初期可以由最高法院组织试行，类似于过去的普通程序简化审的改革方式，并不需要修改刑事诉讼基本法律就可实施。

其次，刑事速裁程序的书面审理的适用范围可以在试点的基础上逐步提高到速裁程序立法适用的所有案件。第一步，在试点阶段可以规定可能判处1年以下有期徒刑、拘役、管制的案件可以有条件地适用书面审理；第二步，在试点成熟的经验基础上，将书面审理的方式扩展到3年以下有期徒刑的所有速裁程序审理的案件。书面审理程序的适用范围的推进必须与以审判为中心的诉讼制度的改革和案件繁简分流的需要协同进行，使书面审理的方式改革能够稳步推进，确保实现速裁程序的书面审案件达到公正与效率高度统一。

最后，建立和规范刑事速裁程序书面审理的裁判流程。书面审理并非无正当程序的审理方式，书面审理的方式仍然要规定严格的工作流程，包括认罪自愿性的审查、权利告知程序、认罪认罚合意量刑的确定方式，书面审的各类法律文书的改革与规范，等等。这些程序性的事项是保证书面审理的合法性和正当性的基础条件。书面审理并非完全放弃法官的司法功能，虽然不开庭，但是法官必须对案件的事实和审前的程序性推进的各项事项进行实质意义的形式审查，依法确保签署的刑事判决书具有事实和法律基础。

刑事速裁程序中的权利救济

刑事速裁程序中诉讼主体的权利并不是单向度的，而是多维度的。无论是犯罪嫌疑人、被告人还是被害人，其在速裁程序中的诉讼权利受到阻碍的时候，应当有法律上的救济机制。目前关于刑事速裁程序和认罪认罚从宽制度的立法中关于程序救济的规范比较少，有些规范的效率和功能还需要在司法实践中进一步检验。本章对刑事速裁程序中的被告人的认罪反悔和上诉权，以及被害人在刑事诉讼中的救济权利进行初步讨论。

第一节　刑事速裁程序中的认罪反悔与撤回

刑事速裁程序中的犯罪嫌疑人和被告人的认罪反悔虽然数量相当少，但是对速裁程序的运行机制是具有破坏性的因素。由于刑事速裁程序中的被指控人和被告人的认罪都必须是自愿的，认罪是主观性的自由意志。但是这种主观的自由意志具有很大的不确定性，在特定的情况和特定的诉讼阶段犯罪嫌疑人、被告人基于自身利益的特殊考虑都有可能否定此前的认罪或供述。因此即便被告人正式认罪，被告人还会根据自身的利益进行调整自己的认罪，存在很大的反悔可能。针对这种情况，法律上也应当作相关规定。在立法程序上，一方面应当保护犯罪嫌疑人、被告人在认罪方面的自愿性，另一方面也应当防止犯罪嫌疑人、被告人利用认罪自愿性的特点，根据自己的利益进行认罪上的投机，从而影响刑事速裁程序的正常运行。

一、侦查阶段的认罪反悔与撤回

（一）侦查阶段犯罪嫌疑人的认罪具有不稳定性

在侦查阶段，犯罪嫌疑人到案后，我国刑事速裁程序并没有规定认罪的程序。这和西方国家在犯罪嫌疑人到案后需要进行认罪听证程序很不同。我国侦查阶段的犯罪嫌疑人被羁押或被侦查机关采取其他强制措施之后，犯罪嫌疑人的人身自由事实上就受到严格的限制。在这一阶段，犯罪嫌疑人必须根据侦查机关的要求如实供述犯罪事实，提供侦查机关需要的案件线索等，帮助侦查机关完善指控证据。在侦查阶段，根据刑事诉讼法相关认罪认罚从宽制度的规定，侦查人员有义务启动权利告知程序告知犯罪嫌疑人有自愿接受认罪认罚的权利。根据两高三部《认罪认罚从宽指导意见》，公安机关在侦查阶段同步开展认罪教育工作，但不得强迫犯罪嫌疑人认罪。犯罪嫌疑人自愿认罪的，愿意接受司法机关处罚的，由侦查机关的讯问人员记录，并附在卷宗中。通常情况下，犯罪嫌疑人在被采取强制措施后，特别是没有值班律师或是辩护律师在场的情况下，犯罪嫌疑人在是否认罪这个重大的关键的问题上，其实在主观认识上存在严重不足。犯罪嫌疑人在封闭的环境中，同时迫于侦查机关的压力或促使，在侦查机关"教育认罪"的情况下，犯罪嫌疑人在侦查初期阶认罪的可能性普遍较大。虽然在侦查早期阶段，犯罪嫌疑人表示自愿认罪，但是随着时间的推移和律师的帮助，其对案件的性质或者法律适用等可能发生变化，这种变化与最初的认罪的基础认知就会发生冲突。更为重要的是，在侦查阶段的认罪是在封闭的环境中进行，犯罪嫌疑人的认罪没有正当程序保障。犯罪嫌疑人初期的认罪的动机不纯，在侦查机关的教育认罪的情况下，容易导致侦查阶段犯罪嫌疑人的认罪存在相当不稳定性和不确定性。

（二）侦查阶段的认罪撤回与程序构造

根据美国的相关认罪的规范和认罪反悔和撤回的规定，越是处于诉讼的早期阶段，认罪就越容易被批准撤回。由于侦查阶段的认罪的不稳定性，认罪的撤回应当得到司法机关的认可。当然这样的认可并非无条件，并非可以被犯罪嫌疑人所滥用来给侦查活动带来不利的影响。侦查阶段的犯罪嫌疑人在值班律师或辩护律师的帮助下，在认罪后可以向侦查机关提出撤回此前的认罪。侦查机关在形式审查之后，对其撤回的理由不作实质的审查，应当允许撤回认罪，并记录在案，此前的认罪即时失效。在犯罪嫌疑人自愿撤回认罪的同时，侦查机关必须告知其认罪撤回可能带来的不利后果，包括认罪态度可能对量刑产生不利影响等。但是这种告知不应当带有明显的威胁性，更不能因为犯罪嫌疑人撤回认罪对犯罪嫌疑人的态度变得恶劣。立法上应当完善规定，对于在侦查阶段撤回认罪的，在立法程序上应当建立值班律师或辩护律师在场制度。另外，对于犯罪嫌疑人在侦查阶段撤回认罪，是否需要报备检察院或者请求检察机关的人员现场监督？笔者认为在侦查活动结束前的，只要有辩护律师或值班律师在场就可以满足撤回程序的正当性的要求。侦查阶段的认罪撤回，检察机关人员必须在场，除了会增加诉讼成本之外，还会将增加犯罪嫌疑人在作出撤回行动时候的顾虑，影响犯罪嫌疑人撤回认罪的决策。此外，犯罪嫌疑人在侦查阶段的认罪反悔与撤回还应当严格限制次数，撤回的次数仅仅限于两次以内，以防止犯罪嫌疑人滥用撤回权，干扰侦查程序的正常进行。

二、审查起诉阶段犯罪嫌疑人的认罪与反悔

(一) 起诉阶段犯罪嫌疑人的认罪趋于稳定

案件进入检察院审查起诉阶段，意味着侦查阶段已经结束。被告人在该阶断如果不认罪，该案件就不会进入刑事速裁程序中。如果被告人在该阶段初期或者在侦查阶段已经认罪，那么该案件就会进入速裁程序。根据两高三部《认罪认罚从宽指导意见》第31条规定，审查起诉阶段犯罪嫌疑人自愿认罪，同意量刑建议和程序适用的，应当在辩护律师或者值班律师在场的情况下签署认罪认罚具结书，且具结书应当有辩护人或值班律师签名。侦查阶段持续的时间一般都比较长，即便是轻微刑事案件有些案件也达数月之久，这就使犯罪嫌疑人对被指控和调查的行为的性质有比较多的思考时间，在辩护律师或值班律师的帮助下，犯罪嫌疑人的认罪开始具有相对的稳定性，特别是在对量刑结果可接受的情况下，其认罪本身的稳定性和确定性都在增强。因此，在这一阶段，犯罪嫌疑人在签署认罪具结书之后，极少表示撤回认罪具结书。但是由于刑事案件的复杂性和多样性，犯罪嫌疑人的心态不断变化，并不意味着起诉阶段的犯罪嫌疑人就不会反悔和需要撤回具结书。甚至在有

些认罪认罚的不起诉的案件中，犯罪嫌疑人同样可能在审查起诉阶段反悔认罪。对于这些少数例外的情况的处理，就需要建立配套的审查起诉阶段的认罪撤回的程序性机制。

（二）审查起诉阶段犯罪嫌疑人撤回认罪的程序性机制

虽然两高三部《认罪认罚从宽指导意见》规定，犯罪嫌疑人在起诉前反悔要求撤回认罪的，具结书失效，但是并没有规定相应的程序。对于审查起诉阶段犯罪嫌疑人撤回认罪的程序性规定，至少应当包括律师在场。认罪具结书签署的时候，律师在场，而认罪具结书撤回失效的时候，律师不能缺席这样的程序。审查起诉阶段的撤回认罪对于犯罪嫌疑人来说相比侦查阶段的认罪撤回更具有挑战性和压力，因此律师的帮助是非常必要的。如果没有辩护律师或值班律师在场，犯罪嫌疑人在主张撤回认罪之前没有得到辩护律师或值班律师的法律建议，犯罪嫌疑人的反悔和撤回必然会给后面的审判带来严重的后果。在起诉之前提出的撤回认罪，是否要给出理由，是否需要进行实质性审查，是否需要检察机关的审批？目前撤回的相关法律规定，似乎没有任何限制性条件，只要犯罪嫌疑人提出撤回，具结书即时失效。虽然这样的规定对于犯罪嫌疑人行使自愿认罪的权利有利，但是这权利是否会被滥用，此前的认罪的司法资源是否被消解掉，都需要考虑。笔者认为，对于犯罪嫌疑人已经签署认罪具结书的，如果反悔并申请撤回，应当书面提出并提供撤回的理由，检察院在审查同意后再决定是否同意撤回。检察院不同意撤回认罪具结书，不影响法院审理和法院裁判同意其撤回起诉书的可能性。这样既给犯罪嫌疑人撤回认罪具结书的空间，同时又加以必要的限制，防止诉讼程序被随意打断，影响正常的审查起诉的进程。

（三）速裁审判阶段的被告人的认罪反悔

1. 审判阶段被告人的认罪具有相对的确定性

审判阶段被告人是否可以就此前审前程序中的认罪反悔与撤回。理论上，审判阶段已经是诉讼的最后阶段，被告人经过公安机关的侦查讯问、检察机关审查起诉和辩护律师的法律咨询等，应当对自己的行为是否构成犯罪，是否自愿认罪接受处罚，已经有深思熟虑的思考。到了审判阶段被告人否认自己的认罪，就意味着对审前程序中的认罪相关诉讼活动的全面否定。审前认罪在审判阶段被否定，同时是对审前的大量诉讼主体活动的基本成果的否定。

在审判阶段被告人即将或者已经进入法庭审理阶段，因此，在判决前反悔认罪，必须具有比审查起诉阶段的认罪反悔撤回程序更加严格的限制条件。当然，在自诉案件中，被告人可能不需要经过审前程序，但是由于认罪是对法官的认罪，这种认罪对被告人的约束力也比对侦查人员、检察人员的认罪更加慎重，也更加不容易反悔。审判阶段的被告人的认罪是对裁判官的认罪，通过认罪悔罪来达到获得法官量刑宽宥的机会。因此，审判阶段的被告人的反悔撤回认罪的比例将极少见。虽然是极少，但是仍然不排除有在审判阶段认罪反悔的被告人，对于这类被告人的认罪反悔和撤回的审查必须严格实行实质性审查，即审查认罪反悔和撤回认罪是否有充足的事实和证据。被告人审判阶段的认罪撤回不应当是绝对无条件的，如果认罪被撤回而被最终定罪，被告人将承担更加不利的裁判后果。

2. 审判阶段认罪反悔和撤回的程序性机制

国外有关认罪撤回如果到了审判阶段，被告人如果没有充足的理由，再主张撤回认罪就会遭到法官的拒绝，认罪程序不会继续回转，法官将根据被告人的认罪态度重新衡量控辩协商的量刑。根据两高三部《认罪认罚从宽指导意见》第53条的规定，案件审理过程中，被告人反悔不再认罪认罚的，人民法院应当根据审理查明的事实，依法作出裁判。需要转换程序的，依照本意见的相关规定处理。结合两高三部《认罪认罚从宽指导意见》第48条的规定，对于速裁程序审判阶段中被告人否认指控犯罪事实的，应当转换为普通程序或者简易程序来处理。由此可以看出，速裁程序审判阶段的被告人否认指控犯罪事实，案件的审理因被告人反悔而重新启动新的程序。这种由于被告人认罪反悔直接转换程序的做法，虽然看起来维护被告人的绝对诉讼权利，但是这种认罪反悔后的无条件的程序转换的立法机制有待商榷。如果被告人的认罪反悔仅仅是投机性或者策略性的反悔，为了拖延诉讼时间等，这种毫无根据的否认指控，法庭不应当纵容这种诉讼投机行为。因此，在审判阶段的认罪反悔或者撤回，法院应当在被告人提出认罪反悔，否认指控事实后休庭，重新组织认罪反悔是否具有正当性的听证程序，由控辩双方对认罪反悔的基础事实和根据进行辩论和听证。如果听证后法官认为被告人撤回认罪，否认指控的事实具有坚实的基础，就可以宣布转换程序；但是如果听证后法官认为被告人的认罪不具有撤回的基本事由或条件，应当驳回被告人的认罪撤回申请，继续适用速裁程序审理案件并作出符合法律事实和证据的裁判，但是被告人的认罪在量刑上的宽宥将会被削弱，被告人因撤回认罪不当将在量刑上受到更严厉的惩处。这种程序性的规定有助于防止被告人利用程序转化进行诉讼的投机来达到不当的诉讼目的。

三、犯罪嫌疑人、被告人认罪反悔的证据运用

（一）犯罪嫌疑人、被告人的反悔认罪证据规则应排除作为未来对其不利指控的证据

刑事速裁程序和认罪认罚从宽制度中的证据规则必须包含认罪的可撤回证据规则。两高三部《认罪认罚从宽指导意见》对认罪反悔和撤回的证据规则没有任何如何应用的规定，说明认罪认罚从宽制度证据规则还远不成熟。譬如，被撤回的有罪答辩或者已经被撤回的认罪具状书是否可以作为不利于被告人的后续的定罪和量刑的证据使用？在美国律师协会的刑事司法准则《认罪答辩准则》中就规定，被告人在任何答辩相关程序作出的陈述，以及检察官就促成有罪答辩进行协商的内容，不得在任何刑事、民事诉讼或行政程序中作为不利于被告人的证据使用；被告人经律师见证可在追究其伪证或虚假陈述责任的刑事诉讼中使用；如果作为同一答辩或辩诉协商作出的证据使用，为公平起见应当一并考虑其他陈述。美国律师协会的规定可为完善我国刑事速裁程序和认罪认罚从宽制度中的认罪撤回后的证据规则提供借鉴。我国刑事速裁程序和认罪认罚从宽制度强调认罪的自愿性和明知性，同时也赋予犯罪嫌疑人、被告人否认指控事实和认罪反悔、撤回认罪的绝对权利。但是，对于认罪后撤回认罪的行为是否可以作为被告人不利的指控证据，笔者认为从诉讼权利保护的基本原理的角度看，被告人在诉讼中对于主观性的认知行为具有绝对的权利，但是这种权利不能伤害其他诉讼主体的利益。如果犯罪嫌疑人、被告人的自愿性否定认罪被作为对被告人的不利指控，那么就会影响被告人行使自己的认罪自由与否的绝对性支配的诉权，并导致指控或者审判的偏见。特别是，对于侦查阶段的认罪否认或者撤回认罪，无论是否具有事实和证据基础，都不能在法庭上作为对其指控的不利证据，包括不因认罪撤回承担量刑上的不利后果。在侦查阶段，证据的固定和整合还存在过程，犯罪嫌疑人的认知很初步，认罪反悔是侦查活动中诉讼形态尚未固化状

态下的不确定的行为表现，因此不能作为不利的证据使用。因此，从诉讼基本原理和犯罪嫌疑人、被告人的权利保护的角度，对于犯罪嫌疑人、被告人撤回认罪的行为不作为其后不利的刑事指控的定罪证据。

（二）犯罪嫌疑人、被告人反悔认罪证据规则的例外情形

犯罪嫌疑人、被告人认罪反悔的证据一般应当被排除在法庭之外，但是这并不是绝对的。法律程序上的任何规则都会有各种例外，否则就无法规范普遍性之外的特殊性。对于犯罪嫌疑人、被告人的认罪反悔的证据规则法庭应用之例外同样如此。犯罪嫌疑人、被告人的认罪反悔和撤回的例外性的规则，主要包括以下几个方面：

首先，在审查起诉阶段和审判阶段的认罪撤回可以根据具体情况在法庭上作为量刑证据使用。在速裁案件的审查起诉阶段，犯罪嫌疑人、被告人的认罪撤回如果仅仅是拖延诉讼时间，或者是基于其他诉讼博弈作出的非理性的撤回答辩，该撤回和反悔在其后的审判量刑证据中就可以使用，作为对其量刑的不利的证据应用。

其次，在关联的案件或者共同犯罪案件中，犯罪嫌疑人、被告人的撤回认罪指控可以作为其他案件的印证性的证据使用。对于犯罪嫌疑人、被告人认罪撤回的证据的限制性使用，一般限制的范围是在对犯罪嫌疑人、被告人的直接审判中使用，而对于案件之外或者犯罪嫌疑人、被告人之外的被告人的指控具有价值的时候，虽然是传闻证据，但是同样可以作为证据来使用，并不要求其具有证据证明力的价值。

最后，在民事案件中，犯罪嫌疑人、被告人的认罪答辩的撤回可以在其相关的附带民事诉讼中使用，无论是对其有利还是不利。被告人的认罪态度在附带民事案件审理中对于是否赔偿，也有着重要的影响。在附带民事诉讼的赔偿中，犯罪嫌疑人、被告人撤回认罪的证据如果最终被法庭认定为无罪，则该项认罪撤回及其无罪的判决本身就具有证据法上的证明力，对于免除或者降低其民事赔偿具有直接的证据价值。对于认罪撤回或者反悔最终被判处有罪，由此带来的民事赔偿，犯罪嫌疑人、被告人的认罪撤回的证据本身的证明力度就会减弱，但是并不能完全排除其在附带民事诉讼中被作为证据来使用。

第二节　刑事速裁案件中被告人上诉权实证考察

速裁案件法律并未禁止被告人上诉，因此不可避免会出现被告人上诉的问题。速裁案件被告人上诉启动二审程序，将导致刑事速裁程序无法达到提升效率的目的。虽然刑事速裁程序中的被告人上诉的数量和比例很少，但是对于速裁案件的上诉可能产生对该制度的负面冲击，特别是有些被告人利用上诉权，采取投机或策略性上诉，甚至通过滥用上诉权获得程序上和实体上的不当利益。为了防止速裁案件被告人滥用上诉权，从而侵蚀刑事速裁程序的功能，需要从理论和实践层面对此进一步研究。

一、刑事速裁案件中上诉问题的实证考察

在中国裁判文书网以"2019 年""速裁程序""刑事二审"为关键词进行检索，通过筛选共计获得研究样本 1092 份裁判文书。2019 年检索到的全国上网的刑事一审速裁案件中的上诉案件为 14 982 件。据此，全国刑事速裁案件的上诉率大约为 0.769%。

（一）刑事速裁上诉案件的罪名类型

2019 年全国刑事速裁程序上诉案件 1092 件，共涉及 42 个罪名，其中盗窃罪占比 32.23%，走私、贩卖、运输、制造毒品罪占比 21.70%，危险驾驶罪占比 20.42%，这三种案件占据了上诉案件的 74.35%。此外，组织领导传销罪的上诉率为 3.57%，寻衅滋事罪的上诉率为 2.11%，其他种类的犯罪上诉率相对比较低。可见，速裁案件的上诉案件主要集中在速裁程序处理的案件数量比较多的几种犯罪上，并没有反映出特别异常的情况。

表 12-1　2019 年度刑事速裁案件中不同犯罪的上诉率

主罪名	分罪名	案　数	比　率
危害公共安全罪	危险驾驶罪	223	20.42%
	交通肇事罪	8	0.73%
	非法持有、私藏枪支、弹药罪	2	0.18%

续表

主罪名	分罪名	案　数	比　率
破坏社会主义 市场经济罪	妨害对公司、企业的管理秩序罪	1	0.09%
	金融诈骗罪	1	0.09%
	危害税收征管罪	2	0.18%
	侵犯知识产权罪	2	0.18%
	合同诈骗罪	2	0.18%
	组织领导传销活动罪	39	3.57%
	非法经营罪	1	0.09%
侵犯公民人身权利、 民主权利罪	故意伤害罪	14	1.28%
	强制猥亵、侮辱罪	1	0.09%
	非法拘禁罪	4	0.37%
	侵犯公民个人信息罪	1	0.09%
侵犯财产罪	抢劫罪	3	0.27%
	盗窃罪	352	32.23%
	诈骗罪	21	1.92%
	抢夺罪	3	0.27%
	职务侵占罪	1	0.09%
	敲诈勒索罪	3	0.27%
	故意毁坏财物罪	2	0.18%
	拒不支付劳动报酬罪	1	0.09%
妨害社会管理 秩序罪	妨害公务罪	33	3.02%
	伪造、变造、买卖国家机关公文、证件、印章罪	2	0.18%
	伪造公司、企业、事业单位、人民团体印章罪	1	0.09%
	伪造、变造居民身份证罪	1	0.09%
	伪造、变造、买卖身份证件罪	1	0.09%
	聚众斗殴罪	4	0.37%
	寻衅滋事罪	23	2.11%

续表

主罪名	分罪名	案　数	比　率
妨害社会管理秩序罪	赌博罪	6	0.55%
	开设赌场罪	9	0.82%
	掩饰、隐瞒犯罪所得、所得收益罪	2	0.18%
	拒不执行判决、裁定罪	1	0.09%
	污染环境罪	1	0.09%
	非法狩猎罪	1	0.09%
	走私、贩卖、运输、制造毒品罪	237	21.70%
	非法持有毒品罪	22	2.01%
	容留他人吸毒罪	60	5.49%
	协助组织卖淫罪	3	0.27%
	引诱、容留、介绍卖淫罪	4	0.37%
	制作、贩卖、传播淫秽物品罪	1	0.09%
贪污贿赂罪	贪污贿赂罪	1	0.09%

（二）刑事速裁案件上诉的区域分布

2019 年全国共有 28 个省、自治区和直辖市有刑事速裁程序上诉案件，其中湖北最多，有 326 件，占全国上诉案件的 29.85%，其次为北京，有 125 件，占全国速裁上诉案件的 11.45%；江苏上诉的速裁案件为 108 件，占全国速裁上诉案件的 9.89%；重庆上诉的速裁案件为 98 件，占全国速裁上诉案件的 8.97%；福建上诉的速裁案件为 93 件，占全国速裁上诉案件的 8.52%；广东上诉案件为 83 件，占全国速裁上诉案件的 7.60%；湖南上诉的速裁案件为 59 件，占全国速裁上诉案件的 5.40%。此外浙江、四川、山东等 6 个省市的速裁案件的上诉率低于 5%。上诉率不到 1% 的省市有河北、河南、黑龙江等 15 个省市。值得注意的是湖北速裁案件的上诉率最高，占全国上诉案件的三分之一，这说明湖北省的速裁案件的审理机制存在一定的问题，需要进一步研究其背后的原因。

表 12-2　2019 年度全国各地速裁案件上诉的案件分布

地　区	数　量	地　区	数　量	地　区	数　量	地　区	数　量
湖北	326	浙江	46	河南	8	云南	4
北京	125	四川	29	黑龙江	6	宁夏	4
江苏	108	山东	25	贵州	6	新疆兵团	4
重庆	98	江西	14	陕西	6	甘肃	2
福建	93	山西	12	天津	4	吉林	1
广东	83	上海	11	安徽	4	海南	1
湖南	59	河北	8	广西	4	新疆	1

（三）2019 年度速裁案件上诉理由类型化

在 2019 年度的速裁案件的上诉裁判文书中，其中以裁定书的形式有 1044 件，以判决书的形式为 48 件。在上诉理由中，包含无明确上诉理由的检察机关抗诉启动二审的情况；上诉理由中事实型的情况有二，一是定罪证据不足，二是认为指控事实与事实不符；上诉理由中量刑情节型，一般是上诉人主张坦白、自首、立功、认罪认罚、社会危险性、经济困难、疾病等情节应当给予更轻的量刑。除了上述情况外，还有的上诉属于综合型，即上诉人在上诉中的具体理由涵盖事实认定、量刑情节、法律适用、程序违法、技术错误中的任意组合。还有部分理由不当型，是指上诉理由为留所服刑或拖延进监狱服刑时间。此外还有理由不详型一般表述为"表示不服，提起上诉"。

在判决书中的依法改判的案件中，上诉理由最多的是纯粹量刑型，这种类型在文书中一般表述为"上诉人以原判量刑过重为由提出上诉"，其次是量刑情节型，其中最多的就是上诉人和其近亲属在二审期间向被害人赔礼道歉，退赃退款，取得被害人谅解。在上诉案件的裁定书中最多的是理由不详型，上诉人仅仅表述为"表示不服，提出上诉"，但这种类型后续的结果往往伴随着申请撤回上诉。这种上诉往往是为了某种程序上的利益而进行的策略性上诉。

表 12-3　速裁案件被告人提出的上诉的理由的类型

判决书中上诉理由			裁定书中上诉理由			合并裁判上诉理由		
上诉	49		上诉	1044		上诉	1093	
无明确上诉理由型	6	12.50%	无明确上诉理由型	16	1.53%	无明确上诉理由型	22	2.01%
纯粹量刑型	21	43.75%	纯粹量刑型	340	32.57%	纯粹量刑型	361	33.06%
认定事实型	3	6.25%	认定事实型	22	2.11%	认定事实型	25	2.29%
量刑情节型	14	29.17%	量刑情节型	145	13.89%	量刑情节型	159	14.56%
法律适用型	4	8.33%	法律适用型	11	1.05%	法律适用型	15	1.37%
综合型	1	2.08%	综合型	25	2.39%	综合型	26	2.38%
			理由不详型	465	44.54%	理由不详型	465	42.58%
			理由不当型	20	1.92%	理由不当型	20	1.83%

（四）刑事速裁案件的裁判结果和理由的类型化分析

速裁案件上诉一般改判的较少，大多数为"裁定驳回上诉，维持原判"和"裁定准许撤回上诉"。在 1092 件的速裁上诉案件中，其中 1044 件的二审裁定书基本没有对一审判决结果有所改变。湖北省 2019 年度速裁案件的上诉案件虽然达到 326 件，但是只有 1 件被改判，200 件准许上诉人撤回上诉，125 件被二审法院判决"驳回上诉，维持原判"。依法改判主要集中在 48 份判决书文书样本中，如下表所示，依法改判的大多数情形是增加适用缓刑，还有减少量刑中的主刑刑期。当然主刑刑期增加的为第三位，这种主要是因为检察机关抗诉，认为上诉人由于提起上诉而不再适用认罪认罚从宽制度。从改判的情况看，多数案件是趋于轻缓化，特别是缓刑的适用在上诉的判决中也超过 20%。值得注意的是，检察院的控诉案件中主刑部分增加的案件也接近 15%。以上的数据表明，在速裁上诉案件中虽然绝大多数案件被裁定驳回，但是仍然存在案件受到改判或者获得比原审更加轻缓的判决，这实际上就是为速裁案件策略性上诉提供"窗口"。上诉制度的存在决定了速裁案件必然会有极少数当事人行使该权利。由于上诉权是绝对权，并不要求上诉的被告人提出符合相当条件的上诉理由，即便不提上诉理由，也可单方面启动上诉。速裁案件的上诉权作为绝对权，必然会导致二审的审查，不可避免造成司法资源的浪费，与速裁程序设置的初衷相违背。在上诉权保留的情况下，二审法院对上诉速裁案件的处理态度和方式需要进行规范性研究。

表 12-4　速裁案件中的 48 份改判的判决书中的判决结果的类型

主刑增加	7	14.58%
主刑减少	13	27.08%
附加刑增加	2	4.17%
附加刑减少	2	4.17%
适用缓刑	10	20.83%
不适用缓刑	1	2.08%
缓刑考验期变更	3	6.25%
主刑、附加刑均变化	3	6.25%
其他处罚措施	4	8.33%
不予处罚	1	2.08%
未有变化	2	4.17%

表 12-5　2019 年度速裁案件上诉案件的裁判结果的不同类型

裁判结果	1092	
裁定书	1044	95.60%
裁定撤销原判，发回重审	10	0.92%
裁定驳回上诉，维持原判	536	49.08%
裁定驳回抗诉，维持原判	12	1.10%
准许上诉人撤回上诉；驳回抗诉，维持原判	8	0.73%
准许上诉人撤回上诉；驳回上诉，维持原判	7	0.64%
准许上诉人撤回上诉，准许抗诉人撤回抗诉	2	0.18%
裁定准许撤回上诉	464	42.49%
裁定驳回上诉、抗诉，维持原判	4	0.37%
裁定终止审理	1	0.09%
判决书		
判决撤销原判依法改判	48	4.40%

注：判决撤销原判，依法改判一般情况有二：其一，法律适用错误予以改判；其二，量刑不当，予以改判，量刑不当包含主刑、附加刑、缓刑的准确适用，也包含其他处罚措施如收缴赃物、责令退赔。

速裁案件二审判决中因量刑不当改判的有 27 件，表述为原判遗漏量刑情节、二审期间新增量刑情节，譬如增加向被害人赔礼道歉、退赔退赃获取被害人谅解等量刑情节。法律适用错误的有 15 件，不再适用认罪认罚从宽的有 6 件。驳回上诉的裁定书有 1034 件，其中给出的普遍理由为"原判认定事实清楚，证据确实充分，定性及适用法律准确，量刑适当，审判程序合法"。裁定书中也有 10 件案件撤销原判发回重审，给出的理由是"原审认定事实不清、证据不足、程序违法"。从上述速裁案件裁判理由的表述看，除了维持原判外的其余改判或裁定发回重审的理由表述都比较概括，缺乏比较充分的说理。

二、刑事速裁程序中被告人上诉权的正当性问题

（一）关于刑事速裁程序中的上诉权问题的争论

关于速裁程序中被告人是否享有上诉权，在刑事速裁程序的试点中有比较多的争论。其中，很重要的观点就是刑事速裁程序中的被告人的上诉权的行使与刑事速裁程序追求的诉讼效率的价值相违背。有学者指出，刑事速裁程序可以实行一审终审制，这是刑事速裁程序与简易程序最重要的区别。有的学者更为极端地认为，刑事速裁程序的价值取向就是诉讼效率，上诉审的纠错功能、救济功能和平衡法律适用的功能均无存在的价值。也有的学者主张限制上诉权，对被告人的上诉权的行使附加必要的限制条件，防止被告人滥用上诉权等。还有的观点认为，上诉权是被告人依法享有的诉讼的基本权利，不能因程序的简化而加以限制或者完全取消。虽然在试点阶段，对上诉权问题讨论比较热烈，但是修改的刑事诉讼法并没有对刑事速裁程序中的上诉权进行任何限制或者修改。这说明，我国立法机关在刑事速裁程序的上诉审的改革方面比较保守，没有采取过激的立法。从立法的技术性的角度看，特别是刑事速裁程序的司法实践还比较短，对刑事速裁程序的立法采取循序渐进的方式有利于保证法律的稳定性。

（二）刑事速裁程序中被告人上诉权的正当性基础

理论上，速裁程序的上诉权并不能完全取消；即便是美国速裁程序中，被告人仍然可以上诉，并非全部放弃上诉权。当然，也有的国家在立法中明确规定速裁或简易程序中不再保留被告人的上诉权。在我国实行二审终审，上诉权是被告人对一审判决不服后的绝对性救济权利。这种绝对性的救济权利是基于诉讼原理，并立足中国的诉讼制度的特点和条件决定的，这就是中国的刑事诉讼制度的发展和法官的职业化水平等还处在尚不发达的阶段。速裁程序的简化和追求诉讼效率的提高，并不能以此作为排除被告人上诉权的正当理由。被告人的上诉权作为被告人诉讼的基本权利，是保障被告人在速裁程序中能够有进一步救济的权利路径。同时，速裁程序的审判组织是独任制法官审判，如果取消被告人的上诉权，实际上就是绝对性地扩大了速裁刑事审判法官的权力。当这种绝对性的终审权无法受到上级法院的监督或制约时，这种权力就很有可能出现被滥用的风险。另外，更重要的是，新刑事诉讼法中的速裁程序的适用范围扩展到 3 年以下有期徒刑、管制和拘役以及单处罚金等，速裁程序审理的案件不再是特别轻微的刑事案件，案件覆盖面很广，为了保证案件审理的公正性，速裁案件中的被告人的上诉权就显得更加重要。在中国目前的立法和司法环境下，速裁程序中被告人的上诉权具有存在的正当性基础。对于速裁程序中的上诉权是否可以在速裁程序中适当加以限制，防止上诉权的滥用是可以的，但是并不能动摇速裁程序被告人享有的上诉权的正当性基础。

三、刑事速裁程序中被告人的上诉权行使程序性机制

（一）被告人行使上诉权是否需要程序回转

有学者认为刑事速裁程序一审结束后被告人上诉，就是对原来的认罪答辩的否定，由此原来的速裁程序的启动基础就不存在，因此必须进行程序回转，由二审法院发回原审法院按照普通程序或简易程序重新审理。笔者认为对于被告人上诉的情况的程序回转的问题，应当区分不同的情况，其中一种情况是上诉人不仅否认自愿认罪，而且否认指控的罪名和量刑，这种情况如果二审法院审查后认为存在证据上的问题，就应当发回原审法院适用普通程序或简易程序进行重新审理。从实证研究的数据上看，这种情况在速裁程序

上诉的案例中极为罕见。大多数的速裁程序中的被告人上诉是针对量刑过重提出的。如果被告人上诉仅仅是表示量刑过重或者对财产赔偿存在争议，二审法院一般可以直接审理，不应当进行程序回转，再发回原审法院进行审理。实际上区别上述情况对于提高诉讼效率，避免因程序回转带来更大的司法资源的浪费。对于被告人上诉的案件是否需要程序回转，二审法院完全可以根据被告人上诉的诉求和理由等通过自由裁量权来决定。

（二）被告人正当行使上诉权的保障机制

1. 被告人上诉应当有辩护律师代理

刑事速裁程序中被告人上诉的，至少说明被告人对速裁判决的结果表示不满。这在很大程度上说明速裁程序的法律帮助或者控辩协商的失效。二审期间，被告人行使上诉权必须有专业的辩护律师代理，没有辩护律师的，当地的法律援助机构应当指派律师担任其辩护人。在二审期间，由于速裁程序的上诉案件涉及被告人对此前的程序中的认罪认罚的否定，必然有其内在的复杂性，因此仅仅由值班律师来代理或辩护就无法满足被告人的上诉权的行使和保障。由于速裁程序上诉案件的数量毕竟很少，不会对法律援助机构指派辩护律师带来严重的负担。辩护律师接受速裁程序案件的上诉人的委托，应当审查被告人在原速裁程序中的认罪是否自愿和明知，案件的事实和证据及法律适用是否存在问题。辩护律师的实质性代理和辩护是保障被告人正当行使上诉权的重要条件，因此必须予以高度重视。

2. 被告人上诉案件的二审审理方式

根据裁判文书的实证研究发现，速裁程序二审审理案件很少开庭审理，绝大部分是书面审理。二审刑事诉讼案件开庭审理不可避免要占用更多的诉讼资源，因此书面审理就成为常态。理论上，对于适用速裁程序的案件，如果被告人没有提出上诉的充分理由或证据，上诉仅仅是策略性或投机性上诉，二审法院通过形式审查就可驳回上诉，对于这类案件完全可以书面审理。但是对于需要发回重审的涉及定罪不准和关键证据的核实以及重要量刑情节的查证和确认等问题，二审法院对于被告人上诉的仍然应当开庭审理，确保案件的裁判结果具有法庭调查和辩论的基础。

（三）防止速裁案件中被告人滥用上诉权

从国际上看，为了防止在特别快速处理刑事程序中的被告人滥用上诉权，必须对其上诉权有所限制，有三种模式：其一，可以要求被告人在量刑答辩中必须明确声明放弃上诉权，美国就是这种模式。其二，在立法中明确禁止速裁案件中认罪的被告人行使上诉权，俄罗斯就属于这后一种模式。其三，德国的模式是对被告人的上诉权由原审法院进行形式审查，如果发现被告人具有滥用上诉权的动机，就直接驳回其上诉的请求，不再给予其启动上诉程序的机会。

2018 年新修改的《刑事诉讼法》，速裁程序制度设计中并没有涉及对被告人的上诉权的限制。如果试图通过立法来禁止上诉或者通过法院的内部审查限制上诉权，这在《刑事诉讼法》的修法方面面临较大的困难。笔者认为，在认罪答辩和量刑建议确认环节，可以统一要求被告人放弃上诉权。如果被告人不同意放弃上诉权，则不可以适用刑事速裁程序和认罪认罚从宽制度审理案件。另外，对于判处有期徒刑的案件，如果剩余刑期不满 3 个月，在执行方面可以协调看守所和监狱部门，根据被告人的意愿，可选择在看守所或监狱服刑，避免被告人因希望留所服刑的策略性上诉，损害刑事速裁程序的诉讼效率。

第三节　刑事速裁案件中的被害人权利保障

在 1996 年《刑事诉讼法》中，被害人被正式纳入诉讼主体，其作为当事人在不同的诉讼阶段或者程序中享有不同的诉讼权利，包括知情权、发表意见权、提出异议权和解权、获得法律帮助权、上诉权等。2018 年新修改的《刑事诉讼法》，速裁程序制度设计中并没有明确规定被害人在其中享有的诉讼权利。在速裁程序中被害人的权利是否应当体现和如何体现，笔者在此进行初步的探讨。

一、刑事速裁程序中被害人权利保护的意义

关于被害人是否有权参与速裁程序问题，学界有不少的讨论和争论。有的学者认为，从保障诉讼权利和维护程序稳定性的角度，被害人不宜作为诉

讼主体对速裁程序和认罪认罚从宽案件的诉讼进程产生影响。[1] 但是大多数学者认为，速裁程序中被害人虽然在诉讼进程中不是主导因素，但是并不能排除其在程序中享有的基本权利。有学者认为，应当加强和保障被害人在速裁程序和认罪认罚案件中的权利保护，明确其主导程序进程的权利。有的学者认为，在刑事速裁程序中应当特别关注其在参与定罪量刑方面的意见和获得民事赔偿等合理诉求的权利等。[2] 笔者认为，在刑事速裁程序审理的案件中，只要有被害人，被害人就应当作为独立的诉讼主体参与控辩协商和对量刑建议提出独立的意见等。根据两高三部《认罪认罚从宽指导意见》，认罪认罚从宽制度的适用，犯罪嫌疑人、被告人应当与被害人达成谅解或者赔偿损失。这些条件的规定，其实就是使被害人有权独立参与刑事速裁程序，并实质地影响程序的选择和案件的进程。

被害人作为刑事速裁程序中独立的诉讼主体参与并影响诉讼进程，有利于保障被害人的实体性利益和相关诉讼权利的实现。被害人在刑事诉讼中作为受害方，承担着精神、身体或财产方面的损失，刑事诉讼的结果对于恢复其被犯罪行为侵害的身心具有重要的价值。犯罪嫌疑人、被告人承担相应的法律后果，其中就包含着对被害人损失的赔偿。这种赔偿对于被害人来说就是实体性权利的实现。如果被害人不能作为独立的刑事诉讼主体，就无法制约刑事速裁程序的进程，其实体利益的实现就缺乏程序性机制保障，控辩双方达成的量刑建议也就很有可能忽视甚至损害被害人的实体性利益或权利。此外，被害人作为刑事速裁程序中的独立诉讼主体，有助于刑事和解和促进被犯罪破坏的社会关系的修复。在刑事速裁程序中，被害人虽然不能绝对地支配和影响诉讼进程，但是其在程序中的意见或者建议对于程序的推进并不总是消极的，相反在很多情况下，被害人积极参与诉讼活动，并能够在司法机关的协调下与犯罪嫌疑人、被告人达成谅解，不仅有助于恢复被犯罪破坏的社会关系，也有助于提高诉讼效率。

---

〔1〕 陈光中、马康：《认罪认罚从宽制度若干重要问题探讨》，载《法学》2016 年第 8 期。

〔2〕 孔令勇：《刑事速裁程序中的被害人参与模式：方式、问题与制度完善》，载《西部法学评论》2018 年第 2 期。

二、被害人参与刑事速裁程序的实证考察

在中国裁判文书网以"刑事一审""判决书""速裁程序""被害人"为关键词和 2019 年时间段合并检索，共计 47 843 份判决文书涉及被害人参与。其中，涉及故意伤害罪的 3395 件，占比 7.10%；寻衅滋事罪 1343 件，占比 2.81%；交通肇事罪 3761 件，占比 7.86%；盗窃罪 22 369 件，占比 46.76%。被害人参与速裁程序的主要方式是被告人与其达成和解、被告人取得其谅解、被告人赔偿其经济损失。如表 12-6 所示，被告人与被害人和解所占比例均是最低的，尤其是盗窃案件，被害人很少通过与被告人和解这一方式参与诉讼。被告人赔偿被告人经济损失，取得被害人谅解这两种方式是相伴的。盗窃罪是侵犯财产类的犯罪，其他三罪同被害人的人身安全直接相关，盗窃罪相较于其他三罪而言，虽然是有直接被害人最多的案件类型，但是，被害人参与诉讼程序对案件产生影响的程度并不高。盗窃罪被害人与被告人达成和解的只有 0.40%，赔偿损失仅仅有 15.81%。

表 12-6 2019 年度速裁案件中被告人与被害人参与速裁程序的情况

方 式	罪 名			
	故意伤害罪	交通肇事罪	寻衅滋事罪	盗窃罪
和解	25.33%	14.30%	8.56%	0.40%
谅解	94.43%	97.90%	83.92%	21.17%
赔偿损失	92.55%	95.72%	83.02%	15.81%

由于速裁案件的判决文书表述大都比较简练，所以并不详细描述和解或者谅解的具体情况，唯一有区别的是有些判决文书中明确提及达成和解协议，有些判决文书中简单表述为与被害人达成和解。至于通过谅解方式和赔偿损失的方式，一般来说表述为"被告人向被害人赔偿经济损失，取得谅解"。

由上面的裁判文书的情况看，速裁案件中被害人在故意伤害案、交通肇事案件、寻衅滋事案件中参与程度比较高，且与被告人达成谅解的比例也比较高。可见认罪认罚从宽制度的实施促进了速裁程序的案件中被告人与被害人之间达成谅解，促使被告人赔偿被害人损失，有助于被害人的权利保护和

权益的实现，同时也促进被告人认罪、悔罪。但是，从数据上也可以看出，被害人参与刑事案件以及与被告人达成谅解或和解其实并不均衡。盗窃罪案件中，被害人与被告人之间的和解比例就相当低，这与犯罪的性质以及被告人在赔偿被害人损失方面的消极行为有密切的关系。由于受制于犯罪的性质和对被害人的伤害程度的差异，被害人参与刑事速裁程序和认罪认罚从宽制度，面临很多复杂的因素，需要检察机关在审查起诉过程中有针对性地进行调处工作，才可能使办理的案件收到良好的社会效果。

三、被害人参与刑事速裁程序的具体方式

被害人在刑事诉讼中参与不同的诉讼程序，有不同的参与程度或者模式。有研究者将被害人参与刑事诉讼的模式区分为"强参与模式"与"弱参与模式"。[1] 笔者认为用这种简单的区分法并不能对被害人在速裁程序中的被害人参与模式作出界定，因为刑事速裁程序中被害人的参与方式是多元化的方式。对于速裁程序中被害人参与的具体方式，可以根据其对诉讼进程是否构成实质性影响的角度进行具体问题具体分析，而不应当生硬地套用某种具体的模式。

（一）被害人的意见和是否与犯罪嫌疑人、被告人达成和解与谅解是否会实质性影响刑事速裁程序的启动？

根据两高三部《认罪认罚从宽指导意见》的规定，办理认罪认罚案件，应当听取被害人及其诉讼代理人的意见，并将犯罪嫌疑人、被告人与被害方达成和解协议、调解协议或者赔偿被害方的损失，取得被害方的谅解，作为从宽处罚的重要考虑因素。人民检察院、公安机关听取意见应当记录在案并随卷移送。由上述规定可以看出，被害人的意见只是其作为从宽处罚的考量因素，但并不是决定速裁程序认罪认罚案件是否可以启动的先决条件。速裁程序中的案件由于受到案件范围的限制，涉及被害人的案件很多可能是非常轻微的刑事案件，有些则可能带有复杂的社会关系，犯罪嫌疑人、被告人在案件的初期阶段并不容易与被害人达成和解或谅解。如果在立法中一律要求

---

〔1〕 孔令勇：《刑事速裁程序中的被害人参与模式：方式、问题与制度完善》，载《西部法学评论》2018 年第 2 期。

所有的适用速裁案件的被告人都需要与被害人达成和解或者谅解，那么相当部分的轻微刑事案件就无法进入速裁程序和认罪认罚从宽的程序。虽然速裁程序和认罪认罚从宽制度规定和强调被害人的参与，但是程序的选择与启动并不受制于被害人。两高三部《认罪认罚从宽指导意见》第18条明确规定，被害人及其诉讼代理人不同意对认罪认罚的犯罪嫌疑人、被告人从宽处理的，不影响认罪认罚从宽制度的适用。表面上看，这种做法可能会损害被害人在程序进程中的主体地位，但是被害人的基本诉讼权利和实体性利益并不因此受到实质性的影响。

（二）被害人是否可以对速裁案件中的量刑建议构成实质性影响？

根据两高三部《认罪认罚从宽指导意见》第33条，关于量刑建议的提出的规定，犯罪嫌疑人认罪认罚的，人民检察院应当就主刑、附加刑、是否适用缓刑等提出量刑建议。人民检察院提出量刑建议前，应当充分听取犯罪嫌疑人、辩护人或者值班律师的意见，尽量协商一致。在量刑建议和听取意见方面，并没有明确表明在量刑建议方面要听取被害人的意见。同时，两高三部《认罪认罚从宽指导意见》第18条还规定，犯罪嫌疑人、被告人自愿认罪并且愿意积极赔偿损失，但由于被害方赔偿请求明显不合理，未能达成调解或者和解协议的，一般不影响对犯罪嫌疑人、被告人从宽处理。综合上面的相关规定可以看出，在速裁程序和认罪认罚从宽案件中，被害人的意见和是否与犯罪嫌疑人、被告人达成和解或谅解对量刑建议并不构成实质性的影响。量刑建议是控辩双方的协商意见，并没有被害人参与的程序性空间。我国目前立法上之所以这样的规定，主要考虑到诉讼的效率，防止被害人的过度参与影响程序的推进。我国的刑事诉讼程序中被害人的参与程度是相当低的，这主要是国家强职权的诉讼模式所带来的必然结果。从诉讼文明发展的进程的趋势看，这种弱化被害人参与的诉讼模式在带来诉讼效率上的提升的同时，在很大程度上则是以牺牲被害人的参与权和实体性利益保护为代价，对于被害人来说并不公平。

（三）被害人参与是否对速裁审判方式和裁判结果构成实质性的影响？

在速裁程序中，并没有排除被害人参与庭审活动。在司法实践中，被害人参与庭审的案件并不少，但是被害人参与庭审主要是对被害人的谅解和和解协议的确认。被害人是否参与庭审并不影响速裁程序的审理。但是，在开庭审理过程中，被害人如果能够在达成和解或者谅解的情况下出庭，并支持对被告人的从宽处理，对于被告人的认罪悔罪与判决后的服刑矫正等都具有积极的价值。因此，在速裁程序案件中，被害人的参与虽然并未实质性影响审判方式或者审判结果，但是由于被害人参与诉讼程序中，其价值并不因诉讼效率的提升而被淹没，其在法庭审判活动中的参与和发言，都体现了对被害人的权利尊重，彰显被害人在刑事诉讼中的主体地位。

至于被害人是否可以就速裁案件的裁判结果提出抗诉，目前的速裁和认罪认罚相关法律规定中，对被害人的抗诉并没有限制性的规定，并不排除被害人有权就速裁案件中的裁判结果向检察院提出抗诉请求。由于被害人申请抗诉的个案比较少，对于这种被害人在速裁案件中的抗诉权的行使和落实情况还有待进一步观察和研究。

四、完善被害人在刑事速裁程序中的权利保障机制

被害人参与速裁程序的规范主要体现在两高三部《认罪认罚从宽指导意见》中，对于实行认罪认罚从宽的案件，应当听取被告人的意见。结合刑事速裁程序的机制，被害人参与刑事速裁程序的应当着重解决以下几个问题：

（一）被害人对速裁案件程序启动的影响

被害人对速裁程序的启动是否享有制约权，在速裁程序的试点中就有争议。适用速裁案件程序的案件大都有被害人，如果速裁案件的被告人认罪认罚，而被害人不同意适用速裁程序，那么必然会影响速裁程序适用的比例。由于被害人在刑事案件中受到被告人的犯罪侵害，必然会产生对被告人产生愤恨的情绪，这种情绪必然会对被告人的从宽处罚产生抵触情绪。如果在速裁程序中任意地支持被害人的情绪宣泄，必然不利于认罪认罚从宽制度的实施和速裁程序的适用。当然，认罪认罚本身应当包含被告人主动向被害人赔偿损失和赔礼道歉，寻求被害人的谅解。由于在很多的刑事案件中，被害人与被告人的关系十分紧张，被告人通过赔礼道歉或者赔偿损失并不能必然获得被害人的谅解。因此，在决定是否是可以适用速裁案件方面，检察机关固然可以听取被害人的意见，但是并不能把被害人的意见作为"刚性"的意见来决定是否可以适用速裁程序，而应当综合案件的实际情况和被告人在认罪认罚方面的具体表现来作出相应的决定。在是否适用速裁程序的决定权方面，

除了被告人的自愿选择外，检察机关在具体程序的适用上具有主导性。法院在没有特殊情况下，对于检察院的速裁程序的建议，一般应当尊重其程序决定的权力。总之，被害人在速裁程序的选择权方面不应被赋予法律上的实质或刚性意见，否则这种刚性的意见在实践中被滥用就可能对速裁程序的选择产生负面的影响，不利于刑事速裁程序的功能发挥。

（二）被害人对检察机关的量刑建议的影响

被害人对量刑建议是否具有影响力？答案是肯定的。但是，被害人对速裁案件中的量刑建议的影响力必须受制于一定的范围。根据两高三部《认罪认罚从宽指导意见》第16条的规定，办理认罪认罚案件，应当听取被害人及其诉讼代理人的意见，并将犯罪嫌疑人、被告人是否与被害方达成和解协议、调解协议或者赔偿被害方损失，取得被害方谅解，作为从宽处罚的重要考虑因素。人民检察院、公安机关听取意见情况应当被记录在案并随案移送。根据上述规定，检察机关对于适用速裁程序的认罪认罚从宽案件，在审查起诉过程中应当听取被害人及其诉讼代理人的意见。被害人的意见必然会涉及赔偿损失和是否谅解等刑事和解问题，这些问题都会直接影响检察院在量刑建议方面的决定和安排。被害人在量刑方面的权利与在程序启动方面的权利相比更具"刚性"。当然，速裁程序和认罪认罚从宽制度为被告人与被害人之间达成刑事和解提供了更多机制上的空间，特别是认罪认罚从宽制度的实施使得被告通过对被害人的赔偿损失和取得谅解达到其期待的量刑上的宽宥，获得了程序法的实质性的保证。同时，两高三部《认罪认罚从宽指导意见》规定，人民法院、人民检察院、公安机关在促进当事人和解谅解过程中，应当向被害方释明认罪认罚从宽、公诉案件当事人和解适用程序等具体法律规定，充分听取被害方意见，符合司法救助条件的，应当积极协调办理。这些规定都体现出速裁案件中对被告人的基本的讼权利的保障，被害人在刑事诉讼中的法律地位通过认罪认罚从宽制度和速裁程序得到进一步提升。

（三）被害人在刑事速裁程序中的权利救济机制

根据两高三部《认罪认罚从宽指导意见》第18条规定，被害人及其诉讼代理人不同意对认罪认罚的犯罪嫌疑人、被告人从宽处理的，不影响认罪认罚从宽制度的适用。照此推理，也当然不影响对速裁程序的适用。两高三部

《认罪认罚从宽指导意见》中并没有规定，对于被害人不同意认罪认罚的犯罪嫌疑人适用速裁程序获得从宽处理的配套的救济机制。根据《刑事诉讼法》的相关规定，被害人对于人民法院作出的刑事判决有向上级人民法院提出抗诉的权利。毫无疑问，被害人提出抗诉的成本很高，同时被二审法院判决支持的概率也很小。因此，被害人通过抗诉的方式来实现权利救济显然并不具有很强的现实操作性。由于在速裁和认罪认罚从宽制度案件中，在量刑意见方面主要是控辩双方协商的合意，虽然有法律规定要听取被害人的意见，但是在实践中因诉讼时间成本等因素，对被害人的意见往往采取选择性忽视。笔者认为，被害人的诉讼权利的保障应当通过其代理律师在审查起诉阶段与检察院的协商实现。可以建立被害人法律援助律师代理制度，对于速裁案件中涉及被害人的利益保护的，被害人没有代理律师的，有权通过法律援助机关获得代理律师的法律帮助。被害人的诉讼代理人在被告人与检察机关的量刑建议方面应当享有法定程序上署名意见的权利，并在量刑建议上明确记载被害人和诉讼代理人对量刑的意见，以为法院审理和量刑提供确切的意见参考，保证被害人的权利表达能够清楚地传递到速裁案件的审判法庭。同时，在速裁案件审判过程中，如果被害人不同意认罪认罚从宽量刑建议，被害人或诉讼代理人应当出席法庭表明被害人的意见。两高三部《认罪认罚从宽指导意见》虽然对被害人在速裁和认罪认罚从宽制度中的的权利保护进行了规定，但是这些规定仍然是相当原则的，在实践中的操作性不强，被害人在速裁案件和认罪认罚从宽的案件中的权利保护机制还需根据实践的要求进一步建立健全，并完善相关的规则。

第四节　刑事速裁程序与增设封存犯罪记录制度

司法机关在适用速裁程序处理案件时不仅应考虑案件快速处理，还必须考虑案件的后果和影响，特别是对犯罪预防和有利于社会和谐稳定等问题。长期以来，理论界对扩大前科免除制度的呼声很高，但是立法机关和司法界对该制度的推进可以说几乎没有什么进展。随着劳动教养制度和收容教育制度的全面废除，社区矫正制度和认罪认罚从宽制度的建立，为在适用速裁程序审理的案件中建立犯罪记录封存制度带来了新契机。[1]

一、速裁案件中建立犯罪记录封存制度的必要性

（一）犯罪记录封存立法的适用范围应当适度扩大

我国目前的刑事法律中对犯罪记录封存的规定仅仅适用未成年人。我国《刑事诉讼法》第 286 条规定，犯罪时候不满 18 周岁，被判处 5 年以下有期徒刑以下刑罚的，应当对犯罪记录予以封存。犯罪记录被封存的，不得向任何单位和个人提供，但司法机关为办案需要或者有关单位根据国家规定进行查询的除外，依法进行查询的单位，应当对被封存的情况予以保密。犯罪记录作为个人行为的污点历史，对个人的心理和社会生活不可避免带来负面的影响。我国目前对犯罪记录的处理主要对被判处 5 年以下有期徒刑的未成年人开放，适用的范围相当窄。由于犯罪存在情节严重与轻微之分，犯罪记录封存制度需要与犯罪的情节轻微相互挂钩。刑事速裁程序中大量的醉酒驾驶等轻微的刑事案件，对社会性危害不大，犯罪人再犯的可能性基本不存在，对于这部分的犯罪人员应当比照未成年人的犯罪记录封存制度，建立与其犯罪情节相适应的犯罪记录封存制度。

（二）扩大犯罪记录封存制度的适用范围体现柔性司法

有学者明确指出，在刑事速裁程序中探索建立前科消灭（封存）制度，即犯罪记录消灭（封存制度）乃世界多国司法实践的通例，避免后续升学、就业、生活产生不良影响，有利于消除对抗情绪，促进罪犯改造、更好回归社会，也利于保障罪犯家庭，最大限度减少社会对立面。[2] 我国目前的国家政策中对犯罪记录的人的入学、入伍和就业等方面的限制非常多，甚至在某些敏感领域延伸到犯罪人的子女入学就业。我国《刑法》第 100 条规定，依法受过刑事处罚的人，在入伍、就业的时候应当如实向有关单位报告自己受过的刑事处罚，不得隐瞒。犯罪的时候不满 18 岁且被判处 5 年以下有期徒刑以下刑罚的人，免除前款规定的报告义务。实际上很多轻微的刑事案件，譬

---

〔1〕　在此类问题上有犯罪前科的"消除""封存"和"消灭"的不同表述，本书采取与立法表述相对应的"封存"。

〔2〕　樊崇义、何东青：《刑事诉讼模式转型下的速裁程序》，载《国家检察官学院学报》2020 年第 3 期。

如被判处 1 年以下有期徒刑的案件、被判处管制、拘役或单处罚金的案件等，还有的过失犯罪案件等，由于犯罪的性质并不严重，因此对其进行附条件的犯罪记录封存，完全可以解决因犯罪带来的负面社会影响的问题。这部分人在接受惩罚和社区矫正之后一定时期没有犯罪就可以对其犯罪记录予以封存。现代司法正义不仅是刚性的，也应当是柔性的具有人文关怀的司法，这是现代司法文明进步的应有之意。犯罪记录封存制度正是应和了这种柔性司法的人文主义要旨。

二、速裁案件中建立前科封存制度的思路

理论界关于犯罪记录的前科封存制度提出过很多思路，很多仍然停留在理论探讨阶段。例如，有的学者倡导在我国建立犯罪记录终止查询制度。犯罪记录终止查询制度的设置，应当在维护公共利益和保障犯罪人人权之间寻找平衡点，在确保防卫社会重大公共利益的前提下，充分发挥前科消灭制度的价值与功能，促进犯罪人的社会复归，等等。[1] 刑事速裁程序和认罪认罚从宽制度的改革无疑为建立犯罪记录的前科封存制度提供了新的路径。刑事速裁程序审理的大都属于轻罪，且被告人都是经过认罪认罚从宽处理的案件，被告人认罪悔罪，自觉自愿接受惩罚。在刑事速裁程序的案件中建立前科封存制度，并不是故意放宽对犯罪人的惩罚和预防，而是通过封存犯罪记录避免社会的犯罪标签可能产生的二次伤害。犯罪人在接受刑罚之后，由于社会的普遍深层次的痼见，回归社会后很容易因犯罪记录成为社会的受害者。刑事速裁程序由于处理的案件大都是轻微的刑事案件，且程序简化，量刑从宽，完全可以在立法中规定，对于适用刑事速裁程序审理的案件可以对其犯罪记录进行封存，具体封存的方式和条件可以在速裁程序的相关立法中具体规定。

最高人民法院刑一庭刑事速裁程序课题组在速裁程序的相关调研报告中专门建议，速裁程序审理的案件，被告人如果被判处 1 年以下有期徒刑案件、拘役、管制、单处罚金、剥夺政治权利或者免予刑事处罚，在上诉期限内没有提出上诉的，可以对其相关的犯罪记录予以封存，或者从刑罚执行完毕之日，缓刑考验期满时起（或者一段时间内未犯新罪且未发现漏罪的）注销相

---

[1] 于志刚：《关于构建犯罪记录终止查询制度的思考》，载《法学家》2011 年第 5 期。

关犯罪记录。[1] 此举有利于减少不必要的上诉，减轻二审审判的压力。这是基于当时的两高两部《速裁程序试点办法》提出的，应当说具有前瞻性。

由于 2018 年新修改的《刑事诉讼法》规定速裁程序适用的案件范围是 3 年以下有期徒刑，这里面就有一个问题，即前科封存制度是否可以扩展到 3 年以下有期徒刑。笔者认为，对于速裁程序的前科封存制度可以采取两段不同的做法，对于被判处 1 年以下有期徒刑、在犯罪刑罚执行完毕，且在一定的考验期间内无新的违法违纪的可以封存犯罪记录。对于被判处 1 年以上和 3 年以下有期徒刑的刑罚的犯罪人，可以附加更为严格的封存犯罪记录的条件，譬如非累犯、非暴力犯罪等，严格限制犯罪记录的封存的适用范围。

此外，犯罪记录封存制度扩大适用范围，不仅应当修改刑事程序法，更重要的还应当修改刑事实体法。刑法中对犯罪记录的扩大适用为其在刑事速裁程序法中的运用提供实体法的依据。虽然刑事速裁程序中建立犯罪记录封存制度具有必要性和可行性，但是实际推动立法仍然面临很多的困难和障碍，需要刑事法学界持续不断地加大呼吁的力度。

---

　　[1]　最高人民法院编：《刑事案件速裁程序——试点实务与理解适用》，内部资料（京内资准字 2015-Y0026 号），第 116 页。